जीव विज्ञान

नरेश कुमार

मैं इस पुस्तक का श्रेय अपने प्रिय गुरुजनों को देना चाहता हूँ क्योंकि विद्यार्थी जीवनकाल में जीवन की तमाम उपलब्धियों को हासिल करवाने में उन्होंने जो मेरा मार्गदर्शन किया है वह सराहनीय है | उन्होंने मुझे अपनी मंजिल तक पहुंचाने हेतु शिक्षा के क्षेत्र में जीव विज्ञान के विषय में जो उन्होंने मुझे ज्ञान दिया है वह अमूल्य है, जिनका मैं सदैव आभारी रहूंगा |

क्रम-सूची

प्रस्तावना

पुस्तक का नवीनतम संस्करण बिल्कुल नए रूप में आपके सामने प्रस्तुत है यह पुस्तक मूल रूप से प्रतियोगी परीक्षाओं के लिए जीव विज्ञान के विषय के पाठ्यक्रम के अनुसार प्रकाशित की गई है इस पुस्तक की सहायता से विद्यार्थी जीव विज्ञान के विषय में एक अच्छी समझ व पकड़ बना सकेंगे |

पुस्तक का लेखन करते समय हिंदी के तकनीकी शब्दों का चयन किया गया है समस्त विषयवस्तु को उचित रूप से व्यवस्थित किया गया है|

जीव विज्ञान के नवीनतम संस्करण की कुछ प्रमुख विशेषताएं निम्न प्रकार से है:-

- भाषा सरल तथा वैज्ञानिक शब्दों को हिंदी व अंग्रेजी दोनों भाषाओं में लिखा गया है |
- हिंदी के उचित शब्दों के अभाव में अंग्रेजी के शब्दों को रोमन में लिखा गया है |
- समुदाय वर्ग एवं गण के प्रमुख लक्षणों को वर्गीकरण के साथ उन्हें रिपीट किया गया है जिससे विद्यार्थियों को समझने में सुविधा रहे |
- प्रयोगात्मक कार्यों से संबंधित सभी विषयों को अभ्यासों में सरल एवं स्पष्ट रुप से प्रदर्शित किया गया है |

पुस्तक के सुधार हेतु प्रिय पाठकों एवं अध्यापकों से रचनात्मक व आलोचनात्मक सुझाव सादर आमंत्रित हैं |

नरेश कुमार

भूमिका

प्रस्तुत पुस्तक जीव विज्ञान विभिन्न प्रतियोगी परीक्षाओं के जीव विज्ञान में पूछे गए प्रश्नों के आधार पर तैयार की गई है इसमें तथ्यों का संकलन नवीनतम पाठ्यक्रम पर आधारित है इसे अधिक से अधिक लाभप्रद उपयोगी बनाने के लिए प्रत्येक खंड में अधिक विषय वस्तु एवं अधिक जानकारी का समावेश इस प्रकार किया गया है कि परीक्षार्थियों को प्रतियोगिता परीक्षाओं की तैयारी में कोई कठिनाई नहीं हो साथ ही प्रतियोगी परीक्षाओं में पूछे गए वस्तुनिष्ठ प्रश्न एवं संभावित प्रश्नों का समावेश किया गया है जिससे परीक्षार्थियों को उचित मार्गदर्शन मिल सके।

पावती (स्वीकृति)

प्रस्तुत पुस्तक को उपयोगी बनाने में जिन विशेषज्ञों एवं सहकर्मियों का हमेशा सहयोग मिला उनके प्रति हम कृतज्ञता प्रकट करते हैं।

अंततः सतर्क प्रयासों के बावजूद पुस्तक में कुछ कमियों एवं त्रुटियों के रहने की संभावना हो सकती है। अतः आप सभी पाठकों के सुझाव सादर आमंत्रित हैं।

आमुख

जिज्ञासा और जीव विज्ञान की महत्वपूर्ण भूमिका को ध्यान में रखकर मैंने यह पुस्तक लिखने का प्रयास किया है इस पुस्तक का उद्देश्य विभिन्न प्रतियोगी परीक्षाओं में जीव विज्ञान के विषय में सफलता दिलवाना है। जिससे विद्यार्थियों को सफलता प्राप्ति में मदद मिल सके।

1

जीव विज्ञान की प्रस्तावना

जीव विज्ञान(Biology) विज्ञान की वह शाखा जिसके अंतर्गत समस्त जीवधारियों का विस्तृत अध्ययन किया जाता है। जीवधारियों की उत्पत्ति उनका विकास क्रियाकलाप उनकी रचना वातावरण एवं उन पर प्रभाव तथा उनकी पारस्परिक क्रिया और यहां तक कि उनकी मृत्यु सभी जीव विज्ञान के अंतर्गत किए जाने वाले विषय विज्ञान को विज्ञान की एक शाखा के रूप में स्थापित करने का श्रेय अरस्तू को जाता है उन्होंने विज्ञान के क्षेत्र में खासतौर से जीव विज्ञान के क्षेत्र में काफी अध्ययन किया है इस कारण अरस्तु को जीव विज्ञान का जनक कहा जाता है लेकिन जीवधारियों के लिए **BIOLOGY** शब्द का प्रयोग सबसे पहले **1801 ई. लैमार्क और ट्रेविरेनस** नामक दो वैज्ञानिकों ने किया था।

वनस्पति विज्ञान तथा प्राणी विज्ञान जीव विज्ञान की दो शाखाएं हैं वनस्पति विज्ञान के अंतर्गत वनस्पतियों अर्थात पेड़ पौधों का अध्ययन किया जाता है प्राणी विज्ञान के अंतर्गत जंतु तथा उसके क्रियाकलापों का अध्ययन किया जाता है थियोफ्रेस्ट्स नामक वनस्पति शास्त्री ने अपनी पुस्तक मे **500** किस्म के पौधों का वर्णन किया है कि थियोफ्रेस्ट्स को वनस्पति विज्ञान का जनक कहा जाता है। अरस्तु ने अपनी पुस्तक **Historia** में लगभग **500** जंतुओं का वर्णन किया है। अरस्तु को जंतु विज्ञान का जनक(**Fatherof Zoology**) कहा जाता है

2

जीवधारियों का वर्गीकरण

1. जीवधारियों का वर्गीकरण जीवधारियों के वर्गीकरण को वैज्ञानिक आधार जॉन रे (**John Ray**) नामक वैज्ञानिक ने प्रदान किया, लेकिन जीवधारियों के आधुनिक वर्गीकरण में सबसे प्रमुख योगदान स्वीडिश वैज्ञानिक कैरोल्स लीनियस (**1708-1778 ई.**) का है। लीनियस ने अपनी पुस्तकों जेनेरा लाण्टेरम (Genera Plantarum), सिस्टेमा नेचुरी (Systema Naturae), क्लासेस प्लाण्टेरम (Classes Plantarum) एवं फिलासोफिया बॉटेनिका (Philosophia Botanica) में जीवधारियों के वर्गीकरण पर विस्तृत रूप से प्रकाश डाला। इन्होंने अपनी पुस्तक Systema Naturae में सम्पूर्ण जीवधारियों को दो जगतों (Kingdoms) – पादप जगत (Plant kingdom) तथा जन्तु जगत (Animal kingdom) में विभाजित किया। इससे जो वर्गीकरण की प्रणाली शुरू हुई उसी से आधुनिक वर्गीकरण प्रणाली की नींव पड़ी; इसलिए कैरोलस लीनियस (Carolus Linnaeus) को वर्गिकी का पिता (Father of Taxonomy) कहा जाता है। परम्परागत द्विव-जगत वर्गीकरण का स्थान अन्ततः आर. एच. हट्टेकर (R. H. Whittaker) द्वारा सन् 1969 ई. में प्रस्तावित 5 जगत प्रणाली ने ले लिया। इसके अनुसार समस्त जीवों को निम्नलिखित पाँच जगत (Kingdom) में वर्गीकृत किया गया- 1. मोनेरा (Monera), 2. प्रोटिस्टा (Protista), 3. पादप (Plantae), 4. कवक (Fungi) तथा 5. एनीमेलिया (Animalia) | 1. मोनेरा (Monera): इस जगत में सभी प्रोकैरियोटिक जीव अर्थात् जीवाणु, सायनोबैक्टीरिया तथा आर्कीबैक्टीरिया सम्मिलित किए गए हैं। तन्तुमय जीवाणु भी इसी जगत के भाग हैं। 12. प्रोटिस्टा (Protista): इस जगत में विविध प्रकार के एककोशिकीय, प्रायः जलीय (Aquatic) यूकैरियोटिक जीव सम्मिलित किए गए हैं।

पादप एवं जन्तु के बीच स्थित युग्लीना इसी जगत में है। यह सं प्रकार की जीवन पद्धति प्रदर्शित करती है—सूर्य के प्रकाश में स्वपोषित एवं प्रकाश के अभाव में इतर पोषित । 3. पादप (Plantae): इस जगत में प्रायः वे सभी रंगीन बहुकोशिकीय, प्रकाश संश्लेषी उत्पादक

जीव सम्मिलित है। शैवाल मॉस, पुष्पीय तथा अपुष्पीय बीजीय पौधे इसी जगत के अंग हैं। 4. कवक (Fungi): इस जगत में वे यूकैरियोटिक तथा परपोषित जीवधारी सम्मिलित किए गए हैं, जिनमें अवशोषण द्वारा पोषण होता है। ये सभी इतरपोषी होते हैं। ये परजीवी अथवा मृतोपजीवी होते हैं। इसकी कोशिका भित्ति काइटिन (Chitin) की बनी होती है। 5. एनीमेलिया (Animalia) : इस जगत में सभी बहुकोशिकीय जन्तु समभोजी (Holozoic) यूकैरियोटिक, उपभोक्ता जीव सम्मिलित किए गए हैं। इनको मेटाज़ोआ (Metazoa) भी कहते हैं। हाइड्रा जेलीफिश, कृमि, सितारा मछली, सरीसृप, उभयचर, पक्षी तथा स्तनधार जीव इसी जगत के अंग हैं।

जीवों के नामकरण की द्विनाम पद्धति

सन् 1753 में कैरोलस लीनियस ने जीवों के नामकरण की नि पद्धति को प्रचलित किया। इस पद्धति के अनुसार, प्रत्येक जीवधारी का नाम लेटिन भाषा के दो शब्द से मिलकर बनता है। पहला शब्द वंश नाम (Generic name) तथा दूसरा शब्द जाति नाम (Species) name) खोजा या जिसने इस जाति को सबसे पहले वर्तमान नाम प्रदान किया, जैसे—मानव का वैज्ञानिक नाम होमो सैपियन्स बिन (Homo sapiens Linn) है। वास्तव में होमो (Homo) उस वंश का नाम है, जिसकी एक जाति सैपियन्स (Sapiens) बिन (Linn) वास्तव में जीनियस (Linnaeus) शब्द का संक्षिप्त रूप है। इसका अर्थ यह है कि सबसे पहले लीनियस ने इस जाति की होमो सैपियन्स नाम से पुकारा हैकहलाता है। वंश तथा जाति नामों के बाद उस वर्गिकीवि नू (वैज्ञानिक) का नाम लिखा जाता है, जिसने सबसे पहले उस जाति को होमो सैपियन्स नाम से पुकारा है

जीवधारियों के वर्गीकरण को वैज्ञानिक आधार जॉन रे (John Ray) नामक वैज्ञानिक ने प्रदान किया, लेकिन जीवधारियों के आधुनिक वर्गीकरण में सबसे प्रमुख योगदान स्वीडिश वैज्ञानिक कैरोल्स लीनियस (1708-1778 ई.) का है। लीनियस ने अपनी पुस्तकों जेनेरा लाण्टेरम (Genera Plantarum), सिस्टेमा नेचुरी (Systema Naturae), क्लासेस प्लाण्टेरम (Classes Plantarum) एवं फिलासोफिया बॉटेनिका (Philosophia Botanica) में जीवधारियों के वर्गीकरण पर विस्तृत रूप से प्रकाश डाला। इन्होंने अपनी पुस्तक Systema Naturae में सम्पूर्ण जीवधारियों को दो जगतों (Kingdoms) – पादप जगत (Plant kingdom) तथा जन्तु जगत (Animal kingdom) में विभाजित किया। इससे जो वर्गीकरण की प्रणाली शुरू हुई उसी से आधुनिक वर्गीकरण प्रणाली की नींव पड़ी; इसलिए कैरोलस लीनियस (Carolus Linnaeus) को वर्गिकी का पिता (Father of Taxonomy) कहा जाता है। परम्परागत द्वि-जगत वर्गीकरण का स्थान अन्ततः आर. एच. हट्टेकर (R. H. Whittaker) द्वारा सन् 1969 ई. में प्रस्तावित 5 जगत प्रणाली ने ले लिया। इसके अनुसार समस्त जीवों को निम्नलिखित पाँच जगत (Kingdom) में वर्गीकृत किया गया- 1. मोनेरा (Monera), 2. प्रोटिस्टा (Protista), 3. पादप (Plantae), 4. कवक (Fungi) तथा 5. एनीमेलिया (Animalia) |

1. मोनेरा (Monera): इस जगत में सभी प्रोकैरियोटिक जीव अर्थात् जीवाणु, सायनोबैक्टीरिया तथा आर्कीबैक्टीरिया सम्मिलित किए गए हैं। तन्तुमय जीवाणु भी इसी जगत के भाग हैं।

2. प्रोटिस्टा (Protista): इस जगत में विविध प्रकार के एककोशिकीय, प्रायः जलीय (Aquatic) यूकैरियोटिक जीव सम्मिलित किए गए हैं।

पादप एवं जन्तु के बीच स्थित युग्लीना इसी जगत में है। यह सं प्रकार की जीवन पद्धति प्रदर्शित करती है—सूर्य के प्रकाश में स्वपोषित एवं प्रकाश के अभाव में इतर पोषित ।

3. पादप (Plantae): इस जगत में प्रायः वे सभी रंगीन बहुकोशिकीय, प्रकाश संश्लेषी उत्पादक जीव सम्मिलित है। शैवाल मॉस, पुष्पीय तथा अपुष्पीय बीजीय पौधे इसी जगत के अंग हैं।

4. कवक (Fungi): इस जगत में वे यूकैरियोटिक तथा परपोषित जीवधारी सम्मिलित किए गए हैं, जिनमें अवशोषण द्वारा पोषण होता है। ये सभी इतरपोषी होते हैं। ये परजीवी अथवा मृतोपजीवी होते हैं। इसकी कोशिका भित्ति काइटिन (Chitin) की बनी होती है।

5. एनीमेलिया (Animalia) : इस जगत में सभी बहुकोशिकीय जन्तु समभोजी (Holozoic) यूकैरियोटिक, उपभोक्ता जीव सम्मिलित किए गए हैं। इनको मेटाज़ोआ (Metazoa) भी कहते हैं। हाइड्रा जेलीफिश, कृमि, सितारा मछली, सरीसृप, उभयचर, पक्षी तथा स्तनधार जीव इसी जगत के अंग हैं।

जीवों के नामकरण की द्विनाम पद्धति

सन् 1753 में कैरोलस लीनियस ने जीवों के नामकरण की नि पद्धति को प्रचलित किया। इस पद्धति के अनुसार, प्रत्येक जीवधारी का नाम लेटिन भाषा के दो शब्द से मिलकर बनता है। पहला शब्द वंश नाम (Generic name) तथा दूसरा शब्द जाति नाम (Species) name) खोजा या जिसने इस जाति को सबसे पहले वर्तमान नाम प्रदान किया, जैसे—मानव का वैज्ञानिक नाम होमो सैपियन्स बिन (Homo sapiens Linn) है। वास्तव में होमो (Homo) उस वंश का नाम है, जिसकी एक जाति सैपियन्स (Sapiens) बिन (Linn) वास्तव में जीनियस (Linnaeus) शब्द का संक्षिप्त रूप है। इसका अर्थ यह है कि सबसे पहले लीनियस ने इस जाति की होमो सैपियन्स नाम से पुकारा हैकहलाता है। वंश तथा जाति नामों के बाद उस वर्गिकीवि नू (वैज्ञानिक) का नाम लिखा जाता है, जिसने सबसे पहले उस जाति को होमो सैपियन्स नाम से पुकारा है।

3

कोशिका एवं कोशिका संरचना

कोशिका (Cell) कोशिका जीवों की आधारभूत संरचनात्म एवं कार्यात्मक इकाई है। (Cell is the basic structural and functional unit of living)। यह एक विशिष्ट पारगम्य क (Differentially permeable membrane) से घिरी रहती है तथा इसमें प्रायः स्वजनन (Self reproduction) की क्षमता होती है। प्रत्येक जीव का शरीर एक सूक्ष्मतम इकाई द्वारा निर्मित होता है, जिसे **कोशिका (Cell)** कहते हैं।

- **कोशिका विज्ञान (Cytology)** जीव विज्ञान की वह शाखा है। जिसके अन्तर्गत कोशिकाओं और उसके अंदर की वस्तुओं की रचना और कार्यिकी (Physiology) का अध्ययन किया जाता है।

कोशिका की खोज (Discovery of cell): कोशिका की खोज **1665 ई.** में एक ब्रिटिश वनस्पति **शास्त्री रॉबर्ट हुक (RobertHooke)** ने की। उन्होंने अपने बनाए सूक्ष्मदर्शी (Microscope) में कॉर्क (Core) की एक पतली कार (Section) में अनेक सूक्ष्म मोटी भितिवाली मधुमक्खी के छत्ते जैसी कोठरियाँ देखी इन कोठरियों को उन्होंने कोशा (Cell) नाम दिया। यह कोशा शब्द एक लैटिन शब्द है जिसका अर्थ होता है—एक सूक्ष्म कक्ष (a little room) | रॉबर्ट हुक का अध्ययन उनकी प्रसिद्ध पुस्तक माइक्रोग्राफिया (Micrographia) में प्रकाशित हुआ। ल्यूवेनहॉक ने 1674 ई. में सर्वप्रथम जीवित कोशिकाओं के अंदर के संघटन का अध्ययन किया। 19वीं सदी का अंतिम चौथाई काल कोशिका विज्ञान का क्लासिकल काल (Classical period of Cytology) कहा जाता है, क्योंकि इसी समय कोशिका विज्ञान के क्षेत्र में बहुत सी महत्वपूर्ण खोजें हुई। इनमें से कुछ मुख्य निम्नलिखित हैं

1. रॉबर्ट ब्राउन (Robert Brown) ने 1831 ई. में केन्द्रक (Nucleus) की खोज की।
2. इजार्डिन ने जीवद्रव्य (Protoplasm) की खोज की जबकि पुरकिन्जे (Purkinje) ने 1839 ई. में कोशिका के अंदर पाए जाने वाले अद्र्धतरल, दानेदार, सजीव पदार्थ को प्रोटोप्लाज्म या जीवद्रव्य नाम दिया।
3. 1838 ई. में एक वनस्पति वैज्ञानिक श्लाइडेन (Schleiden) ने कहा कि पादपों का शरीर सूक्ष्म कोशिकाओं का बना होता है।
4. 1839 ई. में प्रसिद्ध जन्तु विज्ञान शास्री श्वान (Schwann) ने बताया कि जन्तुओं का शरीर भी सूक्ष्म कोशिकाओं का बना होता है।
5. 1855 ई. में विरचो (Virchow) ने बताया कि नई कोशिकाओं का निर्माण पहले से मौजूद कोशिकाओं से होता है।
6. मैक्स शुल्ज (Max Schultze) ने 1861 ई. में बताया कि कोशिका प्रोटोप्लाज्म का एक पिण्ड है जिसमें एक केन्द्रक होता है। इस कथन को प्रोटोप्लाज्म मत (Protoplasm theory) कहते हैं।
7. 1884 ई. में स्ट्रासबर्गर (Strasburger) ने बताया कि केन्द्रक पैतृक लक्षणों की वंशागति में भाग लेता है।
8. कैंमिलो गॉल्जी ने 1898 ई. मैं गॉल्जी उपकरण या गॉल्जीकाय (Golgi complex) की खोज की।
9. केन्द्रक के भीतर के संघनित भाग केन्द्रिका की खोज 1774 ई. में फेलिक फोन्टाना (Felice Fontana) ने की।
10. 1880 ई. में फ्लेमिंग (Flemming) ने क्रोमेटिन (Chromatin) का पता लगाया और कोशिका विभाजन के बारे में बताया ।
11. 1888 ई. में वाल्डेयर (Waldeyer) ने गुणसूत्र (Chromosome) का नामकरण किया ।
12. 1883 ई. में स्चिम्पर (Schimper) ने पर्णहरित (Chloroplast) का नामकरण किया।

13. 1892 ई. में वीजमैन (Weissman) ने सोमेटोप्लाज्म • (Somatoplasm) एवं जर्मप्लाज्म (Germplasm) के बीच. अंतर स्पष्ट किया।
14. जी.इ. पैलैड (C... Palade) ने 1955 ई. में राइबोसोम (Ribosome) की खोज की।
15. डि. डवे (C. de Duve) ने 1958 ई. में लाइसोसोम (Lysosome) की खोज की।
16. टी. बोवेरी (T. Boveri) ने 1888 ई. में तारककाय (Centrosome) का नामकरण किया।
17. रिचर्ड अल्टमान (Richard Altman) ने सर्वप्रथम 1890 ई. में माइटोकोन्ड्रिया की खोज की और इसे बायो- ब्लास्ट (Bioblast) का नाम दिया।

18. बेन्डा (Benda) ने 1897-98 में माइटोकोन्डिया का नामकरण किया। कोशिका की आकृति एवं आमाप सर्जीवों में पायी जाने वाली कोशिकाओं की संख्या, आकृति एवं आमाप में विविधता होती है। किसी जीव में केवल एक कोशिका हो सकती है जिसमें सभी जैव प्रक्रम एक ही कोशिका द्वारा सम्पादित होते हैं। कुछ अन्य जीवों में अनेक कोशिकाएँ मिलकर विभिन्न प्रकार्य सम्पादित करती है। अमीबा, पैरामीशियम तथा. जीवाणु जैसे जीवों का शरीर केवल एक कोशिका का बना होता है।" इसलिए इन्हें एककोशिकीय जीव (Unicellular Organism) कहते हैं। दूसरी ओर वे जीव जिनमें अनेक कोशिकाएँ होती हैं, बहुकोशिकीय जीव (Multicellular Organism) कहलाते हैं। बहुकोशिकीय जीव के शरीर में लाखों की संख्या में कोशिकाएँ होती हैं। बहुकोशिकीय पौधों तथा जन्तुओं में कोशिकाएँ विभिन्न आकृति (Shape) की हो सकती हैं। कोशिकाएँ अधिकतर गोलाकार होते हैं परन्तु उनकी आकृति में बहुत अधिक भिन्नता होती हैं। ये कोशिकाएँ घनाकार या स्तम्भाकार हो सकती हैं। कुछ जन्तु कोशिकाएँ लम्बी तथा शाखान्वित (तंत्रिका कोशिका) होती हैं। अधिकतर कोशिकाएँ अति सूक्ष्म होती हैं जो सामान्यतः किसी युक्ति के बिना आँखों द्वारा दिखायी नहीं देती हैं। कुछ सेंटीमीटर लम्बी कोशिकाओं को भी केवल सूक्ष्मदर्शी की सहायता से देखा जा सकता है। सूक्ष्मतम कोशिका का आकार 0.1 माइक्रॉन होता है जो माइकोप्लाज्मा (Mycoplasma) जीवाणु में पायी जाती है। जन्तुओं की पेशी कोशिका तथा जूट एवं सन् जैसे पौधों के रेशे की कोशिकाएँ कुछ सेंटीमीटर लम्बी होती हैं। अण्डे के केन्द्र में पाया जाने वाला पीला पदार्थ जिसे पीतक (Yolk) कहा जाता है, भी एक कोशिका है। यह उबले अण्डे में स्पष्ट दिखायी देती है। शुतुरमुर्ग के अण्डे का आमाप.. 170 mm होता है, जो सर्वाधिक बड़ी कोशिका का प्रतिनिधित्व करती है, जिसे बिना किसी युक्ति की सहायता से देखा जा सकता है।

कोशिका सिद्धान्त (Cell theory): 1838 ई. में जर्मन वनस्पति विज्ञानशास्त्री एम.जे. श्लाइडेन (M.J. Schleiden) तथा 1839 ई. में जर्मनी के ही जन्तु विज्ञानशास्त्री थियोडर श्वान (Theodor Schwann) ने मिलकर कोशिका सिद्धान्त का प्रतिपादन किया।
कोशिका सिद्धान्त की मुख्य बातें निम्नलिखित हैं

1. प्रत्येक जीव का शरीर एक या अनेक कोशिकाओं का बना होता है ।
2. प्रत्येक जीव की उत्पत्ति (Origin) एक कोशिका से होती है।
3. प्रत्येक कोशिका एक स्वाधीन इकाई है, तथापि सभी कोशिकाएँ मिलकर काम करती हैं। फलस्वरूप एक जीव बनता है।
4. कोशिका की उत्पत्ति जिस क्रिया से होती है, उसमें केन्द्रक मुख्य कार्यकर्ता या सृष्टिकर्ता के रूप में भाग लेता है। कोशिका सिद्धान्त का अपवाद (Exception of cell theory): पारम्परिक अर्थों में कोशिका सिद्धान्त एक सिद्धान्त नहीं है, वरन् एक - तथ्य है। विषाणु (Virus) कोशिका सिद्धान्त का अपवाद है, क्योंकि इसमें कोशिका नहीं होती है एवं सर्वथा संक्रामक परजीवी के रूप में होते हैं, जबकि विलगित अवस्था में निर्जीव होते हैं। विषाणु

ऐसे प्रारम्भिक सूक्ष्मजीव हैं जो कि कोशिका की अवस्था तक नहीं पहुँच सके। (Virus is primitive organism that have not reached a cellular state.)

कोशिका के प्रकार

रचना के आधार पर कोशिकाएँ दो प्रकार की होती है। ये हैं 1. प्रोकैरियोटिक कोशिका तथा 2. यूकैरियोटिक कोशिका | प्रोकैरियोटिक कोशिका (Prokaryotic cell) इस प्रकार की कोशिकाएँ प्रारम्भिक कोशिकाएँ (Primitive cells) कहलाती हैं। यह - सरल रचना वाली कोशिका होती है। इस प्रकार की कोशिकाओं में स्पष्ट केन्द्रक (True Nucleus) का अभाव होता है। जीवाणु कोशिका (Bacterial Cell) इस प्रकार की कोशिका का सबसे अच्छा उदाहरण है। इनका आकार प्राय: 1p से 10p के मध्य होता है। इनमें पाये जाने वाले आनुवंशिक पदार्थ (Genetic material) अर्थात् DNA द्वारा निर्मित गुणसूत्र (Chromosome) कोशिका द्रव्य (Cytoplasm) के विशेष क्षेत्र में मौजूद होते हैं। इस विशेष क्षेत्र को न्यूक्लिओइड (Nucleoid) कहते हैं। केन्द्रक झिल्ली (Nuclear Membrane) की अनुपस्थिति के कारण केन्द्रक में पाये जाने वाले पदार्थ जैसे— DNA,RNA, प्रोटीन आदि कोशिका द्रव्य के सम्पर्क में रहते हैं। कोशिका द्रव्य में राइबोसोम (Ribosome) के कण उपस्थित होते हैं, परन्तु अन्य कोशिकांगों का अभाव रहता है। प्रकाश संश्लेषी जीवाणु में हरित लेवक (Chloroplast) प्लाज्मा झिल्ली द्वारा निर्मित थैलीनुमा संरचना में मौजूद होता है।

यूकैरियोटिक कोशिका (Eukaryotic cell): वैसी कोशिकाएँ जो पूर्ण रूप से विकसित होती हैं, यूकैरियोटिक कोशिकाएँ कहलाती हैं। इस प्रकार की कोशिकाएँ विषाणु (Virus), जीवाणु (Bacteria) तथा नील हरित शैवाल (Blue-green Algae) को छोड़कर सभी पौधे तथा जन्तु में पायी जाती हैं। यह रचनात्मक आधार पर पूर्ण विकसित कोशिका होती है। इनका आकार बड़ा होता है। इस प्रकार की कोशिका में पूर्ण विकसित केन्द्रक होता है जो चारों ओर से दोहरी झिल्ली द्वारा घिरा होता है। कोशिका द्रव्य में झिल्लीयुक्त कोशिकांग उपस्थित होते हैं। इनमें गुणसूत्र (Chromosome) की संख्या एक से अधिक होती है।

4

कोशिका संरचना

कोशिका संरचना (Cell structure): कोशिका का निर्माण विभिन्न घटकों से होता है, जिन्हें **कोशिकांग** (Cell organelle) कहते हैं। प्रत्येक कोशिकांग एक विशिष्ट कार्य करता है। इन कोशिकांगों के कारण ही कोशिका एक जीवित संरचना है, जो जीवन सम्बन्धी सभी कार्य करने में सक्षम होती है। जीवों के सभी प्रकार की कोशिकाओं में एक ही प्रकार के कोशिकांग पाये जाते हैं। अध्ययन की सुगमता की दृष्टि से कोशिका को तीन भागों में विभाजित किया जा सकता है—

1. कोशिका झिल्ली (Cell membrane) 2. कोशिका द्रव्य (Cytoplasm) 3. केन्द्रक (Nucleus)

<u>कोशिका द्रव्य (Cytolplasm) एवं केन्द्रक (Nucleus) को सम्मिलित रूप से जीवद्रव्य या प्रोटोप्लाज्म (Protoplasm) कहा जाता है।</u>

1. कोशिका झिल्ली (Cell membrane) : प्रत्येक कोशिका के सबसे बाहर चारों ओर एक बहुत पतली, मुलायम और लचीली झिल्ली होती है जिसे कोशिका झिल्ली या प्लाज्मा झिल्ली या प्लाज्मा मेम्ब्रेन (Plasma membrane) कहते हैं। यह झिल्ली जीवित एवं अर्द्ध पारगम्य (Semipermeable) होती है। चूँकि इस झिल्ली द्वारा कुछ ही पदार्थ अंदर तथा बाहर आ-जा सकते हैं, सभी पदार्थ नहीं । अतः इसको चयनात्मक पारगम्य झिल्ली (Selectively permeable membrane) भी कहते हैं। इलेक्ट्रॉन सूक्ष्मदर्शी में यह एक दोहरी झिल्ली के रूप में दिखलायी पड़ती है जिसमें बीच-बीच में अनेक छिद्र उपस्थित होते हैं। कोशिका झिल्ली लिपिड (Lipid) और प्रोटीन (Protein) की बनी होती है। इसमें दो परत प्रोटीन तथा इनके बीच में एक परत लिपिड का रहता है।

कोशिका झिल्ली एक सीमित झिल्ली का कार्य करती है। यह कोशिका का एक निश्चित आकार बनाए रखने में मदद करती है। साथ सी-साथ यह कोशिका को यांत्रिक सहारा (Mechanical Support) भी प्रदान करती है। यह भिन्न-भिन्न प्रकार के अणुओं को बाहर निकलने - एवं अंदर आने में नियंत्रण करती है । जन्तु कोशिका में यह सीलिया (Cilia),

फ्लैजिला (Flagella),माइक्रोभिलाई (Microvilli) आदि के निर्माण में सहायक होता है।

कोशिका भित्ति (Cell wall): पादप कोशिकाएँ (Plant Cells) चारों ओर से एक मोटे और कडे आवरण द्वारा घिरी रहती हैं, इसी - आवरण को कोशिका भित्ति कहते हैं। कोशिका भित्ति मुख्यतः सेल्यूलोज (Cellulose) की बनी होती हैं। यह पारगम्य (Permeable) होती है। सेल्यूलोज एक जटिल पदार्थ है जो पादप कोशिकाओं को संरचनात्मक दृढ़ता प्रदान करता है। इसी कारण कोशिका भित्ति कड़ी और निर्जीवहोती है। इसमें विभिन्न प्रकार के स्थूलन (Thickenings) मौजूद होते. हैं तथा यह अर्द्धपारगम्य (Semipermeable) नहीं होती है। यह पादप कोशिका को एक निश्चित रूप प्रदान करती है। यह पादप कोशिका को सुरक्षा तथा यांत्रिक सहारा प्रदान करती है। यह कोशिका झिल्ली, की रक्षा करती है तथा कोशिका को सूखने से बचाती है।

2.कोशिकाद्रव्य(Cytoplasm) : जीवद्रव्य (Protoplasm) का वह भाग जो कोशिका भित्ति एवं केन्द्रक के बीच होता है, उसे कोशिकाद्रव्य कहते हैं। इसमें अनेक अकार्बनिक पदार्थ (खनिज, लवण एवं जल), तथा कार्बनिक पदार्थ (कार्बोहाइड्रेट, प्रोटीन व वसा) होते हैं, जो निर्जीव पदार्थ हैं। कोशिकाद्रव्य एक बहुत गाढ़ा पारभासी (Translucent) एवं चिपचिपा पदार्थ है। इसमें अनेक रचनाएँ उपस्थित होती हैं जिनके अलग-अलग कार्य होते हैं । इन रचनाओं को कोशिकांग (Cell organelle) कहते हैं। यूकैरियोटिक कोशिकाओं में कोशिकांग | झिल्लीयुक्त होते हैं, जबकि प्रोकैरियोटिक कोशिकाओं में ये झिल्लीयुक्त नहीं होते हैं। कोशिकाद्रव्य में निम्नलिखित कोशिकांग पाये जाते हैं, जो | विभिन्न प्रकार की उपापचयी क्रियाओं को दक्षतापूर्वक सम्पन्न करती हैं—

(a) अन्तः प्रद्रव्यी जालिका (Endoplasmic reticulum) : जन्तु एवं पादप कोशिकाओं के कोशिकाद्रव्य में अत्यंत सूक्ष्म, शाखित, झिल्लीदार, अनियमित नलिकाओं का घना जाल होता है। इस जालिका को अन्तःप्रद्रव्यी जालिका कहते हैं। यह लाइपोप्रोटीन की बनी होती है और कोशिकाओं में समानान्तर नलिकाओं के रूप में फैली रहती है। कोशिकाओं में इनका विस्तार कभी-कभी केन्द्रक की बाहय झिल्ली से प्लाज्मा झिल्ली तक होता है। अन्तः प्रद्रव्यी जालिका (ER) दो प्रकार की होती है 1) चिकनी अन्तः प्रद्रव्यीजालिका (Smooth endoplasmic reticulum or SER) : इस प्रकार की अन्तः प्रद्रव्यी जालिका की झिल्ली चिकनी होती है। इसकी सतह पर राइबोसोम नहीं पाये (ii) खुरदरी अन्तः प्रद्रव्यी जालिका (Rough endoplasmic जाते हैं । ये लिपिड स्राव के लिए उत्तरदायी होते हैं।

(ii) खुरदरी अन्तः प्रद्रव्यी जालिका (Rough endoplasmic reticulum or RER) : इस प्रकार की अन्तः प्रद्रव्यी जालिका की बाहरी झिल्ली के ऊपर छोटे-छोटे कण पाये जाते हैं जिन्हें राइबोसोम (Ribosome) कहते हैं। ये प्रोटीन संश्लेषण के लिए उत्तरदायी होते हैं।

अन्तःप्रद्रव्यी जालिका अन्तः कोशिकीय परिवहन तंत्र का निर्माण करती है। चिकनी अन्तः प्रद्रव्यी जालिका वसा एवं कोलेस्ट्रॉल संश्लेषण में भाग लेती है। खुरदरी अन्तः प्रद्रव्यी जालिका (RER) प्रोटीन संश्लेषण में मदद करते हैं । अन्तः प्रद्रव्यी जालिका केन्द्रक से कोशिकाद्रव्य में - आनुवंशिक पदार्थों को जाने का पथ बनाती हैं। यह कोशिका द्रव्य को यांत्रिक सहारा प्रदान करती है। यह कोशिका विभाजन के समय कोशिका प्लेट (Cell plate) एवं केन्द्रक झिल्ली के निर्माण में भाग लेती है। इसके कारण ही कोशिका का सतही क्षेत्र (Surface area) काफी बढ़ जाता है।

(b) राइबोसोम (Ribosome) : इसकी खोज पैलेड (Palade) ने 1955 ई. में की थी। ये ऐसे कण है जो केवल इलेक्ट्रॉन सूक्ष्मदर्शी से ही दिखाई पड़ते हैं। ये अन्तः प्रद्रव्यी जालिका की झिल्लियों की सतह पर सटे होते हैं या फिर अकेले या गुच्छों में कोशिकाद्रव्य में बिखरे रहते हैं। ऐसे राइबोसोम जो गुच्छों में मिलते हैं, पॉली राइबोसोम (Polyribosome) या पॉलीसोम (Polysome) कहलाते हैं। ये रचनाएँ प्रोटीन और आर.एन.ए. (RNA) की बनी होती हैं। राइबोसोम प्रोटीन संश्लेषण में भाग लेता है।

(c) गॉल्जी उपकरण या गॉल्जीकाय (Golgi complex) : इसकी खोज कैमिलो गॉल्जी (Camillo Golgi) ने 1898 ई. में की थी। साधारण सूक्ष्मदशी से देखने पर यह मुड़ी हुई छड़ या गुच्छों के समान प्रतीत होता है। पादप कोशिका में ये कोशिका द्रव्य में मुड़ी हुई छड़ के समान रचना बनाकर बिखरे रहते हैं जिन्हें डिक्टियोसोम (Dictyosomes) कहते हैं। इलेक्ट्रॉन सूक्ष्मदर्शी से देखने पर येचारों तरफ से झिल्ली से घिरी हुई अनेक समानान्तर नलिकाओं या चपटी कुंडिकाओं या सिस्टरनी (Cisternae) की समूह की तरह होते हैं। कुडिकाओं के सिरे पर छोटी-छोटी पुटिकाएँ (Vesicles) स्थित होती हैं। इसके अतिरिक्त नीचे की तरफ बड़ी-बड़ी रिक्तिकाएँ (Vacuoles) पायी जाती हैं। गॉल्जीकाय की झिल्लियों का सम्पर्क अन्तः प्रद्रव्यी जालिका (ER) की झिल्लियों से रहता है। गॉल्जीकाय कुछ यूकैरियोटिक कोशिका, स्तनधारी की लाल रुधिर कणिका, - जीवाणु एवं नील हरित शैवालों में नहीं पाये जाते हैं। यह कोशिका का मुख्य स्रवण (Secretory) अंगक हैं। यह लाइसोसोम एवं पेरॉक्सिसोम के निर्माण में मदद करता है। पादप कोशिका विभाजन के समय यह कोशिका प्लेट (Cell Plate) बनाने में सहायता करता है।

(d) लाइसोसोम (Lysosome) : इसकी खोज क्रिश्चियन डि-डवे (Christian de duve) ने 1958 ई. में की थी। यह बहुत ही सूक्ष्म कोशिकांग है जो छोटी-छोटी पुटिकाओं (Vesicles) के रूप में पाये जाते हैं। इसके चारों तरफ एक पतली झिल्ली होती है । इसका आकार बहुत छोटा और थैली जैसा होता है। इसमें ऐसे एंजाइम्स होते हैं जिनमें जीवद्रव्य को घुला देने या नष्ट कर देने की क्षमता रहती है। कोशिकीय उपापचय में व्यवधान के कारण जब कोशिका क्षतिग्रस्त हो जाती है तो लाइसोसोम फट जाते हैं। एवं इसमें मौजूद एन्जाइम अपनी ही

कोशिका को पाचित कर देते हैं। इसके परिणामस्वरूप कोशिका की मृत्यु हो जाती है। अतः इसे आत्महत्या की थैली (Suicide bag) भी कहा जाता है। यह 'कोशिका में प्रवेश करने वाले बड़े कणों एव बाह्य पदार्थों का पाचन करता है। यह अंतःकोशिकीय पदार्थों तथा अंगकों के टूटे-फूटे भागों को प्राचित कर कोशिका को साफ करता है। यह जीवाणु एवं विषाणु से रक्षा करता है।

(e) माइटोकॉण्ड्रिया (Mitochondria) : इसकी खोज अल्टमेन (Altman) नामक वैज्ञानिक ने 1890 ई. में की थी। यह कोशिकाद्रव्य में पायी जाने वाली बहुत महत्वपूर्ण रचना है जो कोशिकाद्रव्य में बिखरी रहती है। अल्टमेन ने इसे बायोब्लास्ट तथा बेण्डा ने माइटोकॉण्ड्रिया नाम दिया। इसका आकार (Size) और आकृति (Shape) परविर्तनशील होता है। यह कोशिकाद्रव्य में कणों (Chondriomits), सूत्रों (Filament), छड़ों (Chondriconts) और गोलकों (Chondriospheres) के रूप में बिखरा रहता है। प्रत्येक माइटोकॉण्ड्रिया एक बाहरी झिल्ली एवं एक अन्तः झिल्ली से चारों ओर घिरी रहती है तथा इसके बीच में एक तरलयुक्त गुहा होती है, जिसे माइटोकॉण्ड्रियल गुहा (Mitochondrial cavity) कहते हैं। माइटोकॉण्ड्रिया की भीतरी झिल्ली से अनेक प्रवर्ध निकलकर माइटोकॉण्ड्रियल गुहा मैट्रिक्स (Matrix) में लटके रहते हैं जिन्हें क्रिस्टी (Cristae) कहते हैं। क्रिस्टी की सतह पर F कण या ऑक्सीसोम (Oxysome) पाये जाते हैं। माइटोकॉण्ड्रिया को ऊर्जा उत्पन्न करने के कारण कोशिका का ऊर्जा गृह (Power house of the cell) कहा जाता है। इसे कोशिका का ऊर्जा गृह इसलिए कहते हैं कि 36 ATP अणु जो कि एक ग्लूकोज अणु के टूटने से बनते हैं उनमें 34 ATP (क्रेब्स चक्र के दौरान) (2 माइटोकॉण्ड्रिया में ही बनते हैं।

(f) लवक (Plastid) : यह केवल पादप कोशिकाओं में पाये जाते हैं। ये कोशिकाद्रव्य में चारों ओर बिखरे रहते हैं। ये आकार में मुख्यतः अंडाकार, गोलाकार या तश्तरीनुमा (Disc shaped) होते हैं। इसके अलावा ये भिन्न-भिन्न आकार जैसे - तारानुमा, फीतानुमा, कुण्डलाकार आदि भी हो सकते हैं। ये तीन प्रकार के होते हैं—

(i) अवर्णीलवक (Leucoplasts) : यह पौधों के उन भागों की कोशिकाओं में पाया जाता है, जो सूर्य के प्रकाश से वंचित रहते हैं। जैसे—जड़ एवं भूमिगत तनों में। यह स्टार्च कणिकाओं एवं तेलबिन्दु को बनाने एवं संग्रहीत करने हेतु उत्तरदायी होता है।

(ii) वर्णीलवक (Chromoplast) : ये रंगीन लवक होते हैं जो प्रायः लाल, पीले एवं नारंगी रंग के होते हैं। ये पौधों के रंगीन भागों जैसे, पुष्प, फलाभित्ति, बीज आदि में पाये जाते हैं।

(iii) हरित लवक (Chloroplast) : पौधों के लिए हरित लवक बहुत ही महत्वपूर्ण कोशिकीय संरचना है, क्योंकि इसी में मौजूद वर्णकों (Chlorophyll) की सहायता से प्रकाश संश्लेषण की क्रिया सम्पन्न होती है। इस कारण हरित लवक को कोशिका का रसोई घर कहा जाता है। हरित लवक में पर्णहरित के अलावा कैरोटिन (Carotene) एवं जेन्थोफिल

(Xanthophyll) नामकं वर्णक भी पाये जाते हैं। पत्तियों का रंग पीला होने के कारण उनमें कैरोटिन का निर्माण होना है। पर्णहरित में मैग्नीशियम (Mg) धातु उपस्थित होता है।

(g) रसधानी (Vacuole) : कोशिका की रसधानियाँ (Vacuoles) चारों ओर से एक अद्र्धपारगम्य झिल्ली से घिरी रहती है, जिसे टोनोप्लास्ट (Tonoplast) कहते हैं। रसधानियाँ छोटी अथवा बड़ी हो सकती हैं। इन रसधानियों के अंदर ठोस या तरल पदार्थ भरा रहता है। जन्तु कोशिकाओं में रसधानियाँ छोटी होती हैं जबकि पादप कोशिकाओं में ये बड़ी होती हैं। पादप कोशिकाओं की रसधानियों में कोशिका रस (Cell sap)भरा रहता है जो कि निर्जीव पदार्थ होता है। जन्तु कोशिका में रसधानियाँ जल संतुलन का कार्य करती हैं। पादप कोशिका में ये स्फीति (Turgidity) तथा कठोरता प्रदान करती है। कुछ एककोशिकीय जीवों में विशिष्ट रसधानियाँ कुछ अपशिष्ट पदार्थों को शरीर से बाहर निकालने में सहायक होती हैं।

(h) तारककाय (Centrosome) : इसकी खोज बोवेरी ने 1888 ई. में की थी। यह केवल जन्तु कोशिका में पाया जाता है। यह एक बेलन जैसी रचना के रूप में दिखती है। यह जन्तु कोशिका के केन्द्रक के पास एक छोटा-सा चमकदार क्षेत्र होता है। इसमें एक या दो सूक्ष्म• रचनाएँ होती हैं जिन्हें सेन्ट्रिओल (Centriole) कहते हैं। प्रत्येक सेन्ट्रिओल के चारों ओर धागे की तरह तारक रश्मियाँ (Astral rays) दिखायी पड़ती हैं। तारककाय जन्तु कोशिका विभाजन में मदद करता है। यह कोशिका में सीलिया (Cilia) एवं फ्लैजिला (Flagella) के बनने में भाग लेता है। यह कोशिका का प्रचलन अंगक (Locomotory organelle) है ।

(i) माइक्रोट्यूब्यूल्स (Microtubules) : ये छोटी-छोटी नलिकाकार रचनाएँ होती हैं जो कोशिका द्रव्य में पायी जाती हैं। यह कोशिका विभाजन के समय स्पिंडल (Spindle) के निर्माण में भाग लेती हैं। यह सेन्ट्रिओल, सीलिया, फ्लैजिला आदि के निर्माण में भी भाग लेती है।

2. केन्द्रक (Nucleus): कोशिका में केन्द्रक की खोज रॉबर्ट ब्राउन (Robert Brown) ने 1831 ई. में की थी। कोशिका द्रव्य के बीच में एक बड़ी, गोल एवं गाढ़ी संरचना पायी जाती है जिसे केन्द्रक कहते हैं। इसके चारों ओर दोहरे परत की एक झिल्ली होती है, जिसे केन्द्रक कला या केन्द्रक झिल्ली (Nuclear membrane) कहते हैं। इसमें अनेक केन्द्रक छिद्र होते हैं जिसके द्वारा केन्द्रक द्रव्य एवं कोशिका द्रव्य के बीच पदार्थों का आदान-प्रदान होता है। प्रत्येक जीवित कोशिका में प्रायः एक केन्द्रक पाया जाता है, लेकिन कुछ कोशिकाओं में एक से अधिक केन्द्रक पाये जाते हैं। केन्द्रक के अंदर गाढ़ा अद्र्धतरल द्रव्य भरा रहता है, जिसे केन्द्रकद्रव्य (Nucleoplasm) कहते हैं। केन्द्रकद्रव्य में महीन धागों की जाल जैसी रचना पायी जाती है जिसे क्रोमेटिन जालिका (Chromatin network) कहते हैं। ये डीऑक्सीराइबो न्यूक्लिक अम्ल (DNA) एवं प्रोटीन के बने होते हैं। DNA आनुवंशिक लक्षणों को एक पीढ़ी से दूसरी पीढ़ी तक ले जाते हैं। कोशिका विभाजन (Cell division)

के समय क्रोमेटिन जालिका के धागे अलग होकर कई छोटी और मोटी छड़ जैसी रचना में परिवर्तित हो जाते हैं। इसे ही गुणसूत्र (Chromosomes) कहते हैं। DNA अणु में कोशिका के निर्माण एवंसंगठन की सभी आवश्यक सूचनाएँ होती हैं। DNA के क्रियात्मक खण्ड को जीन (Gene) कहते हैं। अतः DNA को आनुवंशिक पदार्थ तथा जीन को आनुवंशिक इकाई (Hereditary unit) कहते हैं। केन्द्रक कोशिका की रक्षा करता है और कोशिका विभाजन में भाग लेता है। यह कोशिका के अंदर सम्पन्न होनेवाली सभी उपापचयी (Metabolic) तथा रासायनिक क्रियाओं का नियंत्रण करता है। यह कुछ जीवों में कोशिकीय जनन में महत्वपूर्ण भूमिका निभाता है। यह कोशिका के विकास एवं परिपक्वन को निर्धारित करता है। यह प्रोटीन संश्लेषण हेतु आवश्यक कोशिकीय आर.एन.ए. (RNA) उत्पन्न करता है।केन्द्रक के अंदर केन्द्रकद्रव्य में एक छोटी गोलाकार या अंडाकार रचना पायी जाती है जिसे केन्द्रिका (Nucleolus) कहते हैं। यह कम सक्रिय कोशिकाओं में छोटी होती है अथवा नहीं पायी जाती है। सक्रिय स्रावी कोशिकाओं में यह बड़ी होती है। यह संख्या में एक या अनेक (कई हजार) होती है । केन्द्रिका में RNA का संश्लेषण होता है। कोशिका विभाजन में केन्द्रिका का विशेष महत्व होता है।

एक सामान्य कोशिका के केन्द्रक में गुणसूत्र (Chromosome) महीन लम्बे तथा अत्यधिक कुण्डलित धागे के रूप में दिखायी देते हैं। कोशिका विभाजन के समय ये स्पष्ट दिखायी देते हैं। सामान्यतः गुणसूत्र बेलनाकार होते हैं। प्रत्येक गुणसूत्र के तीन भाग होते हैं

(a) पेलिकल (Pellicle) : गुणसूत्र का सबसे बाहरी आवरण पेलिकल कहलाता है।

(b) मैट्रिक्स (Matrix) : पेलिकल के द्वारा घिरा हुआ भाग मैट्रिक्स कहलाता है।

(c) क्रोमैटिड्स (Chromatids): मैट्रिक्स में गुणसूत्र की पूरी लम्बाई में, दो समानान्तर कुण्डलित धागों के समान रचना होती है जिसे क्रोमैटिड्स या अद्र्धगुणसूत्र कहते हैं । प्रत्येक क्रोमैटिड में दो या अधिक अत्यन्त महीन कुण्डलित धागे के समान रचनाएँ पायी जाती हैं जिन्हें क्रोमोनिमाटा (Chromonimata) कहते हैं। प्रत्येक क्रोमैटिड के क्रोमोनिमैटा इतनी अधिक घनिष्ठता से एक-दूसरे से सम्बद्ध होते हैं कि वे एक ही दिखाई पड़ते हैं। क्रोमैटिड DNA एवं हिस्टोन (Histone) प्रोटीन का बना होता है। गुणसूत्र केदोनों क्रोमेटिड एक स्थान पर सेन्ट्रोमीयर (Centromere) केद्वारा एक-दूसरे से संयोजित रहते हैं। सेन्ट्रोमीयर एक महत्वपूर्ण रचना होती है जो गुण सूत्र का आकार निश्चित करता है तथा कोशिका विभाजन के समय तर्क सूत्र (Spindle fibres) से गुणसूत्र को संलग्न करता है। सेन्ट्रोमीयर की उपस्थिति के कारण ही गुणसूत्र दो भागों में विभाजित हो जाता है।प्रत्येक भाग बाहु (Arm) कहलाता है।

दोनों बाहुओं के संधि स्थल पर एक संकुचन (Constriction) होता है जिसे प्राथमिक संकुचन (Primary constriction) कहते कभी-कभी गुणसूत्रों की बाहुओं में प्राथमिक संकुचन के अलावे हैं। एक अन्य संकुचन भी देखने को मिलता है इसे द्वितीयक संकुचन (Secondary constriction) कहते हैं। गुणसूत्र का शीर्ष भाग टेलोमीयर (Telomere)

कहलाता है ।

प्रत्येक जीवों की कोशिकाओं केन्द्रक में पाये जाने वाले गुणसूत्रों की संख्या निश्चित होती है। जैसे मनुष्य के शरीर की कोशिकाओं में 46 गुणसूत्र, ड्रोसोफिला की कोशिकाओं में 8 गुणसूत्र, मक्का के पौधों को कोशिकाओं में 20 गुणसूत्र, टमाटर के पौधों की कोशिकाओं में 24 गुणसूत्र, आलू के पौधों की कोशिकाओं में 48 गुणसूत्र | ये गुणसूत्र सदा जोड़े में रहते हैं। एक जोड़े के दोनों गुणसूत्र सदा एक-दूसरे के समान होते हैं। इस कारण ये दोनों समजात गुणसूत्र (Homologous chromosome) कहलाते हैं। ऐसी कोशिका के गुणसूत्र समूह, जिसमें दोनों समजात गुणसूत्र होते हैं, द्विगुणित (Diploid) कहलाते हैं। युग्मकों में गुणसूत्र की संख्या कायिक कोशिका के गुणसूत्र की संख्या की आधी होती है। ऐसे कोशिका के गुणसूत्र समूह अगुणित (Haploid) कहलाते हैं।

कोशिका विभाजन

1855 ई. में सर्वप्रथम वर्चो (Virchow) महोदय ने स्पष्ट किया कि नवीन कोशिकाओं का जन्म पहले से विद्यमान कोशिकाओं से होता है। कोशिका विभाजन का प्रमुख कार्य एक कोशिका से अनेक संतति कोशिकाओं (Daughter Cells) को जन्म देना है। ये कोशिकाएँ मानव तथा अन्य प्राणियों में शारीरिक वृद्धि, क्षतिग्रस्त ऊतकों के पुनरुत्पादन, नवीन अंगों की वृद्धि एवं लैंगिक अलैंगिक जनन में महत्वपूर्ण भूमिका निभाती है । सामान्यतया कोशिका विभाजन दो प्रकार के देखने को मिलते हैं जिन्हें **समसूत्री विभाजन** (Mitosis) एवं **अद्र्धसूत्री विभाजन** (Meiosis) के नाम से जाना जाता है। इसके अतिरिक्त एक अन्य कोशिका विभाजन भी पाया जाता है जिसे **असूत्री विभाजन** (Amitosis) कहते हैं ।

1. असूत्री कोशिका विभाजन (Amitosis) : यह विभाजन आदिम जीवों, जीवाणु, कवक, प्रोटोजोआ, शैवाल आदि में देखा जाता है। इसे प्रत्यक्ष केन्द्रक विभाजन भी कहा जाता है। इसमें केन्द्रक पहले लम्बा हो जाता है फिर सीधा दो भागों में विभाजित होकर अलग हो जाता है। प्रत्येक भाग में एक संतति केन्द्रक पहुँचता है ।

2. समसूत्री विभाजन (Mitosis) : इसे परोक्ष कोशिका भी कहा जाता है। माइटोसिस शब्द का प्रयोग सर्वप्रथम 1882 ई. में वाल्थर फ्लोमिंग महोदय द्वारा किया गया। उन्होंने ही कोशिका विभाजन का नाम 'माइटोसिस' (Mitosis) रखा जिसका अर्थ है-धागे की तरह निर्माण (Thread like formation)। वास्तव में माइटोसिस का अर्थ केन्द्रक का विभाजन है, परन्तु व्यावहारिक रूप में यह शब्द केन्द्रक का विभाजन है, परन्तु व्यावहारिक रूप में यह शब्द केद्रक और कोशिकाद्रव्य दोनों के विभाजन के लिए इस्तेमाल होता है। इस प्रकार का कोशिका विभाजन शरीर की कायिक कोशिकाओं में होता है। इस प्रकार के विभाजन में मातृ कोशिका (Mother cell) विभाजित होकर दो समान नई संतति कोशिकाएँ (Daughter cells) बनाती है । समसूत्री कोशिका विभाजन एक निरन्तर प्रक्रिया है। समसूत्री विभाजन

एक जटिल प्रक्रम है जो कई चरणों या अवस्थाओं में सम्पन्न होता है । अध्ययन की सुगमता के लिए समसूत्री विभाजन को पाँच चरणों या अवस्थाओं में विभाजित किया जा सकता है—

(a) विश्रामावस्था या इंटरफेज (Resting stage or Interphase): समसूत्री विभाजन शुरू होने से पहले प्रत्येक कोशिका विश्रामावस्था में होती है । इस अवस्था में कोशिका के जलयोजित (Hydrated) होने के कारण गुणसूत्र स्पष्ट रूप से दिखायी नहीं पड़ते हैं। इस अवस्था में केन्द्रक जाल (Chromatin network) केन्द्रक द्रव्य में विसरित (diffused) रहता है, परन्तु धीरे-धीरे यह केन्द्रक-जाल स्पष्ट होने लगता है।

(b) प्रोफेज (Prophase) : समसूत्री विभाजन के प्रारम्भ होते ही कोशिका में निर्जलीकरण शुरू होने लगता है। इसके परिणामस्वरूप कोशिका और तत्पश्चात क्रोमेटिन जाल भी स्पष्ट नजर आने लगते हैं। इसके पश्चात क्रोमेटिन जाल के धागे टूटकर अनेक छोटे-छोटे टुकड़ों में परिवर्तित हो जाते हैं। ये टुकड़ें गुणसूत्र (Chromosomes) होते हैं। प्रत्येक गुणसूत्र पर दानेदार रचनाएँ दिखायी पड़ती है जिन्हें क्रोमोमीयर (Chromomere) कहते हैं। प्रारम्भ में गुणसूत्र थोडे लम्बे होते हैं। प्रत्येक जीव की कोशिकाओं में गुणसूत्रों की संख्या निश्चित होती है। प्रत्येक गुणसूत्र में एक विशिष्ट स्थान होता है, जिसे सेन्ट्रोमीयर (Centromere) कहते हैं। इसके पश्चात् गुणसूत्रों की लम्बाई में दो अद्र्धभागों में विभांजन होता है, परन्तु दोनों अद्र्धभाग एक-दूसरे से सेन्ट्रोमीयर पर जुड़े रहते हैं । प्रत्येक अद्र्धभाग को अद्र्धगुणसूत्र या क्रोमेटिड (Chromatids) कहते हैं। जंतु कोशिका में तारककाय (Centrosome) दो भागों में विभाजित होकर कोशिका के दोनों ध्रुवों (Poles) पर खिसक जाते हैं। प्रत्येक तारककाय के चारों ओर अनेक तारक- रश्मियाँ (Astralrays) निकलती हैं। दोनों तारककायों के बीच के कोशिकाद्रव्य में कुछ परिवर्तन होता है। इसके फलस्वरूप दोनों तारककायों के बीच तर्कुधागों (Spindle Fibres) का निर्माण होता है। इसके पश्चात् गुणसूत्र सिकुड़कर छोटे एवं मोटे हो जाते हैं। पादप कोशिकाओं में तर्क धागे तो बनते हैं परन्तु तारककाय नहीं पाये जाते हैं। धीरे-धीरे केन्द्रक झिल्ली गायब (Disappear) होने लगती है और गुणसूत्र कोशिका के मध्य में आ जाते हैं । केन्द्रक झिल्ली के गायब होने के साथ-साथ प्रोफेज अवस्था पूर्ण हो जाती है ।

(c) मेटाफेज (Metaphase) : समसूत्री विभाजन की इस अवस्था में तर्क (Spindle) पूर्ण विकसित हो जाते हैं। तर्क के बीचोबीच के भाग को मध्यवर्ती रेखा कहते हैं। गुणसूत्र के अद्र्धगुणसूत्र (Chromatids) पहले की तुलना में अधिक स्पष्ट हो जाते हैं। प्रत्येक गुणसूत्र खिसककर तर्क की मध्यवर्ती रेखा पर व्यवस्थित हो जाता है। गुणसूत्र अपने सेंट्रोमीयर द्वारा तर्क धागों से जुड़ जाते हैं ।

(d) एनाफेज (Anaphase) : समसूत्री विभाजन के इस अवस्था के आरम्भ होते ही प्रत्येक गुणसूत्र का सेंट्रोमीयर दो भागों में विभाजित हो जाता है। इसके परिणामस्वरूप प्रत्येक गुणसूत्र के क्रोमैटिड अब अलग-अलग हो जाते हैं। प्रत्येक गुणसूत्र के दोनों क्रोमैटिडों के

मध्य एक तरह का विकर्षण (Repulsion) पैदा हो जाता है । इसके कारण दोनों क्रोमैटिड एक-दूसरे से दूर खिसकने लगते हैं । तर्क धागों में भी एक प्रकार का खिंचाव पैदा हो जाता है, जिससे तर्क धागे धीरे-धीरे सिकुड़ना शुरू कर देते हैं। अतः तर्क धागों का सिकुड़ना क्रोमैटिडों को एक-दूसरे से दूर खिसकने में मदद करता है। इस खिंचाव के फलस्वरूप दोनों क्रोमैटिड कोशिका के दोनों ध्रुवों पर पहुँच जाते हैं। गुणसूत्रों का आकार 'V' या 'U' की तरह का हो जाता है। अब प्रत्येक क्रोमैटिड संतति गुणसूत्र (Daughter chromosomes) कहलाते हैं।

(e) टेलोफेज (Telophase): इस अवस्था में संतति गुणसूत्र विपरीत दिशा में खिसकते खिसकते अपनी ओर के तारककाय के निकट पहुँच जाते हैं । अब प्रत्येक कोशिका ध्रुव (Pole) में मौजूद संतति गुणसूत्रों में प्रोफेज के ठीक विपरीत प्रतिक्रियाएँ होती हैं। इसके फलस्वरूप गुणसूत्रों में जलीयकरण (Hydration) शुरू हो जाता है जिससे गुणसूत्र धीरे-धीरे पतले व लम्बे हो जाते हैं और वे स्पष्ट दिखाई नहीं पड़ते हैं। केन्द्रिका (Nucleolus) पुनः प्रकट हो जाती है। इसके साथ-साथ गुणसूत्रों के चारों ओर केन्द्रक झिल्ली का निर्माण फिर से हो जाता है। इस प्रकार एक मातृ केन्द्रक से दो संतति केन्द्रक बन जाते हैं।

साइटोकाइनेसिस (Cytokinesis): केन्द्रक के विभाजन के पश्चात कोशिकाद्रव्य (Cytoplasm) का विभाजन होता है जिसे साइटोकाइनेसिस कहते हैं । वस्तुतः कोशिका द्रव्य का विभाजन एनाफेजअवस्था से ही प्रारम्भ हो जाता है। टेलोफेज के अन्त में कोशिकाद्रव्य बीचोबीच से अंदर की ओर धँसना शुरू कर देता है जिससे एक संकुचन (Constriction) बन जाता है। धीरे-धीरे कोशिकाद्रव्य का अंदर की ओर धँसना बढ़ता जाता है। परिणामस्वरूप कोशिकाद्रव्य दो भागों में बँट जाता है और अंत में कोशिका का पूर्ण विभाजन हो जाता है। इस प्रकार एक कोशिका से दो कोशिकाओं का निर्माण हो जाता है।

पादप कोशिका में कोशिका द्रव्य का विभाजन कोशिका द्रव्य के अंदर धँसने के फलस्वरूप नहीं होता है। पादप कोशिकाओं में तर्क के बीच में नन्हीं-नन्हीं कणिकाएँ एकत्रित होकर और आपस में संयोजित होकर कोशिका पट्टिका (Cell plate) का निर्माण करती है। इस कोशिका पट्टिका के दोनों ओर सेल्यूलोस (Cellulose) की दीवार बन जाती है । इस प्रकार दो संतति कोशिकाओं का निर्माण हो जाता है।

समसूत्री विभाजन का महत्व (Significance of mitosis). समसूत्री विभाजन द्वारा एक मातृ कोशिका से दो समान संतति कोशिकाओं का निर्माण होता है। इस विभाजन के परिणामस्वरूप निर्मित सभी संतति कोशिकाओं में गुणसूत्रों की संख्या समान रहती है। इस विभाजन के परिणामस्वरूप संतति कोशिकाओं के गुण मातृ, कोशिकाओं के समान होते हैं। यह विभाजन सभी सजीवों में वृद्धि का आधार होता है। सजीदों में घावों का भरना एवं अंगों का पुनरुद्भवन (Regeneration) इसी विभाजन के परिणामस्वरूप संभव होता है।

3. अद्र्धसूत्री विभाजन (Meiosis): अद्र्धसूत्री कोशिका विभाजन क की खोज सर्वप्रथम बीजमैन (Weismann) नामक वैज्ञानिक ने की थी, परन्तु इसका नामकरण Meiosis फार्मर तथा मूरे (Farmer and जाते Moore) ने 1905 ई. में किया। इस प्रकार का

कोशिका विभाजन केवल जनन कोशिकाओं में होता है। इस कोशिका विभाजन के द्वारा जन्तुओं में शुक्राणु (Sperm) तथा अण्डाणु (Ovum) एवं पादपों में नर तथा मादा युग्मक बनते हैं जिनमें गुणसूत्रों की संख्या आधी रह जाती है। इस कारण इस कोशिका विभाजन को न्यूनकारी कोशिका सेन विभाजन (Reductional cell division) भी कहा जाता है। गुणसूत्रों की संख्या का आधा होना युग्मकों के निर्माण के समय होता है, जिनको युग्मकजनन (Gametogenesis) कहते हैं । युग्मकों में सामान्य गुणसूत्र संख्या की आधी ही संख्या मौजूद रहती है। इस कारण इसे अगुणित कोशिका (Haploid cell) कहते हैं । अगुणित कोशिका में गुणसूत्रों की केवल एक ही प्रतिलिपि मौजूद होती है। शुक्राणु (Sperm) व अण्डाणु (Ovum) संयोजित होकर युग्मनज (Zygote) का निर्माण करते हैं। जिससे जीव की उत्पत्ति होती है। युग्मनज में फिर से गुणसूत्रों की संख्या दोगुनी हो जाती है। इसे द्विगुणित कोशिका (Diploid cells) कहते हैं। द्विगुणित कोशिका में आधे गुणसूत्र माता से तथा आधे गुणसूत्र पिता से प्राप्त होते हैं। इस प्रकार के कोशिका विभाजन के परिणामस्वरूप एक मातृ कोशिका से चार संतति कोशिकाओं का निर्माण होता है।

अद्र्धसूत्री कोशिका विभाजन में दो विभाजन होते हैं। प्रथम "विभाजन को विषमरूपी विभाजन (Heterotypic division) या ह्रास विभाजन (Reduction division) तथा दूसरे विभाजन को समरूप विभाजन (Homotypic division) कहते हैं। दो सम्पूर्ण अद्र्धसूत्री विभाजन के बीच में विश्रामावस्था (Interphase) होता है जो G, अवस्था, S–अवस्था एवं G, अवस्था में विभक्त होता है। समसूत्री विभाजन के S-अवस्था जैसा अद्र्धसूत्री के S-अवस्था में भी DNA का संश्लेषण होता है । अद्र्धसूत्री विभाजन विश्रामावस्था के G अवस्था के पश्चात् प्रारम्भ होता है। अद्र्धसूत्री कोशिका विभाजन की क्रिया को निम्नलिखित अवस्थाओं में बाँटा जा सकता है–

(A) विषमरूपी विभाजन (Heterotypic division) या ह्रास विभाजन (Reduction division): यह निम्नलिखित चरणों में सम्पन्न होता है

1. प्रोफेज-I (Prophase-I). यह एक लम्बी अवस्था है। माइटोसिस तुलना में मिओसिस की पूर्वावस्था (Prophase) काफी लम्बी होती की है। यह पाँच विभिन्न चरणों में सम्पन्न होती है–

(a) लेप्टोटीन (Leptotene): यह एक छोटी अवस्था है। इसमें गुणसूत्र लम्बे एवं पतले हो जाते हैं, जिसे क्रोमोनिमेटा (Chromonemata) कहते हैं। क्रोमोमीयर स्पष्ट हो जाते हैं। गुणसूत्रों की संख्या शरीर की अन्य कोशिकाओं के गुणसूत्रों की तरह द्विगुणित होती है।

(b) जाइगोटीन (Zygotene): इस अवस्था में समजात गुणसूत्र जोड़ों मैं व्यवस्थित हो जाते हैं और वे लम्बाई में एक दूसरे से सट जाते हैं। इन जोड़े गुणसूत्रों को बाइवैलेण्ट्स (Bivalents) कहते हैं। सेन्ट्रिओल एक-दूसरे से अलग होकर केन्द्रक के विपरीत ध्रुवों की ओर चले जाते हैं। तंतु एवं एस्टर का निर्माण प्रारम्भ हो जाती है। * प्रोटीन एवं RNA संश्लेषण के फलस्वरूप केन्द्रिका बड़ा हो जाता है।

(c) पैकीटीन (Pachytene): इस अवस्था में जोड़े गुणसूत्र (Bivalents) सिकुड़कर छोटे और मोटे हो जाते हैं। इसके अतिरिक्त जोड़े गुणसूत्रों का प्रत्येक गुणसूत्र लम्बाई में विभाजित हो जाता है। इसके फलस्वरूप प्रत्येक जोड़े गुणसूत्र (Bivalents) में चार क्रोमेटिड्स हो जाते हैं और अब यह टेट्रावैलेण्ट्स (Tetravalents) कहलाता है । इनमें दो मातृ तथा दो पितृ क्रोमैटिड्स होते हैं । कभी-कभी मातृ और पितृ क्रोमैटिड एक या ज्यादा स्थानों पर एक-दूसरे से क्रॉस (Cross) करते हैं। ऐसे बिन्दु पर मातृ तथा पितृ क्रोमैटिड टूट जाते हैं और एक क्रोमैटिड का टूटा हुआ भाग दूसरे क्रोमैटिड के टूटे स्थान से जुड़ जाते हैं। इसे क्रॉसिंग ओवर (Crossing over) कहते हैं ।

(d) डिप्लोटीन (Diplotene) : इस अवस्था का प्रारम्भ उसी समय हो जाता है जिस समय बाइवैलेण्ट्स के समजात गुणसूत्र विभाजित होकर टेट्रावैलेण्ट्स बना लेते हैं। समजात गुणसूत्र अलग होने लगते हैं, परन्तु जोड़े के दो सदस्य पूर्ण रूप से अलग नहीं हो पाते, क्योंकि वे एक-दूसरे से X के रूप में उलझे रहते हैं। ऐसे स्थानों को काऐज्मेटा (Chiasmata) कहते हैं ।

(e)डायकाइनेसिस (Diakinesis): इस अवस्था में बाइवैलेण्ट्स और अधिक छोटे व मोटे हो जाते हैं और वे केन्द्रक की दीवार के निकट चले जाते हैं। केन्द्रक कला एवं केन्द्रिका लुप्त हो जाती है। सेन्ट्रोसोम अलग हो जाते हैं और तर्कुतन्तु का निर्माण हो जाता है । काइऐज्मेटा की संख्या कम होने लगती है ।

2. मेटाफेज-I (Metaphase-I) : इस अवस्था में प्रत्येक बाइवैलेण्ट्स के सदस्य सेन्ट्रोमीयर द्वारा तर्क तंतुओं के बीचो-बीच जुड़े रहते हैं। । एक का सेन्ट्रोमीयर दूसरे के सेन्ट्रोमीयर के सामने स्थित होता है। इसप्रकार बाइवैलेण्ट्स तर्क के बीचो-बीच अर्थात् मध्य रेखा पर व्यवस्थित हो जाते हैं।

3. ऐनाफेज-I (Anaphase-I): इस अवस्था में बाइवैलेण्ट्स के सदस्य विकर्षण के फलस्वरूप कोशिकाओं के दोनों ध्रुवों की ओर खिसकने लगते हैं। इस प्रकार जोड़े गुणसूत्र से दोनों गुणसूत्र बिल्कुल अलग हो जाते हैं और कोशिका के दोनों ध्रुवों पर चले जाते हैं। 4. टेलोफेज-1 (Telophase-I) : यह क्रिया समसूत्री विभाजन (Mitosis) की अंत्यावस्था के समान ही होती है। अब प्रत्येक गुणसूत्र के दोनों क्रोमैटिड 'L' या 'V' के आकार में व्यवस्थित हो जाते हैं। 5. साइटोकाइनेसिस (Cytokinesis): यह उसी प्रकार का होता है। जिस प्रकार का समसूत्री विभाजन में होता है। इसके परिणामस्वरूप दो संतति कोशिकाएँ बनती हैं जिसमें गुणसूत्रों की संख्या मातृ कोशिकाओं की ठीक आधी होती हैं।

विश्रामावस्था (Interphase): ह्रास विभाजन एवं समसूत्र विभाजन के बीच की अवस्था को विश्रामावस्था (Interphase) कहते हैं। इस अवस्था में DNA का अनुलिपीकरण (Replication) नहीं होता है इसके शीघ्र पश्चात कोशिकाएँ समसूत्र विभाजन (Meiosis-II) की अवस्था में चली जाती है।

(B) समरूप विभाजन (Homotypic division) या समसूत्र विभाजन (Mitosis) या

द्वितीय अद्र्धसूत्री विभाजन (Second meiotic division): यह समसूत्री विभाजन जैसा ही होता है। इसमें समसूत्री विभाजन की तरह अवस्थाएँ होती हैं। प्रथम अद्र्धसूत्री विभाजन के पूर्ण होने के पश्चात द्वितीय अद्र्धसूत्री विभाजन प्रारम्भ हो जाता है। द्वितीय अद्र्धसूत्री विभाजन में चार अवस्थाएँ होती हैं—

(a) प्रोफेज-II (Prophase-II): इस अवस्था में क्रोमेटिन जाल संघनित (Condensed) होकर गुणसूत्रों का रूप धारण कर लेता है। गुणसूत्र मोटे और घने हो जाते हैं।

(b) मेटाफेज-II (Metaphase-II) : इस अवस्था में केन्द्रिका एवं केन्द्रक झिल्ली गायब हो जाते हैं। गुणसूत्रों के सेन्ट्रोमीयर दो भाग में विभक्त हो जाते हैं, किन्तु वे अलग नहीं होते हैं। प्रत्येक गुणसूत्र के दोनों क्रोमैटिड केवल द्विगुणित सेन्ट्रोमीयर द्वारा जुड़े रहते हैं। तर्क (Spindle)बन जाती है और गुणसूत्र तर्क की मध्य रेखा पर सेन्ट्रोमीयर द्वारा चिपक जाते हैं।

(c) ऐनाफेज-II (Anaphase-II): इस अवस्था में गुणसूत्र के सेन्ट्रोमीयर विभाजित हो जाते हैं। एक गुणसूत्र के दोनों क्रोमैटिड्स अलग होकर दो गुणसूत्र बना लेते हैं। नए निर्मित गुणसूत्र तर्क के विपरीत ध्रुवों पर चले जाते हैं ।

(d) टेलोफेज-II (Telophase-II) : ध्रुवों पर स्थित गुणसूत्रों के चारों ओर केन्द्रकीय झिल्ली बन जाती है । केन्द्रिका का निर्माण पुनः हो जाता है। इस प्रकार एक अगुणित केंद्रक से चार अगुणित केन्द्रक बन जाते हैं । इसके पश्चात कोशिकाद्रव्य का विभाजन (Cytokinesis) होता है तथा एक कोशिका से दो कोशिकाएँ बन जाती हैं । इस प्रकार अद्र्धसूत्री विभाजन के पूर्ण होने के पश्चात एक द्विगुणित कोशिका (2n) से चार अगुणित कोशिकाओं (n) का निर्माण होता है।

अद्र्धसूत्री विभाजन का महत्व (Significance of meiosis) : अद्र्धसूत्री विभाजन का निम्नलिखित महत्व है

1. गुणसूत्रों की संख्या का न्यूनीकरण (Reduction in the number of chromosomes) : इस विभाजन के परिणामस्वरूप • शुक्राणु एवं अण्डाणु जनन कोशिकाएँ बनते हैं जिनमें गुणसूत्रों की संख्या आधी होती है । निषेचन के बाद बनी कायिक कोशिकाओं में फिर गुणसूत्रों की संख्या दुगुनी हो जाती है जो जनकों में सामान्य संख्या होती है।

2. आनुवंशिक पदार्थों की अदला बदली (Exchange of genetic materials) : अद्र्धसूत्री विभाजन के समय क्रोमैटिन पदार्थ का आपस में आदान-प्रदान होता है। इसके फलस्वरूप नर जनक और मादा जनक के समावेश की संभावना अधिक प्रबल हो जाती है। के गुणों का भली-भाँति मिश्रण होता है। इससे संतानों के अच्छे गुणों के समावेश की संभावना अधिक प्रबल हो जाती है।

<u>महत्वपूर्ण तथ्य:</u>

1. फ्लेमिंग ने 1882 ई. में सर्वप्रथम जन्तु कोशिकाओं में सम विभाजन (Mitosis) का अध्ययन किया था। उन्होंने ही सर्वप्रथम 'माइटोसिस' शब्द दिया था ।

2. फारमर एवं मूरे (Farmer and Moore) ने सर्वप्रथम 'अर्द्धसूत्री (Meiosis) शब्द दिया था।

3. स्केनेडर (Cschneider) ने सर्वप्रथम केन्द्रक विभाजन (Karyokinesis) शब्द दिया था।

4. व्हाइटमैन (Whitemann) ने 1887 ई. में सर्वप्रथम 'कोशिका द्रव्य विभाजन' (Cytokinesis) शब्द दिया था।

5

विषाणु

<u>विषाणु :-</u> विषाणु की खोज रूसी वनस्पति वैज्ञानिक इवानोवर (lvanovsky) ने 1892 ई. में तम्बाकू की पत्ती में मोजैक रोग (Mosaic disease) के कारण की खोज करते समय किया था। लुई पाश्चर तथा बीजरिंक ने इन्हें जीवित तरल संक्रामक का नाम दिया। एस (AIDS) के विषाणु को 1986 ई. में मानव प्रतिरक्षा अपूर्णता वाइ (HIV) नाम दिया गया।
विषाणु अति सूक्ष्म, परजीवी, अकोशिकीय (Noncellular) और विशेष न्यूक्लियो प्रोटीन कण है, जो जीवित परपोषी के अन्दर रहकर जनन (Reproduction) करते हैं । विषाणु को सिर्फ इलेक्ट्रॉन सूक्ष्मदर्शी की सहायता से ही देखा जा सकता है। विषाणुओं के अध्ययन को विषाणु विज्ञान (Virology) कहा जाता है । विषाणु की संरचना (Structure of virus): विषाणु रचना में प्रोटीन के आवरण से घिरा न्यूक्लिक अम्ल होता है। बाहरी आवरण या capsid में बहुत सी प्रोटीन इकाइयाँ होती हैं जिन्हें capsomere कहते हैं । सम्पूर्ण कण को विरियन (Virion) कहते हैं ।

विषाणु के प्रकार (Types of virus): परपोषी प्रकृति के अनुसार विषाणु मुख्यतः तीन प्रकार के होते हैं

1. पादप विषाणु (Plant virus): इनमें न्यूक्लिक अम्ल आर.एन.ए. (RNA) होता है। जैसे—ट्री. एम.वी. (T.M.V)
2. जन्तु विषाणु (Animal virus) : इनमें न्यूक्लिक अम्ल सामान्यतः डी.एन.ए. (DNA) और कभी-कभी आर. एन.ए (RNA) होता है। जैसे—इनफ्लूएन्जा वायरस, मम्पस वायरस आदि ।
3. बैक्ट्रियोफेज (Bacteriophage) या जीवाणुभोजी: ये केवल जीवाणुओं (Bacteria) के ऊपर आश्रित रहते हैं। इनमें न्यूक्लिक अम्ल के रूप में डी.एन.ए. (DNA) पाया जाता है। जैसे—टी-2 फेज (T-2 Phage)

विषाणु के निर्जीव होने के लक्षण

1. ये कोशा रूप में नहीं होते हैं।

2. इनको क्रिस्टल (Crystal) बनाकर निर्जीव पदार्थ की भाँति बोतल में भरकर कई वर्षों तक रखा जा सकता है।

<u>विषाणु के सजीव होने के लक्षण -</u>

1. इनके न्यूक्लिक अम्ल का द्विगुणन होता है।

2. ये किसी जीवित कोशिका में पहुँचते ही सक्रिय हो जाते हैं और एन्जाइमों का संश्लेषण करने लगते हैं। विषाणुओं में प्रजनन (Reproduction in virus): विषाणु गुणन (Multiplication) की विधि के द्वारा प्रजनन करते हैं। विषाणुओं से लाभ (Importance of virus) : विषाणुओं से निम्नलिखित लाभ हैं

1. विषाणुओं में सजीव एवं निर्जीव दोनों के गुण पाए जाने के कारण इसका उपयोग जैव विकास (evolution) के अध्ययन में किया जाता है।

2. विषाणुओं की सहायता से जल को खराब होने से बचाया जाता है। जीवाणुभोजी (Bacteriophage) जल को सड़ने से रोकता है।

3. ये नीले-हरे शैवालों की सफाई करने में सहायक होते हैं।

विषाणु से हानि (Harmness of virus) : विषाणुओं से होने वाली हानियाँ निम्नलिखित हैं

1. विषाणुओं से पौधों में अनेक प्रकार के रोग होते हैं। टोबैको मोजेक वायरस (TMV) से तम्बाकू की पत्तियों में मौजेक रोग होता है। बेनाना वायरस 1 के द्वारा केले में बंकी टॉप ऑफ बनाना (Bunchy top of banana) नामक पादप रोग होता है, जिससे केले की फसल को भारी नुकसान होता है। भारत में यह रोग इसके पड़ोसी देश श्रीलंका से आया है। आलू की फसल में पोटैटो मोजैक वायरस (Potato mosaic virus) द्वारा मोजैक रोग होता है जिसमें आलू की पत्तियाँ चितकबरापन (Mosaic) प्रदर्शित करती है ।

2. वायरस द्वारा मनुष्यों में खसरा (Measles), पीत ज्वर (Yellow fever), चेचक (Small pox), हर्पीज (Herpes), इन्फ्लूएन्जा (Influenza), पोलियो (Polio), रेबीज (Hydrophobia), गलसुआ (Mumps), ट्रेकोमा (Trachoma), एड्स (AIDS), • मस्तिष्क शोथ (Encephalitis) आदि खतरनाक रोग होते हैं ।

खसरा रोग पैरामिक्सो वायरस से बच्चों में होता है जिससे सम्पूर्ण शरीर प्रभावित होता है । पीत ज्वर अरबो वायरस (Arbo virus) द्वारा मच्छड़ों के काटने से होता है। चेचक में तीव्र ज्वर में शरीर में काफी दर्द होता है तथा चेहरे एवं छाती पर धब्बे पड़ जाते हैं। हर्पीज रोग हर्पीज वायरस द्वारा बच्चों में होता है। इन्फ्लूएन्जा श्वसन तंत्र (Respiratory system) का गम्भीर रोग है जो ऑर्थोमिक्सो वायरस (Orthomyxo virus) के द्वारा होता है। बच्चों में पोलियो का संक्रमण | स्पाइनल कॉर्ड (Spinal chord) तथा अस्थिमज्जा (Bone marrow) में होता है। रेबीज (Rabies) रोग को हाइड्रोफोबिया (Hydrophobia)

के नाम से भी जाना जाता है। इस रोग के लिए उत्तरदायी वायरस का संक्रमण मस्तिष्क में होता है। गलसुआ (Mumps), एक ऐसा रोग है जो मनुष्य के जीवनकाल में केवल एक बार होता है। यह रोग मनुष्यों में लार ग्रन्थि को प्रभावित करता है जिससे ग्रन्थियों में सूजन आ जाती है। ट्रेकोमा एक प्रकार का नेत्र रोग है जो विषाणुओं द्वारा होता है। इस रोग में मनुष्य के नेत्र में सूजन और जलन आ जाती है । एड्स (AIDS) नामक रोग का पूरा नाम एक्वायर्ड इम्यूनो डिफिसिएन्सी सिन्ड्रोम (Acquired Immuno Deficiency Syndrome) है। यह • रोग HIV नामक वायरस से होता है 1 इस रोग के कारण मनुष्य के - शरीर की प्रतिरक्षा प्रणाली नष्ट हो जाती है जिसकी वजह से शरीर अनेक गम्भीर रोगों की चपेट में आ जाता है।

एड्स होने के कारण एड्स निम्नलिखित पाँच कारणों से होता है—

1. संक्रमित रक्ताधान (Blood transfusion) करने पर
2. असुरक्षित यौन सम्बन्धों से
3. संक्रमित सूइयों के प्रयोग से
4. संक्रमित माता के गर्भ में पल रहे बच्चे को
5. संक्रमित व्यक्ति के रेजर (Razor), टूथब्रश आदि से भी एड्स हो सकता है।

एड्स से बचने के उपाय :

1. एक ही सहभागी जिसे संक्रमण न हो से यौन सम्बन्ध रखना चाहिए।
2. सम्भोग (Matting) के समय कण्डोम का प्रयोग करना चाहिए।
3. स्टरलाइज्ड (Sterlized) सूइयों का प्रयोग करना चाहिए । नोट: एड्स साथ भोजन करने, बातचीत करने, चुम्बन तथा साथ रहने से नहीं फैलता है।

एड्स निवारक औषधियाँ: एड्स निवारक प्रमुख औषधियाँ निम्नलिखित हैं—HIV-III, कम्बीनेशन थिरेपी, AZT-3 (Azidothy midine), सुरामीन, साइक्लोस्पोटीन, रिबाबाइरीन, एल्फा इन्टरफेरॉन, HPA-23, 2-3 डाइडीऑक्सीसाइटीडीन आदि ।

6

मोनेरा जगत

मोनेरा जगत

मोनेरा (Monera) जगत में सभी प्रोकैरिओटिक जीवों को सम्मिलित किया गया है। इस जगत के जीव सूक्ष्मतम तथा सरलतम होते हैं। ऐसा विश्वास किया जाता है कि इस जगत के जीव प्राचीनतम हैं। मोनेरा जगत के जीव उन सभी स्थानों में पाये जाते हैं जहाँ जीवन की थोड़ी भी संभावना मौजूद हैं, जैसे—मिट्टी, जल, वायु, गर्म जल के झरने (80° C तक), हिमखण्डों की तली, रेगिस्तान आदि में।

मोनेरा जगत के जीवधारियों के मुख्य लक्षण

1. इनमें प्रोकैरिओटिक प्रकार का कोशिकीय संगठन पाया जाता है। अर्थात् कोशिका में आनुवंशिक पदार्थ किसी झिल्ली द्वारा बँधा नहीं होता बल्कि जीवद्रव्य में बिखरा पड़ा रहता है।
2. इनकी कोशिका भिति अत्यंत सुदृढ़ रहती है। इसमें पोलीसेकेराइड्स के साथ एमीनो अम्ल भी होता है।
3. इनमें केन्द्रकीय झिल्ली अनुपस्थित होता है।
4. इनमें माइटोकॉण्ड्रिया, गॉल्जीकाय तथा रिक्तिका भी अनुपस्थित होती हैं।
5. ये प्रकाशसंश्लेषी, रसायन संश्लेषी या परपोषी होते हैं ।
6. कुछ सदस्यों में वायुमण्डलीय नाइट्रोजन के स्थिरीकरण (Fixation of atmospheric nitrogen) की क्षमता पायी जाती है।

मोनेरा जगत का वर्गीकरण (Classification of monera kingdom): अध्ययन की सुविधा की दृष्टि से मोनेरा जगत को चार भागों में विभाजित किया गया है

<u>1. जीवाणु (Bacteria)</u> : ये वास्तव में पौधे नहीं होते हैं। इनकी कोशिकाभित्ति का रायायनिक संगठन पादप कोशिका के रासायनिक संगठन से बिल्कुल भिन्न होता है। यद्यपि कुछ जीवाणु प्रकाश संश्लेषण करने में सक्षम होते हैं लेकिन उनमें विद्यमान बैक्टीरियोक्लोरोफिल पौधों में उपस्थित क्लोरोफिल से बिल्कुल भिन्न होता है।

2.<u>एक्टिनोमाइसिटीज</u> (Actinomycetes) : इन्हें कवकसम जीवाणु भी कहते हैं। ये वे जीवाणु हैं जिनकी रचना कवक जाल के समान तन्तुवत या शाखित होती है। पहले इन्हें कवक माना जाता था, परन्तु प्रोकैरिओटिक कोशिकीय संगठन के कारण इन्हें अब जीवाणु माना जाता है। स्ट्रेप्टोमाइसीज इस समूह का एक महत्वपूर्ण वंश है । कवकसम जीवाणुओं की अनेक जातियों से विभिन्न प्रकार के प्रतिजैविक (Antibiotics) प्राप्त किए जाते हैं ।

<u>3. आर्कीबैक्टीरिया (Archaebacteria):</u> ऐसा माना जाता है कि ये प्राचीनतम जीवधारियों के प्रतिनिधि हैं। इसलिए इनका नाम आर्की (Archae) अर्थात् बैक्टीरिया रखा गया है। इसलिए इन्हें प्राचीनतम जीवित जीवाश्म कहा जाता है। जिन परिस्थितियों में ये निवास करते हैं उनके आधार पर आर्की बैक्टीरिया को तीन समूहों में विभाजित किया गया है— मैथेनेजोन, हैलोफाइल्स तथा थर्मोएसिडोफाइल्स ।

<u>4. साइनोबैक्टीरिया (Cyanobacteria) :</u> साइनोबैक्टीरिया साधारणतः प्रकाश संश्लेषी (Photosynthetic) जीवधारी होते हैं। इन्हें पृथ्वी का सफलतम जीवधारियों का समूह माना जाता है। संरचना के आधार पर इनकी कोशिकाओं की मूलभूत संरचना शैवालों की अपेक्षा जीवाणुओं से अधिक समानता रखते हैं। साइनोबैक्टीरिया को नील हरित शैवाल (Blue green algae) के नाम से भी जाना जाता है। ये कवक से लेकर साइकस तक अनेक जीवधारियों के साथ सहजीवी के रूप में रहते हैं । जीवाणु

जीवाणु हरितलवक रहित (Non chlorophilous), एककोशिकीय (Unicellular) या बहुकोशिकीय (Multicellular) प्रोकैरियोटिक सूक्ष्मजीव होते हैं। जीवाणु वास्तव में पौधे नहीं होते हैं। इनकी कोशिकाभिति का रासायनिक संगठन पौधों की कोशिका के रासायनिक संगठन से बिल्कुल भिन्न होता है। यद्यपि कुछ जीवाणु प्रकाश संश्लेषण क्रिया किया करते हैं लेकिन उनमें विद्यमान बैक्टीरियोक्लोरोफिल पौधों में उपस्थित क्लोरोफिल से बिल्कुल भिन्न होता है ।

जीवाणु की खोज 1683 ई. में हॉलैंड (Holland) के वैज्ञानिक एण्टोंनी वॉन ल्यूवेनहॉक (Antony Von Leeuwenhock) ने की थी। उन्होंने अपने बनाये हुए सूक्ष्मदशी से दाँत के खुरचन में इन जीवाणुओं' को देखा तथा इन्हें सूक्ष्म जीव (Tiny animalcules) कहा । इसी कारण से ल्यूवेनहॉक को जीवाणु विज्ञान का पिता (Father of Bacteriology) कहा जाता है। एहरेनवर्ग (Ehrenberg) ने 1829 ई. में इन्हें जीवाणु (Bacteria) नाम दिया। लुई पाश्चर ने किण्वन (Fermentation) पर कार्य किया और बतलाया कि यह जीवाणुओं द्वारा ही होता है। उन्होंने यह भी स्पष्ट किया कि पदार्थों का सड़ना तथा अनेक रोगों का कारण सूक्ष्मजीव होते हैं। पाश्चर ने अपने कार्य के आधार पर 'रोगों के जर्म मत' (Germ theory of diseases) को प्रतिपादित किया। रॉबर्ट कोच (Robert Koch) ने 1881 ई. में यह सिद्ध किया कि चौपायों में होनेवाली एन्थ्रेक्स (Anthrax) रोग तथा मनुष्यों में तपेदिक रोग (Tuberculosis) तथा हैजा (Cholera) रोग का कारण भी जीवाणु है। रॉबर्ट कोच ने ही सर्वप्रथम जीवाणुओं का कृत्रिम संवर्धन (Artificial culture) किया। लिस्टर

(Lister) ने जीवाणुओं के सम्बन्ध में 'प्रतिरोधी मत' (Antiseptic theory) प्रस्तुत किया
।

जीवाणुओं के अध्ययन को जीवाणु विज्ञान (Bacteriology) कहा जाता है।

प्राप्ति स्थान (Occurrence): जीवाणु अति सूक्ष्म होते हैं एवं प्रायः सभी जगह पाये जाते हैं। ये अनुकूल तथा प्रतिकूल दोनों ही परिस्थितियों में पाये जाते हैं। ये मानव द्वारा साँस लेने की वायु, पीने के जल तथा भोजन में मौजूद रहते हैं। ये मिट्टी में, दूसरी जीवित वस्तुओं में और मृत जैव पदार्थों में भी उपस्थित रहते हैं। मानव के मुँह में भी कई प्रकार के जीवाणु पाये जाते हैं ।

संरचना (Structure): जीवाणु का सम्पूर्ण शरीर एक ही कोशिका का बना होता है। इसके चारों ओर एक कोशिकाभित्ति पायी जाती है। कोशिकाभित्ति के नीचे कोशिका झिल्ली होती है। यह प्रोटीन एवं फॉस्फोलिपिड की बनी होती है। इसके कोशिका द्रव्य में माइटोकॉण्ड्रिया, अंतः द्रव्य जालिका (Endoplasmic reticulum) तथा अन्य विकसित कोशिकांग का अभाव होता है। इनमें केन्द्रकभित्ति तथा क्रोमोसोम का भी अभाव होता है। इनमें प्राथमिक प्रकार का केन्द्रक पाया जाता है. जिसे न्यूक्लिआइड (Nucleoid) कहते हैं। जीवाणुओं में रोम और कशाभिका भी पाए जाते हैं जो उन्हें गमन, पोषण एवं प्रजनन में सहायता प्रदान करते हैं।

<u>सामान्य लक्षण</u>

1. विषाणु को छोड़कर जीवाणु सबसे सरलतम जीव हैं ।
2. ये सभी स्थानों पर पाये जाते हैं ।
3. ये एककोशिकीय जीव हैं जो एकल या समूहों में पाये जाते हैं।
4. इनका आकार 2-10 तक होता है।
5. इनकी कोशिकाभित्ति मोटी तथा काइटिन (Chitin) की बनी होती है ।
6. इनमें सत्य केन्द्रक का अभाव होता है ।
7. ये परजीवी, मृतोपजीवी अथवा सहजीवी होते हैं।
8. इनकी कोशिका में लवक, माइटोकॉण्ड्रिया, गॉल्जी उपकरण तथा अंतः द्रव्यी जालिका नहीं होते ।
9. इनमें जनन मुख्य रूप से विखण्डन द्वारा होता है।

आकृति (Shape): आकृति के आधार पर जीवाणु निम्नलिखित प्रकार के होते हैं

1. शलाकवत् (Bacillus) : इस प्रकार का जीवाणु छड़नुमा या बेलनाकार आकृति का होता है। जैसे—बेसिलस एन्थ्रासिस (Bacillus anthracis) |

2. गोलाकार (Coccus) : गोलाकार आकृति के जीवाणुओं को कोकस (Coccus) के नाम से जाना जाता है । ये सबसे छोटे जीवाणु होते हैं। कोशिकाओं के विन्यास के आधार पर ये कई प्रकार के होते हैं–

(a) माइक्रोकोकाई (Micrococci): एक कोशिका के रूप में, जैसे माइक्रोकोकस

(Micrococcus) ।

(b) डिप्लोकोकाई (Diplococci): दो-दो कोशिकाओं के समूह में, जैसे- डिप्लोकोकस न्यूमोनी (Diplococcus pneumoniae)

(c) स्ट्रेप्टोकोकाई (Streptococci): अनेक कोशिकाओं के समूह में, जैसे—स्ट्रेप्टोकोकस लैक्टिस (Streptococcus lactis) |

(d) सारसिनी (Sarcinae) : 8, 64 अथवा 128 के घनाकृतिक पैकेट में, जैसे— सारसिना (Sarcina) |

3. सर्पिलाकृतिक (Spiralli or Helical) : इस प्रकार का जीवाणु Coiled अथवा Spiral होता है। जैसे—स्पाइरिलम रुप्रेम (Spirillum ruprem) |

4. कौमा (Comma) : इस प्रकार का जीवाणु अंग्रेजी के चिह्न कौमा (,) के आकार के होते हैं। जैसे—विब्रियो कोमा (Vibrio comma) |

जीवाणुओं में पोषण (Nutrition in bacteria): जीवाणुओं में मुख्यतः दो प्रकार का पोषण पाया जाता है। ये है--.

A. स्वपोषी पोषण: इस प्रकार के पोषण में जीवाणु अपने भोजन का निर्माण स्वयं करते हैं। इसके अन्तर्गत दो प्रकार के पोषण आते हैं–

1. प्रकाश संश्लेषी (Photo synthetic): इस प्रकार के पोषण के. अन्तर्गत जीवाणु प्रकाश ऊर्जा का उपयोग करके अपना भोजन स्वयं बनाते हैं। इनमें पर्णहरित की जगह जीवाणु-पर्णहरित होता है। जैसे—क्रोमैटियम (Chromatium) रोडोस्पिरिलम (Rhodospirillum) आदि |

2. रसायन संश्लेषी (Chemosynthetic): इस प्रकार के पोषण के अन्तर्गत जीवाणु अकार्बनिक पदार्थों के ऑक्सीकरण से ऊर्जा प्राप्त करते हैं। जैसे— नाइट्रोसोमोनास, नाइट्रोबैक्टर आदि ।

B. विषमपोषी पोषण (Heterotrophic nutrition): इस प्रकार के पोषण के अन्तर्गत जीवाणु अपना भोजन दूसरे जीवों से प्राप्त करते हैं। ये तीन प्रकार के होते हैं

1. परजीवी (Parasitic) : इस प्रकार के पोषण में एक जीवाणु - दूसरे जीव पर आश्रित रहते हैं और रोग कारक होते हैं। जैसे माइकोबैक्टीरियम (Mycobacterium)।

2. सहजीवी (Symbiotic): इस प्रकार के पोषण में जीवाणु अन्य जीव के शरीर में रहकर भोजन प्राप्त करते हैं, लेकिन उस जीव को किसी प्रकार की हानि नहीं पहुँचाते हैं। जैसे—राइजोबियम (Rhizobium)|

3. मृतोपजीवी (Saprophytic) : इस प्रकार के पोषण में जीवाणु मृत अवशेषों से भोजन प्राप्त करते हैं। जैसे- लैक्टोबेसिलस (Lactobacillus) |

प्रजनन (Reproduction): जीवाणुओं में प्रजनन निम्नलिखित । विधियों द्वारा होता है–

1.अलैंगिक जनन (Asexual reproduction): जीवाणुओं में अलैंगिक जनन द्विविभाजन

(Binary fission) द्वारा, कोनिडिया (Conidia) द्वारा एवं अन्तः बीजाणु (Endospores) द्वारा होता है। द्विविभाजन प्रक्रिया में एक जीवाणु कोशिका समान प्रकार की दी कोशिकाओं (Daughter cells) में विभाजित हो जाती है। यदि तापक्रम, नमी, खाद्य पदार्थों की उपलब्धता आदि जीवाणुओं के लिए अनुकूल हो, तो मात्र 6 घंटे में एक जीवाणु कोशिका से 10 लाख तक जीवाणु बन सकते हैं। अधिकांश खाद्य पदार्थों के खराब होने का कारण उनमें उपस्थित जीवाणुओं का तेजी से प्रजनन करना है। कुछ जीवाणुओं में प्रतिकूल परिस्थितियों में दृढ़ भित्तिवाली अत्यन्त रोधी संरचनाएँ बनती हैं जिसे अन्तः बीजाणु (Endospores) कहते हैं। अनेक जीव वैज्ञानिक अन्तः बीजाणु को उत्तरजीविता का साधन मानते हैं न कि प्रजनन का। अनुकूल परिस्थितियाँ होने पर अन्तः बीजाणु से कोशिका बाहर निकल जाती है और वृद्धि करने लगती है।

2. लैंगिक प्रजनन (Sexual reproduction): जीवाणुओं में न तो युग्मक (Zygote) का निर्माण होता है और न ही निषेचन (Fertilization) होता है। इनमें केवल आनुवंशिक पदार्थों का आदान-प्रदान होता है। इसे आनुवंशिक पुनर्योजन (Genetic recombination) कहते हैं। जीवाणुओं में आनुवंशिक पुनर्योजन तीन विधियों से होता है । ये हैं—

(a) संयुग्मन (Conjugation): इस विधि की खोज लेडरवर्ग तथा टेटम (Tatum) ने 1946 ई. में की थी। इस प्रकार के लैंगिक जनन में दो कोशिकाओं का मिलन और DNA का स्थानांतरण होता है।

(b) जीन-वाहन (Transduction): जीवाणुओं में होने वाले इस प्रकार के लैंगिक जनन की विधि की खोज जिन्डर (Zinder) एवं लेडरबर्ग (Lederberg) ने 1952 में की थी। इस विधि में एक विषाणु द्वारा एक जीवाणु का DNA दूसरे जीवाणु के DNA से मिल जाता है ।

(c) रूपान्तरण (Transformation) : जीवाणुओं में होनेवाली लैंगिक प्रजनन की विधि की खोज ग्रिफिथ (Griffith) ने 1928 ई. में की थी। इस विधि में जीवाणु बाह्य माध्यम से DNA का अवशोषण करके आनुवंशिक स्वरूप परिवर्तित करता है।

जीवाणुओं का आर्थिक महत्व (Economic importance of | bacteria): जीवाणु लाभदायक एवं हानिकारक दोनों ही प्रकार के होते हैं—

A. लाभदायक जीवाणु (Useful bacteria)

1. भूमि की उर्वरता (Fertility) में वृद्धि : कुछ जीवाणु भूमि की उर्वरता बढ़ाने का काम करते हैं। राइजोबियम (Rhizobium) नामक जीवाणु जो दलहनी फसलों की जड़ों में उपस्थित गाँठ में पाया जाता है, वायुमण्डलीय नाइट्रोजन लेकर उसे नाइट्रेट में परिवर्तित करने में. सक्षम होते हैं। चूँकि पौधे सीधे वायुमण्डल से नाइट्रोजन ग्रहण करने की क्षमता नहीं रखते हैं, इसलिए उन्हें नाइट्रोजन नाइट्रेट के रूप में इन्हीं जीवाणुओं की मदद से प्राप्त होता है।

2. दूध का दही में परिवर्तन दूध से दही बनाने में जीवाणुओं का महत्वपूर्ण योगदान रहता है। लैक्टोबेसिलस (Lactobacillus) नामक जीवाणु दूध में पाये जाने वाले केसीन (Casein)

नामक प्रोटीन की.. छोटी-छोटी बूँदों को एकत्रित करके दही जमाने में सहायता करते हैं।
3. सिरका (Vinegar) के निर्माण में : शर्करा घोल (Sugar solution) का किण्वन कर एसेटोबैक्टर एसेटी (Acetobacter acetii) नामक जीवाणु उसे सिरका में परिवर्तित कर देता है। तम्बाकू की पत्ती में सुगंध एवं स्वाद बढ़ाने में : बेसिलस
4. मेगार्थेनियम माइकोकोकस (Bacillus megathenium mycococcus) नामक जीवाणु का उपयोग तम्बाकू की पत्ती में सुगंध एवं स्वाद बढ़ाने में किया जाता है।
5. चाय की पत्तियों के क्यूरिंग (Curing) में : माइकोकोकस कोन्डीसैंस (Mycococcus condisans) नामक जीवाणु द्वारा चाय की पत्तियों पर किण्वन क्रिया द्वारा क्यूरिंग (Curing) किया जाता है।
6. रेशों के रेटिंग में जल में पाए जाने वाले क्लोस्ट्रीडियम ब्यूटीरियम (Clostridium butyrium) नामक जीवाणु द्वारा जूट, पटसन और सन के रेशों का रेटिंग होता है।
7. लैक्टिक अम्ल के निर्माण में : बैक्टीरियम लैक्टिसाई एसिडाई (Bacterium lactici acidi) और बैक्टीरियम एसिडाई लैक्टिसाई - (Bacterium acidi lactici) नामक जीवाणु जो दूध में पाए जाते हैं, वह दूध में पायी जाने वाली लैक्टोस (Lactose) शर्करा का किण्वन कर लैक्टिक अम्ल (Lactic acid) का निर्माण करते हैं ।
8. प्रतिजैविकी औषधियों के निर्माण में कुछ प्रति जैविकी औषधियाँ जीवाणुओं की किण्वन क्रिया द्वारा बनायी जाती है।
9. सड़े-गले पदार्थों एवं मृत अवशेषों के क्षय में कुछ जीवाणु सड़े-गले पदार्थों एवं मृत अवशेषों के क्षय में महत्वपूर्ण योगदान करते हैं। B. हानिकारक जीवाणु (Harmful bacteria) 1. भोजन विषाक्तन (Food poisoning): कुछ जीवाणु जैसे— क्लोस्ट्रिडियम बोटूलिनियम (Clostridium botulinium) भोजन को विषाक्त बना देते हैं। 2. विनाइट्रीकरण (Denitrification) : कुछ जीवाणु नाइट्रेट, नाइट्राइट तथा अमोनियम यौगिकों को स्वतंत्र नाइट्रोजन में परिवर्तित कर देते हैं। जैसे-बैसिलस डिनाइट्रीफिकेन्स (Bacillus denitrificans) | 3. पौधों में रोग (Disease in plants) : पौधों में होने वाले अनेक रोगों के लिए जीवाणु उत्तरदायी होते हैं। जैसे –
(a) आलू का शैथिल रोग (Potato wilt) स्यूडोमोनास सोलेनिसियेरम (Pseudomonassolanacearum) नामक जीवाणु द्वारा होता है।
(b) नींबू का कैंकर रोग (Citrus canker) जेन्थोमोनास सीट्री (Xanthomonas citri) नामक जीवाणु द्वारा होता है।
(c) गेहूँ का टुन्डू रोग (Tundu disease) कोरीनो बेक्टीरियम ट्रिटिकी (Corynebacterium tritici) नामक जीवाणु द्वारा होता है ।
(d) सेब का अग्निनीरजा रोग (Fire blight of apple) इरविनिया (Ervinia) नामक जीवाणु द्वारा होता है ।
(e) चावल का अंगमारी रोग (Blight of rice) जैन्थोमोनास ओसइजी (Xanthomonas

oryzae) नामक जीवाणु द्वारा होता है।

(f) फूलों में क्राउन गॉल (Crown gall) एग्रोबैक्टिरियम ट्यूमेफिसीयेन्स (Agrobacterium tumefaciens) नामक जीवाणु द्वारा होता है।

4. पशुओं में रोग जीवाणुओं द्वारा जानवरों में अनेक रोग उत्पन्न होते हैं। जैसे—

(a)_जानवरों का काला पैर रोग (Black leg of animals) ब्लास्ट्रीडियम चावेई (Clostridium chauvei) नामक जीवाणु द्वारा होता है।

(b) भेड़ में एन्थ्रेक्स रोग बेसिलस एन्थ्रेसिस (Bacillus anthrasis) नामक जीवाणु द्वारा होता है।

5. मानव रोग (Human disease): मनुष्यों में होने वाले अनेक रोग जीवाणुओं के द्वारा पैदा होते हैं। जैसे—

साइनोबैक्टीरिया : नील हरित शैवाल (Cyanobacteria : Blue green algae) : नील हरित शैवाल भी एक प्रकार का जीवाणु होता है । इन्हें साइनोबैक्टीरिया के नाम से भी जाना जाता है। साइनोबैक्टीरिया. को पृथ्वी का सफलतम जीवधारियों का समूह माना जाता है। ये विश्व के उन सभी स्थलों पर पाये जाते हैं, जहाँ ऑक्सीजन उत्पादक प्रकाश संश्लेषी जीवधारी निवास कर सकते हैं जैसे—– सामान्य जल, समुद्री जल, नम चट्टान, मिट्टी आदि। ये बहुकोशिकीय (Multicellular) या एककोशिकीय (Unicellular) जीवाणु होते हैं। संरचना के आधार पर इनकी कोशिकाओं की मूलभूत रचना शैवालों की अपेक्षा जीवाणुओं से अधिक समानता रखती है। इनमें क्लोरोफिल (Chlorophyll) नामक प्रकाश संश्लेषी वर्णक पाया जाता है जिसके कारण ये प्रकाश संश्लेषण क्रिया द्वारा अपने भोजन का निर्माण स्वयं करते हैं। इस क्रिया के रूप में ये जीवाणु हाइड्रोजन के स्रोत के रूप में जल का प्रयोग करते हैं ।

इस प्रकार के जीवाणुओं में निम्नलिखित प्रमुख लक्षण पाये जाते हैं

1. ये जलीय (Aquatic), तंतुवत (Filamentous), स्वपोषी (Autotrophs) एवं क्लोरोफिलयुक्त (Chlorophyllous) होते हैं।
2. ये प्रकाश संश्लेषण में हाइड्रोजन के स्रोत के रूप में जल का प्रयोग करते हैं।
3. इनकी कोशिकाभित्ति में सेल्यूलोज पाया जाता है।
4. इनमें लैंगिक जनन नहीं होता है।
5. इनमें अलैंगिक जनन एकानीट (Akanit) द्वारा होता है।
6. इनमें विकसित कोशिकांगों जैसे- अंतःप्रद्रव्यी जालिका (Endoplasmic reticulum) माइटोकॉण्ड्रिया (Mitochon dria) आदि का अभाव होता है।
7. इनमें आनुवंशिक इकाई के रूप में DNA होता है।
8. कुछ साइनोबैक्टीरिया मिट्टी में रहकर नाइट्रोजन स्थिरीकरण (Nitrogen fixation) का कार्य करते हैं। जैसे, नॉस्टॉक (Nostoc) |
9. ये गंधकीय वातावरण में भी जीवित रहने की क्षमता रखते हैं।
10. इन्हें अत्यधिक आत्मनिर्भर स्वपोषी माना जाता है।

11. इनमें शैवालों की भाँति लिनोलिक अम्ल (Linolic acid) तथा गैलेक्टोज (Galactose) पाया जाता है।

12. इनमें कोशिका विभाजन (Cell division) असूत्री (Amitosis) प्रकार का होता है।

नोट : लाल सागर का लाल रंग ट्राइकोडेस्थियम एरीग्रियम नामक साइनोबैक्टीरिया के कारण ही दिखलायी पड़ता है, क्योंकि ये इस सागर में प्रचुर मात्रा में पाये जाते हैं।

महत्व (Importance): ऐसा माना जाता है कि साइनो बैक्टीरिय सर्वप्रथम ऑक्सीजनक प्रकाशसंश्लेषी जीवधारी थे, यह भी समझा जाता है कि इनकी क्रियाओं के फलस्वरूप पृथ्वी वायवीय (Aerobic) हो पायी। अतः वायुमण्डल के निर्माण का श्रेय इन्हीं को दिया जाता है। नाइट्रोजन स्थिरीकरण द्वारा कुछ साइनोबैक्टीरिया मृदा की उर्वरता में वृद्धि के लिए सहायक होते हैं। अनेक सइनोबैक्टीरिया जैसे— ऑसिलेटोरिया, स्पाइरूलिना, एनाबीना इत्यादि मछलियों व अन्य जलीय जन्तुओं के लिए भोजन का कार्य करते हैं, जिससे जीवों को प्रोटीन की आपूर्ति होती है। साइनोबैक्टीरिया कवक से लेकर साइकस तक अनेक जीवधारियों के साथ सहजीवी (Symbiotic) सम्बन्ध रखते हैं । राइजोबियम नामक साइनोबैक्टीरिया नाइट्रोजन स्थिरीकरण करते हैं । दलहनी पौधों के साथ राइजोबियम का सहजीवी सम्बन्ध होता है ।

सहजीवी सम्बन्ध : दो जीवों के मध्य ऐसा सम्बन्ध जिसमें दोनों जीव एक-दूसरे से लाभान्वित होते हों, सहजीवी सम्बन्ध (Symbiotic relationship) कहलाता है। ऐसे साहचर्य में सम्मिलित जीवों को सहजीवी कहते हैं। जैसे—लाइकेन (Lichen) |

लाइकेन ऐसे जीव हैं जिनमें साइनोबैक्टीरिया एवं कवक (Fungi) साथ-साथ रहते हैं। इनमें कवक जल का अवशोषण करता है तथा साथ ही साथ यह जीवाणु को सहारा (Support) प्रदान करता है। जबकि साइनोबैक्टीरिया भोजन बनाने का कार्य करता है। इस प्रकार के सहजीवी सम्बन्ध को सहोपकारिता (Commonalism) कहते हैं।

7

प्रोटिस्टा जगत

प्रोटिस्टा जगत

प्रोटिस्टा जगत में जल में रहने वाले एककोशिकीय (Unicellular) मोल्स तथा सुकेन्द्रकीय (Eukaryotic) सूक्ष्मजीव आते हैं। ये तरह-तरह के जीवन वर्गों को प्रदर्शित करते हैं। प्रोटिस्ट्स में विविध पोषी स्लाइम, प्रोटोजोआ होते हैं एवं प्रकाश संश्लेषी एककोशिकीय शैवाल होते हैं।

प्रोटिस्टा की संरचना (Structure of protista) : प्रोटिस्ट्स में कोशिकाएँ एक कला (Membrane) द्वारा घिरी होती है। प्रकाश संश्लेषी प्रोटिस्टा कोशिका में हरित लवक (Chlorophyll) होते हैं। प्रत्येक कोशिका में माइटोकोन्ड्रिया, गॉल्जीकाय, अन्तः प्रदव्यी जालक, केन्द्रक, गुणसूत्र इत्यादि कलाओं से घिरे हुए अंग पाए जाते हैं।

प्रोटिस्टा में गमन (Locomotion in Protista):

1. कशाशिका द्वारा 2. रोमाभि द्वारा 3. कूटपादों या पादाभों द्वारा

प्रोटिस्टा में जनन (Reproduction in protista) : प्रोटिस्टा में जनन मुख्यतः दो प्रकार से होते हैं –

1. अलैंगिक जनन तथा

2. लैंगिक जनन

अलैंगिक जनन द्विविभाजन और पुटी निर्माण द्वारा होता है, जबकि लैंगिक प्रजनन में नर और मादा युग्मक संयोजन करके जाइगोट (Zygote) बनाते हैं। जाइगोट में अर्द्धसूत्री विभाजन होता है और अन्त में अगुणित जीव विकसित हो जाते हैं ।

8

कवक

कवक

कवक हरितलवक रहित (Non-Chlorophyllous), संकेन्द्रीय (Nucleated), संवहन ऊतक रहित (Non-vascular) थैलोफाइटा (Thallophyta) है। कवक का अध्ययन माइकोलॉजी (Mycology) कहलाता है । पर्णहरित विहीन होने के कारण कवक अपना भोजन स्वयं नहीं बना पाते हैं। अतः ये विविधपोषी (Heterotrophic) होते हैं। इसमें संचित भोजन ग्लाइकोजेन (Glycogen) के रूप में रहता है। इनकी कोशिका भित्ति (Cell wall) काइटिन (Chitin) की बनी होती है।

वासस्थान (Habitat) : कवक संसार में उन सभी भागों में पाए जाते हैं जहाँ जीवित अथवा मृत कार्बनिक पदार्थ पाए जाते हैं । गोबर पर उगने वाले कवक को कोप्रोफिलस केवक (Coprophilous fungi) 'कहते हैं। नाखूनों तथा बालों में उगने वाले कवकों को किरेटिनोफिलिक (Keratinophilic) कहते हैं ।

पोषण (Nutrition): पोषण के आधार पर कवक तीन प्रकार के होते हैं। ये हैं

1. सहजीवी (Symbiotic): ये कवक दूसरे पौधों के साथ-साथ उगते हैं तथा एक-दूसरे को लाभ पहुँचाते हैं। जैसे—लाइकेन (Lichen)।

2. परजीवी (Parasitic): ये कवक अपना भोजन जन्तुओं एवं पौधों के जीवित ऊतकों से प्राप्त करते हैं । इस प्रकार के कवक सदैव हानिकारक होते हैं। जैसे—पक्सिनिया, अस्टिलागो आदि ।

3. मृतोपजीवी (Saprophyte): इस प्रकार के कवक अपना भोजन सदैव सड़े-गले कार्बनिक पदार्थों से प्राप्त करते हैं। जैसे— राइजोपस (Rhizopus); पेनिसिलियम (Penicilium), मोर्चेला (Morchella) आदि ।

कवक का आर्थिक महत्व

(A) लाभदायक क्रियाएँ

1. वर्ज्य कार्बनिक पदार्थों का नाश करना कवकों का मुख्य लक्षण है । ये जन्तुओं एवं पौधों

के अवशेषों को विघटित (Decompose) कर देते हैं।

2. एगरिकस छत्रक (Agaricus), गुच्छी (Morchella) आदि कवकों का उपयोग सब्जी के रूप में किया जाता है ।

3. एस्पर्जिलस (Aspergillus), पेनीसीलियम (Penicillium) जैसे कवकों का उपयोग पनीर उद्योग (Cheese industry) में होता है।

4. यीस्ट (Yeast) का उपयोग ऐल्कोहॉल उद्योग (Alcohol industry) में होता है ।

5. कुछ यीस्ट जैसे सैकेरोमाइसीज सेरविसी (Saccharomyces cervisiae) का उपयोग बेकरी उद्योग में डबलरोटी बनाने में होता है ।

6. कवकों से कई प्रकार के अम्लों का निर्माण किया जाता है। एस्पर्जिलस, म्यूकर तथा साइट्रोमाइबीज द्वारा साइट्रिक अम्ल (Citric acid)का निर्माण किया जाता है। एस्पर्जिलस गेलोमाइसीज (Aspergillous gallomyces) तथा पेनीसीलियम ग्लाउकम (Penicillium glaucum) द्वारा गैलिक अम्ल (Gallic acid) प्राप्त किया जाता है। एस्पर्जिलस नाइजर (Aspergillus niger) द्वारा ग्लूकोनिक अम्ल (Gluconic acid)तथा राइजोपस निग्रिकेन्स (Rhizopus nigricans) द्वारा फ्यूमेरिक अम्ल (Fumaric acid) प्राप्त किया जाता है।

7. कवकों से कई प्रकार के एन्जाइम (Enzyme) प्राप्त किए जाते हैं। एस्पर्जिलस ओराइजी (Aspergillus oryzae) से एमाइलेज (Amylase), यीस्ट (yeast) से इन्वर्टेज (Invertase) तथा पेनीसीलियमसे पेक्टिनेज (Pectinase) एन्जाइम प्राप्त किए जाते हैं ।

8. कवकों से कई प्रकार के विटामिनों का संश्लेषण (Synthesis) किया जाता है । जैसे—स्ट्रेप्टोमाइसीज ग्रिसिकस (Streptomyces grisicus)नामक कवक से विटामिन B12 (Cyanocobalamin), यीस्ट (Yeast) से विटामिन D (अर्गेस्टेराल) तथा असविया गोसीपी (Ashbya gossypi) द्वारा विटामिन B (Riboflavin) का संश्लेषण किया जाता है।

9. कवकों से कई प्रकार के एन्टीबायोटिक औषधियों का निर्माण किया जाता है। 1927 ई. में अलेक्जेंडर फ्लेमिंग ने Penicillium notatum से पेनीसीलिन (Penicillin) नामक एन्टीबायोटिक प्राप्त किया था । क्लोरोमाइसीटीन (Chloromycetin), नीयोमाइसीन (Neomycin), स्ट्रेप्टोमाइसीन (Streptomycin), टेरामाइसीन (Terramycin) आदि एन्टीबायोटिक औषधियाँ कवकों से ही प्राप्त किए जाते हैं ।

10. कुछ कवक कीड़े-मकोड़ों द्वारा रोग फैलाने में नियंत्रण के काम में आते हैं।

11. यीस्ट (Yeast) एक एककोशिकीय मृतोपजीवी कवक है जिसमें क्लोरोफिल नहीं पाया जाता है। इस कारण ये अपना भोजन स्वयं नहीं बना सकते हैं । इसका पता सर्वप्रथम एन्टोनीवॉन ल्यूवेनहॉक ने लगाया था। इसका उपयोग मुख्यतः एल्कोहॉल, बियर, शराब तथा डबलरोटी बनाने में किया जाता है। लुई पाश्चर ने सर्वप्रथम यीस्ट के किण्वन (Fermentation) सम्बन्धी गुणों का पता लगाया था।

(B) हानिकारक क्रियाएँ

1. राइजोपस, पेनीसीलियम आदि की कई जातियाँ भोजन को नष्ट कर देती हैं।
2. दैनिक जीवन में उपयोग में आनेवाले कई प्रकार की वस्तुओं जैसे- कपड़ा, चमड़े, कागज, लकड़ी आदि को कवक नष्ट कर देते हैं।
3. कुछ मशरूम (Mushroom) जहरीले होते हैं, जो देखने में सामान्य प्रतीत होते हैं किन्तु धोखे से खाए जाने पर मृत्यु हो जाती है। जैसे- अमीनेटा, फेलोरडीस, लूसूला, लेक्टेरियस आदि ।
4. पौधों में होनेवाले कई प्रकार के रोगों के लिए कवक मुख्य रूप से उत्तरदायी होते हैं। सरसों का सफेद किट्ट रोग (White rust of crueifers), मूँगफली का टिक्का रोग (Tikka disease of groundnut), आलू का उत्तरभावी अंगमारी रोग (Late blight of potato), गन्ने का लाल सड़न रोग (Red rot of sugarcane), आलू का अंगमारी रोग (Early blight of Potato), चने का विल्ट रोग (Wilt disease of gram), सेब के फल का सड़ना (Fruit rot of apple), बाजरे का अर्गोट (Ergot of bajra), गेहूँ का लाल रस्ट (Red rust of wheat), गेहूँ का ढीला स्मट (Loose smut of wheat), धान का प्रध्वंस रोग (Blast of rice), अंगूर का पाउडरी मिल्डयू (Powdery mildew of grapes) आदि पादप रोग विभिन्न प्रकार के कवकों द्वारा होते हैं।
5. कवक जन्तुओं में भी कई प्रकार के रोग उत्पन्न करते हैं। मानव में होने वाले एस्पर्जिलेसिस (फेफड़े का रोग), दाद (Ringworm), मेनिनजाइटिस (Meningitis), ओनीको माइकोसिस (नाखूनों का भूरापन होना), हिप्टोप्लाज्मोसिस (Hyptoplasmosis) आदि रोग कवकों द्वारा हीं होते हैं। इसी प्रकार पशुओं में होने वाले एपलटेफुट, एस्पर्जिलोसिस, म्यूकरो माइकोसिस आदि रोग कवक द्वारा ही उत्पन्न होते हैं।

नोट : 1. कुछ कवक जो निमेटोड (Nematods) का भक्षण करते हैं, प्रीडीसियस कवक (Predaceous fungi) कहलाते हैं।
2. राइजोपस (Rhizopus) को Bread mould अथवा Pin mould तथा एस्पर्जिलस को Blue mould कहते हैं।
3. किण्वन की क्रिया में यीस्ट द्वारा इथाइल ऐल्कोहॉल तथा कार्बन डाइऑक्साइड उत्पन्न होती है। यह कार्बन डाइऑक्साइड ठोस अवस्था में 'dry ice' (शुष्क बर्फ) के नाम से बेचे जाते हैं।
4. एफ्लाटॉक्सिन (Aflatoxin) नामक पदार्थ एस्पर्जिलस फ्लैव्स (Aspergillus flavus) नामक कवक से प्राप्त किया जाता है जो कि विषैला (Poisonous) होता है।
5. एरगॉट (Ergot) क्लेवीसेप्स परपुरिया (Cleviceps purepurea) से प्राप्त किया जाता है, जो गर्भाशय के संकुचन के काम आता है।
6. LSD (Lysergic acid diethylamide) एक विभ्रमी (Hallucinogenic) पदार्थ है, जो

क्लैवीसेट्स पेसपेलाई नामक कवक से प्राप्त किया जाता है।

7. एफ्लाटाक्सिन नामक पदार्थ पालतू पशुओं के लिए हानिकारक होता है।

लाइकेन

लाइकेन थैलोफाइटा प्रकार की वनस्पति है जो कवक (Fungi) तथा शैवाल (Algae) दोनों से मिलकर बनती है। इसमें कवक तथा शैवालों का सम्बन्ध परस्पर सहजीवी (Symbiotic) जैसा होता है। कवक जल, खनिज लवण, विटामिन्स आदि शैवाल को देता है और शैवाल प्रकाश संश्लेषण (Photosynthesis) की क्रिया द्वारा कार्बोहाइड्रेट का निर्माण कर कवक को देता है। कवक तथा शैवाल के बीच इस तरह के सहजीवी सम्बन्ध को 'हेलोटिज्म' (Helotism) कहते हैं। 'लाइकेन' शब्द का सर्वप्रथम प्रयोग ग्रीक दार्शनिक थियोफ्रेस्टस ने किया। लाइकेन का अध्ययन लाइकेनोलॉजी (Lichenology) कहलाता है।

लाइकेन के प्रकार आकार एवं संरचना के आधार पर लाइकेन को तीन वर्गों में विभाजित किया गया है। ये हैं –

1. क्रस्टोस (Crustose) : इसमें थैलस चपटा तथा आधार लम्बा होता है ।

2. फोलिओज (Foliose) : इसमें थैलस में शाखित पत्तियों के समान अतिवृद्धियाँ होती हैं।

3. फटीकोज (Fruticose) : इसमें थैलस काफी विकसित तथा जनन अंग उपस्थित होता है। प्रजनन : लाइकेन में प्रजनन तीन प्रकार से होता है— कायिक, लैंगिक तथा अलैंगिक ।

नोट :

1. लाइकेन वायु प्रदूषण के संकेतक (Indicator) होते हैं। जहाँ वायु प्रदूषण अधिक होता है, वहाँ पर लाइकेन नहीं उगते हैं।

2. पेड़ों की छालों (Barks) पर उगने वाले लाइकेन को कोर्टिकोल्स (Corticoles) तथा खाली चट्टानों पर उगने वाले लाइकेन को **सेक्सीकोल्स (Sexicoles)** कहते हैं।

लाइकेन का आर्थिक महत्व

1. लाइकेन मृदा निर्माण की प्रक्रिया में सहायक होते हैं।

2. कई लाइकेन खाद्य पदार्थ के रूप में प्रयोग किए जाते हैं। रेन्डियर मॉसया क्लेडोनिया को आर्कटिक भाग में भोजन के रूप में प्रयोग किया जाता है। आइसलैंड मॉस (Iceland moss) को स्वीडन, नार्वे तथा आइसलैंड जैसे यूरोपीय देशों में केक बनाने में उपयोग में लाया जाता है। जापान के निवासी इन्डोकार्पन (Endocarpon) का उपयोग सब्जी के रूप में करते हैं। दक्षिण भारत में परमेलिया (Permelia) को सालन (Curry) बनाने में उपयोग करते हैं।

3. आर्चिल (Orchil), लेकेनोरा (Lecanora) जैसे- लाइकेन से नीला रंग प्राप्त किया जाता है।

4. प्रयोगशाला में प्रयुक्त होने वाली लिटमस पेपर रोसेला (Rocella) नामक लाइकेन से प्राप्त किया जाता है ।

5. लोबेरिया (Lobaria), इरबेनिया (Ervenia) रेमेनिला (Ramanila) आदि लाइकेन का उपयोग इत्र बनाने में किया जाता है ।

6. परमेलिया सेक्सटिलिस (Permelia Sextilis) का उपयोग मिरगी (Epilepsi) रोग की औषधि बनाने में होता है

7. डायरिया, हाइड्रोफोबिया, पीलिया, काली खाँसी आदि रोगों में उपयोगी कई प्रकार की औषधियाँ लाइकेन से बनायी जाती हैं।

8. असनिया (Usnea) नामक लाइकेन से प्रति जैविक (Antibiotic) असनिक एसिड (Usnic acid) प्राप्त किया जाता है।

9

पादप जगत

पादप जगत

जीवों के आधुनिक वर्गीकरण (Modern classification) के अनुसार, जीवमण्डल (Biosphere) के सभी बहुकोशिकीय (Multicellular), प्रकाश संश्लेषी (Photosynthetic), ससीम केन्द्रकी (Eucaryotic), उत्पादक (Producer) एवं स्वपोषी (Autotrophic) जीवों को पादप जगत (Plant Kingdom) के अन्तर्गत रखा गया है। पादप जगत में अब तक 3.5 लाख जीवों को सम्मिलित किया जा चुका है ।

आधुनिक वर्गीकरण के आधार पर पादप जगत को निम्नलिखित ढंग से विभाजित किया गया है—

थैलोफाइटा (Thallophyta): थैलोफाइटा के अन्तर्गत मुख्य रूप से विभिन्न प्रकार के शैवाल (Algae), कवक (Fungi) तथा जीवाणु (Bacteria) आते हैं। थैलोफाइटा का शरीर जड़, तना एवं पत्तियों में विभाजित नहीं रहता है, लेकिन यह एक थैलस (Thallus) के रूप में रहता है, इसलिए इन्हें थैलोफाइटा कहते हैं। इनमें संवहनीय ऊतक नहीं पाया जाता है ।

शैवाल (Algae) : शैवाल या एल्गी पादप जगत का सबसे सरल जलीय जीव है, जो प्रकाश संश्लेषण क्रिया द्वारा भोजन का निर्माण करता है । शैवालों के अध्ययन को फाइकोलॉजी (Phycology) कहते हैं।

शैवाल प्रायः हरितलवक युक्त (Cholorophyllous), संवहन ऊतक रहित (Non Vascular) स्वपोषी (Autotrophic) होते हैं। इनका शरीर शूकाय सदृश (Thalloid) होता है। ये ताजे जल, समुद्री जल, गर्म जल के झरनों, कीचड़ एवं नदी, तालाबों में पाए जाते हैं। कुछ शैवालों में गति करने के लिए फ्लेजिला (Flagella) पाये जाते हैं। बर्फ पर पाये जाने वाले शैवाल को क्रिप्टोफाइट्स (Cryptophytes) तथा चट्टानों पर पाये जाने वाले शैवाल को लिथोफाइट्स (Lithophytes) कहते हैं ।

प्रमुख लक्षण: शैवाल में पाये जाने वाले कुछ प्रमुख लक्षण निम्नलिखित हैं—

1. शैवाल की कोशिकाओं में सैल्यूलोज (Cellulose) की बनी कोशिका - भित्ति (Cell wall) पायी जाती है।
2. शैवाल में भोज्य पदार्थों का संचय मण्ड (Starch) के रूप में रहता है।
3. इनका जननांग प्रायः एककोशिकीय (Unicellular) होता है और निषेचन के बाद कोई भ्रूण नहीं बनाते ।
4. ये अधिकांशतः जलीय (समुद्री तथा अलवण जलीय दोनों ही) होते हैं।
5. कुछ शैवाल नमीयुक्त स्थानों पर भी पाए जाते हैं।
6. इनमें प्रकाश संश्लेषण के लिए प्रायः हरा वर्णक उपस्थित रहता है।
7. शैवालों में तीन प्रकार के वर्णक (Pigment) पाये जाते हैं—हरा (Green), लाल (Red) एवं भूरा (Brown) | इन्हीं तीन वर्णकों के आधार पर शैवालों को तीन प्रमुख वर्गों में विभाजित किया गया है

(a) क्लोरोफाइसी (Chlorophyceae) — हरा वर्णक
(b) रोडोफाइसी (Rhodophyceae) — लाल वर्णक
(c) फीयोफाइसी (Pheophyceae) – भूरा वर्णक

8. इनमें प्रजनन अलैंगिक एवं लैंगिक दोनों ही विधियों द्वारा होता है।

आवास (Habitat) : शैवाल ताजे जल, समुद्री जल, गर्म जल के झरनों, नमीयुक्त स्थानों, कीचड़, नदियों, तालाबों आदि में पाये जाते हैं। ये पेड़ों के तनों तथा चट्टानों पर भी पाये जाते हैं । कुछ शैवाल अधिपादप (Epiphytes) के रूप में दूसरे पौधों पर पाये जाते हैं। जैसे—ऊडोगोनियम (Oedogonium)। प्रोटोडर्मा (Protoderma) एक ऐसा शैवाल है जो कछुए की पीठ पर उगता है। क्लेडोफोरा नामक शैवाल घोंघे के ऊपर रहता है। इतना ही नहीं कुछ शैवाल जन्तुओं के शरीर के अन्दर भी वास करते हैं, जैसे—जूक्लोरेला (Zoocholorella) नामक शैवाल निम्नवर्गीय जन्तु हाइड्रा (Hydra) के अंदर पाया जाता है। जूक्लोरेला तथा हाइड्रा का सम्बन्ध (Association) सहजीवन (Symbiosis)का उदाहरण है। कुछ शैवाल परजीवी (Parasite) भी होते हैं, जैसे—सीफेल्यूरोस (Cephaleuros) जो चाय, कॉफी आदि की पत्तियों पर होते हैं। पेड़ों की छालों, दीवारों तथा चट्टान आदि पर साइमनसिएला (Simon siella)शैवाल पाया जाता है। ऑसीलेटोरिया (Oscillatoria) मनुष्य एवं दूसरे जन्तुओं की आंतड़ियों (Intestine) में पाया जाता है।

प्रजनन (Reproduction) : शैवालों में निम्नलिखित तीन प्रकार की प्रजनन क्रिया होती है

1. कायिक प्रजनन (Vegetative reproduction) : शैवालों में कायिक प्रजनन की क्रिया खण्डन, हार्मोगोन (Harmogone), प्रोटोनीमा (Protonema) तथा एकाइनेट (Akinetes) द्वारा होता है।

2. अलैंगिक प्रजनन (Asexual reproduction) : शैवालों में अलैंगिक प्रजनन की क्रिया चलबीजाणु (Zoospores), अचलबीजाणु (Aplanospores), हिप्नोस्पोर (Hypnospores), (Autospores) तथा इण्डोस्पोर (Endospores) द्वारा होता है । ऑटोस्पोर

3. लैंगिक प्रजनन (Sexual reproduction) : शैवालों में लैंगिक प्रजनन की क्रिया समयुग्मक (Isogamous), विषमयुग्मक (Anisogamous) तथा अण्डयुग्मक (Oogamous) द्वारा होता है।

शैवालों का आर्थिक महत्व (Economic importance of algae):

(A) लाभदायक शैवाल: शैवाल निम्नलिखित कारणों से मनुष्यों के लिए उपयोगी साबित होते हैं –

1.भोजन के रूप में (Algae as food) :

(a) जापान के निवासी अल्वा (Ulva) नामक भूरे शैवाल का उपयोग सलाद के रूप में करते हैं। इस कारण अल्वा को 'समुद्री सलाद' भी कहा जाता है ।

(b) चीन के निवासी नोस्टोक (Nostoc) नामक शैवाल को भोजन के रूप में प्रयुक्त करते हैं।

(c) स्कॉटलैंड (Scotland) में रोडोमेरिया पल्मेटा नामक शैवाल का प्रयोग तम्बाकू (Tobacco) की भाँति किया जाता है ।

(d) जापान के निवासी पोरफाइरा (Porphyra) नामक शैवाल का प्रयोग भोजन के रूप में करते हैं।

(e) भारतीय उपमहाद्वीप में अम्बलीकस (Umblicus) नामक शैवाल का उपयोग खाने के रूप में होता है।

(f) कोन्ड्रस (Condrus) नामक शैवाल से आयरिश अगर (Irish agar) प्राप्त किया जाता है, जिसका उपयोग चाकलेट बनाने में इमल्सीफाइंग कारक के रूप में होता हैं ।

(g) शैवालों में कार्बोहाइड्रेट्स, अकार्बनिक पदार्थ तथा विटामिन A, C, D, E आदि प्रचुर मात्रा में पाये जाते हैं, जिस कारण इनका उपयोग भोजन के रूप में होता है।

2. व्यवसाय में (In industry):

(a) अगर अगर (Agar-Agar) नामक पदार्थ लाल शैवाल (Red algae) से प्राप्त किया जाता है, जो प्रयोगशाला (Laboratory) में पौधों के संवद्र्धन, तना जैल, आइसक्रीम आदि में प्रयुक्त होता है। यह पदार्थ तापरोधक, ध्वनि रोधक, कृत्रिम रेशे, चमड़ा, सूप, चटनी आदि बनाने के काम में भी आता है। अगर अगर ग्रैसीलेरिया तथा जेलेडियम नामक शैवाल से प्राप्त किया जाता हैं ।

(b) सारगासम नामक शैवाल से जापान में कृत्रिम (Synthetic) ऊन तैयार किये जाते हैं ।

(c) एलीजन नामक पदार्थ शैवालों से प्राप्त किया जाता है जो वोल्केनाइजेशन (Vulcanisation), टाइपराइटरों के रोलरों तथा अज्वलनशील फिल्मों के निर्माण में काम

आता है।

(d) कैराड्रस (Charadrus) नामक शैवाल से श्लेष्मिक केरोगेनिन नामक पदार्थ प्राप्त किया जाता है जो शृंगार प्रसाधनों (Cosmetics), सैम्पू, जूतों की पॉलिश आदि बनाने के काम आता है ।

(e) लेमीनेरिया नामक समुद्री शैवाल से आयोडीन प्राप्त किया जाता है।

(f) भूरे शैवालों में पोटैशियम क्लोराइड नामक पदार्थ उपस्थित होता है । इस कारण इनसे पोटैशियम लवण निकाले जाते हैं।

(g) शैवालों के किण्वन से एसीटिक अम्ल प्राप्त किया जाता है। कृषि के क्षेत्र में (In Agriculture) :

(a) नॉस्टोक (Nostoc), एनाबीना (Anabena) आदि शैवाल नाइट्रोजन स्थिरीकरण की क्षमता रखते हैं। नाइट्रोजन का स्थिरीकरण करते हैं । ये वायुमण्डल की

(b) नील हरित शैवाल (Blue green algae) का उपयोग ऊसर भूमि को उपजाऊ भूमि में परिणत करने में होता है। नॉस्टोक इसका सबसे अच्छा उदाहरण है।

(c) कुछ शैवालों का उपयोग खाद (Manure) के निर्माण में किया जाता है ।

औषधि के रूप में (As Medicine) :

(a) कारा (Chara) तथा नाइट्रेला (Niterella) नामक शैवाल मलेरिया उन्मूलन में उपयोगी सिद्ध होते हैं।

(b) क्लोरेला (Chlorella) नामक शैवाल से क्लोरेलीन (Chlorelline) नामक एक प्रतिजैविक (Antibiotic) पदार्थ प्राप्त किया जाता है।

5. अनुसंधान कार्यों में (As in Biological research): क्लोरेला, एसिटाबुलेरिया (Acetabularia), वैलोनिया (Valonia) आदि शैवालों का प्रयोग जीव विज्ञान के क्षेत्र में विभिन्न प्रकार के अनुसंधानों में किया जाता है। क्लोरेला (Chlorella) प्रकाश संश्लेषण की क्रिया से, एसिटाबुलेरिया (Acetabularia) केन्द्रक की खोज से तथा वैलोनिया (Valonia) जीवद्रव्य की खोज से सम्बन्धित है।

6. मवेशियों के चारा के रूप में (As fodder): सारगासम (Sargassam) नामक भूरी शैवाल तथा कुछ अन्य लाल शैवाल मवेशियों के चारे (Fodder) के रूप में प्रयोग की जाती है।

7. भूमि के निर्माण में (In pedogenesis) :

कैल्सियम युक्त लाल शैवालों के मृत शरीर से भूमि (मृदा) का निर्माण होता है।

(B) हानिकारक शैवाल : शैवालों से प्रमुख हानियाँ निम्नलिखित हैं

(a) कुछ शैवाल जलाशयों में प्रदूषण को बढ़ाते हैं, जिससे जलाशयों का जल पीने योग्य नहीं रह जाता है। ये शैवाल एक प्रकार का विष का परित्याग करते हैं, जिस कारण जलाशयों की मछलियाँ मर जाती हैं।

(b) सिफेल्यूरॉस (Cephaleuros) नामक शैवाल चाय के पौधों पर लाल किट्ट रोग (Red rust of tea) नामक पादप रोग उत्पन्न करती है, जिससे चाय उद्योग को गम्भीर हानि

होती है।

(c) वर्षा ऋतु के दौरान शैवालों के कारण भूमि हरे रंग की दिखने लगती है और यह फिसलाव हो जाती है।

<u>*नोट:*</u>

1. एसिटाबलेरिया सबसे छोटा एककोशिकीय शैवाल है।
2. मैक्रोसिस्टिस सबसे बड़ा शैवाल है। इस शैवाल को 'दैत्याकार समुद्री घास' भी कहा जाता है।
3. सबसे छोटा गुणसूत्र ट्रीलियम (Trillium) नामक शैवाल का होता है।
4. नाइट्रोजन स्थिरीकरण (Nitrogen fixation) करने वाले नील हरित शैवाल धान के खेतों में पाये जाते हैं।
5. ट्राइकोडेस्मियम इरीश्रीरियम (Trichodesmium erythrium) नामक नील हरित शैवाल लाल सागर में जल के ऊपर तैरता रहता है और उन्हें लाल (Red) रंग प्रदान करता है, इस कारण इस सागर को 'लाल सागर' का नाम दिया गया है।
6. क्लोरेला (Chlorella) नामक शैवाल को अंतरिक्ष शैवाल (Space Algae) के नाम से जाना जाता है। अन्तरिक्ष यात्रा के दौरान अंतरिक्ष यान के केबिन के हॉज में इसे उगाकर प्रोटीनयुक्त भोजन, जल और ऑक्सीजन प्राप्त किया जाता है।
7. अल्वा (Ulva) को साधारण सलाद (Sea lettuce) कहते हैं ।
8. नीलहरित शैवाल का नया नाम साइनोबैक्टिरिया (Cyanobacteria) दिया गया है।
9. बर्फ पर उगने वाले शैवालों को क्रायोफाइटिक शैवाल (Cryophytic algae) कहते हैं।
10. मैक्रोसिस्टिस (Macrocystis) और नेरिओसिस्टिस (Nareocystis) को Giant Kelps कहते हैं।
11. माइक्रोसिस्टिस (Microcystis), ओसीलेटोरिया (Oscillatoria), लिंगबिया (Lingbya) आदि शैवालों के कारण Water blooms बनते हैं ।
12. शैवाल हिमशिखरों को भिन्न-भिन्न रंग प्रदान करते हैं। जैसे— Red snow-Haematococcus nivatis Yellow snow-Chalamydomonas Yellow stonensis Green snow-Rahinodema

<u>*ब्रायोफाइटा (Bryophyta):*</u>

ब्रायोफाइटा भ्रूण (Embryo) बनाने वाले पौधों का सबसे साधारण व आद्य (Primitive) समूह है। इनमें संवहन ऊतक (Vascular tissue) नहीं होता है। ये पौधे स्थलीय (Terrestrial) होने के साथ छायादार एवं नम (Moist) स्थानों पर उगते हैं । इन्हें अपने जीवन काल में पर्याप्त आर्द्रता की आवश्यकताहोती है । अतः कुछ वैज्ञानिक ब्रायोफाइटा समुदाय को वनस्पति जगत का एम्फीबिया वर्ग कहते हैं। इन्हें प्रथम स्थलीय पौधा माना जाता है। इनका मुख्य पौधा युग्मकोद्भिद् (Gametophyte) होता है। इस वर्ग के सदस्य आकार में सूक्ष्म होते हैं। इस वर्ग का सबसे बड़ा पौधा डॉसोनिया (Dawsonia)

है। युग्मकोद्भिद् (Gametophyte) के मूलाभासों को छोड़कर शेष भाग में हरित लवक (Chloroplast) होते हैं, जिसके कारण ये स्वपोषी (Autotrophs) होते हैं । युग्मकोद्भिद् में विविध प्रकार का वर्धीजनन (vegetative reproduction) होता है, जैसे—विखण्डन, जेमा (Gemma), ट्यूबर (Tuber), प्रोटोनीमा (Protonema), पत्र-प्रकलिका (Bulbil) द्वारा आदि । ब्रायोफाइट्स छोटे थैलसनुमा (Thallus like) होते हैं। इनमें तने एवं पत्तियों की तरह रचनाएँ मिलती हैं। इनमें जड़ें हमेशा अनुपस्थित रहती हैं, किन्तु थैलस के अभ्यक्ष (Ventral) सतह से तन्तु की तरह की कई रचनाएँ निकलती हैं, जिन्हें मूलांग (Rhizodes) कहा जाता है। ये पौधों को स्थिर रखने तथा मृदा से खनिज लवण का अवशोषण करने में सहायक होती है। ब्रायोफाइट्स में पीढ़ी एकान्तरण (Alteration of generation) स्पष्ट रूप से पाया जाता है । ये दोनों पीढ़ियाँ युग्मकोद्भिद् (Gametophyte) तथा बीजाणुद्भिद (Sporophyte) कहलाती है।

<u>ब्रायोफाइटा का आर्थिक महत्व</u>

1. ब्रायोफाइटा वर्ग के पौधे मृदा अपरदन (Soil erosion) को रोकने में सहायता प्रदान करते हैं।
2. ब्रायोफाइटा वर्ग के पौधों में जल अवशोषण की पर्याप्त क्षमता होती है । अतः ये बाढ़ (Flood) रोकने में सहायता करती हैं।
3. स्फेगनम (Sphagnum) जैसे ब्रायोफाइट्स का प्रयोग ईंधन के रूप में किया जाता है ।
4. एस्किमो जनजाति समुदाय स्फेगनम का प्रयोग चिराग में बत्ती की जगह करते हैं।
5. मॉस (Moss) का प्रयोग एन्टिसेप्टिक (Antiseptic) के रूप में किया जाता है।
6. शाकाहारी स्तनधारी कुछ ब्रायोफाइट्स पौधे का प्रयोग भोज्य पदार्थ के रूप में करते हैं।

ब्रायोफाइटा का वर्गीकरण (Classification of Bryophyta): ब्रायोफाइटा को तीन भागों में वर्गीकृत किया गया है—

1. हिपेटोकोप्सिडा (Hepatocopsida) या लिवरवर्ट (Liver wort) इसके अन्तर्गत रिक्सिया (Riccia), मार्केन्सिया (Marchentia), पोरेला (Porella) आदि आते हैं।
2. एन्थोसिरोटोप्सिडा (Antho cerotopsida) या हार्नवर्ट (Horn wort) : इसके अन्तर्गत एन्थोसिरोस (Anthoceros) आता है ।
3. ब्रायोप्सिडा (Bryopsida) या मॉस (Moss) : इसके अन्तर्गत स्फेगनम (Sphagnum), फ्यूनेरिया (Funaria) आदि जैसे ब्रायोफाइट्स आते हैं।

<u>नोट:</u>

1. प्रथम विश्वयुद्ध के दौरान स्फेगनम का प्रयोग रूई की जगह घावों को भरने के लिए किया गया था।
2. डाउसोनिया सबसे बड़ा ब्रायोफाइटा तथा जूओप्सिस (Zoopsis) सबसे छोटा ब्रायोफाइटा है।
3. संवहन तंत्र का न होना ब्रायोफाइटा का विशिष्ट लक्षण है।

ट्रैकियोफाइटा (Tracheophyta): ट्रैकियोफाइटा प्रभाग में उन पादपों को सम्मिलित किया गया है जिनमें संवहनी ऊतक (Vascular tissue) पाये जाते हैं। इस प्रभाग में अब तक 2.75 लाख जातियों की खोज की जा चुकी है। इस प्रभाग को पुनः तीन उप-प्रभाग में विभाजित किया गया है

1. टेरिडोफाइटा (Pteridophyta)
2. अनावृत्तबीजी (Gymnosperm) तथा
3. आवृत्तबीजी (Angiosperm)

टेरिडोफाइटा (Pteridophyta): इस उप- प्रभाग में अपुष्पाभिद (Cryptogamous) पादपों को रखा गया है। इस उप प्रभाग के सदस्यों में जल एवं खनिज लवण के संवहन हेतु संवहन ऊतक (Vascular tissue) पाये जाते हैं। इस उप प्रभाग के पादपों में पाये जाने वाले प्रमुख लक्षण निम्नलिखित हैं

1. इनका शरीर जड़, तना एवं पत्ती में विभाजित रहता है।
2. इनमें संवहन ऊतक जाइलम (Xylem) एवं फ्लोएम (Phloem) में बँटा रहता है ।
3. इनमें पुष्प और बीज का निर्माण नहीं होता है ।
4. इनमें मुख्य पौधा बीजाणुद्भिद (Sporophyte) होता है, जिसमें प्रायः जड़, तना (स्तम्भ) तथा पत्ते होते हैं ।
5. इनमें बीजाणु (Spores) बीजाणुधानियों (Sporangia) में उत्पन्न होते हैं ।
6. बीजाणुधानियाँ (Sporangia) जिस पत्ती पर उत्पन्न होती हैं, उस पत्ती को बीजाणुपर्ण (Sporophyll) कहते हैं ।
7. युग्मोभिद् (Gametophyte) पौधे पर नर जननांग पुंधानी (Antheridium)तथा मादा जननांग स्त्रीधानी (Archegonium) उत्पन्न होते हैं।
8. इन पौधों में एक निश्चित पीढ़ी एकान्तरण (Altration of generation) होता है।
9. जाइगोट (Zygote) में जाइगोस्पोर (Zygospore) का निर्माण होता है ।

<u>टेरिडोफाइटा को चार उपफाइलम में विभाजित किया गया है</u>

1. साइलोप्सिडा (Psilopsida): जैसे—साइलोटम 2. लाइकोप्सिडा (Lycopsida) : जैसे—लाइकोपोडियम 3. स्फिनोप्सिडा (Sphenopsida) : जैसे—इक्वीसेटम 4. टेरोप्सिडा (Pteropsida) : जैसे—ड्रायोप्टेसिस या फर्न

टेरिडोफाइटा का आर्थिक महत्व

1. लाइकोपोडियम के बीजाणु दवाई के रूप में प्रयोग किये जाते हैं।
2. मार्सिलिया (Marsilea) तथा सिरेटोप्टेरिस (Ceratopteris) जैसे टेरिडोफाइट्स का उपयोग सब्जी के रूप में होता है । होता है।
3. टेरिडियम का उपयोग पशुओं के चारे के रूप
4. सिलेजिनेला (Selaginella) में पुनर्जीवन का गुण पाया जाता है। इस कारण इसका

उपयोग मेजों पर सजावट हेतु किया जाता है।

5. इक्विसेटम (Equisetum) नामक टेरिडोफाइट्स से सोना प्राप्त किया जाता है।

नोट :

1. फर्न टेरिडोफाइटा वर्ग का सबसे विख्यात पौधा है।
2. टेरिडोफाइटा का सबसे पहला जीवाश्म Late Paleozoic काल के सिलुरियन अवधि (Silurian period) में देखा गया था। इस कारण Late paleozoic को Age of Pteridophytes कहा जाता है।
3. भारतीय टेरिडोफाइट जीवाश्मों का विस्तृत अध्ययन सुरंज (Surange) नामक वनस्पतिशास्त्री द्वारा किया गया है।
4. टेरिडोफाइटा को विकसित बीजरहित पौधा कहा जाता है।

अनावृत्तबीजी (Gymnosperms) :

अनावृत्तबीजी (Gymno sperms) बीजीय पौधों (Spermatophytes) का वह सब फाइलम है, जिसके अन्तर्गत वे पौधे आते हैं, जिनमें नग्न बीज आते हैं, अर्थात्_ बीजाण्ड (Ovules) तथा उनसे विकसित बीज किसी खोल या फल में बन्द नहीं होते हैं। इनमें अंडाशय (Ovary) का पूर्ण अभाव होता है। यह पुराने पौधों का वर्ग है। इस उप प्रभाग में लगभग 900 जातियाँ को रखा गया है। इसके प्रमुख लक्षण निम्नलिखित हैं—

1. इस उप-प्रभाग के पौधे बहुवर्षीय (Perennial) होते हैं।
2. ये मरुद्भिद् (Xerophytic) स्वभाव के होते हैं ।
3. इनमें स्पष्ट वार्षिक वलय (Annual rings) बनते हैं ।
4. इनके बीजों में बीजावरण नहीं पाया जाता है ।
5. इनमें संवहन ऊतक (Vascular tissue) पाये जाते हैं।
6. ये नग्नबीजी तथा आशाखित होते हैं।
7. इनमें वायु परागण (Anemophilly) होता है।
8. इनमें साधारण तथा बहुभ्रूणता (Polyembryony) पायी जाती है।
9. भ्रूण (Embryo) से मूलांकुर (Radicle) तथा प्रांकुर (Plumule) के साथ ही एक या एक से अधिक बीजपत्र बनते हैं ।
10. साइकस (Cycas) मे काष्ठ (Wood)मेनोजाइलिक (Manoxylic) तथा पाइनस (Pinus) में पिक्नोजाइलिक (Pycnoxylic) होती है।
11. साइकब की कोरेलॉयड (Coralloid) जड़ों से नील हरित शैवाल एनाबीना (Anabena) तथा नॉस्टोक (Nostoc) पाये जाते हैं, जो सहजीवी (Symbiotic) सम्बन्ध प्रदर्शित करते हैं।
12. सबसे बड़ा अण्डाणु तथा शुक्राणु साइकस का होता है, जो कि एक जिम्नोस्पर्म है ।
13. इनमें जननांग, कोन्स (Cones) या स्ट्रोविलाई (Strobili) के रूप में समूहित होते हैं । ये कोन्स प्रायः एकलिंगी (Unisexual) होते हैं। नर शंकु (Cones) माइक्रोस्पोरोफिल

या लघुबीजाणु पर्ण (Microsporophyll) तथा मादा शंकु (cones) गुरुबीजाणुपर्ण (Megasporophyll) का निर्माण करते हैं।

जिम्नोस्पर्म का आर्थिक महत्व

1. साइकस (Cycas) के तनों से मण्ड (Starch) निकालकर खाने वाला साबूदाना (Sago) का निर्माण किया जाता है।

2. साइकस के बीज अण्डमान द्वीप के जनजातियों द्वारा खाए जाते हैं।

3. पाइनस से प्राप्त होने वाला चिलगोजा भी खाने के काम आता है ।

4. चीड़ (Pine), सिकोया (Sequoia), देवदार (Deodar), फर (Fur), स्प्रूस (Spruce) आदि की लकड़ी महत्वपूर्ण फर्नीचर बनाने के काम आते हैं ।

5. चीड़ (Pine) के पेड़ से तारपीन का तेल (Terpentine Oil), देवदार (Deodar) के पेड़ से सेड्रस तेल (Cedrus oil) तथा जूनीपेरस की लकड़ी से सेडकाष्ठ तेल प्राप्त किया जाता है।

6. टेनिन का उपयोग चमड़ा एवं स्याही बनाने में होता है।

7. कुछ शंकु पौधों से रेजिन (Resin) प्राप्त किया जाता है।

8. इफेड्रा (Ephedra) के रस से इफेड्रिन (Ephedrine) नामक एल्केलॉयड (Alkaloid) प्राप्त किया जाता है । इफेड्रिन का उपयोग दमा (Asthma) तथा खाँसी के रोगों में दवा के रूप में होता है।

9. कोनिफर (Conifer) के मुलायम रेशेदार काष्ठ से लुग्दी (Pulp) बनाकर फिर कागज (Paper) बनाया जाता है।

10. बहुत से जिम्नोस्पर्म को बगीचों, पार्क तथा घर की छतों पर सुन्दरता की दृष्टि से लगाया जाता है।

11. साइकस की पत्तियों से रस्सी तथा झाड़ू बनायी जाती है।

नोट :

1. चिलगोजा को जिम्नोस्पर्म का मेवा कहा जाता है।

2. साइकस को सागी-पाम (Sago palm) कहा जाता है।

3. साइकस ताड़ जैसे (Palm like) मरुद्भिदी पौधा है, जिसमें तना लम्बा, मोटा तथा अशाखित होता है। इनके सिरों पर अनेक हरी पत्तियाँ गोलाकार ढंग से एक मुकुट जैसी रचना बनाती हैं।

4. कवक युक्त पाइनस की जड़ को माइकोराइजल जड़ें (Mycorrhizal roots) कहते हैं।

5. शैवाल युक्त साइकस की जड़ को कोरेलॉयड (Corralloid) जड़ कहते हैं।

6. सबसे मोटा तना टेक्सोडियम मेक्सिकेनम (Texodium mexicanum) नामक जिम्नोस्पर्म का होता है।

7. सबसे अधिक संख्या में गुणसूत्र ओफियोग्लोसम (Ophioglossum)

8. नामक फर्न में होते हैं। साइकस (Cycas) को जीवित जीवाश्म (Living fossils) कहा

जाता है।

9. जिम्नोस्पर्म को बाह्य आकृति और आंतरिक संरचना के आधार पर साइकैडी (Cycadae) तथा कोनीफेरी (Coniferae) नामक दो समूहों में बाँटा गया है।

(a) साइकेडी : जैसे—साइकस (Cycas)

(b) कोनिफेरी: जैसे— पाइनस (Pinus), सीड्स (Cedrus), गिंकगो (Ginkgo) आदि ।

(C) आवृत्तबीजी (Angiosperms): इस उप प्रभाग के अन्तर्गत उन पौधों को सम्मिलित किया गया है जिनमें बीज सदैव फल के अंदर होते हैं। ये शाक (herbs), झाड़ियाँ (Shrubs) तथा वृक्ष (Tree) तीनों प्रकार के होते हैं। आवृतबीजी पौधों के प्रमुख लक्षण निम्नलिखित हैं

1. इनमें प्रजनन अंग पुष्प होता है।
2. इनमें दोहरा निषेचन (Double fertilization) दृष्टिगत होता है ।
3. ये मृदोपजीवी (Saprophyte), परजीवी (Parasite), सहजीवी (Symbiotic), कीटभक्षी (Insectivorous) तथा स्वपोषी (Autotrophs) के रूप में पाये जाते हैं ।
4. ये सामान्यतया स्थलीय पौधे होते हैं, लेकिन कुछ पौधे जल में भी पाये जाते हैं।
5. इनमें संवहन तंत्र अति विकसित होता है। वर्गीकरण: आवृतबीजी पौधों को दो मुख्य वर्गों में विभाजित किया गया है—

1. एकबीजपत्री (Monocotyledonae) तथा
2. द्विबीजपत्री (Dicotyledonae)

<u>एकबीजपत्री के प्रमुख लक्षण .</u>

1. इनके बीजों में केवल एक बीजपत्र (Cotyledon) उपस्थित होता है।
2. इनकी जड़ें प्रायः अधिक विकसित नहीं होती हैं।
3. इनके पुष्पों के भाग (Floral parts) तीन या उसके गुणांक होते हैं।
4. इनके संवहन पूल में कैम्बियम (Cambium) नहीं पाया जाता है।

<u>द्विबीजपत्री के प्रमुख लक्षण</u>

1. इनके बीजों में दो बीजपत्र पाये जाते हैं।
2. इनके संवहन पुल में कैम्बियम पाये जाते हैं।
3. इनके पुष्पों के भाग (Floral parts) चार या पाँच के गुणांक में होते हैं।
4. इनमें द्वितीयक वृद्धि (Secondary growth) पायी जाती है।
5. इनकी पत्तियों में जालिकावत शिराविन्यास होता है।
6. इनमें पाया जाने वाला संवहन बंडल वलयाकार रूप में व्यवस्थित रहता है।
7. इनका जड़ तंत्र अधिमूल (root cap) एवं उसकी शाखाओं के साथ फैला रहता है।

<u>नोट:</u>

1. आवृत्तबीजी का अर्थ 'ढका हुआ बीज' होता है।
2. आवृत्तबीजी (Angiosperm) पादप जगत का सबसे बड़ा समूह है।

3. मनुष्य के अधिकांश आवश्यकताओं की पूर्ति आवृत्तबीजी पौधों (Angiospermic Plants) से ही होती है।

4. आवृत्तबीजी पौधों में भोजन का संचय या तो भ्रूणपोष (Endosperm) या बीज पत्रों (Cotyledons) में होता है।

5. कुकरबिटेसी को 'सब्जी कुल' कहा जाता है।

6. बेलाडोना एक औषधि है जिसका उपयोग सिरदर्द, निद्रा लाने तथा सिहरन रोकने में होता है। यह एट्रोपा बेलाडोना नामक पौधे की जड़ से प्राप्त होता है।

7. लौंग के तेल का प्रमुख घटक यूरेनॉल (Uranol) है जो दाँत का दर्द दूर करने में प्रयुक्त होता है।

10

आवृतबीजियों की आकारिकी

पादप आकारिकी **(Morphology)**: पादप आकारिकी वनस्पति विज्ञान की वह शाखा है, जिसके अन्तर्गत पौधों की बाह्य सरचना जैसे—जड़, तना, पत्ती, पुष्प, फल आदि के रूपों एवं गुणों का अध्ययन किया जाता है। दूसरे शब्दों में Morphology (Morphe = आकार + logos=अध्ययन) का सम्बन्ध शारीरिक आकार के अध्ययन से है।

जड़ (Root) :

पौधे का वह भाग जो बीजों के अंकुरण के समय मूलांकर (Radicle)से विकसित होता है तथा प्रकाश के विपरीत (negatively phototropic)लेकिन जल एवं भूमि की तरफ बढ़ता है, जड़ (Root) कहलाता है। जड़ें मृदा से जल एवं विभिन्न प्रकार के खनिज लवणों का अवशोषण करते हैं ।

जड़ की विशेषताएँ (Chracteristics of root) : जड़ की प्रमुख विशेषताएँ निम्नलिखित हैं

1. जड़ पौधों के अक्ष का अवरोही (Descending) भाग हैं, जो मूलांकुर (Radicle) से विकसित होता है ।
2. जड़ सदैव प्रकाश से दूर भूमि में वृद्धि करती है ।
3. भूमि में रहने के कारण जड़ों का रंग सफेद अथवा मटमैला होता है।
4. जड़ों पर तनों के समान पर्व (Nodes) एवं पर्व सन्धियाँ (Internodes) नहीं पायी जाती है ।
5. जड़ों पर पत्र एवं पुष्प कलिकाएँ भी नहीं होती हैं । अतः ये पत्तियाँ, पुष्प एवं फल धारण नहीं करती हैं ।
6. जड़ें सामान्यतः धनात्मक गुरुत्वानुवर्ती (Positive geotropic) तथा ऋणात्मक प्रकाशानुवर्ती (Negative phototropic) होती हैं।
7. जड़ का सिरा मूल गोप (Root cap) द्वारा सुरक्षित रहता है।

8. जड़ पर एककोशिकीय रोम (Unicellular hairs) होते हैं।

जड़ के प्रकार : सामान्यतः जड़ें दो प्रकार की होती हैं

1. मूसला जड़ (Tap root): इस प्रकार की जड़ें अधिकांशतया द्विबीजपत्री पौधों (Dicotyledonous plant) में पायी जाती है। इस प्रकार की जड़ में मूलांकर (Radicle) विकसित होकर एक मुख्य जड़ का निर्माण करता है । मूसला जड़ के चारों तरफ पार्श्व शाखाएँ निकलती हैं, जिन्हें द्वितीयक जड़ (Secondary roots) कहते हैं । द्वितीयक जड़ों से पुनः पार्श्व शाखाएँ निकलती हैं, जिन्हें तृतीयक जड़ (Tertiary roots) कहते हैं। इस प्रकार ये सब मिलकर मूसला जड़ तंत्र (Tap root system) बनाती हैं।

मूसला जड़ों के रूपान्तरण (Modifications of tap root) : कुछ पौधों में मूसला जड़ें खाद्य पदार्थों का संचय करके मोटी तथा मांसल हो जाती हैं तथा इस कारण इनकी आकृति भी बदल जाती है । आकृति के आधार पर मूसला जड़ को विभिन्न नाम से पुकारा जाता है।

(a) तर्कुरूपी (Fusiform) : इस प्रकार की मूसला जड़ें मध्य में फूली हुई तथा आधार एवं शीर्ष की ओर पतली होती हैं। जैसे-मूली (Radish) |

(b) शकुरूपी (Conical): इस प्रकारी की मूसला जड़ें आधार की ओर मोटी तथा नीचे की ओर क्रमशः पतली होती हैं। जैसे—गाजर (Carrot) | जीव वि

(c) कुम्भारूपी (Napiform) : इस प्रकार की मूसला जड़ों का ऊपरी भाग लगभग गोल तथा फूला हुआ होता है तथा नीचे की तरफ से एकाएक पतला हो जाता है। जैसे—शलजम (Turnip), चुकन्दर (Beet) आदि ।

(d) न्यूमेटाफोर (Pneumataphore): राइजोफोरा (Rhizophora), सुन्दरी (Sundari) आदि पौधे जो दलदली स्थानों पर उगते हैं, में भूमिगत मुख्य जड़ों से विशेष प्रकार की जड़ें निकलती हैं, जिसे न्यूमेटाफोर कहते हैं । ये खूँटी के आकार की होती हैं, जो ऊपर वायु में निकल आती हैं। इनके ऊपर अनेक छोटे-छोटे छिद्र होते हैं जिन्हें न्यूमेथोडस (Pneumathodes) कहते हैं। जैसे- राइजोफोरा, सुन्दरी आदि ।

2. अपस्थानिक जड़ (Adventitious root) : इस प्रकार की जड़ें एकबीजपत्रीय पौधों (Monocotyledonous plants) में पायी जाती हैं। इस प्रकार की जड़ में मूलांकुर (Radicle) बीज के अंकुरण (germination) के पश्चात् नष्ट हो जाता है। मूलांकुर के अतिरिक्त पौधे के किसी अन्य भाग से विकसित होने वाली जड़ों को अपस्थानिक जड़ (Adventitious root) कहते हैं ।

अपस्थानिक जड़ों का रूपान्तरण (Modifications of adventitious roots) : भोजन संग्रह, पौधों को यांत्रिक सहारा (Mechanical support) प्रदान करने अथवा अन्य विशिष्ट कार्यों को करने के उद्देश्य से अपस्थानिक जड़ें अनेक प्रकार से रूपांतरित हो जाती हैं।

(A) भोज्य पदार्थों के संचय के लिए (For storage of food) :

(a) कन्दिल जड़ें (Tuberous roots) : खाद्य पदार्थों के संचय के कारण इस प्रकार की अपस्थानिक जड़ की कोई निश्चित आकृति नहीं होती है। जैसे—शकरकंद ।

(b) पुलकित जड़ें (Fasciculated roots): इस प्रकार की अपस्थानिक जड़ों में अनेक मांसल फुली हुई जड़ें गुच्छे के रूप में तने के आधार से निकलती हैं। जैसे— डहलिया (Dahlia)।

(c) ग्रन्थिल जड़ें (Nodulose roots) : इस प्रकार की अपस्थानिक जड़ें अपने सिरे पर फूलकर मांसल हो जाती हैं। जैसे—आमहल्दी (Mango ginger) ।

(d) मणिकामय जड़ें (Moniliform roots) : इस प्रकार की अपस्थानिक जड़ें थोड़े-थोड़े अन्तराल पर फूली रहती हैं । ये आकार में मणिकाओं की माला की भाँति होती है। जैसे—अंगूर, करेला (Bittergourd) |

(B) यांत्रिक सहारा प्रदान करने के लिए (For providing mechanical support) :

(a) स्तम्भ मूल (Prop roots) : कुछ पौधों की शाखाओं से अनेक जड़ें निकलती हैं जो मोटी होकर भूमि में प्रवेश कर जाती हैं। इस प्रकार ये वृक्षों की लम्बी एवं मोटी शाखाओं को सहारा प्रदान करती हैं। इस प्रकार की जड़ें ही स्तम्भ मूल (Prop root) कहलाती हैं। जैसे- बरगद, इण्डियन रबर आदि ।

(b) अवस्तम्भ मूल (Stilt roots) : इस प्रकार की जड़ें मुख्य तने के आधार के समीप से निकलकर भूमि में तिरछी प्रवेश कर जाती हैं और पौधे को यांत्रिक सहारा प्रदान करती हैं। जैसे—मक्का, गन्ना आदि ।

(c) आरोही मूल (Climbing roots) : इस प्रकार की जड़ें हर्बल तनों की सन्धियों अथवा पर्व सन्धियों से निकलती हैं तथा पौधों को किसी आधार पर चढ़ने में सहायता करती हैं। इस प्रकार की जड़ें अगले सिरे पर फूलकर छोटी-छोटी ग्रन्थियाँ बनाती हैं, जिनसे एक तरह का चिपचिपा द्रव स्रावित होता है जो तुरन्त ही वायु के संपर्क में सूख जाता है। जैसे—पान, पोथोस आदि।

(C) अन्य जैविक क्रियाओं के लिए रूपान्तरित अपस्थानिक जड़ें (Roots modified for performing other vital functions):

(a) चूषण मूल (Sucking roots) : इस प्रकार की अपस्थानिक जड़ें कुछ परजीवी पौधों में विकसित होती हैं, जो पोषक पौधों (Host plants) के ऊतकों में प्रवेश कर भोज्य पदार्थों का अवशोषण करती हैं। जैसे—अमरबेल, चन्दन आदि ।

(b) श्वसनी मूल (Respiratory roots) : इस प्रकार की अपस्थानिक जड़ें कुछ जलीय पौधों (Aquatic plants) में पायी जाती है। इन जलीय पौधों की प्लावी शाखाओं (Floating branches) से विशेष प्रकार की नर्म, हल्की एवं स्पंजी जड़ें निकलती हैं जिनमें वायु भर जाती है। इस प्रकार की जड़ें पौधों को तैरने एवं श्वसन में मदद करती हैं। जैसे—जूसिया ।

(c) अधिपादप मूल (Epiphytic roots) : इस प्रकार की अपस्थानिक जड़ें अधिपादपों (Epiphytic plants) में पायी जाती हैं। इस प्रकार की जड़ें पत्तियों के कक्ष से निकलकर हवा में लटकती रहती हैं। इन जड़ों में वेलमिन (Velamen) नामक आर्द्रताग्राही स्पंजी ऊतक उपस्थित होता हैं, जो वायुमण्डल की आर्द्रता को अवशोषित करता है। जैसे ऑर्किड ।

(d) स्वांगीकारक मूल (Assimilatory roots) : इस प्रकार की अपस्थानिक जड़ें तने के आधार से निकलकर फैल जाती हैं। ये हरी, लम्बी एवं बेलनाकार होती हैं। इनमें हरितलवक (Chlorophyll) भी पाया जाता है जिस कारण ये प्रकाश संश्लेषण क्रिया करती हैं। जैसे—सिंघाड़ा, टिनोस्पोरा (Tinospora) आदि ।

जड़ के कार्य (Functions of root) :

1. यह पौधों को भूमि में स्थिर रखती हैं।
2. मूल रोम (Root hairs) तथा जड़ों के कोमल भाग जल और घुलित खनिज लवण का अवशोषण करते हैं।
3. जड़ें अवशोषित जल एवं खनिज लवणों को ऊपर की ओर तने में और पत्ती में संवहन करते हैं।
4. कुछ जड़ें अपने अंदर भोज्य पदार्थों का संग्रह करते हैं प्रतिकूल परिस्थितियों में इन संचित भोज्य पदार्थों का पौधों द्वारा उपयोग किया जाता है।

<u>तना (Stem) :</u>

तना पौधे का वह भाग है जो कि भूमि एवं जल के विपरीत तथा प्रकाश (Light) की ओर वृद्धि करता है। यह प्रांकुर (Plumule) से विकसित होता है और शाखाओं, पत्तियों, फूल एवं फल धारण करता है।

तने की विशेषताएँ (Characteristics of stem) : तना की प्रमुख विशेषताएँ निम्नलिखित हैं

1. तना पौधे का आरोही भाग हैं, जो भूमि के विपरीत प्रकाश की ओर गति करता है । (Negatively geotropic but positively phototropic)
2. तने की अग्र सिरे पर कलिकाएँ (Buds) पायी जाती हैं, जिनसे तना वृद्धि करता है।
3. तने पर शाखाएँ (Branches) तथा पत्तियाँ लगती हैं।
4. तने का आकार बेलनाकार, चपटा अथवा कोणीय (Angular) होता है।

तने के प्रकार : भूमि की स्थिति के अनुसार तना तीन प्रकार के होते हैं। ये हैं—

1. भूमिगत तना (Underground stem) : पौधे के तने का वह भाग जो भूमि के अंदर पाया जाता है, भूमिगत तना कहलाता है । भूमिगत तने में पर्व सन्धियाँ, पर्ण कलिकाएँ तथा शल्क जाते हैं । प्रतिकूल परिस्थितियों में भूमिगत तने भोजन संग्रह करने के पत्र पाये कारण मोटा एवं मांसल हो जाता है। जैसे हल्दी, अदरक, केला, फर्न, आलू, प्याज, लहसुन, कचालू, जिमीकन्द, अरबी आदि।

भूमिगत तने का रूपान्तरण (Modifications of underground stem): प्रतिकूल परिस्थितियों में भूमिगत तने भोजन संग्रह करने का कार्य करने लगते हैं, जिसके कारण वे फलकर मोटे एवं मांसल हो जाते हैं। ये निम्निलिखित प्रकार के होते हैं –

(a) प्रकन्द (Rhizome) : यह मोटा, फैला हुआ भूमिगत तना होता है। इसमें कक्षस्य तथा अग्रस्थ कलिकाएँ भी पायी जाती हैं। यह तना शाखारहित या शाखायुक्त हो सकता है।

कभी-कभी इसमें अपस्थानिक जड़ (Adventitious roots) भी विकसित हो जाती है। इनमें स्पष्ट पर्व पर्व सन्धियाँ तथा शल्क पत्र पाये जाते हैं। इस प्रकार का भूमिगत तना हल्दी, अदरक, केला, फर्न आदि पौधों में पाया जाता है।

(b) स्तम्भ कन्द (Stem tuber) : यह एक प्रकार का भूमिगत तना है। यह भोजन संग्रह करने के कारण शीर्ष पर फूल जाता है। इस प्रकार के तने की सतह पर अनेक गड्ढ़े होते हैं, जिन्हें आँखें (eyes) कहते हैं। प्रत्येक आँख एक शल्क पत्र होता है, जो पर्व सन्धि की स्थिति को दर्शाता है तथा प्रसुप्त कलिकाएँ होती हैं। इन्हीं प्रसुप्त कलिकाओं से वायवीय (Aerial) शाखाएँ निकलती हैं जिनके अगले सिरे पर अग्रस्थ कलिका होती है जो कि अनुकूल परिस्थितियों में वृद्धि करके नए पौधे को जन्म देते हैं। इस प्रकार का तना आलू में पाया जाता है।

(c) शल्क कन्द (Bulb): इस प्रकार का भूमिगत तना बहुत से छोटे छोटे शल्क पत्रों (Scaly leaves) से मिलकर बना होता है। यह शल्क पत्र जल तथा भोजन संग्रह करने के कारण मांसल (fleshy) हो जाते हैं। इस प्रकार के भूमिगत तने की बाहरी परत शुष्क (dry) होती है। यह तना संकेन्द्रीय क्रम में व्यवस्थित शल्क पत्र लिये हुए पाये जाते हैं। प्याज (Onion) तथा लहसुन (Garlic) इस प्रकार के भूमिगत तने का उत्तम उदाहरण है।

(d) घनकन्द (Corm) : इस प्रकार का भूमिगत तन प्रकन्द (Rhizome) का संघनित रूप है। यह भूमि के नीचे उर्ध्व दिशा में वृद्धि करता है। इसमें अधिक मात्रा में भोजन संचित हो जाता है। शल्क पत्रों के कक्षा में कलिकाएँ पायी जाती हैं जबकि इसके आधार से अपस्थानिक जड़ें निकलती हैं। कचालू एवं जिमीकन्द में इस प्रकार का भूमिगत तना देखने को मिलता है।

2. अद्र्धवायवीय तना (Sub aerial stem): जब तने का कुछ भाग भूमि के अन्दर तथा कुछ भाग भूमि के बाहर वायु में पाया जाता है, तब इस प्रकार के तने को अद्र्धवायवीय तना कहते हैं। जैसे—दूब घास, मर्सीलिया, पैसीफ्लोरा, अरुई, जलकुम्भी, समुद्री सोख, गुलदाऊदी, पिपरमिन्ट आदि । अद्र्धवायवीय तने में कायिक जनन के लिए कलिकाएँ पायी जाती हैं, जिनसे पार्श्व शाखाओं (Lateral branches) की उत्पत्ति होती है।

अद्र्धवायवीय तने का रूपान्तरण (Modification of sub aerial stem):

(a) उपरिभूस्तरी (Runner) : यह भूमि की सतह के समानान्तर फैला हुआ अद्र्धवायवीय तना है। इस प्रकार के तने में लम्बे एवं पतले पर्व (Inter nodes) पाये जाते हैं। पर्वसन्धियों से ऊपर की ओर शाखाएँ एवं तना तथा भूमि के अन्दर अपस्थानिक जड़ें निकलती हैं दूब घास, मर्सीलिया आदि में उपरिभूस्तरी तना पाया जाता है।

(b) भूस्तरी (Stolon) : इस प्रकार का अद्र्धवायवीय तना भूमि के अन्दर क्षैतिज दिशा में वृद्धि करता है। इस प्रकार के तने पर पर्व (Internode) तथा पर्व सन्धियाँ (Nodes) पाये जाते हैं । पर्व सन्धियों से नीचे की ओर अपस्थानिक जड़ें तथा ऊपर की ओर शाखाएँ विकसित होती हैं । अरुई तथा पैसीफ्लोरा में इस प्रकार का अद्र्धवायवीय तना पाया जाता

है।

(c) भूस्तारिका (Offset) : इस प्रकार का अद्र्ध वायवीय तना उपरिभूस्तरी (Runner) की तरह ही होता है, परन्तु इनके पर्व (nodes) मोटे तथा छोटे होते हैं । पर्व सन्धियों से ऊपर पत्तियाँ एक स्वतंत्र पौधे की भाँति होती है। जलकुम्भी भूस्तारिका का अच्छा उदाहरण है।

(d) अन्तः भूस्तरी (Suckers) : इस प्रकार के अद्र्धवायवीय तने में भूस्तरी (Stolon) तने की तरह एक पार्श्व शाखा होती है, परन्तु यह ऊपर की ओर तिरछा बढ़ता है और एक नए पौधे को जन्म देता है। यह भूस्तरी (stolon) की तुलना में छोटा होता है। इस प्रकार का अद्र्धवायवीय तना गुलदाऊदी, पिपरमिण्ट आदि में देखने को मिलता है ।

3. वायवीय तना (Aerial stem): जब सम्पूर्ण तना भूमि के ऊपर स्थित होता है, तो ऐसे तने को वायवीय तना कहते हैं। इस प्रकार के तने में शाखाएँ, पत्तियाँ, पर्व, पर्वसन्धियाँ, कलिकाएँ, फल, फूल सभी पाये जाते हैं । उदाहरण- गुलाब, अंगूर, नागफनी, रस्कस, कोकोलोवा आदि ।

वायवीय तने का रूपान्तरण (Modification of Aerial Stem):

(a) कंटक स्तम्भ (Stem thorn): इस प्रकार के तने में कक्षस्थ कलिकाएँ काँटे (thorn) के रूप में परिवर्तित हो जाती हैं। इन काँटों पर पत्ती, शाखा एवं पुष्प विकसित होते हैं। नींबू, वोगेनविलिया आदि पौधों में कंटक स्तम्भ पाये जाते हैं।

(b) स्तम्भ प्रतान (Stem tendril): इस प्रकार के तने में पत्तियों के कक्ष से निकली शाखा बनाने वाली कलिका एक कुण्डलित, तन्तु बना लेती है जो कमजोर तने वाले पौधों के आरोहण में सहायता करती है । यह तन्तु (Filament) ही स्तम्भ प्रतान कहलाता है। अंगूर तथा कुकुरबिटेसी कुल के पौधों में स्तम्भ प्रतान पाया जाता है ।

(c) पर्णकाय स्तम्भ (Phylloclade) : यह एक हरा, चपटा तथा कभी-कभी गोल-सा तना होता है जो कि पत्तियों की भाँति कार्य करता है। इसकी पत्तियाँ काँटे रूपी संरचना में परिवर्तित हो जाती हैं। यह रूपान्तरण पौधों से होने वाले जल हानि को रोकता है। पर्णकाय स्तम्भ अनिश्चित वृद्धि वाले शाखा से विकसित होता है। नागफनी (Opuntia) तथा केजुराइना (Casurina) पर्णकाय स्तम्भ का उत्तम उदाहरण है।

(d) पर्णाभ पर्त (Cladode) : कुछ पौधों की पर्त सन्धियाँ से छोटी, हरी, बेलनाकार अथवा चपटी शाखाएँ निकलती हैं। इस प्रकार की शाखाएँ पत्तियों के कक्ष से निकलती हैं, जो स्वयं शल्क पत्र (Scaly leaves) में रूपांतरित हो जाती हैं। ऐसा रूपांतरण पौधों में वाष्पोत्सर्जन की दर को कम करने के उद्देश्य से होता है। प्रकाश संश्लेषण की क्रिया हरे तने एवं उसकी शाखाओं के द्वारा सम्पादित होती है । तनों के इस प्रकार के रूपान्तरण को पर्णाभ पर्व (Cladode) कहते हैं। सतावर (Asparagus), रस्कस (Ruscus) पर्णाभ पर्व का सुन्दर उदाहरण हैं ।

(e) पत्र प्रकलिका (Bulbil): कुछ पौधों की कक्षस्थ एवं पुष्प कलिकाएँ विशेष छोटे आकार की रचना में रूपांतरित हो जाती हैं, जिन्हें पत्र- प्रकलिका (Bulbil) कहते हैं । ये पत्र

प्रकलिका अपने मातृ पौधे (Mother plant) से अलग होकर मिट्टी में गिर जाती हैं तथा अनुकूल परिस्थितियों में विकसित होकर नए पौधों को जन्म देती हैं। अलोय (Aloe), अगेव (Agave) आदि पौधों में पत्र प्रकलिका देखने को मिलता है। पत्ती (Leaf) : तने तथा शाखाओं की पर्व सन्धियों (Internodes) से निकलने वाले पार्श्व - असमान भाग को पत्ती कहते हैं । हरितलवक की उपस्थिति के कारण पत्ती का रंग हरा होता है ।

पत्ती के भाग : आकारिकीय दृष्टि से पत्ती के तीन भाग होते हैं

1. पत्राधार (Leaf base) : यह पत्ती का आधारीय भाग है जो पत्रवृन्त (Petiole) और स्तम्भ (Stem) को जोड़ता है।
2. पत्रवृन्त (Petiole) : अधिकांश पत्तियों में एक लम्बा डण्ठल होता है जिसे पत्रवृन्त (Petiole) कहते हैं। जिन पत्तियों में पत्रवृन्त होता है, उन्हें सवृन्त (Petiolate) कहते हैं। जैसे—आम, पीपल आदि । जिन पत्तियों में पत्रवृन्त नहीं होता है, उन्हें अवृन्त (Sessile) कहते हैं। जैसे—मक्का, गेहूँ आदि । पत्रवृन्त पत्ती के फलक को प्रकाश में उठाए रखता है ताकि अधिक-से-अधिक प्रकाश प्राप्त हो सके।
3. पत्रफलक (Leaf blade या Lamina) : यह पत्ती का हरा, चपटा एव फला हुआ भाग होता है। इसके मध्य में पत्रवृन्त (Petiole) से लेकर पत्ती के शीर्ष तक प्रायः एक मोटी शिरा होती है, जिसे मध्य शिरा (Mid rib) कहते हैं। मध्य शिरा से दोनों तरफ अनेक पतली पतली शिराएँ निकलती हैं जिससे पुनः और पतली शिराएँ निकलती हैं। ये पत्रफलक को कंकाल की भाँति दृढ़ता प्रदान करते हैं परन्तु इसका मुख्य कार्य जल तथा भोज्य पदार्थों का परिवहन करना है। पत्ती के प्रकार (Types of Leaf): पत्रफलक के कटाव के आधार पर पत्तियाँ दो प्रकार की होती हैं-सरल पत्ती एवं संयुक्त पत्ती ।

1. सरल पत्ती (Simple leaf): वह पत्ती, जिसका फलक अधिक हो और यदि कटा भी हो तो कटाव कभी-भी मध्य शिरा या पत्रवृन्त तक न पहुँचे, सरल पत्ती कहलाती है। जैसे—आम की पत्ती ।
2. संयुक्त पत्ती (Compound leaf): वह पत्ती जिसका पत्रफलक का कटाव कई स्थानों पर फलक की मध्य शिरा (Mid rib) या फलक के आधार तक पहुँच जाता है तथा जिसके फलस्वरूप फलक अनेक छोटे-छोटे खण्डों में बँट जाता है, संयुक्त पत्ती कहलाती है ।

पत्तियों के कार्य (Function of leaves) : पत्तियाँ पौधे का महत्त्वपूर्ण अंग है। यह निम्नलिखित प्रमुख कार्य सम्पादित करती है—

1. पत्तियाँ प्रकाश-संश्लेषण की क्रिया द्वारा पौधों के लिए भोजन का निर्माण करती हैं ।
2. पत्तियाँ प्रकाश-संश्लेषण एवं श्वसन के लिए विभिन्न गैसों का आदान-प्रदान करती हैं।
3. पत्तियाँ उत्स्वेदन (Transpiration) की क्रिया को नियंत्रित करती है ।
4. पत्तियाँ कलिकाओं को सुरक्षा प्रदान करती हैं। यह कन्टकों (thorns) में रूपान्तरित होने पर पशु-पक्षियों से पौधों की रक्षा करती है ।
5. प्रतन्तुओं में रूपान्तरित होने पर यह कमजोर पौधों को मजबूत आधार प्रदान करती है,

तथा आरोहण में मदद करती है।

6. कीटभक्षी पौधों में पिचर (Pitcher), ब्लेडर (Bladder) आदि में यह रूपान्तरित होकर प्रोटीनयुक्त पोषण में सहायता करती है।

7. यह जल तथा घुलनशील भोज्य पदार्थों का पत्तियों से स्तम्भ तक संचरण में सहायता करती है। कुछ पत्तियाँ वर्धी प्रजनन एवं परागण में सहायता करती हैं।

8. कुछ पत्तियाँ वर्धी प्रजनन एवं परागण में सहायता करती हैं। 9. कुछ पत्तियाँ भोजन संग्रह (Food Storage) का कार्य भी करती हैं ।

पत्तियों का रूपान्तरण (Modification of Leaves) : पत्तियाँ कुछ विशेष कार्य सम्पादित करने हेतु रूपान्तरित हो जाती हैं। जैसे—

1. पर्ण कंटक (Leaf spines) : इसमें पत्तियाँ काँटों या शूलों (Spines) में रूपान्तरित हो जाती हैं। जैसे—आर्जिमोन, नागफनी आदि ।

2. पर्ण प्रतान (Leaf tendril) : इसमें पत्तियाँ रूपान्तरित होकर लम्बी, पतली, तारनुमा कुण्डलित रचना में बदल जाती हैं जिसे प्रतान (Tendril) कहते हैं। ये प्रतान अति संवेदनशील होते हैं और ज्योंहि वे किसी आधार के सम्पर्क में आते हैं, उसके चारों ओर लिपट जाते हैं । इस प्रकार वे पौधों को आरोहण में सहायता प्रदान करते हैं। जैसे—मटर ।

3. पर्णाभवृन्त (Phyllode) : इसमें पर्णवृन्त अथवा रेकिस का कुछ भाग चपटा एवं हरा होकर पर्णफलक जैसा रूप ग्रहण कर लेता है । इसे ही पर्णाभवृन्त कहते हैं। यह प्रकाश संश्लेषण का कार्य करता है क्योंकि पौधे की सामान्य पत्तियाँ नवोद्भिद (Seedling) अवस्था में ही गिर जाते हैं। जैसे—आस्ट्रेलियन बबूल ।

4. घटपर्णी (Pitcher) : इसमें पत्ती का पर्णाधार (Leaf base) चौड़ा, चपटा एवं हरे रंग का होता है। पर्णवृन्त (Petiole) प्रतान का, फलक (Leaf blade) घटक (Pitcher) का तथा फलक शीर्ष ढक्कन का रूप ले लेता है। इस प्रकार सम्पूर्ण पत्ती घटनुमा रचना में परिवर्तित हो जाती है । घट (Pitcher) की भीतरी सतह पर पाचक ग्रन्थियाँ (Digestive glands) होती हैं, जिनसे पाचक रस निकलता है । जब कोई कीट आकर्षित होकर फिसलकर घट में गिर जाता है तो घट का ढक्कन स्वतः बन्द हो जाता है। कीट पाचक रस द्वारा पचा लिया जाता है। इस क्रिया द्वारा पौधे अपने नाइट्रोजन की आवश्यकता की पूर्ति करते हैं । जैसे—घटपर्णी (Pitcher plant) |

5. ब्लैडर वर्ट (Bladderwort): यूट्रीकुलेरिया (Utricularia) जैसे जलीय कीटभक्षी पौधों में पत्तियाँ अनेक छोटे-छोटे खण्डों में बँटी होती हैं। कुछ खण्ड रूपान्तरित होकर थैलीनुमा संरचना बनाते हैं। प्रत्येक थैली (Bladder) में एक खोखला कक्ष (Empty chamber) होता है, जिसमें एक मुख होता है। इस मुख पर एक प्रवेश द्वार होता है जिससे होकर केवल सूक्ष्म जलीय जन्तु ही प्रवेश कर सकते हैं। थैली या ब्लैडर के अंदर पाचक एन्जाइम उन सूक्ष्म जन्तुओं को पचा डालते हैं ।

पुष्प (Flowers) :
पुष्पीय पौधों में पुष्प एक अत्यन्त महत्त्वपूर्ण अंग है। आकारकीय (Morphological) रूप से पुष्प एक रूपान्तरित प्ररोह (स्तम्भ) है जिस पर गाँठें तथा रूपान्तरित पुष्पी पत्तियाँ लगी रहती हैं। पुष्प प्रायः तने या शाखाओं के शीर्ष अथवा पत्ती के अक्ष (Axil) में उत्पन्न होकर प्रजनन (Reproduction) का कार्य करती है तथा फल एवं बीज उत्पन्न करता है ।

पुष्प की रचना : पुष्प एक डंठल द्वारा तने से सम्बद्ध होता है। इस डंठल को वृन्त या पेडिसेल (Pedicel) कहते हैं। वृन्त के सिरे पर स्थित चपटे भाग को पुष्पासन या थैलामस (Thalamus) कहते हैं । इसी पुष्पासन पर पुष्प के विविध पुष्पीयभाग (Floral Parts) एक विशेष प्रकार के चक्र (Cycle) में व्यवस्थित होते हैं । पुष्प के चार मुख्य भाग होते हैं— 1. बाह्य दलपुंज (Calyx), 2. दलपुंज (Corolla), 3. पुमंग (Androecium) तथा 4. जायांग (Gynoecium)

बाह्य दलपुंज एवं दलपुंज को पुष्प का सहायक अंग या अनावश्यक भाग तथा पुमंग एवं जायांग को पुष्प का आवश्यक भाग कहा जाता है। पुमंग एवं जायांग पुष्प के वास्तविक जनन भाग हैं। पुमंग पुष्प का नर जनन भाग तथा जायांग मादा जनन भाग है।
1. बाह्य दलपुंज (Calyx) : यह पुष्प के सबसे बाहर का चक्र है। यह हरे छोटी पत्तीनुमा संरचनाओं का बना होता है जिन्हें बाह्य दल (Sepals) कहते हैं। जब ये स्वतंत्र होते हैं तो इन्हें पृथक बाह्यदलीय (Polysepalous) कहते हैं और जब जुड़े होते हैं तो इन्हें संयुक्त बाह्यदलीय (Gamosepalous) कहते हैं। ये कली (Buds) को तथा उसके अन्य आन्तरिक भागों को सुरक्षा प्रदान करते हैं। कुछ पुष्पों में यह रंगीन होकर परागण के लिए कीटों को आकर्षित करने का काम करता है ।
2. दलपुंज (Corolla): यह पुष्प का दूसरा चक्र होता है जो बाह्य दलपुंज के अन्दर स्थित होता है। यह प्रायः 2-6 दलों (Petals) का बना होता है। ये प्रायः रंगीन होते हैं । इसका मुख्य कार्य परागण हेतु कीटों को आकर्षित करना है। जब दल (Petals) स्वतंत्र होते हैं, तो उन्हें पृथक दलीय (Polypetalous) तथा जब वे जुड़े होते हैं तो उन्हें संयुक्त दलीय (Gamopetalous) कहते हैं । 3. पुमंग (Androecium) : यह पुष्प का तीसरा चक्र है जो नर अंगों का बना होता है। प्रत्येक नर अंग पुंकेसर (Stamen) कहलाता है । पुंकेसर ही पुष्प का वास्तविक नर भाग है। प्रत्येक पुंकेसर के तीन भाग होते हैं— तन्तु या फिलामेंट (Filament), परागकोष या ऐन्थर (Anther) तथा योजी या कनेक्टिव (Connective) | पुतन्तु पतला सूत्रनुमा भाग होता है जो पुंकेसर को पुष्पासन से जोड़ता है। पुंकेसर में एक द्विपालिक (Bilobed) रचना होती है जिसे परागकोष (Anthers) कहते हैं। परागकोष में चार कोष्ठ होते हैं, जिन्हें परागपुट (Pollen sacs) कहते हैं । परागपुट में ही परागकण (Pollen grains) की उत्पत्ति होती है। परागकण ही वास्तविक नर युग्मक (Male

gamete) होता है । जब परागकोष पक जाते हैं तब वे फट जाते हैं और परागकण प्रकीर्णन के लिए तैयार होते हैं। योजी (Connective) पुतन्तु तथा परागकोष को जोड़ने का काम करता है ।

4. जायांग (Gynoecium): जायांग पुष्प का वास्तविक मादा भाग है। यह पुष्प का चौथा और सबसे भीतरी चक्र हैं। यह अण्डपों (Carpels) से निर्मित होता है। आकारकीय दृष्टि से अण्डप एक वर्टीकली मुड़ी हुई पर्ण है जिसके जुड़े हुए किनारों पर बीजाण्ड (Ovules) उत्पन्न होते हैं। इन्हीं बीजाण्डों में मादा युग्मक अण्डाणु होते हैं। विभिन्न पादपों में बीजाण्डों की संख्या निश्चित होती है। वर्तिका अंडाशय के ऊपर का लम्बा एवं पतला भाग होता है जबकि वर्तिकाग्र (Stigma) वर्तिका (Style) का सबसे ऊपर का भाग होता है जो चिपचिपा होता है ।

बीजाण्ड की रचना (Structure of ovule): बीजाण्ड साधारणतः अण्डाकार होता है। यह एक बीजाण्ड वृन्त (Funiculus) द्वारा बीजाण्डसन से सम्बद्ध रहता है। जिस स्थान पर बीजाण्ड बीजाण्ड - वृन्त द्वारा लगा रहता है उस हिस्से को हाइलम (Hilum) कहते हैं। बीजाण्ड वृन्त आगे बढ़कर बीजाण्ड से मिलकर एक स्थान बनाता है, जिसे रैफे (Raphe) कहते हैं। बीजाण्ड के मुख्य भाग का बीजीण्डकाय (Nucellus) कहते हैं, जो दो आवरणों से ढका रहता है बाहरी अध्यावरण (Outer integument) एवं भीतरी अध्यावरण (Inner integument)। बीजाण्ड का जो भाग अध्यावरण से ढका नहीं रहता है, उस स्थान को बीजीण्ड द्वार (Micropyle) कहते हैं। बीजाण्ड द्वार के ठीक विपरीत हिस्से को कैलाजा (Chalaza) कहते हैं ।

बीजाण्ड के भीतर भ्रूणकोष (Embryosac) होता है। इस भ्रूणकोष के भीतर मादा युग्मक (अंडाणु) उपस्थित होता है। भ्रूणकोष परिपक्व होकर निषेचन (Fertilization) के लिए तैयार होता है।

नोट :

1. पुष्पों का अध्ययन एन्थोलॉजी (Anthology) कहलाता है।
2. जिन पुष्पों में पुष्प के चारों चक्र (बाह्य दलपुंज, दलपुंज, पुमंग एवं जायांग) उपस्थित होते हैं, उन्हें पूर्ण पुष्प (Complete flower) कहते हैं।
3. जिन पुष्पों में पुष्प के एक या अधिक चक्र अनुपस्थित होते हैं, उन्हें अपूर्ण पुष्प (Incomplete flower) कहते हैं।
4. बाहय दलपुंज एवं दलपुंज को पुष्प का सहायक अंग (Accessary organ) तथा पुमंग एवं जायांग को आवश्यक अंग (Essential organ) कहते हैं।

पुष्प का कार्य : पुष्प का मुख्य कार्य लिंगीय प्रजनन द्वारा फल तथा उसके अन्दर बीज का निर्माण करना है।

परागण (Pollination): परागकणों (Pollengrains) के परागकोष (Anther) से मुक्त

होकर उसी जाति के पौधे के जायांग (Gynoecium) के वर्तिकाग्र (Stigma) तक पहुँचने की क्रिया को परागण कहते हैं ।

परागण के प्रकार (Type of Pollination): परागण दो प्रकार के होते हैं

1. स्वपरागण (Self Pollination): जब एक पुष्प के परागकण उसी पुष्प के वर्तिकाग्र पर या उसी पौधे पर स्थित किसी अन्य पुष्प के वर्तिकाग्र पर पहुँचता है, तो इसे स्व-परागण कहते हैं ।

2. पर-परागण (Cross pollination): जब एक पुष्प का परागकण उसी जाति के दूसरे पौधे पर स्थित पुष्प के वर्तिकाग्र पर पहुँचता है, तो उसे पर परागण कहते हैं। पर परागण कई माध्यमों से होता है । पर परागण पौधों के लिए उपयोगी होता है। पर परागण के लिए किसी माध्यम की आवश्यकता होती है। वायु कीट, जल या जन्तु इस आवश्यकता की पूर्ति करते हैं । परागण की विधियों (Methods of pollination):

परागण की निम्नलिखित विधियाँ हैं—

1. वायु परागण (Anemophilous): वायु द्वारा परागण
2. कीट परागण (Entomophilous): कीट द्वारा परागण
3. जल परागण (Hydrophilous): जल द्वारा परागण
4. जन्तु परागण (Zoophilous) : जन्तु द्वारा परागण
5. पक्षी परागण (Ornithophilous): पक्षियों द्वारा परागण
6. मेलेकोफिलस (Malacophilous): घोंघे द्वारा परागण
7. चिरोप्टोफिलस (Chiroptophilous): चमगादड़ द्वारा परागण

निषेचन (Fertilization):

परागण के पश्चात निषेचन की क्रिया प्रारम्भ होती है। परागनली (Pollen tube) बीजाण्ड (Ovule) में प्रवेश करके बीजाण्डासन को भेदती हुई भ्रूणपोष (Endosperm) तक पहुँचती है और परागकणों को वहीं छोड़ देती है। इसके पश्चात् एक नर युग्मक एक अण्डकोशिका से संयोजन करता है। इसे ही निषेचन कहते हैं। अब निषेचित अण्ड (Fertilized egg) युग्मनज (Zygote) कहलाता है। यह युग्मनज बीजाणुभिद की प्रथम इकाई है।

निषेचन के पश्चात बीजाण्ड से बीज, युग्मनज से भ्रूण (Embryo) तथा अण्डाशय से फल का निर्माण होता है। आवृत्तबीजी पौधों (Angiospermic plants) में निषेचन को त्रिक् संलयन (Triple fusion) कहते हैं ।

निषेचन के पश्चात् पुष्प में होने वाले परिवर्तन : निषेचन के पश्चात् पुष्प में निम्नलिखित प्रकार के परिवर्तन देखने को मिलते हैं –

1. बाह्य दलपुंज (Calyx) : यह प्रायः मुरझाकर गिर जाता है। अपवाद— मिर्च |
2. दलपुंज (Corolla): यह मुरझाकर गिर जाता है ।
3. पुंकेसर (Stamen): यह मुरझाकर झड़ जाता है ।

4. वर्तिकाग्र (Stigma): यह मुरझा जाती है ।
5. वर्तिका (Style) : यह मुरझा जाती है ।
6. अण्डाशय (Ovary): यह फल में परिवर्तित हो जाती है।
7. अण्डाशय भित्ति (Ovary wall): यह फलाभित्ति (Pericarp) में परिवर्तित हो जाती है।
8. त्रिसंयोजक केन्द्रक (Triple fused nucleus) : यह भ्रूणपोष (Endosperm) में परिवर्तित हो जाती है।
9. अण्डकोशिका (Egg cells): यह भ्रूण (Embryo) में परिवर्तित हो जाता है।
10. बीजाण्डसन (Nucellus) : यह पेरीस्पर्म (Perisperm) में परिवर्तित हो जाती है।
11. बीजाण्ड (Ovule) : यह बीज (seed) में परिवर्तित हो जाती है।

फल का निर्माण (Formation of Fruits):

फल का निर्माण अण्डाशय (Ovary) से होता है। परिपक्व अण्डाशय को ही फल (Fruit) कहा जाता है। परिपक्व अण्डाशय की भित्ति फल- भित्ति (Pericarp) का निर्माण करती है। फल-भित्ति, मोटी या पतली हो सकती है। मोटी फलभित्ति में प्रायः तीन स्तर हो जाते हैं। बाहरी स्तर को बाह्य फलभित्ति (Epicarp), मध्य स्तर को मध्य फलभित्ति (Mesocarp) तथा सबसे अन्दर के स्तर को अन्तः फलभित्ति (Endocarp) कहते हैं।

फल के प्रकार फल के मुख्यतः **दो प्रकार** होते हैं

1. सत्य फल (True Fruit): यदि फल के बनने में केवल अण्डाशय ही भाग लेता है, तो उसे सत्य फल कहते हैं। जैसे-आम ।

2. असत्य फल (False fruit): कभी-कभी अण्डाशय के अतिरिक्त पुष्प के अन्य भाग, जैसे— पुष्पासन, बाह्यदल इत्यादि भी फल बनने में भाग लेते हैं। ऐसे फलों को असत्य फल या कूट फल कहते हैं। जैसे सेब (Apple) में पुष्पासन (Thalamus) फल बनाने में भाग लेता है। सम्पूर्ण फलों को तीन भागों में विभाजित किया गया है—

A. सरल फल (Simple Fruits): जैसे—अमरूद, केला, नारियल, सुपारी, खीरा, ककड़ी, लौकी, तरबूज, सन्तरा, मुसम्मी, नींबू, टमाटर, मिर्च, अंगूर, पपीता, सेब, नाशपाती, अनार आदि ।

B. पुज फल या समूह फल (Aggregate Fruits): जैसे—शरीफा, रसभरी, मदार, चम्पा, सदाबहार, कमल, स्ट्राबेरी आदि । C.

संग्रहित फल (Composite fruits) : जैसे-शहतूत, कटहल, अनन्नास, बरगद, गूलर, अंजीर आदि ।

A. सरल फल (Simple Fruits): जब किसी पुष्प के अण्डाशय से केवल एक ही फल बनता है, तो ऐसे फलों को सरल फल कहते हैं। सरल फल को एकल फल भी कहा जाता है। सरल फल भी दो प्रकार के होते हैं

1. सरस फल (Succulent fruits): इस प्रकार का सरल फल रसदार, गुदेदार तथा अस्फुटनशील होता है। जैसे—आम, नारियल आदि । सरस फल छः प्रकार के होते हैं—
अष्ठिल फल (Drupe):
(a) जैसे—आम, बेर, नारियल, सुपारी आदि ।
(b) पीपो (Pepo): जैसे—खीरा, ककड़ी, लौकी, तरबूज आदि ।
(c) हेस्पिरीडियम (Hespiridium): जैसे—संतरा, मुसम्मी, नींबू आदि ।
(d) बेरी (Berry): जैसे—टमाटर, अमरूद, मिर्च, अंगूर, केला आदि ।
(e) पोम (Pome) : जैसे—सेब, नाशपाती आदि ।
(f) बैलस्टा (Balausta): जैसे—अनार ।
2. शुष्क फल (Dry fruits): यह नौ प्रकार का होता है—
(a) कैरियोप्सिस (Caryopsis): जैसे—गेहूँ, मक्का, जौ, धान आदि ।
(b) सिप्सेला (Cypsella) : जैसे—गेंदा, सूर्यमुखी आदि ।
(c) नट (Nut) : जैसे सिंघाड़ा, लीची, काजू आदि ।
(d) फली (Legume or pod): जैसे—मटर, सेम, चना आदि ।
(e) सिलिक्यूआ (Siliqua): जैसे—सरसों, मूली, आदि ।
(f) कोष्ठ विदारक (Loculicidal): जैसे- भिण्डी, कपास, आदि ।
(g) लोमेण्टम (Lomentum): बबूल, इमली, मूँगफली आदि ।
(h) क्रेमोकार्प (Cremocarp): जैसे—सौंफ, जीरा, धनिया आदि ।
(i) रेग्मा (Regma) : जैसे—रेड़ी।

B. पुंज फल या समूह फल (Aggregate Fruits) : जब एक ही बहुअण्डपी पुष्प के वियुक्ताण्डपी अण्डाशयों से अलग-अलग फल बने, परन्तु समूह के रूप में रहें तो ऐसे फल को पुंज फल या समूह फल कहते हैं। जैसे—स्ट्राबेरी, शरीफा, चम्पा, मदार आदि । पुंजफल भी चार प्रकार के होते हैं—
(a) बेरी का पुंजफल (Etaerio of berries): जैसे—शरीफा ।
(b) अष्ठिल का पुंजफल (Etaerio of drupes): जैसे- रसभरी ।
(c) फालिकिल का पुंजफल (Etaerio of folicles) : जैसे— चम्पा, मदार, सदाबहार आदि ।
(d) एकीन का पुंज फल (Etaerio of achenes) : जैसे— कमल, स्ट्राबेरी आदि ।

C. संग्रथित फल (Composite fruits): जब एक ही सम्पूर्ण पुष्पक्रम के पुष्पों से पूर्ण फल बनता है, तो उसे संग्रथित फल कहते * हैं। जैसे—अनन्नास, शहतूत, कटहल, बरगद, गूलर, अंजीर आदि ।
संग्रथित फल दो प्रकार के होते हैं
(a) सोरोसिस (Sorosis) : जैसे-शहतूत, कटहल, अनन्नास आदि ।
(b) साइकोनस (Syconus): जैसे- बरगद, गूलर, अंजीर आदि । फल, पौधों के लिए

लाभदायक है, क्योंकि यह तरुण बीजों की रक्षा करता है। यह बीजों के प्रकीर्णन (Dispersal) में सहायता करता है। फलों व उनके उत्पादन के अध्ययन को पोमोलॉजी (Pomology) कहते हैं ।

<u>अनिषेक फलन (Parthenocarpy):</u>

कुछ पौधों में बिना निषेचन के ही अण्डाशय से फल का निर्माण हो जाता है। इस तरह बिना निषेचित हुए फल के विकास को अनिषेक फलन कहते हैं। ऐसे फल बीजरहित होते हैं। जैसे—पपीता, नारंगी, अंगूर, अनन्नास आदि ।

11

पादप ऊतक

पादप ऊतक

समान उत्पति तथा समान कार्यों को सम्पादित करने वाली कोशिकाओं के समूह को ऊतक (Tissues) कहते हैं। ऊतक का अध्ययन जीव विज्ञान की जिस शाखा के अन्तर्गत किया जाता है, उसे औतिकी (Histology) कहते हैं। इस शाखा की स्थापना इटली के वैज्ञानिक मारसैलो मैल्पीथी (Marcello Malpighi) ने की थी। इस शाखा का Histology नामकरण मायर (1819 ई.) नामक वैज्ञानिक के द्‌वारा किया गया। 'ऊतक' शब्द का प्रयोग सर्वप्रथम विचट (1771-1802 ई.) ने किया था।

पौधों के शरीर में प्रत्येक ऊतक का एक विशिष्ट कार्य होता है। सभी ऊतक शीर्षस्थ कोशिकाओं के समूह में विभाजन से उत्पन्न होते हैं तथा धीरे-धीरे अपने कार्यों के अनुरूप अनुकूलित हो जाते हैं।

पादप ऊतक के प्रकार: ऊतक के कोशिकाओं की विभाजन क्षमता के आधार पर पादप ऊतक दो प्रकार के होते हैं–

A. विभाज्योतिकी ऊतक (Meristematic tissue)

B. स्थायी ऊतक (Permanent tissue)

A. विभाज्योतिकी ऊतक (Meristematic tissues): यह ऊतक ऐसी कोशिकाओं का समूह होता है, जिनमें बार-बार सूत्री विभाजन (Mitosis division) करने की क्षमता होती है। यह ऊतक अवयस्क (Immature) जीवित कोशिकाओं का बना होता है। इस ऊतक की कोशिकाएँ छोटी, अंडाकार या बहुभुजी होती हैं और इसकी भित्ति सैल्यूलोज की बनी होती है। प्रत्येक कोशिका घने, कणयुक्त कोशिकाद्रव्य (Cytoplasm) से भरी रहती है। इन कोशिकाओं में प्रायः रसधानी अनुपस्थित रहती है। इसमें एक बड़ा केन्द्रक होता है तथा कोशिकाओं के बीच अंतरकोशिकीय स्थान (Inter cellular space) नहीं पाया जाता है ।

यह ऊतक स्थिति (Position) के आधार पर निम्नलिखित तीन प्रकार का होता है—

1. शीर्षस्थ विभाज्योतिकी ऊतक (Apical meristem)
2. पार्श्वस्य विभाज्योतिकी ऊतक (Lateral meristem) तथा
3. अन्तर्वेशी विभाज्योतिकी ऊतक (Intercalary meristem)

1. शीर्षस्थ विभाज्योतिकी ऊतक : यह ऊतक जड़ एवं तने के शीर्ष भाग में उपस्थित होता है तथा लम्बाई में वृद्धि करता है। यह ऊतक प्राथमिक विभाज्योतिकी से बनता है। इससे कोशिकाएँ विभाजित एवं विभेदित (differentiated) होकर स्थायी ऊतक (Permanent tissue) बनाते हैं। इससे पौधों में प्राथमिक वृद्धि होती है।

2. पार्श्वस्थ विभाज्योतिकी ऊतक यह ऊतक जड़ तथा तने के पार्श्व भाग में होता है एवं द्वितीयक वृद्धि (Secondary growth) करता है। इससे संवहन ऊतक (Vscular tissues) बनते हैं, जो भोजन संवहन का कार्य करते हैं एवं संवहन ऊतकों के कारण तने की चौड़ाई में वृद्धि होती है। संवहन ऊतक में अवस्थित कैम्बियम (Cambium) एवं वृक्ष के छाल के नीचे का कैम्बियम पार्श्वस्थ विभाज्योतिकी का उदाहरण है। पार्श्वस्थ विभाज्योतिकी ऊतक ही द्वितीयक विभाज्योतिकी है।

3. अंतर्वेशी या अंतर्विष्ट विभाज्योतिकी ऊतक : यह ऊतक स्थायी ऊतक के बीच बीच में पाया जाता है। ये पत्तियों के आधार में या टहनी के पर्व (Internode) के दोनों ओर पाए जाते हैं। यह वृद्धि करके स्थायी ऊतकों में परिवर्तित हो जाते हैं।

B. स्थायी ऊतक (Permanent tissue):

विभाज्योतकी ऊतक (अस्थायी ऊतक) की वृद्धि के फलस्वरूप स्थायी ऊतक (Permanent tissue) का निर्माण होता है जिसमें विभाजन की क्षमता नहीं होती है लेकिन कोशिका का रूप एवं आकार निश्चित रहता है। ये मृत या सजीव होते हैं। कोशिकाभित्ति पतली या मोटी होती है। कोशा द्रव्य में बड़ी रसधानी रहती है ।

उत्पत्ति के आधार पर स्थायी ऊतक दो प्रकार के होते हैं—

1. प्राथमिक (Primary) तथा
2. द्वितीयक (Secondary) प्राथमिक स्थायी ऊतक शीर्षस्थ एवं अन्तर्वेशी विभाज्योतक से तथा द्वितीयक स्थायी ऊतक पार्श्वस्थ विभाज्योतक या कैम्बियम कोशिकाओं से बनता है।

संरचना के आधार पर स्थायी ऊतक दो प्रकार के होते हैं

1. सरल ऊतक (Simple tissue) तथा
2. जटिल ऊतक (Complex tissue)

1. सरल स्थायी ऊतक (Simple permanent tissue) : यह ऊतक समरूप कोशिकाओं का बना होता है । यह निम्नलिखित प्रकार का होता है—

(a) मृदुतक (Parenchyma),
(b) स्थूलकोण ऊतक (Collenchyma),

(c) दृढ़ ऊतक (Sclerenchyma) |

(a) मृदुतक (Parenchyma) : यह अत्यन्त सरल प्रकार का स्थायी ऊतक होता है। इस ऊतक की कोशिकाएँ जीवित, गोलाकार, अंडाकार, बहुभुजी या अनियमित आकार की होती हैं। इस ऊतक की कोशिका में सघन कोशाद्रव्य एवं एक केन्द्रक पाया जाता है। इनकी कोशिका - भित्ति पतली एवं सेल्यूलोज की बनी होती है। इस प्रकार की कोशिकाओं के बीच अंतर कोशिकीय स्थान रहता है। कोशिका के मध्य में एक बड़ी रसधानी (Vacuole) रहती है। यह नए तने, जड़ एवं पत्तियों के एपिडर्मिस (Epidermis) और कॉर्टेक्स (Cortex) में पाया जाता है। कुछ मृदुतक में क्लोरोफिल पाया जाता है जिसके कारण प्रकाश संश्लेषण की क्रिया सम्पन्न होती है। इन ऊतकों को हरित ऊतक या क्लोरेनकाइमा (Chlorenchyma) कहते हैं। जलीय पौधों में तैरने के लिए गुहिकाएँ (Cavities) रहती हैं, जो मृदुतक के बीच पायी जाती है। इस प्रकार के मृदुतक (Aerenchyma) कहते हैं । को वायुतक या ऐरेनकाइमा कहते हैं।

कार्य (Function):

1. यह एपिडर्मिस के रूप में पौधों का संरक्षण करता है ।
2. पौधे के हरे भागों में, खासकर पत्तियों में यह भोजन का निर्माण करता है।
3. यह ऊतक संचित क्षेत्र में भोजन का संचय करता है। यह उत्सर्जित पदार्थों, जैसे—गोंद, रेजिन, टेनिन आदि को भी संचित करता है ।
4. यह ऊतक भोजन के पार्श्व चालन में सहायक होता है ।
5. इनमें पाए जाने वाले अंतरकोशिकीय स्थान गैसीय विनिमय में सहायक होते हैं।

(b) स्थूलकोण ऊतक (Collenchyma): इस ऊतक की कोशिकाएँ केन्द्रकयुक्त, लम्बी या अण्डाकार या बहुभुजी, जीवित तथा रसधानीयुक्त होती हैं। इनमें हरितलवक होता है एवं भित्ति में किनारों पर सेल्यूलोज होने से स्थूलन होता है। इनमें अंतर कोशिकीय स्थान बहुत कम होता है। यह ऊतक पौधे के नए भागों पर पाया जाता है। यह विशेषकर तने के एपिडर्मिस के नीचे, पर्णवृन्त (Leaf Petiole), पुष्पवृन्त (Pedicel) और पुष्पावली वृन्त (Peduncle) पर पाया जाता है लेकिन जड़ों में नहीं पाया जाता है ।

कार्य (Function):

1. यह पौधों को यांत्रिक सहायता प्रदान करता है।
2. जब इनमें हरितलवक पाया जाता है, तब यह भोजन का निर्माण करता है।

(c) दृढ़ ऊतक (Sclerenchyma): इस ऊतक की कोशिकाएँ मृत, लम्बी, संकरी तथा दोनों सिरों पर नुकीली होती हैं। इनमें जीवद्रव्य नहीं होता है एवं इनकी भित्ति लिग्निन (Lignin) के जमाव के कारण मोटी हो जाती है। ये भित्तियाँ इतनी मोटी होती हैं कि कोशिका के भीतर कोई आन्तरिक स्थान नहीं रहता है। यह कॉर्टेक्स (Cortex), पेरिसाइकिल (Pericycle),

संवहन बण्डल में पाया जाता है। दृढ़ ऊतक पौधों के तना, पत्तियों के शिरा (Vein), फलों तथा बीजों के बीजावरण तथा नारियल के बाहरी रेशेदार छिलके में पाए जाते हैं। जिन पौधों से रेशा (Fibre) उत्पन्न होता है, उनमें यह ऊतक प्रचुर मात्रा में पाया जाता है ।

कार्य (Function):

1. यह पौधों को यांत्रिक सहारा प्रदान करता है।
2. यह पौधों के आन्तरिक भागों की रक्षा करता है ।
3. पौधों के बाह्य परतों में यह रक्षात्मक ऊतक के रूप में कार्य करता है।
4. यह पौधों को सामर्थ्य, दृढ़ता एवं लचीलापन (Flexibility) प्रदान करता है ।

2. जटिल ऊतक (Complex tissue): दो या दो से अधिक प्रकार की कोशिकाओं से बने ऊतक जटिल स्थायी ऊतक (Complex permanent tissue) कहलाते हैं । ये एक इकाई के रूप में एक साथ कार्य करती हैं। ये जल, खनिज लवणों तथा खाद्य पदार्थ को पौधे के विभिन्न अंगों तक पहुँचाते हैं । ये दो प्रकार के होते हैं—

A. जाइलम (Xylem)या दारु तथा

B. फ्लोएम (Phloem) या बास्ट जाइलम एवं फ्लोएम मिलकर संवहन बण्डल का निर्माण करते हैं। अतः इन दोनों को संवहन ऊतक (Vascular tissue) भी कहते हैं ।

A. जाइलम (Xylem): यह ऊतक पौधों के जड़, तना एवं पत्तियों में पाया जाता है। इसे चालन ऊतक (Conducting tissue) भी कहते हैं। यह चार विभिन्न प्रकार के तत्वों से बना होता है। ये हैं—

(a) वाहिनिकाएँ (Tracheids), (b) वाहिकाएँ (Vessels), (c) जाइलम तंतु (Xylem fibres) तथा (d) जाइलम मृदुतक (Xylem parenchyma)

(a) वाहिनिकाएँ (Tracheids) : इनकी कोशिका लम्बी, जीवद्रव्य विहीन, दोनों सिरों पर नुकीली तथा मृत होती है। इनकी कोशिकाभित्ति मोटी एवं स्थूलित होती है। वाहिनिकाएँ संवहनी पौधों की प्राथमिक एवं द्वितीयक जाइलम दोनों में पायी जाती हैं। ये पौधों को यांत्रिक सहारा प्रदान करती हैं तथा जल को तने द्वारा जड़ से पत्ती तक पहुँचाती हैं।

(b) वाहिकाएँ (Vessels) : इनकी कोशिकाएँ मृत एवं लम्बी नली के समान होती हैं। कभी-कभी स्थूलित भित्तियाँ विभिन्न तरह से मोटी होकर वलयाकार, सर्पिलाकार, सीढ़ीनुमा, गर्ती (Pitted), जालिकारूपी (Reticulate) वाहिकाएँ बनाती हैं। ये वाहिकाएँ आवृत्तबीजी (Angiosperm) पौधों के प्राथमिक एवं द्वितीयक जाइलम में पायी जाती है। ये पौधों की जड़ से जल एवं खनिज लवण को पत्ती तक पहुँचाते हैं।

(c) जाइलम तन्तु (Xylem fibres) : ये लम्बे, शंकु रूप तथा स्थूलित भित्ति वाले मृत कोशिका होती हैं । ये प्रायः काष्ठीय द्विबीजपत्री पौधों में पाये जाते हैं। ये मुख्यतः पौधों को यांत्रिक सहारा प्रदान करते हैं।

(d) जाइलम मृदुतक (Xylem parenchyma): इनकी कोशिकाएँ प्रायः पेरेनकाइमेट्स एवं जीवित होती हैं । यह भोजन संग्रह का कार्य करता है । यह किनारे की ओर पानी के पार्श्वीय

संवहन में मदद करता है।

B. फ्लोएम (Phloem) : जाइलम की भाँति फ्लोएम भी पौधों की जड़, तना एवं पत्तियों में पाया जाता है। यह पत्तियों द्वारा तैयार भोज्य पदार्थ को पौधों के विभिन्न भागों तक पहुँचाता है। यह एक संचयक ऊतक है जो पौधों को यांत्रिक संचयन प्रदान करता है। फ्लोएम निम्नलिखित चार तत्वों का बना होता है—

(a) चालनी नलिकाएँ (Sieve tubes) (b) सहकोशिकाएँ (Companion cells) (c) फ्लोएम तंतु (Phloem fibres) तथा (d) फ्लोएम मृदुतक (Phloem parenchyma)|

(a) चालनी नलिकाएँ (Sieve tubes): ये लम्बी, बेलनाकार तथा छिद्रित भित्ति वाली कोशिकाएँ होती हैं। ये एक दूसरे पर परत सदृश सजी रहती हैं। दो कोशिकाओं की विभाजनभित्ति छिद्रयुक्त होती है, जिसे चालनी पट्टी (Sieve Plate) कहते हैं। चालनी नलिका की वयस्क अवस्था में केन्द्रक अनुपस्थित होता है। एक चालनी नलिका का कोशिकाद्रव्य चालनी पट्टिका के छिद्र द्वारा ऊपर और नीचे के चालनी नलिकाओं से सम्बद्ध रहते हैं । चालनी नलिकाएँ संवहनी पौधों के फ्लोएम में पाये जाते हैं। इस नलिका द्वारा तैयार भोजन पत्तियों से संचय अंग और संचय अंग से पौधे के वृद्धिक्षेत्र में जाता है।

(b) सहकोशिकाएँ (Companion cells): ये चालनी नलिकाओं के पार्श्व भाग में स्थित रहती हैं। प्रत्येक सहकोशिका लम्बी एवं जीवित होती है जिसमें केन्द्रक एवं जीवद्रव्य होता है। ये केवल एन्जियोस्पर्म के फ्लोएम में पायी जाती है। यह चालनी नलिकाओं में भोज्य पदार्थ के संवहन में सहायता करता है।

(c) फ्लोएम तन्तु (Phloem fibres) : ये लम्बी, दृढ़ एवं स्केलेरनकाइमेटस कोशिकाओं की बनी होती हैं । यह फ्लोएम ऊतक को यांत्रिक सहारा प्रदान करता है।

(d) फ्लोएम मृदुतक (Phloem parenchyma) : ये जीवित, लम्बी एवं केन्द्रकयुक्त कोशिकाएँ होती हैं जो सहकोशिकाओं के निकट स्थित रहती हैं। ये भोज्य पदार्थ के संवहन में सहायक होती हैं ।

<u>वार्षिक वलय (Annual rings):</u>

किसी स्थान पर वर्ष की विभिन्न ऋतुओं में जलवायु के क्रमिक परिवर्तन के कारण कैम्बियम की सक्रियता परिवर्तित होती रहती है। बसन्त ऋतु (Spring season) में रस के संवहन की अधिक जरूरत होती है जबकि शरद ऋतु में पौधे की सक्रियता कम रहती है। इसी * कारण बसन्त ऋतु में मोटी वाहिकाएँ तथा शरद ऋतु में पतली वाहिकाएँ बनती हैं। इसके परिणामस्वरूप स्पष्ट वार्षिक वलय बनते हैं। ये वार्षिक वलय एक वर्ष की वृद्धि को प्रदर्शित करते हैं। इसके द्वारा वृक्ष में उपस्थित वार्षिक वलयों की गणना कर वृक्ष की अवस्था की सही जानकारी प्राप्त की जा सकती है। वार्षिक वलय का अध्ययन डेन्ड्रोक्रोनोलॉजी (Dendrochronology) कहलाता है।

<u>कॉर्क (Cork) :</u>

कार्क कैम्बियम द्वारा बाहर की ओर कॉर्क का निर्माण होता है। परिपक्व होने पर यह मृत हो जाती है तथा इनमें वायु भर जाती है। कॉर्क सुबेरिन (Suberin) नामक रासायनिक पदार्थ से बनती है। बोतलों में लगाया जाने वाला कॉर्क इसका उत्तम उदाहरण है जो क्यूर्कस सुबर (Quercus suber) नामक पौधे से प्राप्त होता है ।

द्वितीयक वृद्धि (Secondary growth):

अधिकांश द्विबीजपत्रियों में स्तम्भ (तना) एवं जड़ों में मोटाई में वृद्धि होती है। यह वृद्धि एधा (Cambium) तथा कॉर्क कैम्बियम (Cork cambium) की क्रियाशीलता के कारण होती है। अतः एधा (Cambium)एवं कॉर्क कैम्बियम (Corkcambium) की क्रियाशीलता के कारण स्तम्भ या जड़ के रंभीय (Stelar) एवं एक्स्ट्रा स्टीलर (Extra stelar) भागों में हुई मोटाई में वृद्धि द्वितीयक वृद्धि कहलाती है। कुछ एकबीजपत्री पौधे जैसे ड्रेसिना (Dracena), एलो, युक्का (Yucca) आदि में भी द्वितीयक वृद्धि देखने को मिलती है। लम्बाई एवं भार में बढ़ते हुए तनों तथा इसकी शाखाओं की दृढ़ता के लिए द्वितीयक वृद्धि आवश्यक है। द्वितीयक वृद्धि प्रायः द्विबीज पत्री पौधों में ही होती है। द्वितीयक वृद्धि के दौरान संवहनी ऊतकों का निर्माण संवहन एधा (Vascular cambium) द्वारा होता है। इन ऊतकों को द्वितीयक संवहनी ऊतक (Secondary vascular tissue) कहते हैं। कॉर्टेक्स (Cortex) में भी एक विभाज्योतक कॉर्क एधा द्वारा द्वितीयक कॉर्टेक्स तथा कॉर्क बन हैं। ये आन्तरिक ऊतकों के घेरे में वृद्धि होने के कारण फट जाते हैं। अतः यह कहा जा सकता है कि रंभी (Stelar) तथा अरंभी (Extra Stelar) क्षेत्रों में क्रमशः संवहन एधा व कॉर्क एधा की सक्रियता से निर्मित ऊतकों के कारण तने के घेरे में वृद्धि ही द्वितीयक वृद्धि होती है।

12

पौधों में पोषण

पौधों में पोषण

'पोषण' (Nutrition) शब्द की उत्पत्ति 'पोषक' शब्द से हुई है। पोषक ऐसा पदार्थ है जिसे प्रत्येक जीवधारी अपने पर्यावरण (Environment) से प्राप्त करता है एवं इसका उपयोग ऊर्जा के स्रोत अथवा शारीरिक घटकों के जैव-संश्लेषण के लिए करता है।

पोषण की विधियाँ (Methods of nutrition): भोज्य पदार्थों की प्राप्ति के आधार पर जीवधारियों को दो समूहों में विभाजित किया जा सकता है।

1. स्वपोषी (Autotrophic nutrition): इस प्रकार के पोषण के अन्तर्गत जीव अपने भोज्य पदार्थ का निर्माण स्वयं करता है। सभी हरे पौधे, नील हरित शैवाल (Blue green algae), कुछ जीवाणु तथा अधिकांश एककोशिकीय जीवों में स्वपोषी पोषण पाया जाता है। इस प्रकार से पोषण करने वाले जीव स्वपोषी (Autotrophs) कहलाते हैं।

2. परपोषी (Heterotrophic nutrition): इस प्रकार के पोषण में जीव अपने भोज्य पदार्थ का संश्लेषण (निर्माण) स्वयं नहीं कर पाते बल्कि उन्हें वह दूसरे जीवों से प्राप्त करता है । इस प्रकार का पोषण सभी जन्तुओं, कवकों तथा कुछ एककोशिकीय जीवों में पाया जाता है । इस प्रकार से पोषण करने वाले जीवों को परपोषी या विषमपोषी (Heterotrophs) कहते हैं।

पौधों के पोषण में विभिन्न तत्त्वों की भूमिका (Role of different elements in plant nutrition): पौधों की वृद्धि के लिए 17 आवश्यक तत्वों की आवश्यकता होती है जिनमें से 9 तत्त्व दीर्घमात्रिक तथा शेष 8 लघुमात्रिक हैं। इनमें से किसी एक की कमी से पौधे का पूर्ण विकास नहीं होता है।

1. दीर्घमात्रिक पोषक तत्व (Macronutrient elements) : दीर्घमात्रिक पोषक तत्व के अन्तर्गत वे पोषक तत्त्व आते हैं, जिनकी पौधों को अधिक मात्रा में आवश्यकता होती है। इसमें 10 तत्त्व होते हैं। ये हैं—कार्बन, हाइड्रोजन, ऑक्सीजन, नाइट्रोजन, फास्फोरस, पोटैशियम, मैग्नीशियम, कैल्सियम तथा सल्फर ।

2. लघुमात्रिक पोषक तत्व (Micronutrient elements) : इसके अन्तर्गत वैसे पोषक तत्व आते हैं जिनकी पौधों को कम मात्रा में आवश्यकता होती है । लघुमात्रिक पोषक तत्वों की संख्या 8 है। ये हैं लोहा, जस्ता, ताँबा, निकेल, मैंगनीज, बोरोन, मालिब्डेनम तथा क्लोरीन ।

3. क्रान्तिक तत्त्व (Critical elements) : अधिकांश मृदाओं में नाइट्रोजन, फॉस्फोरस तथा पोटैशियम की कमी हो जाती है। अतः भूमि की उर्वरता को बढ़ाने के लिए इन तत्वों को खाद के रूप में डाला जाता है। इसी कारण से इन तीन तत्वों को क्रान्तिक तत्व कहते हैं। पौधों के पोषण में निम्नलिखित तत्वों की महत्वपूर्ण भूमिका होती है—

1. कार्बन, हाइड्रोजन एवं ऑक्सीजन पौधे इन्हें अपनी आवश्यकतानुसार वायुमंडल एवं जल से ग्रहण करते हैं। कार्बन वायुमण्डल से कार्बन डाइऑक्साइड के रूप में ग्रहण किया जाता है। और उसके सहयोग से पौधा प्रकाश संश्लेषण की क्रियाकर अपने भोजन का निर्माण करता है। ऑक्सीजन जीवित कोशाओं के श्वसन में काम आती है। पौधों की कोशाभित्ति एवं जीवद्रव्य के निर्माण में ये तीनों ही तत्व महत्वपूर्ण भूमिका निभाते हैं ।

2. नाइट्रोजन : पौधे इसे वायुमण्डल से प्राप्त करते हैं। यह तत्व पौधों में प्रोटीन (Protein) तथा न्यूक्लिक अम्ल (Nucleic acid) के निर्माण के लिए मुख्य रूप से उत्तरदायी होते हैं। इसकी कमी से पौधों की वृद्धि रुक जाती है, जबकि इसकी अधिकता होने से पौधों में फूल विलम्ब से उगते हैं ।

3. सल्फर : यह तत्व पौधों के प्रोटीन तथा जीवद्रव्य के निर्माण में मुख्य भूमिका निभाता है। इस तत्त्व की कमी होने से पेड़ों एवं पौधों की पत्तियाँ पीली हो जाती हैं एवं पौधे में फल नहीं बनते हैं । यह तत्व पौधों की शाकीय वृद्धि को प्रोत्साहित करता है। यह जड़ का निर्माण करता है तथा बीज निर्माण को उत्तेजित करता है। यह दलहनी फसलों की जड़ों में गाँठों के निर्माण में मदद करता है ।

4. फॉस्फोरस : यह तत्व न्यूक्लिक अम्ल एवं फॉस्फोलिपिड पदार्थों में पाया जाता है। कोशाओं के निर्माण बीजों के निर्माण एवं फसलों की परिपक्वता में इस तत्व की अति महत्वपूर्ण भूमिका होती है।

5. पोटैशियमः पौधों की वृद्धि में पोटेशियम तत्त्व की महत्त्वपूर्ण भूमिका होती है। इसकी कमी से पत्तियों पर अंगमारी (Blight) हो जाता है जिससे प्रोटीन संश्लेषण की क्रिया में रुकावट आती है।

6. कैल्सियम : यह DNA तथा RNA को प्रोटीन से संयुक्त करने, क्रोमोसोम (गुण सूत्र) के निर्माण, वसा के संश्लेषण, कार्बोहाइड्रेट एवं एमिनो अम्ल के परिवहन में सहायक होता है। इसकी कमी होने से कुछ पौधों में बीज नहीं बनते एवं हरित लवक (Chloroplast) उचित ढंग से कार्य नहीं करते हैं।

7. मैग्नीशियम : इस तत्व की प्रकाश संश्लेषण की क्रिया में महत्वपूर्ण भूमिका होती है। यह क्लोरोफिल में संयोजन कर प्रोटीन संश्लेषण में महत्वपूर्ण योगदान करता है। पौधों में मैग्नीशियम की कमी होने से वे पीले हो जाते हैं, जिसे हरिमहीनता (Chlorosis) कहते हैं।

8. लोहा : यह तत्व पौधों में श्वसन क्रिया में महत्वपूर्ण भूमिका निभाता है। यह क्रेब्स चक्र (Kreb's Cycle) में भी महत्वपूर्ण भूमिका निभाता है। यह पौधों के जीवद्रव्य तथा क्रोमेटिक में पाया जाता है। पौधों में लोहे की कमी होने से क्लोरोसिस या हरिमहीनता होता है।
9. मैंगनीज : पौधों में इस तत्व की आवश्यकता क्लोरोफिल के निर्माण में होती है। यह नाइट्राइट से नाइट्रेट बनाने में महत्वपूर्ण भूमिका निभाता है। इसकी कमी से पौधों की पत्तियाँ भूरी हो जाती हैं।
10. ताँबा : यह श्वसन में उपयोग एन्जाइमों (Enzymes) में उपस्थित होता है। इसकी कमी से पौधों में हरिमहीनता (Chlorosis) होता है।
11. जिंक इस तत्व की कमी से पौधों की लम्बाई में वृद्धि रुक जाती है एवं पौधे बौने हो जाते हैं। साथ-ही-साथ फल का विकास नहीं हो पाता है तथा पौधों की पत्तियाँ छोटी रह जाती हैं। यह इन्डोल एसीटिक अम्ल (Indole Acetic Acid or IAA) के संश्लेषण में उपयोगी होती है।
12. बोरोन: यह मुख्यतः शर्करा के ट्रान्सलोकेशन में सहायक होता है। इसकी कमी से पौधे के Shoot tip नष्ट हो जाते हैं।
13. मॉलिब्डेनम : यह नाइट्रोजन के मेटाबोलिज्म में मुख्य भूमिका निभाता है। इसकी कमी से फूलगोभी एवं पतगोभी में व्हिपटेल (Whiptail) रोग होता हैं।

नोट : 1. धान का खैरा रोग जिंक की कमी से होता है।
2. मटर का मार्श रोग मैंगनीज की कमी से होता है।
3. फूलगोभी का व्हिपटेल रोग (Whiptail disease) मॉलिब्डेनम की कमी से होता है।
4. बपत्तियों की हरिमहीनता (Chlorosis) रोग कैल्सियम, मैग्नीशियम तथा मॉलिब्डेनम की कमी से होता है।
5. ब्लींबू का डाइबैक रोग (Dieback disease) कॉपर की कमी से होता है।
6. आम का लिटिल लीफ रोग जस्ता की कमी से होता है।
7. नींबू का लिटिल लीफ रोग कॉपर की कमी से होता है।

नाइट्रोजन स्थिरीकरण (Nitrogen fixation):

वायुमंडल में नाइट्रोजन की मात्रा 78% होती है लेकिन इतनी अधिक मात्रा होते हुए भी वायुमण्डलीय नाइट्रोजन पौधों के लिए अनुपयोगी होता है। पौधों में नाइट्रोजन को गैसीय रूप में ग्रहण करने की क्षमता का पूर्णतः अभाव होता है। पौधे नाइट्रेट (NO) तथा नाइट्राइट (NO2) के रूप में नाइट्रोजन ग्रहण करते हैं। यौगिकों के रूप में उपस्थित नाइट्रोजन स्थिर नाइट्रोजन (Fixed nitrogen) कहलाता है। अतः वायुमण्डल के मुक्त नाइट्रोजन गैस को नाइट्रोजन के यौगिकों के रूप में परिवर्तित करने की प्रक्रिया को नाइट्रोजन का स्थिरीकरण कहा जाता है।

नाइट्रोजन का स्थिरीकरण दो विधियों द्वारा होता है –

1. प्राकृतिक विधि : लेग्यूमिनस परिवार (Leguminous family) के पौधों की जड़ों में गाँठे

उपस्थित होती हैं। इन गाँठो के ऊपर या इनके निकट की भूमि में कुछ सहजीवी जीवाणु उपस्थित रहते हैं। ये जीवाणु वायुमण्डल से सीधे नाइट्रोजन ग्रहण कर उसे नाइट्रेट में परिणत कर देते हैं जो मिट्टी में चला जाता है। पौधे मिट्टी से नाइट्रेट ग्रहण कर प्रोटीन का संश्लेषण करते हैं। इस प्रकार, इन पौधों के कट जाने के बाद खेत में नाइट्रोजनयुक्त खाद की मात्रा पहले की तुलना में बढ़ जाती है । इसी कारण भूमि को अधिक उपजाऊ बनाने के लिए उसमें लेग्यूमिनस परिवार के पौधों की खेती की जाती है ।

2. विद्युत विसर्जन द्वारा: वर्षा ऋतु या अन्य दिनों में विद्युत विसर्जन की क्रिया होने पर वायुमण्डलीय नाइट्रोजन एवं ऑक्सीजन परस्पर संयोग कर नाइट्रिक ऑक्साइड (NO) बनाते हैं। नाइट्रिक ऑक्साइड ऑक्सीजन के साथ संयोग कर नाइट्रोजन डाइऑक्साइड (NO_2) बनाते हैं। यह नाइट्रोजन डाइऑक्साइड वर्षा जल में घुलकर नाइट्रिक अम्ल (HNO_3) तथा नाइट्रस अम्ल (HNO_2) में परिवर्तित हो जाते हैं। ये अम्ल मृदा में उपस्थित चूना या अन्य क्षारीय पदार्थों से संयोग कर नाइट्रेट एवं नाइट्राइट बनाते हैं, जो पौधों के लिए खाद का काम करते हैं।

विनाइट्रीकरण (Denitrification): यह नाइट्रोजन यौगिकीकरण तथा नाइट्रीकरण की विपरीत प्रक्रिया है । इस प्रक्रिया में कुछ जीवाणु भाग लेते हैं। जैसे—स्यूडोमोनास डिनाइट्रीफिकेन्स (Pseudomonas denitrificans) माइक्रोकोकस डिनाइट्रीफिकेन्स (Micrococcus denitrificans) आदि । इस प्रक्रिया द्वारा सभी सड़े-गले जीव-जन्तु, पेड़-पौधे नाइट्रोजन विमुक्त करते हैं जो पुनः वायुमण्डल में चले जाते हैं।

प्रकाश संश्लेषण

प्रकाश संश्लेषण (Photosynthesis): प्रकाश संश्लेषण सिर्फ हरे पौधों एवं कुछ जीवाणुओं में घटित होने वाली वह क्रिया है जिसमें पौधे के हरे भाग सौर ऊर्जा (Solar Energy) को ग्रहण कर वायुमण्डल से ली गई कार्बन डाइऑक्साइड (CO) तथा भूमि से अवशोषित जल (HO) के द्वारा कार्बोहाइड्रेट का निर्माण करते हैं। इस प्रक्रिया में ऑक्सीजन एवं जल सहायक उत्पाद (By-product) के रूप में निष्कासित होते हैं। पौधों में होने वाली यह क्रिया हरित लवक या पर्णहरित (Chlorophyll) की उपस्थिति में सम्पन्न होती है ।

प्रकाश संश्लेषण के लिए आवश्यक कच्चा पदार्थ

1. कार्बन डाइऑक्साइड (CO) : शर्करा (कार्बोहाइड्रेट) के संश्लेषण के लिए पौधे प्रकाश संश्लेषण की क्रिया के दौरान कार्बन डाइऑक्साइड का उपयोग कच्चे पदार्थ (Raw materials) के रूप में करते हैं। स्थलीय पौधे वायुमण्डल से कार्बन डाइऑक्साइड ग्रहण करते हैं, जबकि जलीय पौधे (Aquatic Plants) जल में घुली हुई कार्बन डाइऑक्साइड ग्रहण करते हैं। प्रकाश संश्लेषण क्रिया के द्वारा पौधे कार्बन डाइऑक्साइड को स्थिर करते हैं। जब प्रकाश की तीव्रता कम होती है (मुख्यतः प्रातः तथा सायंकाल में) तो पौधों द्वारा श्वसन की क्रिया में मुक्त की गई कार्बन डाइऑक्साइड की मात्रा इसकी प्रकाश-संश्लेषण क्रिया हेतु संचित मात्रा के समान होती है। इस स्थिति को संतुलन बिन्दु (Compensation

point) कहा जाता है। रात्रि के समय पौधे प्रकाश संश्लेषण की क्रिया नहीं करते बल्कि संचित पदार्थ का उपापचयन करते हैं और कार्बनडाइऑक्साइड छोड़ते हैं।

2. जल (H_2O): प्रकाश संश्लेषण की क्रिया हेतु जल भी कच्चे पदार्थ के रूप में इस्तेमाल होता है। पौधों की जड़ें परासरण (Osmosis) क्रिया के द्वारा भूमि से जल का अवशोषण करती हैं। जल का पत्तियों तक आरोही संवहन जाइलम (Xylem) ऊतक के माध्यम से होता है, जहाँ से यह प्रकाश संश्लेषी कोशिकाओं तक पहुँच जाता है। हाइड्रोजनकी प्राप्ति जल के माध्यम से ही होती है जो कि कार्बन डाइऑक्साइड का अपचयन करती हैं । प्रकाश की उपस्थिति में जल का विखण्डन इस प्रकार होता है—

3. पर्णहरित (Chlorophyll): पर्णहरित वर्णक मुख्यतः हरित लवक नामक पादप कोशिकांग में पाया जाता है। प्रकाश संश्लेषण की क्रिया के लिए पर्णहरित बहुत ही आवश्यक है। दूसरे शब्दों में यह प्रकाश संश्लेषण क्रिया का केन्द्र होता है। पौधों की जिन कोशिकाओं में पर्णहरित उपस्थित होता है केवल वे ही प्रकाश संश्लेषण क्रिया कर पाती हैं। पौधों में पर्णहरित प्रायः हरी पत्तियों में पाया जाता है, इस कारण पत्तियों को पौधे का प्रकाश संश्लेषी अंग (Photosynthetic organs of plant) कहा जाता है। शैवाल (Algae) और हाइड्रिला (Hydrila) जो प्रायः जल में मिलते हैं का पूरा शरीर ही प्रकाश संश्लेषी होता है। हरित लवक एक सतत् दोहरी झिल्ली से घिरे होते हैं। उच्च पादपों में हरित लवक में स्तरमय रचनाओं की पट्टियाँ होती हैं, जिन्हें ग्रेना (Granna) कहते हैं । हरित लवक का आन्तरिक स्तर इसकी गुहा (Cavity) को आस्तरित करता है जिसे पीठिका (Stroma) कहते हैं। प्रकाश संश्लेषण की क्रिया इन्हीं ग्रेना एवं स्ट्रोमा में सम्पन्न होती है । पर्णहरित में चार पाइरोल रिंग का बना चपटा पोरफारिन हेड जिसके केन्द्र में मैग्नीशियम (Mg) का एक परमाणु तथा एक रिंग पर हाइड्रोकार्बन चेन होती है।

4. प्रकाश (Light): प्रकाश संश्लेषण की क्रिया केवल दृश्य प्रकाश वर्णो (VIBGYOR) में सम्पन्न होती है। पर्णहरित प्रकाश में बैंगनी, नीला और लाल रंगों को ग्रहण करता है। प्रकाश संश्लेषण की क्रिया बैंगनी रंग के प्रकाश में सबसे कम तथा लाल रंग के प्रकाश में सबसे अधिक होती है। कुछ कृत्रिम स्रोत भी प्रकाश संश्लेषण की क्रिया को सम्पन्न करने में समर्थ होते हैं। पौधों में न केवल कार्बन डाइऑक्साइड (CO2) तथा जल (H, O) ही कार्बोहाइड्रेट के रूप में स्थिर होते हैं बल्कि सूर्य से प्राप्त ऊर्जा भी स्थिर होती है। पौधे सूर्य के प्रकाश को भोजन के रूप में स्थिर करते हैं। प्रकाश संश्लेषण की क्रिया : प्रकाश संश्लेषण की क्रिया एक उपचयन-अपचयन (Oxidation-Reduction) क्रिया है। इसमें जल का उपचयन (Oxidation) ऑक्सीजन के बनने में तथा कार्बन डाइऑक्साइड का अपचयन (Reduction) शर्करा के निर्माण में होता है ।

प्रकाश संश्लेषण क्रिया की अवस्थाएँ : प्रकाश संश्लेषण क्रिया की दो अवस्थाएँ होती हैं—

1. प्रकाश रासायनिक क्रिया तथा

2. रासायनिक प्रकाशहीन क्रिया।

1. प्रकाश रासायनिक क्रिया (Photo chemical reaction) : यह क्रिया पर्णहरित के ग्रेना में सम्पन्न होती है। इसे हिल क्रिया (Hill Reaction) भी कहते हैं। इस प्रक्रिया में जल का अपघटन होकर हाइड्रोजन आयन तथा इलेक्ट्रॉन बनता है। जल के अपचयन के लिए ऊर्जा प्रकाश द्वारा मिलती है। इस प्रक्रिया के अन्त में ऊर्जा के रूप में ATP तथा NADPH निकलता है जो अंधकार क्रिया (Dark reaction) में क्रिया संचालित करने में मदद करते हैं।

2. रासायनिक प्रकाशहीन क्रिया (Chemical dark reaction): यह क्रिया क्लोरोफिल के स्ट्रोमा (Stroma) में सम्पन्न होती है। इस अभिक्रिया के लिए ऊर्जा प्रकाश अभिक्रिया से मिलती है। इस कारण इसे अप्रकाशिक अभिक्रिया (Dark reaction) कहा जाता है। इस अभिक्रिया में प्रकाश अभिक्रिया के दौरान उत्पन्न NADPH, एवं ATPदोनों ही अणुओं का उपयोग कार्बन डाइऑक्साइड से कार्बोहाइड्रेटों के संश्लेषण के लिए किया जाता है। इसमें कार्बन डाइऑक्साइड रिबुलेंस बाइफॉस्फेट से प्रारम्भ होकर अभिक्रिया के एक चक्र में प्रवेश करता है। इस चक्र के अन्त में कार्बोहाइड्रेट का संश्लेषण एवं रिबुलेस बाइफॉस्फेट का पुनरुद्भवन होता है। चूँकि मेल्विन केल्विन (Melvin Kelvin) एवं एन्डिल बेन्सन (Andil Benson) ने इस चक्र की खोज की थी। इस कारण इसे केल्विन - बेन्सन चक्र (Kelvin-Benson Cycle) भी कहते हैं।

प्रकाश संश्लेषण की क्रिया को प्रभावित करने वाले कारक (Factors governing photo synthesis): प्रकाश संश्लेषण की क्रिया को प्रभावित करनेवाले कारक निम्नलिखित हैं

1. प्रकाश (Light): प्रकाश संश्लेषण की क्रिया लाल एवं नीले प्रकाश में सबसे अधिक होती है जबकि पराबैंगनी, हरी, पीली एवं अवरक्त प्रकाश में यह बिल्कुल नहीं होती है। प्रकाश संश्लेषण की क्रिया प्रकाश की निम्न तीव्रता पर तो बढ़ती है परन्तु जैसे जैसे तीव्रता उच्च होती है, यह घटती जाती है।

2. ताप (Temperature): प्रकाश संश्लेषण में अनेक एन्जाइमों की प्रतिक्रियाएँ होती हैं। एन्जाइम तापक्रम की एक अनुकूलतम परास सीमा में ही क्रियाशील होते हैं। अतः 0°C से 37°C तक तापक्रम बढ़ने पर प्रकाश संश्लेषण की दर बढ़ती जाती है, परन्तु 37°C से उच्च ताप पर यह घट जाती है।

3. कार्बन डाइऑक्साइड (CO2): एक निश्चित स्तर तक कार्बन डाइऑक्साइड की सान्द्रता बढ़ने पर प्रकाश संश्लेषण की दर बढ़ती है लेकिन इसके उपरान्त कार्बन डाइऑक्साइड की सान्द्रता का प्रकाश संश्लेषण की दर पर कोई प्रभाव नहीं पड़ता है। इसके विपरीत बढ़ी हुई सान्द्रता निरोधी हो सकती है।

4. जल (Water): जल के अभाव की स्थिति में प्रकाश संश्लेषण की दर कम हो जाती है क्योंकि ऐसा वाष्पोत्सर्जन की दर कम करने के लिए रंध्रों के बंद रहने के कारण होता है इससे पत्तियों में CO_2 का प्रवेश रुक जाता है।

श्वसन

श्वसन (Respiration): श्वसन एक जैविक क्रिया है जिसमें शर्करा तथा वसा का ऑक्सीकरण होता है तथा ऊर्जा मुक्त होती है। यह ऊर्जा शरीर के विभिन्न कार्यों को करने में सहायता करती है। इस प्रक्रिया में ATP तथा CO_2 निकलती है। अतः वृहत रूप में श्वसन उन सभी प्रक्रियाओं का सम्मिलित रूप है, जिनके द्वारा शरीर में ऊर्जा का उत्पादन होता है। श्वसन वैसी क्रियाओं के सम्मिलित रूप को कहते हैं जिसमें बाहरी वातावरण से ऑक्सीजन ग्रहण कर शरीर की कोशिकाओं में पहुँचाया जाता है, जहाँ इसका उपयोग कोशिकीय ईंधन (ग्लूकोज) का ऑक्सीकरण कई चरणों में विशिष्ट एन्जाइमों की उपस्थिति में करके जैव ऊर्जा (ATP) का उत्पादन किया जाता है तथा इस क्रिया से उत्पन्न कार्बन डाइऑक्साइड को फिर कोशिकाओं से शरीर के बाहर निकाल दिया जाता है।

श्वसन क्रिया में ग्लूकोज अणुओं का ऑक्सीकरण कोशिकाओं में होता है। इसीलिए इसे 'कोशिकीय श्वसन' कहते हैं। सम्पूर्ण कोशिकीय श्वसन को दो अवस्थाओं- 1. अवायवीय श्वसन तथा 2. वायवीय श्वसन में विभाजित किया जा सकता है।

1. अवायवीय श्वसन (Anaerobic respiration): यह श्वसन का प्रथम चरण है, जिसके अन्तर्गत ग्लूकोज का आंशिक विखण्डन ऑक्सीजन की अनुपस्थिति में होता है। इस क्रिया द्वारा एक अणु ग्लूकोज से दो अणु पायरुवेट का निर्माण होता है। यह किया कोशिका द्रव्य (Cytoplasm) में होती है तथा इसका प्रत्येक चरण विशिष्ट एन्जाइम के द्वारा उत्प्रेरित होता है। इस क्रिया में चूँकि ग्लूकोज अणु का आंशिक विखण्डन होता है, अतः उसमें निहित ऊर्जा का बहुत छोटा भाग ही मुक्त हो पाता है। शेष ऊर्जा पायरुवेट (Pyruvate) के बंधनों में ही संचित रह जाती है। पायरुवेट के आगे की स्थिति निम्नांकित तीन प्रकार की हो सकती है—

(a) पायरुवेट ऑक्सीजन की अनुपस्थिति में इथेनॉल एवं कार्बन डाइऑक्साइड में परिवर्तित हो जाता है। यह क्रिया किण्वन (Fermentation) कहलाती है, जो बीस्ट (Yeast) में होता है।

(b) ऑक्सीजन के अभाव में पेशियों में पायरुवेट से लैक्टिक अम्ल का निर्माण होता है। पेशी कोशिकाओं में अधिक मात्रा में लैक्टिक अम्ल के संचय से दर्द होने लगता है। बहुत ज्यादा चलने या दौड़ने के पश्चात् मांसपेशियों में इसी कारण क्रैम्प (Cramp) होती है ।

(c) ऑक्सीजन की उपस्थिति में पायरुवेट का पूर्ण ऑक्सीकरण होता है एवं CO_2 तथा जल का निर्माण होता है। चूँकि यह क्रिया ऑक्सीजन की उपस्थिति में होती है, अतः इसे वायवीय श्वसन कहते हैं।

2. वायवीय श्वसन (Aerobic respiration): श्वसन के प्रथम चरण में बना पायरुवेट पूर्ण ऑक्सीकरण के लिए माइटोकोण्ड्रिया में चला जाता है। यहाँ ऑक्सीजन की उपस्थिति में पायरुवेट का विखण्डन होता है। तीन कार्बन वाले पायरुवेट अणु विखंडित होकर कार्बन डाइऑक्साइड के तीन अणु बनाते हैं। इसके साथ-साथ जल तथा रासायनिक ऊर्जा भी मुक्त

होती है, जो ATP अणुओं में संचित हो जाती है। ATP के विखण्डन से जो ऊर्जा मिलती है, उससे कोशिका के अंदर होनेवाली विभिन्न जैव क्रियाएँ संचालित होती हैं ।

पौधों में श्वसन (Respiration in plants): पौधों में श्वसन-गैसों का आदान प्रदान शरीर की सतह द्वारा विसरण (Diffusion) क्रिया से होता है। इसके लिए ऑक्सीजन युक्त वायुवायुमंडल से पत्तियों के रंध्रों (Stomatas), पुराने वृक्षों के तनों की कड़ी त्वचा (Bark) पर स्थित वातरंध्रों (Lenticels) और अंतर कोशिकीय स्थानों (Intercellular spaces) द्वारा पौधों में प्रवेश करती है। पौधों की जड़ें मृदा के कणों के बीच के स्थानों में स्थित हवा से ऑक्सीजन ग्रहण करती है। जड़ों से निकले मूल रोम (Root hairs) जो एपिडर्मल कोशिकाओं से विकसित होती है, मिट्टी के कणों के बीच फैली रहती है। इन्हीं मूल रोमों की सहायता से जड़ें ऑक्सीजन ग्रहण करती हैं तथा कार्बन डाइऑक्साइड बाहर छोड़ देते हैं। पुरानी जड़ों में ऐसे मूल रोमों का अभाव होता है। ऐसे जड़ों में तने की कड़ी त्वचा की तरह वातरंध्र (Lenticels) पाये जाते हैं। इन्हीं वातरंध्रों के माध्यम से श्वसन गैसों का आदान-प्रदान होता है। इसी कारण से पौधों की जड़ों में लम्बे अवधि तक जल जमाव होने से पौधा मर जाता है। जलीय पौधे भी विसरण क्रिया द्वारा जल से ऑक्सीजन ग्रहण करते हैं एवं श्वसन क्रिया के पश्चात् CO, गैस मुक्त करते हैं। पौधों में गैसों के विनिमय की क्रिया विधि बहुत ही सरल है। पौधों में गैसों के आदान-प्रदान (विसरण) की दिशा इनकी आवश्यकताओं तथा पर्यावरणीय अवस्थाओं पर निर्भर करती है। दिन में श्वसन से निकली CO, गैस का उपयोग पौधे प्रकाश संश्लेषण की क्रिया में करते हैं। अतः CO, गैस की जगह ऑक्सीजन रंध्रों से निकलती है। रात्रि में चूँकि प्रकाश संश्लेषण की क्रिया सम्पन्न नहीं होती है, अतः श्वसन से CO, गैस रंध्रों से बाहर निकलती है ।

पौधों में श्वसन की क्रिया जन्तुओं के श्वसन से भिन्न होती है ।

1. पौधों के प्रत्येक भाग अर्थात् जड़, तना एवं पत्तियों में अलग-अलग श्वसन होता है।
2. जन्तुओं की तरह पौधों में श्वसन गैसों का परिवहन नहीं होता है ।
3. पौधों में जन्तुओं की अपेक्षा श्वसन की गति धीमी होती है ।

श्वसन गुणांक (Respiratory Quotient) : श्वसन क्रिया में निकली हुई CO, तथा अवशोषित O2 के अनुपात को श्वसन गुणांक (RQ) कहते हैं ।

शर्करा के लिए श्वसन गुणांक का मान 1 होता है। वसा या प्रोटीन के लिए श्वसन गुणांक का मान 1 से कम होता है। श्वसन गुणांक (RQ) का मापन गैनोंग श्वसनमापी (Ganong's respirometer) द्वारा किया जाता है ।

श्वसन क्रिया को प्रभावित करने वाले कारक: श्वसन क्रिया को प्रभावित करने वाले कारक निम्नलिखित हैं –

1. कार्बन डाइऑक्साइड (CO2): प्रकृति में CO2 की मात्रा बढ़ने पर श्वसन दर कम हो जाती है।
2. प्रकाश (Light): प्रकाश की उपस्थिति में श्वसन दर बढ़ जाती है।

3. ऑक्सीजन (O) : ऑक्सीजन के मात्रा के घटने अथवा बढ़ने पर श्वसन दर पर कोई प्रभाव नहीं पड़ता है जब तक ऑक्सीजन की मात्रा 19% से ऊपर हो ।

4. तापक्रम (Temperature) : 0° C से 30°C तक ताप बढ़ने पर श्वसन दर लगातार बढ़ती रहती है।

वाष्पोत्सर्जन

वाष्पोत्सर्जन (Transpiration) : पौधों के वायवीय भागों से जल का वाष्प के रूप में उड़ना वाष्पोत्सर्जन कहलाता है। दूसरे शब्दों में वाष्पोत्सर्जन वह क्रिया है, जिसमें पादप सतह से जल वाष्प के रूप में उड़ता है। जल पौधों में अस्थायी होता है । जल की पर्याप्त मात्रा वाष्प के रूप में पत्ती की निम्न सतह पर उपस्थित रंध्रों (Stomatas) के माध्यम से निष्कासित हो जाती है। पत्ती में वाष्पोत्सर्जन द्वारा हुई जल हानि की क्षतिपूर्ति जड़ से परिवहन द्वारा हुई नई आपूर्ति द्वारा होती रहती है। वास्तव में पत्ती की कोशिकाओं से जल के वाष्पित होने से कर्षण (Pull) उत्पन्न होता है जो जल को दारु (Xylem) से खींचता है। इस प्रकार वाष्पोत्सर्जन की क्रिया जड़ से पत्तियों तक जल के ऊपर की ओर पहुँचने में सहायक है। अनुकूलतम अवस्थाओं में पत्ती द्वारा उसके भार के समान जल के वाष्पोत्सर्जन में एक घंटे से भी कम समय लगता है। एक वृक्ष अपने जीवन काल में औसतन अपने भार का 100 गुना जल वाष्पित करता है। पादप द्वारा अवशोषित जल का 1 से 2% भाग ही प्रकाश संश्लेषण एवं अन्य उपापचयी क्रियाओं में उपयोग होता है। वाष्पोत्सर्जन में जल का वाष्प बनकर उड़ने के अलावा ऑक्सीजन एवं कार्बन डाइऑक्साइड का आदान-प्रदान पत्तियों में उपस्थित छोटे छिद्रों जिन्हें रंध्र (Stomata) कहते हैं के द्वारा होता है। सामान्यतः ये रंध्र दिन में खुले रहते हैं और रात में बन्द हो जाते हैं । रंध्र का बंद होना और खुलना रक्षक कोशिकाओं के स्फीति (Turgor) में बदलाव से होता है। है । ये हैं— वाष्पोत्सर्जन के प्रकारः

वाष्पोत्सर्जन मुख्यतः 4 प्रकार का होता

1. पत्रीय वाष्पोत्सर्जन (Leaf transpiration): पत्रीय वाष्पोत्सर्जन लगभग 80-90% पत्तियों पर उपस्थित रंध्रों के द्वारा होता है।

2. उपत्वचीय वाष्पोत्सर्जन (Cuticular transpiration) : यह | पौधों की त्वचा (Bark) या छाल द्वारा होता है। इससे कुल जल की लगभग 3-8% हानि होती है ।

3. वातस्थीय वाष्पोत्सर्जन (Tenticellular transpiration) : काष्ठीय तने तथा कुछ फलों में वातरंध्र (Tenticels) पाये जाते हैं । इन वातरंध्रों के द्वारा वाष्पोत्सर्जन होता है परन्तु जल की हानि नगण्य होती है ।

4. बिन्दुस्राव (Guttation): बिन्दुस्राव सामान्यतः रात्रि के समय होता है। इसमें पत्तियों के किनारों से जल बूँद बूँद के रूप में निकलता है। बिन्दु-स्राव के द्वारा निकलने वाले जल में कुछ कार्बनिक एवं अकार्बनिक पदार्थ भी मौजूद रहते हैं ।

वाष्पोत्सर्जन को प्रभावित करने वाले कारक

1. प्रकाश की तीव्रता : प्रकाश की तीव्रता बढ़ने से वाष्पोत्सर्जन की दर बढ़ती है।

2. तापक्रम : तापक्रम के बढ़ने से वाष्पोत्सर्जन की दर बढ़ती है।

3. आर्द्रता : आर्द्रता के बढ़ने से वाष्पोत्सर्जन की दर घटती है ।

4. वायु: वायु की गति तेज होने पर वाष्पोत्सर्जन तीव्र गति से होता है ।

<u>वाष्पोत्सर्जन का महत्व</u>

1. यह खनिज लवणों को जड़ से पत्तियों तक पहुँचाने में सहायता करता है ।
2. यह पौधे का तापमान संतुलित रखने में सहायता करता है।
3. यह जल अवशोषण एवं रसारोहण में मदद करता है।
4. यह वायुमण्डल को नम (Moist) बनाकर जल चक्र (Hydrologic cycle) को पूरा करने में मदद करता है।
5. प्रकाश संश्लेषण की क्रिया के लिए यह जल का संभरण करता है । पौधों में वाष्पोत्सर्जन की दर को गैनोंग पोटोमीटर (Ganong Potometer) के द्वारा मापा जाता है।

13

पादप हार्मोन

पादप हार्मोन :- पौधों की जैविक क्रियाओं के बीच समन्वय स्थापित करने वाले रासायनिक पदार्थ को पादप हार्मोन (Plant hormones) या फाइटोहार्मोन (Phytohormone) कहते हैं। ये पौधों की विभिन्न अंगों में बहुत लघु मात्रा में पहुँचकर वृद्धि एवं अनेक उपापचयी क्रियाओं को नियंत्रित एवं प्रभावित करते हैं। इनके संश्लेषण का स्थान इनके क्रिया क्षेत्र से दूर होता है एवं ये विसरण द्वारा क्रिया क्षेत्र तक पहुँचते हैं। बहुत से कार्बनिक यौगिक जो पौधों से उत्पन्न नहीं होते, परन्तु पादप हार्मोन की तरह ही कार्य करते हैं, उन्हें भी वृद्धि नियंत्रक पदार्थ (Growth regulators) कहा जाता है।
रासायनिक संघटन तथा कार्यविधि के आधार पर हार्मोन्स को निम्नलिखित वर्गों में विभाजित किया गया है— 1. ऑक्जिन (Auxin), 2. जिबरेलिन्स (Gibberellins), 3. साइटोकाइनिन (Cytokinin), 4. ऐबसिसिक एसिड (Abscisic acid) और 5. एथिलीन (Ethylene) |

1. ऑक्जिन (Auxin): ऑक्जिन कार्बनिक यौगिकों का समूह है जो पौधों में कोशिका विभाजन (Cell division) तथा कोशिका दीर्घन (Cell elongation) में भाग लेता है। इन्डोल एसीटिक एसिड (Indole Acetic Acid—IAA) एवं नेफ्थैलिन एसीटिक एसिड (Naphthalene Acetic Acid – NAA) इसके प्रमुख उदाहरण हैं। तने में जिस ओर ऑक्जिन की अधिकता होती है, उस ओर वृद्धि अधिक होती है। जड़ में इसकी अधिकता वृद्धि को कम करती है।

कार्य :

(a) ऑक्जिन कोशिका दीर्घन द्वारा स्तम्भ या तने की वृद्धि में सहायक होते हैं।
(b) ये जड़ की वृद्धि को नियंत्रित करते हैं।
(c) ये बीजरहित फल के उत्पादन में सहायक होते हैं।
(d) पत्तियों के झड़ने तथा फलों के गिरने पर ऑक्जिन का नियंत्रण होता है।
(e) गेहूँ एवं मक्का के खेतों में ऑक्जिन खर-पतवार नाशक का कार्य करते हैं।

2. जिबरेलिन्स (Gibberellins): जिबरेलिन एक जटिल कार्बनिक यौगिक है, जिसका मुख्य उदाहरण जिवरैलिक एसिड है।

कार्य :

(a) जिबरेलिन्स कोशिका विभाजन तथा कोशिका दीर्घन द्‌वारा तने को लम्बा बनाते हैं, जिसके कारण पौधे वृहत् आकार के हो जाते हैं।

(b) जिबरेलिन्स हार्मोन का प्रयोग करके बीजरहित फलों का उत्पादन किया जाता है।

(c) जिबरेलिन्स हार्मोन बीजों के अंकुरण में भाग लेते हैं। बीजों की सुषुप्तावस्था को भंग करके उन्हें अंकुरित होने के लिए प्रेरित करते हैं ।

3. साइटोकाइनिन (Cytokinins): साइटोकाइनिन क्षारीय प्रकृति का हार्मोन है । काइनिटीन (Kinetin) एक संश्लेषित साइटोकाइनिन है। साइटोकाइनिन का संश्लेषण जड़ों के अग्र सिरों पर होता है, जहाँ कोशिका विभाजन (Cell division) होता है।

कार्य :

(a) साइटोकाइनिन कोशिका विभाजन के लिए एक आवश्यक हार्मोन

(b) यह ऊतकों एवं कोशिकाओं का विभेदन का कार्य करती है। है ।

(c) साइटोकाइनिन पार्श्व कलिकाओं (Lateral buds) की वृद्‌धि को साइटोकाइनिन बीजों के अंकुरण को प्रेरित करते हैं । प्रारम्भ करते हैं।

4. ऐबसिसिक अम्ल (Abscisic acid) यह एक वृद्‌धिरोधी (Growth inhibitor) हार्मोन है, अर्थात् यह पौधे की वृद्‌धि को रोकता है।

कार्य :

(a) ऐबसिसिक अम्ल पौधों की वृद्‌धि को रोकता है।

(b) यह वाष्पोत्सर्जन की क्रिया का नियंत्रण रंध्रों (Stomata) को बन्द करके करता है ।

(c) यह बीजों तथा कलिकाओं को सुषुप्तावस्था में लाता है ।

(d) यह पत्तियों के झड़ने की क्रिया को नियंत्रित करता है।

(e) ऐबसिसिक एसिड पौधों से फूलों एवं फलों के पृथक्करण की क्रिया का भी नियंत्रण करता है ।

5. एथिलीन (Ethylene) : एथिलीन गैसीय रूप में पौधों में पाया जाने वाला हार्मोन है। इसके द्‌वारा पौधों की अनुप्रस्थ लम्बाई में वृद्‌धि होती है, परन्तु यह पौधे की अनुदैर्ध्य लम्बाई में वृद्‌धि को रोकता है। इस हार्मोन का निर्माण पौधे के प्रत्येक भाग में होता है।

कार्य :

(a) एथिलीन के द्‌वारा पौधों की चौड़ाई में वृद्‌धि होती है।

(b) यह पौधों की पत्तियों एवं फलों के झड़ने की क्रिया को नियंत्रित करता है।

(c) पौधे के विभिन्न भागों की सुषुप्तावस्था को समाप्त कर इसे अंकुरण के लिए प्रेरित

करता है।

(d) एथिलीन हार्मोन फलों के पकने (Ripening) में मुख्य भूमिका निभाता है।

6. फ्लोरिजिन्स (Florigens) : फ्लोरिजिन्स का संश्लेषण पत्तियों में होता है, परन्तु ये फूलों के खिलने (Blooming) में मदद करते हैं। इसलिए फ्लोरिजिन्स को फूल खिलाने वाला हार्मोन (Flowering hormone) भी कहते हैं।

14

पादप रोग

पादप रोग

पौधों में किसी भी प्रकार का विघ्न जो उसकी सामान्य संरचना, कार्य अथवा आर्थिक उपयोगिता में अवरोध उत्पन्न करता है, **पादप रोग (Plant disease)** कहलाता है।
भारत जैसे कृषि प्रधान देश में विभिन्न पादप रोग, कीट, खर पतवार आदि से कुल खाद्यान्न का लगभग 18% का प्रतिवर्ष नुकसान होता है।
पादप रोग के कारण (Causes of plant disease) पौधों में रोग के लिए कई कारक उत्तरदायी हैं जो पौधों में असामान्य लक्षण पैदा करते हैं।

A. विषाणु जनित रोग (Viral diseases):

1. तम्बाकू का मोजैक रोग (Tobacco mosaic disease) : तम्बाकू के पौधों में होने वाले इस रोग का कारक टोबेको मोजैक वाइरस (Tobacco Mosaic Virus TMV) है। इस रोग में पौधों की पत्तियाँ सिकुड़ जाती हैं, साथ ही साथ ये छोटी भी हो जाती हैं। पत्तियों में उपस्थित हरित लवक (Chlorophyll) नष्ट हो जाता है। रोग से प्रभावित पौधों को काटकर शेष पौधों से अलग कर देना चाहिए तथा जला देना चाहिए। फसल परिवर्तन विधि को अपनाना चाहिए। रोग निरोधी प्रजाति को बोने में प्राथमिकता देनी चाहिए।

2. आलू का मोजेक रोग (Potato mosaic disease) : यह रोग पोटैटो वाइरस -X (Potato virus-X) से होता है। इस रोग से प्रभावित पौधों की पत्तियाँ चितकबरापन (Mottling) तथा बौनापन (Dwarfing) लक्षण प्रदर्शित करती है। कन्दों पर ऊतकक्षय (Necrosis) होता है। इस रोग से प्रभावित पौधों को इकट्ठा कर जला देना चाहिए। इस रोग का नियंत्रण भी टोवेको मोजैक रोग की भाँति ही किया जाता है।

3. बंकी टॉप ऑफ बनाना (Bunchy top of banana) इस पादप रोग का कारक बनाना वाइरस-I (Banana virus-I) है। इस रोग में केले के पौधे बीने हो जाते हैं तथा उनके वृन्तों पर हरी धानियाँ, पर्णहरित रहित और सभी पत्तियाँ शिखर पर गुलाबवत एकत्रित हो जाती

हैं।

B. जीवाणुजनित रोग (Bacterial diseases):

1. आलू का शैथिल रोग (Wilt of potato) : इस रोग का कारक स्यूडोमोनास सोलेनेसियेरम (Pseudomonas solanacearum) नामक एक जीवाणु है। इस रोग को रिंग रोग (Ring disease) के नाम से भी जाना जाता है। इस रोग में पौधे का संवहन तंत्र प्रभावित होता है। पौधों की पत्तियाँ पीली हो जाती हैं। जाइलम (Xylem) पर भूरा रिंग (Brown ring) बन जाता है। यह रोग मिट्टी के माध्यम से फैलता है। इस रोग के नियंत्रण हेतु 0.02% स्ट्रेप्टोसाइक्लिन (Streptocycline) 30 मिनट के लिए प्रयुक्त करना चाहिए साथ ही -साथ फसल चक्र विधि को भी अपनाना चाहिए।

2. ब्लैक आर्म या एंगुलर लीफ स्पॉट ऑफ कॉटन (Black arm or angular leaf spot of cotton) : इस रोग का कारक जैन्थोमोनास (Xanthomonas) नामक जीवाणु है। इस रोग से प्रभावित पौधों की पत्तियों पर छोटी-सी जलाद संरचना बन जाती है जो बाद में भूरी हो जाती है । तनों पर काले लम्बे क्षत चिह्न हो जाते हैं। रोग का प्राथमिक संक्रमण बीज द्वारा होता है जो वर्षा या ओस में फैलता है। इस रोग के नियंत्रण हेतु रोग पौधों को नष्ट कर देना चाहिए । रोगरोधी प्रजाति को बोना चाहिए। बीजों को एग्रेसान सी एन (Agrosan CN) या सेरेसान (Ceresan) 2.5 मिग्रा. प्रति किग्रा. द्वारा शोधित करना चाहिए।

3. धान का अंगमारी रोग (Bacterial blight of rice) : इस रोग का कारक जैन्थोमोनास ओराइजी (Xanthomonas oryzae) नामक जीवाणु है । इस रोग से प्रभावित पौधों की पत्तियों के एक या दोनों सतहों पर पीला-हरा स्पॉट दिखायी पड़ता है । यह स्पॉट बाद में पीली होकर भूरी किनारों वाली पत्ती ऊपर से मुरझाने लगती है। इस रोग का संचरण मुख्यतः बीज के माध्यम से होता है। इस रोग के नियंत्रण हेतु बीजों को 12 घण्टे एग्रीमाइसिन (Agremycine) 0.025% के घोल में तथा 0.05% सेरेसान (Ceresan) के घोल में रखना चाहिए। तत्पश्चात उन्हें 52°-54°C के गर्म जल में 30 मिनट तक रखना चाहिए। ऐसा करने से इस रोग का 90% नियंत्रण संभव हो जाता है।

4. साइट्रस कैंकर (Citrus canker) : इस रोग का कारक जैन्थोमोनास सीट्री (Xanthomonas citri) नामक जीवाणु है । यह रोग नींबू उत्पादन हेतु गम्भीर समस्या उत्पन्न करता है। इस रोग के कारण पौधे की पत्तियाँ, शाखाएँ, फल सभी कुछ प्रभावित होते हैं।

पत्तियों पर छोटे गोल जलाद चिह्न जो कि भूरे रंग के होते हैं, प्रारम्भ में बनते हैं। इस रोग की रोकथाम के लिए पौधे बोने से पहले 1% बोर्डियेक्स मिक्सचर (Bordeauxe mixture) का छिड़काव करना चाहिए। रोग लग जाने की स्थिति में एन्टिबायोटिक स्ट्रेप्टोमाइसीन, फाइटोमाइसीन आदि का छिड़काव करना चाहिए ।

5. गेहूँ का टूण्डू रोग (Tundu disease of wheat) : इस रोग का कारक कोरीनोबैक्टीरियम इन्डोबायोटिकम (Corynbacterium endobioticum) नामक जीवाणु एवं एंजइना ट्रिटिकी (Anguina tritici) नामक नेमैटोड है। इस रोग में पत्तियों के नीचे का भाग मुरझाकर मुड़ जाता है। तत्पश्चात एक पीले रंग के पदार्थ का स्राव होता है जो गेहूँ की बालियों को नष्ट कर देता है। इस रोग के कारण पौधा छोटा हो जाता है। यह रोग फसल पकने पर ही दृष्टिगोचर होता है । इस रोग का नियंत्रण रोगमुक्त बीजों को बोकर ही संभव है।

C. कवक जनित रोग (Fungal disease) :

1. आलू का वार्ट रोग (Wart disease of potato) : इस रोग का कारक सिनकीट्रियम इन्डोबायोटिकम (Synchytrium endobioticum) नामक कवक (Fungus) है। इस रोग के कारण आलू के कन्द (Tuber) में काले धागे जैसी संरचना बन जाती है और कभी-कभी सम्पूर्ण आलू ही सड़ जाता है। इस रोग का नियंत्रण कोरेन्टाइन (Quarantine) विधि से स्वस्थ क्षेत्र में रोग का प्रवेश रोककर तथा HgCl, CuSO आदि रसायनों का भूमि पर छिड़काव कर किया जा सकता है। रोगरोधी प्रजातियों को बोकर भी इस रोग पर काफी हद तक नियंत्रण प्राप्त किया जा सकता है।

2. आलू का उत्तरभावी अंगमारी रोग (Late blight of potato):इस रोग का कारक फाइटोप्थोरा इन्फेस्टेन्स (Phytophthora infestans) नामक कवक है। इस रोग से प्रभावित पौधों की पत्तियों पर सर्वप्रथम भूरे रंग का धब्बा बनता है जो अनुकूल मौसम की परिस्थिति में बढ़कर बड़े-बड़े काले धब्बे में परिवर्तित हो जाता है। इस रोग के कारण अंत में पत्तियाँ पूरी तरह झुलस जाती हैं और पौधा सूख जाता है। इस रोग के नियंत्रण हेतु विभिन्न प्रकार के कवकनाशियों का छिड़काव करना चाहिए।

3. बाजरा का ग्रीन इयर रोग (Green ear disease of bajra) : इस रोग का कारक स्केलेरोस्पोरा ग्रेमिकोला (Sclerospora gramicola) नामक कवक है। इस रोग को डाउनी मिल्ड्यू (Downy mildew) रोग भी कहते हैं। इस रोग के कारण बाजरे की बालियों में हरे रंग के रेशे निकल जाते हैं, जो बाद में काले रंग के चूर्ण में बदल जाते हैं। इस रोग के नियंत्रण के लिए बीजों को थिराम (Thiram) या एग्रेसान (Agresan) से शोधित करना चाहिए । रोग लग जाने की स्थिति में डाइथेन एम-45 (Dithane M-45) का छिड़काव करना चाहिए। रोग रोधी प्रजातियों की बुवाई भी इस रोग को नियंत्रित करने हेतु एक उपयोगी कदम है।

4. गन्ने का लाल सड़न रोग (Red rot of sugarcane) : इस रोग का कारक कोलेटोट्रिकम फालकेटम (Colletotricum falcatum) नामक कवक है। इस रोग के कारण गन्ने की तने और पत्तियों में लाल धारियाँ हो जाती हैं। तने का छोटा होना, पत्तियों का मुरझाना तथा तने का फटना इस रोग के अन्य प्रमुख लक्षण हैं। गन्ने के रस में से शराब (Wine) जैसी गंध आती है। इस रोग के नियंत्रण हेतु स्वस्थ गन्ने की बुवाई करनी चाहिए ।

5. मूँगफली का टिक्का रोग (Tikka disease of groundnut): इस रोग का कारक

सर्कोस्पोरा पर्सोनेटा (Corcospora personata) नामक कवक है। इस रोग के कारण पत्ती के दोनों सतहों पर गोल गोल धब्बे बन जाते हैं। इस रोग पर नियंत्रण हेतु बोर्डियक्स मिक्चर (Bordeaux mixture), डाइथेन एम-45 (Dithane M-45) का छिड़काव करना चाहिए ।

6. गेहूँ का किट्टू रोग (Rust of wheat) : इस रोग का कारक पक्सिनिया ग्रेमिनिस ट्रिटीकी (Puccinia graminis tritici) नामक कवक है। इस रोग से प्रभावित पौधों की पत्तियों तथा तनों पररंग का धब्बा बन जाता है जो देखने में जंग (Rust) जैसा लगता भूरे है। इस रोग के लिए उत्तरदायी कवक में 5 प्रकार के स्पोर पाए जाते * हैं, जिनमें से टेल्यूटोस्पोर (Teleutospore) सबसे अधिक हानिकारक होता है। इस कवक के स्पोर गेहूँ के अतिरिक्त एक जंगली घास 'बारबेरी (Barbery) पर भी उपस्थित होते हैं। यही कारण है कि यह पादप रोग वर्ष-प्रति वर्ष विद्यमान रहता है। इस रोग के नियंत्रण हेतु भारतीय कृषि वैज्ञानिक डा. के.सी मेहता ने महत्त्वपूर्ण कार्य किया है। इस रोग का नियंत्रण कवकनाशी का छिड़काव पर तथा रोग प्रतिरोध प्रजाति की बुवाई कर किया जा सकता है।

7. गेहूँ का ढीला कण्ड (Loose smut of wheat) : इस रोग | का कारक अस्टिलागो नूडा ट्रिटीकी (Ustilogo nuda tritici) नामक कवक है । इस रोग के कारण गेहूँ की बालियों में कालिख (राख) के समान पाउडर (चूर्ण) जैसा पदार्थ भर जाता है। इस रोग का संक्रमण बीज द्वारा होता है। अतः इस रोग के नियंत्रण हेतु रोग प्रतिरोधी बीजों की बुवाई एक प्रभावी कदम है। रोग हो जाने की स्थिति में वीटावेक्स बेनलेट और कार्बोक्सिन जैसे कवकनाशियों का प्रयोग करना चाहिए।

8. डैम्पिंग ऑफ या आद गलन (Damping off) : इस रोग का कारक पाइथीयम (Pythium sp) नामक कवक है। इस रोग से प्रभावित बीज भूमि में उगने में असमर्थ होते हैं या फिर वे उगते ही मर जाते हैं । कवक का प्रभाव पौधों की जड़ों में होता है। इस रोग के नियंत्रण हेतु भूमि को फार्मेलिन, केप्टान, थीराम, ब्लि-टाक्स-50 से शोधित करना चाहिए। बीजों को भी जीराम (Ziram) क्लोरेनिल, केप्टेन आदि से शोधित करना चाहिए।

9. ब्राउन लीफ स्पॉट ऑफ राइस (Brown leaf spot of rice): इस रोग का कारक हेलमिन्थोस्पोरियम ओराइजी (Helminthosporium oryzea) नामक कवक है। इस रोग में पत्तियों पर गोल भूरे चिह्न होते हैं जिसमें बीच में काला स्पॉट पड़ जाता है। इस रोग के नियंत्रण के लिए बोर्डियेक्स मिक्चर, डाइथेन जेड-78 आदि कवकनाशी का छिड़काव | करना चाहिए।

10. बाजरे का इरगॉट (Ergot of bajra) : इस रोग का कारक क्लेवीसेप्स माइक्रोसेफेला नामक कवक है।

11. बाजरे का स्मट (Smut of bajra) : इस रोग का कारक टोलियो स्पोरियम नामक कवक है।

12. अरहर का झुलसा रोग (Wilt of arhar) : इस रोग का कारक फ्यूजेरियम ऑक्सीस्पोरियम नामक कवक है।

13. गेहूँ का पाउडरी मिल्डयू (Powdery mildew of wheat): इस रोग का कारक इरेसिफ ग्रेमिनिस ट्रिटिसी (Erysiphe graminis tritici) नामक कवक है।
14. राई का इरगॉट रोग (Ergot disease of rye) : इस रोग का कारक क्लेवीसेप्स परपुरिया (Cleviceps purpurea) नामक कवक है ।
15. धनिया का स्टेम गाल रोग (Stem gall disease of coriander) : इस रोग का कारक प्रोटोमाइसीज मेक्रोस्पोरम नामक कवक है।

D. अजैविक रोग (Abiotic disease) :

इस प्रकार के रोग मुख्यतः पौधों में विभिन्न प्रकार के पोषक तत्वों की कमी के कारण उत्पन्न होते हैं। कुछ प्रमुख अजैविक रोग निम्नलिखित हैं
1. धान का खैरा रोग (Khaira disease of rice): धान की फसल में होने वाला यह रोग जस्ता (Zinc) की कमी के कारण होता है।
2. मटर का मार्श रोग (Marsh disease of pea) : मटर में होने वाला यह रोग मैगनीज (Manganese) नामक पोषक तत्व की कमी के कारण होता है। के पौधों में होने वाला यह अजैविक रोग तांबा (Copper) की कमी
3. नींबू का डाइबैक रोग (Dieback disease of citrus): नीबू कारण होता है।
4. आम का लिटिल लीफ रोग (Little leaf disease of mango): कै यह अजैविक रोग **जस्ता (Zinc)** की कमी के कारण होता है।

15

पारिस्थितिकी

पारिस्थितिकी

अंग्रेजी भाषा का *'इकोलॉजी' (Ecology)* शब्द ग्रीक भाषा के दो शब्दों *oikos और logos* से मिलकर बना है। Oikos का अर्थ *'घर' (House) या 'रहने का स्थान' (Place to live)* तथा logos का अर्थ *'अध्ययन' (Study) या 'चर्चा' (Discussion)* है। अतः शाब्दिक अर्थ में पारिस्थितिकी (Ecology) जीवधारियों और उनके आवासों के बीच होने वाले सम्बन्धों का अध्ययन करता है। इस प्रकार पारिस्थितिकी जीव-विज्ञान की वह शाखा है, जिसके अन्तर्गत जीवों के वातावरण के साथ अन्तः सम्बन्धों का अध्ययन किया जाता है। *'पारिस्थितिकी' शब्द का प्रयोग सर्वप्रथम सन् 1868 में रिटर महोदय ने किया था,* लेकिन इसको पूर्ण रूप से परिभाषित और विस्तृत अध्ययन का श्रेय जर्मन जीव वैज्ञानिक आर्नेस्ट हैकल को जाता है। आर्नेस्ट हैकल ने पारिस्थितिकी को परिभाषित करते हुए लिखा है कि 'जैविक तथा अजैविक वातावरण के साथ प्राणियों के अन्तः सम्बन्धों का सम्पूर्ण अध्ययन ही पारिस्थितिकी है।' टायलर ने पारिस्थितिकी को ऐसे विज्ञान के रूप में परिभाषित किया है जो सभी जीवों के सभी सम्बन्धों का तथा उनके सभी वातावरणों के साथ सम्बन्धों का अध्ययन करता है ।

उपरोक्त सभी परिभाषाओं से यह निष्कर्ष निकलता है कि. पारिस्थितिकी प्रकृति में पाये जाने वाले विभिन्न जीव जन्तुओं के आपसी सम्बन्धों के साथ-साथ उनके जीवन को प्रभावित करनेवाले विभिन्न जैविक तथा अजैविक घटकों का अध्ययन करता है।

पारिस्थितिकी की शाखाएँ: पारिस्थितिकी की निम्नलिखित शाखाएँ है —

1. स्वपारिस्थितिकी (Autoecology): जब किसी जीव विशेष अथवा एक ही स्पेशीज के सभी जीवों के सामूहिक जीवन पर पर्यावरण के प्रभाव का अध्ययन किया जाता है, तो उसे स्वपारिस्थितिकी कहते हैं ।
2. संपारिस्थितिकी (Synecology): जब जीव के विभिन्न समूहों और उनका पर्यावरण

के साथ सम्बन्धों का अध्ययन किया जाता है, तो उसे संपारिस्थितिकी कहा जाता है। संपारिस्थितिकी को दो भागों में विभाजित किया गया है

(a) जलीय पारिस्थितिकी (Aquatic ecology) इसके अन्तर्गत जलीय जीवन के विभिन्न समुदायों का अन्तः सम्बन्ध और उनका पर्यावरण के साथ सम्बन्धों का अध्ययन किया जाता है ।

(b) स्थलीय पारिस्थितिकी (Terrestrial ecology): इसके अन्तर्गत स्थलीय जीवन के अन्तः सम्बन्धों और उसके वातावरण का अध्ययन किया जाता है।

3. प्राणी पारिस्थितिकी (Animal ecology) : इसके अन्तर्गत विभिन्न प्राणियों के आपसी सम्बन्धों तथा वातावरण का अध्ययन किया जाता है ।

4. पादप पारिस्थितिकी (Plant ecology): इसके अन्तर्गत समुदायों के वातावरण के साथ संबंधों का अध्ययन किया जाता है।

5. आवास पारिस्थितिकी (Habitat ecology): इसके अन्तर्गत जैवमण्डल में पाए जाने वाले जीवधारियों के विभिन्न प्राकृतिक आवासों और उनका वातावरण के साथ सम्बन्धों का अध्ययन किया जाता है।

6. संरक्षण पारिस्थितिकी (Conservation ecology): इसके अन्तर्गत विभिन्न प्राकृतिक संसाधनों के उचित प्रबंध, प्रयोग तथा पर्यावरणीय दृष्टिकोण से उनके संरक्षण के महत्व का अध्ययन किया जाता है।

7. विकिरण पारिस्थितिकी (Radiation ecology): इसके अन्तर्गत विभिन्न प्रकार के विकिरण तथा रेडियो सक्रिय पदार्थों का पर्यावरण एवं जीवधारियों पर पड़ने वाले प्रभावों का अध्ययन किया जाता है।

8. मानव पारिस्थितिकी (Human ecology) इसके अन्तर्गत मानव और उसको प्रभावित करने वाले विभिन्न वातावरणों का अध्ययन किया जाता है।

218 लूसेंट सामान्य पारिस्थितिकी कारक (Ecological factors): पर्यावरण के वे कारक जो पेड़-पौधों तथा जीव जन्तुओं को प्रत्यक्ष अथवा अप्रत्यक्ष ढंग से प्रभावित करते हैं, पारिस्थितिकी कारक कहलाते हैं। पारिस्थितिकी कारक दो प्रकार के होते हैं (A) अजैविक कारक (Abiotic factors) इसके अन्तर्गत वे पारिस्थितिकी कारक आते हैं जो निर्जीव होते हैं। जैसे—प्रकाश, ताप, आर्द्रता, वायु, भू-आकृतिक मृदा आदि । 1. प्रकाश (Light): प्रकाश एक महत्वपूर्ण जलवायवीय कारक है । प्रकाश के द्वारा पौधे प्रकाश संश्लेषण विधि से अपना भोजन बनाते हैं । जन्तु समुदाय भोजन के लिए पौधों पर निर्भर होता है । पौधों में गति, बीज, अंकुरण, श्वसन, वाष्पोत्सर्जन आदि क्रियाओं में भी प्रकाश का प्रभाव पड़ता है। प्रकाश के गुण, मात्रा, तथा अवधि का प्रभाव पौधों पर पड़ता है। नीले रंग के प्रकाश में प्रकाश संश्लेषण की क्रिया कम तथा लाल रंग में सबसे अधिक होती है। प्रकाश की अवधि के आधार पर पौधों को तीन भागों में विभाजित किया जा सकता है।

(a) दीर्घ प्रकाशीय पौधे (Long day plants): जैसे- हेनबेन, गुलाब आदि ।

(b) अल्प प्रकाशीय पौधे (Short day plants) जैसे सोयाबीन, तम्बाकू आदि ।

(c) प्रकाश उदासीन पौधे (Day neutral plants): जैसे—सूर्यमुखी, कपास, टमाटर, मिर्च आदि ।

2. ताप (Temperature) ताप का प्रभाव जीवों की रचना, क्रियाओं तथा प्रजनन पर पड़ता है। ताप के परिवर्तन के कारण पौधों की दैनिक क्रिया पर प्रभाव पड़ता है। दैनिक क्रिया के लिए औसतन 10° C से 45°C तक ताप आवश्यक होता है । ताप के कारण पौधों में होनेवाली अनुक्रियाएँ तापकालिता (Thermoperiodism) कहलाती हैं। तापमान के बढ़ने से पौधों में वाष्पोत्सर्जन की क्रिया बढ़ जाती है।

3. आर्द्रता (Humidity): वायुमंडल में जलवाष्प्य की उपस्थिति के कारण वायु नम रहती है। आर्द्रता का सम्बन्ध वाष्पोत्सर्जन से होता रहने पर वाष्पोत्सर्जन की क्रिया कम होती है।

4. वायु (Wind): वायु भी एक महत्वपूर्ण अजैविक कारक है। इसका प्रभाव मुख्य रूप से भूमि अपरदन, परागण एवं बीजों के प्रकीर्णन पर पड़ता है।

5. भू-आकृतिक (Topographic): इसके अन्तर्गत किसी स्थल की ऊँचाई, भूमि का ढलान, खुलाव के प्रभावों तथा वनस्पतियों पर होने वाले बदलाव में सम्बन्धों का अध्ययन किया जाता है। 6. मृदीय (Edaphic): सभी वनस्पतियाँ मृदा संरचना, मृदा, वायु, मृदा जल इत्यादि से प्रभावित होते हैं। (B) जैविक कारक (Bioticfactor): जैविक कारक भी जीवधारियों को प्रभावित करते हैं। एक स्थान के विभिन्न जीवधारी एक-दूसरे से आपसी सम्बन्ध स्थापित करते हैं। ये सम्बन्ध कई प्रकार के होते हैं। जैसे—

1. सहजीवन (Symbiosis): इसमें दो जीवों का परस्पर लाभकारी सम्बन्ध होता है । जैसे—कवक और शैवाल मिलकर लाइकेन बनाते हैं ।

2. परजीविता (Parasitism) : इसमें एक जीव दूसरे जीव पर आश्रित रहता है तथा उसे हानि पहुँचाता है। जैसे—कवक, जीवाणु, विषाणु आदि ।

3. सहजीविता (Commensalism) : इस प्रकार के सम्बन्ध में एक जीव को हानि अथवा लाभ नहीं होता है, जबकि दूसरा जीव लाभ में रहता है। जैसे—अधिपादप (Epiphytes), लियाना आदि ।

4. परभक्षण (Predation): इस प्रकार के सम्बन्ध में एक जीव दूसरे जीव का पूरी तरह से भक्षण कर लेता है। जैसे—जूफैगस, आर्थोवोट्रीस आदि ।

5. मृतोपजीविता (Saprophytism): इस प्रकार के सम्बन्ध में वैसे जीव आते हैं जो सड़े-गले पदार्थों पर आश्रित होते हैं। जैसे— कवक, नयोटिया आदि ।

पारिस्थितिक अनुक्रम (Ecological succession):

किसी विशिष्ट क्षेत्र में वातावरण, समय और जैविक कारकों के परस्पर प्रभावों से सम्पूर्ण जैविक समुदाय का बदलना पारिस्थितिक अनुक्रमण कहलाता है। किसी भी स्थान पर किसी पारिस्थितिक समुदाय की स्थापना हो जाने के पश्चात् भी उनमें परिवर्तन की प्रक्रिया जारी

रहती है। विकास की दृष्टि से पारिस्थितिक होते हैं अनुक्रमण दो प्रकार के

1. प्राथमिक अनुक्रमण (Primary succession) : जब किसी पारिस्थितिक समुदाय का विकास ऐसे क्षेत्र में होता है, जहाँ इससे पहले कोई अन्य पारिस्थितिक समुदाय विद्यमान नहीं था, तो उसे प्राथमिक अनुक्रमण कहते हैं । जैसे—- रेतीली भूमि या पथरीली चट्टानों का अनुक्रमण।

2. द्वितीयक अनुक्रमण (Secondary succession): जब किसी ऐसे क्षेत्र में पारिस्थितिक समुदाय का विकास होता है, जहाँ इससे पहले कोई पारिस्थितिक समुदाय विद्यमान था, लेकिन बाद में वह नष्ट हो गया, तो उसे द्वितीयक अनुक्रमण कहते हैं। जैसे—आग से जंगल के नष्ट होने के बाद वहाँ पुनः वन समुदाय का विकास होना ।

पारिस्थितिक तंत्र (Ecosystem) : किसी स्थान पर पाये जाने वाले किसी जीव समुदाय का वातावरण से तथा अन्य जैविक समुदाय से परस्पर सम्बन्ध होता है। इसी पारस्परिक सम्बन्ध को पारिस्थितिक तंत्र कहते हैं । पारिस्थितिक तंत्र शब्द का प्रयोग सर्वप्रथम टान्सले (Tansley) ने 1935 ई. में किया था।

पारिस्थितिक तंत्र के प्रकार : पारिस्थितिक तंत्र दो प्रकार के होते हैं

1. प्राकृतिक (Natural): जैसे—वन, मरुस्थल, तालाब, टुण्ड्रा इत्यादि ।
2. कृत्रिम (Artificial): जैसे—बगीचा, फसल, पार्क इत्यादि ।

पारिस्थितिक तंत्र के घटक (Components of ecosystem): पारिस्थितिक तंत्र के दो मुख्य घटक होते हैं— जैविक घटक तथा अजैविक घटक।

(A) जैविक घटक (Biotic factors): पादप और जन्तुओं की मिलाकर जैविक घटक बनते हैं। पारिस्थितिक तंत्र के जैविक घटकों को पुनः निम्नलिखित वर्गों में विभाजित किया जा सकता है

1. उत्पादक (Producer): पारिस्थितिकी तंत्र में उत्पादक वर्ग के अन्तर्गत मुख्य रूप से हरे पेड़-पौधे आते हैं जो अपना भोजन साधारण अकार्बनिक पदार्थ से जटिल कार्बनिक पदार्थ के रूप में तैयार करते हैं। जैसे-हरे पौधे क्लोरोप्लास्ट की सहायता से सूर्य के प्रकाश की उपस्थिति में प्रकाश संश्लेषण की क्रिया द्वारा सरल अकार्बनिक पदार्थ (जल एवं कार्बन डाइऑक्साइड) द्वारा अधिक ऊर्जा युक्त कार्बनिक पदार्थ (कार्बोहाइड्रेट) के रूप में अपना भोजन बनाते हैं। इसी कारण से हरे पेड़-पौधों को उत्पादक या स्वपोषित (Autotrophs) वर्ग में रखा गया है।

2. उपभोक्ता (Consumers): पारिस्थितिक तंत्र के जैविक घटक में जो जीव अपना भोजन स्वयं बनाने में असमर्थ होते हैं, उन्हें उपभोक्ता वर्ग के अन्तर्गत रखा गया है। पारिस्थितिक तंत्र के उपभोक्ताओं को निम्नलिखित श्रेणियों में रखा गया है

(a) प्राथमिक उपभोक्ता (Primary consumers): शाकाहारी जन्तुओं को प्रथम श्रेणी के उपभोक्ता के अन्तर्गत रखा गया है, क्योंकि ये जीवधारी अपने भोजन के लिए केवल पौधों पर ही आश्रित रहते हैं । जैसे—गाय, बकरी, हिरण, खरगोश आदि ।

(b) द्वितीयक उपभोक्ता (Secondary consumers): द्वितीयक श्रेणी के उपभोक्ता अपना भोजन पौधों एवं प्राथमिक उपभोक्ता से प्राप्त करते हैं अर्थात् इस श्रेणी के उपभोक्ता मांसाहारी (Carnivores) तथा सर्वाहारी (Omnivores) होते हैं। जैसे—मानव एक सर्वाहारी प्राणी है, क्योंकि यह अपना भोजन पौधों के साथ-साथ प्रथम श्रेणी के उपभोक्ताओं से प्राप्त करता है। द्वितीयक श्रेणी के उपभोक्ता के अन्य उदाहरण हैं—कीटों को खाने वाला मेढ़क, चूहों को खाने वाली बिल्ली, हिरण को खाने वाला भेड़िया आदि।

(c) तृतीयक उपभोक्ता (Tertiary consumers): पारिस्थितिक तंत्र के तृतीयक श्रेणी के उपभोक्ता अपना भोजन प्राथमिक और द्वितीयक श्रेणी के उपभोक्ता से प्राप्त करते हैं। जैसे मेढ़क को खाने वाले साँपों तथा मछलियों को खाने वाली बड़ी मछलियों को तृतीयक श्रेणी का उपभोक्ता कहते हैं। तृतीयक श्रेणी के उपभोक्ता शीर्ष मांसाहारी (Top carnivores) होते हैं, जिन्हें दूसरे जन्तु मारकर नहीं खाते हैं। जैसे—शेर, बाघ, बाज आदि।

(d) अपघटक (Decomposers): पारिस्थितिक तंत्र में अपघटक वे जैविक घटक हैं, जो अपना जीवन निर्वाह अधिकांशतः उत्पादक एवं उपभोक्ता के मृत शरीर से प्राप्त करते हैं। इसी कारण अपघटक को मृतोपजीवी (Saprophytes) भी कहा जाता है। अपघटक वर्ग के अन्तर्गत सूक्ष्मजीव आते हैं। जैसे—जीवाणु, विषाणु, कवक और प्रोटोजोआ। ये सूक्ष्मजीव उत्पादक पौधे तथा उपभोक्ता के मृत शरीर से अपना भोजन प्राप्त करने के साथ-साथ जटिल कार्बनिक यौगिक से बने शरीर को साधारण यौगिकों में अपघटित कर देते हैं। ये साधारण यौगिक पुनः उत्पादक द्वारा उपयोग किये जाते हैं। इस प्रकार से अपघटक पारिस्थितिक तंत्र को बनाए रखने में महत्वपूर्ण भूमिका का निर्वाह करता है।

(B) अजैविक घटक (Abiotic factors): पारिस्थितिक तंत्र के अजैविक घटकों में अनेक तरह के अकार्बनिक तथा कार्बनिक तत्वों के साथ-साथ ऊर्जा भी सम्मिलित है। अजैविक घटकों की वह मात्रा जो किसी समय एक स्थान पर पायी जाती है, उसे निश्चित अवस्था (Standing State) कहते हैं। अजैविक पदार्थ पारिस्थितिक तंत्र में बराबर अजैविक से जैविक और जैविक से अजैविक घटकों में बदलते रहते हैं। इस क्रिया को खनिज चक्रीकरण (Mineral circulation) -अथवा बायोकेमिकल चक्र (Biochemical cycle) कहते हैं।

पारिस्थितिक तंत्र में अजैविक घटकों को निम्नलिखित तीन वर्गों में रखा गया है

(a) अकार्बनिक तत्व जैसे— ऑक्सीजन, नाइट्रोजन, हाइड्रोजन, फॉस्फोरस, कैल्सियम आदि।

(b) कार्बनिक तत्व जैसे—प्रोटीन, वसा, कार्बोहाइड्रेट, ह्यूमस आदि।

(c) जलवायुः जैसे-प्रकाश, तापक्रम, वर्षा आदि।

पौधों का पारिस्थितिक वर्गीकरण (Ecological classification of plants):

ई. वार्मिंग (E. Warming) ने पारिस्थितिकीय आधार पर पौधों को 5 वर्गों में विभाजित

किया है। ये हैं —

1. जलोद्भिद (Hydrophytes)
2. समोद्भिद् (Mesophytes)
3. मरुदभिद् (Xerophytes)
4. मृदा में भौतिक शुष्कता वाले पौधे (Physiologically dry plants in soil) मृदा में क्रियात्मक शुष्कता वाले पौधे
5. (Functionally dry plants in soil)

खाद्य श्रृंखला एवं खाद्य जाल (Food cycle and Food web):

पारिस्थितिक तंत्र में विभिन्न जीव अर्थात् पौधे तथा जन्तु अपनी पोषण सम्बन्धी आवश्यकताओं के अनुसार एक-दूसरे पर आश्रित रहते हैं। इस प्रकार परस्पर सम्बन्धित जीव एक आहार श्रृंखला बनाते हैं। एक तरह की पारस्परिक निर्भरता दिखाते हैं तथा इसमें खाद्य ऊर्जा भक्ष्य से भक्षक की ओर प्रवाहित होती है। विभिन्न जीव पोषण स्तर पर एक-दूसरे से जुड़े रहते हैं।

विभिन्न खाद्य शृंखलाएँ अन्य खाद्य शृंखलाओं से सम्बन्ध रखती हैं। इस प्रकार एक आहार जाल (Food web) बन जाता है।

प्रदूषण (Pollution):

वायु, भूमि तथा जल के भौतिक, रासायनिक तथा जैविक लक्षणों में अवांछित परिवर्तन पर्यावरणीय प्रदूषण या प्रदूषण कहलाता है। प्रदूषण प्राकृतिक तथा कृत्रिम (मानवजन्य) दोनों ही प्रकार का हो सकता है। वे पदार्थ अथवा कारक जिनके कारण यह परिवर्तन उत्पन्न होता है, प्रदूषक (Pollutants) कहलाते हैं। सामान्यतः प्रदूषकों को दो वर्गों में बाँटा गया है –

1. जैव निम्नीकरणीय प्रदूषक (Biodegradable pollutants): इस वर्ग के प्रदूषकों का विभिन्न सूक्ष्म जीवों द्वारा अपघटन हो जाता है तथा अपघटित पदार्थ जैव-भू-रासायनिक चक्र में प्रवेश कर जाते हैं। ऐसे पदार्थ उसी अवस्था में प्रदूषक कहलाते हैं, जब अत्यधिक मात्रा में निर्मित इन पदार्थों का उचित समय में अवकर्षण नहीं हो पाता । घर की रसोई का कूड़ा, मल-मूत्र, कृषि उत्पादित अपशिष्ट, कागज, लकड़ी तथा कपड़े इसके सामान्य उदाहरण हैं।
2. जैव अनिम्नीकरणीय प्रदूषक (Non-biodegradable pollutants): इस श्रेणी के प्रदूषक सरल उत्पादों में नहीं परिवर्तित होते। इस प्रकार के प्रदूषक हैं– डी. डी. टी., पीड़कनाशी, कीटनाशी, पारा, सीसा, आर्सेनिक, ऐलुमिनियम, प्लास्टिक तथा रेडियोधर्मी कचरा । यह प्रदूषक कणीय, तरल अथवा गैसीय हो सकते हैं, जो खाद्य श्रृंखला में प्रवेश कर जीवों को हानि पहुँचा सकते हैं।

प्रदूषण के प्रकार (Types of pollution): पर्यावरण के विभिन्न घटकों को प्रदूषित होने के आधार पर प्रदूषण को निम्नलिखित वर्गों में बाँटा जा सकता है-वायु प्रदूषण, जल प्रदूषण,

ध्वनि प्रदूषण, मृदा प्रदूषण एवं रेडियो एक्टिव प्रदूषण ।

1. वायु प्रदूषण (Air pollution): वायु ऑक्सीजन, नाइट्रोजन, कार्बन डाइऑक्साइड इत्यादि गैसों का मिश्रण है। वायु में इसका एक निश्चित अनुपात होता है तथा इनके अनुपात में असंतुलन की स्थिति में वायु प्रदूषण उत्पन्न होता है । वायु प्रदूषण के स्रोत :

वायु प्रदूषण के स्रोतों को दो समूहों में रखा जा सकता है—

(a) वायु प्रदूषण के प्राकृतिक स्रोत : दावानल (Forest fire), ज्वालामुखी की राख, धूल भरी आंधी, कार्बनिक पदार्थों का अपघटन, वायु में उड़ते परागकण आदि वायु प्रदूषण के प्राकृतिक स्रोत हैं।

(b) वायु प्रदूषण के मानव निर्मित स्रोत : जनसंख्या विस्फोट, वनोन्मूलन, शहरीकरण, औद्योगीकरण आदि वायु प्रदूषण के मानव निर्मित स्रोत्र है । मनुष्य के अनेक क्रियाकलापों द्वारा वायु में छोड़ी जाने वाली कार्बन मोनोक्साइड, सल्फर डाइऑक्साइड, हाइड्रोकार्बन, नाइट्रोजन के ऑक्साइड, सीसा, आर्सेनिक, एस्बेस्टस, धूल के कण तथा रेडियोधर्मी पदार्थों द्वारा भी वायु प्रदूषण हो रहा है।

वायु प्रदूषण से हानियाँ :

1. कार्बन मोनोक्साइड (CO) वायु में अधिक मात्रा में होने पर थकावट, मानसिक विकार, फेफड़े का कैन्सर आदि रोग होता है। हीमोग्लोबिन कार्बन मोनोक्साइड के साथ प्रतिक्रिया कर कार्बोक्सीहीमोग्लोबिन नामक स्थाई यौगिक बनाता है, जो विषैला होता है। इस कारण दम घुटने से मृत्यु तक हो जाती है।

2. ओजोन परत में ह्रास के कारण पराबैंगनी (UV) किरणें अधिक मात्रा में पृथ्वी तक पहुँचती हैं। पराबैंगनी किरणों से आँखों तथा प्रतिरक्षी तंत्र को नुकसान पहुँचता है एवं त्वचीय कैन्सर हो जाता है। इसके कारण वैश्विक वर्षा, पारिस्थितिक असंतुलन एवं वैश्विक खाद्यजाल (भोजन) की उपलब्धता पर भी प्रभाव पड़ता है ।

नोट :

रेफ्रीजेरेटर, अग्निशमन यंत्र तथा ऐरोसोल स्प्रे में उपयोग किए जाने वाले क्लोरोफ्लोरो कार्बन से ओजोन परत का ह्रास होता है।

3. अम्लीय वर्षा का कारण भी वायु प्रदूषण ही है। यह वायु में उपस्थित नाइट्रोजन तथा सल्फर के ऑक्साइड के कारण होती है । इसके कारण अनेक ऐतिहासिक स्मारक, भवन, मूर्तियों का संक्षारण हो जाता है, जिससे उन्हें बहुत नुकसान पहुँचता है। अम्लीय वर्षा से मृदा भी अम्लीय हो जाती हैं, जिससे धीरे-धीरे इसकी उर्वरता कम होने लगती है, और उसका कृषि उत्पादकता पर विपरीत प्रभाव पड़ता है।

4. मोटरगाड़ियों की निकासक नली से निर्मुक्त सीसे (Lead) के कणों से एंथ्रेक्स व एक्जिमा रोग होता है।

5. कुछ पीड़कनाशियों से भी प्रदूषण होता है। यह पीड़कनाशी जीवों की खाद्य श्रृंखला में प्रवेश कर जाते हैं तथा जीव में उनका सांद्रण बढ़ता जाता है। इस प्रक्रिया को जैव आवर्धन

(Bio magnification) कहते है। इसके कारण वृक्क, मस्तिष्क एवं परिसंचरण तंत्र में अनेक विकार उत्पन्न हो जाते हैं।

6. आर्सेनिक पौधों को विषाक्त बना देती है, जिससे चारे के रूप में पौधे को खाने वाले पशुओं की मृत्यु हो जाती है।

7. जीवाश्म ईंधन (कोयला, पेट्रोलियम आदि) के जलने से उत्पन्न कार्बन डाइऑक्साइड तथा मीथेन जैसी गैसें पृथ्वी से होने वाले ऊष्मीय विकिरण को रोक लेती हैं। इससे पृथ्वी का ताप बढ़ता है, जिसके फलस्वरूप मौसम में परिवर्तन के साथ-साथ समुद्र तल में भी वृद्धि होती है । ताप के बढ़ने से हिमाच्छादित चोटियाँ तथा हिम-खंड पिघलने लगेंगे जिससे बाढ़ आ सकती है।

8. कारखानों की चिमनियों से निकलने वाली SO, श्वासनली में जलन पैदा करती है तथा फेफड़ों को क्षति पहुँचाती है।

ग्रीन हाउस प्रभाव (Green house effect) :

वायुमंडल में बढ़ती हुई हानिकारक गैसें जैसे—कार्बन डाइऑक्साइड, कार्बन मोनोक्साइड, सल्फर डाइऑक्साइड आदि वायुमंडल की ऊपरी सतह पर जमकर पृथ्वी के तापमान में वृद्धि कर रही है। इसे ही ग्रीन हाउस प्रभाव कहते हैं। ये गैसें पृथ्वी से वापस लौटने वाली अवरक्त किरणों को रोककर वातावरण को गर्म करती है। यदि वैश्विक तापमान में वृद्धि इसी तरह से होती रहेगी तो ध्रुवों पर स्थित बर्फ पिघलने लगेगें और इसका सीधा प्रभाव समुद्री तटवर्ती शहरों पर पड़ेगा जो जलमग्न हो जाएगें। समुद्रों में स्थित कई द्वीप समूह का अस्तित्व ही समाप्त हो जाएगा। अतः ग्रीन हाउस प्रभाव आज की गंभीर पर्यावरणीय समस्या है।

2. जल प्रदूषण (Water pollution) : जब जल की भौतिक, रासायनिक तथा जैविक गुणवत्ता में ऐसा परिवर्तन उत्पन्न हो जाए जिससे यह जीवों के लिए हानिकारक तथा प्रयोग हेतु अनुपयुक्त हो जाता है, तो यह जल प्रदूषण कहलाता है ।

जल प्रदूषण के स्रोत : जल प्रदूषण के स्रोत दो प्रकार के होते है—

(a) बिन्दु स्रोत (Point sources) : जल स्रोत के निकट बिजलीघर, भूमिगत कोयला खदानें तथा तेल के कुँए इस वर्ग के उदाहरण हैं। यह स्रोत प्रदूषकों को सीधे ही जल में प्रवाहित कर देते हैं।

(b) अबिन्दु स्रोत (Non-point sources) : यह अनेक स्थलों पर फैले रहते हैं तथा जल में किसी एक बिन्दु अथवा निश्चित स्थान से प्रवाहित नहीं होते हैं। इनमें खेतों, बगीचों, निर्माण स्थलों, जल भराव, सड़क एवं गलियों इत्यादि से बहने वाला जल सम्मिलित है ।

जल प्रदूषक (Water pollutants) : अनेक पदार्थ, जैसे— कैल्सियम तथा मैग्नीशियम के यौगिक प्राकृतिक स्रोतों से जल में घुल जाते हैं तथा इसे अशुद्ध कर देते हैं। प्रोटोजोआ, जीवाणु तथा अन्य रोगाणु जल को संदूषित करते हैं। जल में तेल, भारी धातुएँ, अपमार्जक.. घरेलू कचरा तथा रेडियोधर्मी कचरा भी जल प्रदूषकों की श्रेणी में आते हैं।

जल प्रदूषण के हानिकारक प्रभाव :

1. जल प्रदूषण के कारण टायफाइड, अतिसार, हैजा, हिपेटाइटिस, पीलिया जैसे रोग फैलते हैं ।

2. जल में विद्यमान अम्ल तथा क्षार सूक्ष्म जीवों का विनाश कर देते हैं, जिससे नदियों के जल की स्वतः शुद्धीकरण प्रक्रिया अवरुद्ध होती है।

3. प्रदूषित जल में उपस्थित पारा, आर्सेनिक तथा लेड (सीसा) जन्नु व पादपों के लिए विष का कार्य करते हैं । 4. वाहित मल, जल में मिलकर शैवालों की वृद्धि को प्रेरित करते हैं. जिससे ये जल की सतह पर फैल जाते हैं। शैवालों की मृत्यु हो जाने पर इनका अपघटन होता है और पानी में ऑक्सीजन की कमी हो जाती है, फलतः जलीय जन्तु मरने लगते हैं।

5. क्रोमियम तथा कैडमियम समुद्री जन्तुओं की मृत्यु का कारण बनते हैं।

3. ध्वनि-प्रदूषण (Sound pollution) : वातावरण में चारों ओर फैली अनिच्छित या अवांछनीय ध्वनि को ध्वनि प्रदूषण कहते हैं।

ध्वनि प्रदूषण के स्रोत : ध्वनि प्रदूषण का स्रोत शोर (Loudness) ही हैं, चाहे वह किसी भी तरह से पैदा हुई हो । कूलर, स्कूटर, रेडियो, टी.वी., कार, बस, ट्रेन, रॉकेट, घरेलू उपकरण, वायुयान, लाउडस्पीकर, वाशिंग मशीन, स्टीरियों, तोप, टैंक तथा दूसरे सुरक्षात्मक उपकरणों के अलावा सभी प्रकार की आवाज करने वाले साधन, कारक या उपकरण ध्वनि प्रदूषण के स्रोत हैं ।

ध्वनि प्रदूषण के हानिकारक प्रभाव :

1. सतत् शोर होने के कारण सुनने की क्षमता कम हो जाती है तथा आदमी के बहरा होने की संभावना बढ़ जाती है ।

2. इसके कारण थकान, सिरदर्द, अनिद्रा आदि रोग होते हैं ।

3. शोर के कारण रक्त दाब बढ़ता है तथा हृदय की धड़कन बढ़ जाती है।

4. इसके कारण धमनियों में कोलेस्ट्रोल का जमाव बढ़ता है, जिसके कारण रक्तचाप भी बढ़ता है।

5. इसके कारण क्रोध तथा स्वभाव में उत्तेजना पैदा होती है।

6. शोर में लगातार रहने पर बुढ़ापा जल्दी आता है ।

7. अत्यधिक शोर के कारण एड्रीनल हार्मोनों का स्राव अधिक होता है।

8. हमेशा शोर में रहने पर जनन क्षमता भी प्रभावित होती है।

नोट :

सामान्य वार्तालाप का शोर मूल्य 60 डेसीबल होता है जबकि अंतर्राष्ट्रीय मानक के अनुसार ध्वनि 45 डेसीबल होनी चाहिए।

4. भूमि या मृदा प्रदूषण (Soil pollution) : भूमि का विकृत रूप ही भूमि प्रदूषण कहलाता है, जो मुख्यतः ठोस कचरे के कारण उत्पन्न होता है। ठोस कचरा (वर्ज्य) प्रायः घरों, मवेशी गृहों, उद्योगों, कृषि तथा अन्य स्थानों से आता है। इसके ढेर टीलों का रूप

ले लेते हैं। ठोस कचड़े में राख, काँच, फल तथा सब्जियों के छिलके, कागज, 1. कपड़े, प्लास्टिक, रबड़, चमड़ा, ईंट, रेत, धातुएँ, मवेशी गृह का कचरा, गोबर इत्यादि वस्तुएँ सम्मिलित हैं। वायु में छोड़े गए अनेक रसायन जैसे सल्फर तथा सीसा के यौगिक अन्ततः मृदा में पहुँच जाते हैं तथा इसे प्रदूषित करते हैं। पैदावार को बढ़ाने के लिए तरह-तरह के कीटनाशियों, शाकनाशियों तथा रासायनिक उर्वरकों का प्रयोग किया जाता है। ये सभी रासायनिक पदार्थ भूमि में मिलकर भूमि को प्रदूषित करते हैं। भले ही ये तत्कालिक लाभ देते हों, लेकिन इनका परिणाम हानिकारक ही होता हैं । ये सभी पदार्थ धीरे-धीरे भूमि की उपजाऊ शक्ति को कम करते हैं, तथा पौधों द्वारा खाद्य श्रृंखला में प्रवेश करके खाद्य श्रृंखला के सभी जीवों को प्रभावित करते हैं ।

कचरे के ठोस ढेर प्राकृतिक सौंदर्य को तो नष्ट करते हैं साथ ही ही कचरा नाले तथा नीचले स्थानों में पानी के बहाव को भी अवरुद्ध कर देता है और मक्खी, मच्छरों के प्रजनन स्थल बन जाते हैं। मच्छर डेंगू, मलेरिया, कालाजार, परजीवी के वाहक हैं। संदूषित जल के प्रयोग से हैजा, अतिसार तथा डायरिया जैसे अनेक रोग फैलते है।

5. रेडियो एक्टिव प्रदूषण (Radioactive Pollution) : यह प्रदूषण रेडियोएक्टिव किरणों से उत्पन्न होता है । रेडियो एक्टिव किरणें मुख्यतः रेडियोएक्टिव पदार्थ से उत्पन्न होता है। रेडियो एक्टिव किरणें मुख्यतः तीन प्रकार के होते हैं-अल्फा (ac.), बीटा (B) एवं गामा (y) । इसके अतिरिक्त सूर्य से निकलने वाली पराबैंगनी किरणें भी रेडियोएक्टिव किरणों के समान जीवों को प्रभावित करती हैं। इस प्रकार रेडियो एक्टिव प्रदूषण के निम्न स्रोत हो सकते हैं—

(a) चिकित्सा में उपयोग होने वाली किरणों से प्राप्त प्रदूषण ।

(b) परमाणु भट्ठियों में प्रयुक्त होने वाले ईंधन से उत्पन्न प्रदूषण ।

(c) नाभिकीय शस्त्रों के उपयोग से उत्पन्न प्रदूषण

(d) परमाणु बिजलीघरों से निकलने वाले अपशिष्ट से उत्पन्न प्रदूषण ।

(e) शोध कार्यों में प्रयुक्त रेडियोधर्मी पदार्थों से उत्पन्न प्रदूषण ।

(f) सूर्य की पराबैंगनी किरणों, अंतरिक्ष किरणों एवं पृथ्वी में विद्यमान रेडियोधर्मी पदार्थों के विखण्डन से उत्पन्न प्रदूषण इत्यादि ।

रेडियोएक्टिव प्रदूषण के हानिकारक प्रभाव :

1. रेडियोधर्मी पदार्थों के प्रदूषण से ल्यूकेमिया व हड्डी का कैन्सर उत्पन्न हो जाता है ।
2. रेडियोधर्मी पदार्थों के प्रभाव से जीवों की जर्मिनल कोशिकाओं के जीन्स में उत्परिवर्तन उत्पन्न हो जाते हैं, जिससे विकृत एवं विकलांग शिशुओं का जन्म होता है ।
3. रेडियोधर्मी पदार्थों के प्रभाव से मनुष्य की रोग प्रतिरोधक क्षमता कम हो जाती है, जिससे अनेक प्रकार की बीमारियाँ शरीर में प्रवेश कर जाती हैं।
4. इसके प्रभाव से प्रजनन क्षमता क्षीण हो जाती है तथा असामयिक बुढ़ापा आ जाता है।

5. इसके प्रभाव से त्वचा पर घाव बन जाते हैं, ऊतक, आँख आहारनाल पर बुरा प्रभाव पड़ता है तथा इन अंगों पर सूजन, दर्द तथा जलन जैसे लक्षण दिखाई पड़ते हैं।

प्रदूषण नियंत्रण (Control of pollution) :

प्रदूषण की रोकथाम के लिए प्रदूषित गंदे जल को नदियों में प्रवाहित नहीं करना चाहिए। सीवेज को सीवेज ट्रीटमेंट से शुद्ध करना चाहिए। मोटर वाहनों का रख रखाव उचित तरीके से करना चाहिए ताकि वे अधिक धुआँ वायुमंडल में न छोड़ें। औद्योगिक कल-कारखानों की चिमनियों से निकलने वाले धुओं को फिल्टर करके निकालना चाहिए। कीटनाशी, पीड़कनाशी, कवकनाशी, शाकनाशी आदि को उचित ढंग से लागू करना चाहिए। वन उन्मूलन पर रोक लगनी चाहिए, साथ-ही-साथ नए वन लगाने के कार्यक्रम को तेज करना चाहिए। इससे वायुमंडल में एक ओर जहाँ ऑक्सीजन की कमी नहीं होगी वहीं दूसरी ओर CO2 की मात्रा भी नियंत्रित रहेगी। *संयुक्त राष्ट्र संघ (UNO) ने विश्व में पर्यावरण सुरक्षा के लिए एक अंतर्राष्ट्रीय संस्था 'संयुक्त राष्ट्र पर्यावरण कार्यक्रम' (UNEP) की स्थापना की है।* इसका मुख्यालय अफ्रीकी देश कीनिया की *राजधानी नैरोबी में है*। विश्व में पर्यावरण के प्रति लोगों में जागरूकता पैदा करने हेतु **प्रतिवर्ष 5 जून को विश्व पर्यावरण दिवस (World environment day)** मनाया जाता है।

16

जन्तु जगत का वर्गीकरण

जन्तु जगत का वर्गीकरण

वार्गिकी(Taxonomy):

जन्तु विज्ञान की वह शाखा है, जिसके अन्तर्गत विभिन्न प्रकार के जीव-जन्तुओं का नामकरण एवं वर्गीकरण (Classification) किया जाता है, जिसके परिणामस्वरूप सम्बन्धित जन्तुओं को एक निश्चित समूह में रखकर शेष जन्तुओं से पृथक किया जाता है ।

जन्तुओं के वैज्ञानिक वर्गीकरण का सर्वप्रथम प्रयास ग्रीक दार्शनिक अरस्तू (Aristotle) द्वारा किया गया। उन्होंने प्राकृतिक समानताओं एवं विषमताओं के आधार पर जन्तुओं को दो प्रमुख समूहों में वर्गीकृत किया—

1. ऐनैइमा (Anaima) : इस समूह के जन्तुओं में लाल रुधिर का अभाव होता है। जैसे स्पंज, निडेरिया (सीलेन्ट्रेटा), मोलस्का, आर्थोपोडा, इकाइनोडर्मेटा आदि अकशेरुकी जन्तु ।

2. इनैइमा (Enaima) : इस समूह के जन्तुओं में लाल रुधिर उपस्थित होता है। इस समूह में अरस्तू ने केवल कशेरुकी जन्तुओं को सम्मिलित किया और इन्हें निम्न दो उप समूहों में वर्गीकृत किया।

(A) जरायुज (Vivipara) : इस उपसमूह के अन्तर्गत बच्चे जन्म देने वाले जन्तुओं को सम्मिलित किया गया, जैसे स्तनधारी जन्तु (पशु, मनुष्य एवं अन्य स्तनी)

(B) अण्डयुज (Ovipara) : इस उपसमूह के अन्तर्गत अण्डे देने वाले जन्तुओं को सम्मिलित किया गया, जैसे—मत्स्य, उभयचर, पक्षी, सरीसृप आदि ।

अरस्तू के लगभग 2000 वर्ष पश्चात 17वीं शताब्दी में जॉन रे (John Ray) ने सर्वप्रथम प्राणी जाति (Species) की परिभाषा देकर विभिन्न जातियों का प्राकृतिक संरचनात्मक सम्बन्धों के आधार पर वर्गीकरण किया। जॉन रे के पश्चात् कैरोलस लिनियस (1735 ई.) ने अपनी प्रसिद्ध पुस्तक सिस्टेमा नेचुरी (Systema Naturae) में 4236 ज्ञात जातियों

को वर्गीकृत किया। इस पुस्तक के 10वें संस्करण (1758 ई.) में वर्गीकरण की जो प्रणाली अपनाई गई, उसी से आधुनिक वर्गीकरण प्रणाली (Modern classification system) की नींव पड़ीं। उन्होंने प्राणी जातियों के नामकरण हेतु एक द्विनाम पद्धति (Binomial nomenclature) का विकास किया। इस कारण कैरोलस लीनियस की आधुनिक वर्गीकरण का पिता (Father of modern taxonomy) कहा जाता है। 1901 ई. में अन्तर्राष्ट्रीय प्राणी जातियों के नामकरण हेतु कैरोलस लिनियस की द्विनाम पद्धति के ही अनुसार कुछ अन्तर्राष्ट्रीय नियमों को मान्यता प्रदान की गई जिससे कि प्रत्येक जाति का सम्पूर्ण विश्व में एक ही वैज्ञानिक नाम हो । इस अन्तर्राष्ट्रीय नियम में 1961 ई. में कुछ संशोधन भी किया गया। इस नियम के अनुसार प्रत्येक जाति के वैज्ञानिक नाम में वंश (Genus) का नाम बड़े अक्षर से तथा जाति (Species) का छोटे अक्षर से, परन्तु नाम तिरछे अक्षरों (Italics) में लिखा जाना चाहिए। यदि एक जाति के लिए विश्व के विभिन्न वैज्ञानिक विभिन्न नाम रख देते हैं तो सबसे पहले प्रयुक्त नाम को ही मान्यता प्रदान की जाती है ।

प्राणी जगत को दो उप-जन्तु जगत में विभाजित किया गया है— 1. प्रोटिस्टा जगत (Kingdom Protista) : इसके अन्तर्गत सुकेन्द्रकीय एककोशिकीय (Eukaryotic Unicellular) जीव आते हैं। जैसे— प्रोटोजोआ संघ । 2. मेटाजोआ जगत (Kingdom Metazoa) : इसके अन्तर्गत समस्त सुकेन्द्रकीय बहुकोशिकीय (Eukaryotic multicellular) जीव आते हैं। मेटाजोआ को पुनः तीन शाखाओं में विभाजित किया गया है । ये हैं— मीसोजोआ (Mesozoa), पैराजोआ (Parazoa) तथा यूमेटाजोआ (Eumetazoa) ।

प्रोटिस्टा जगत

संघ प्रोटोजोआ (Phylum Protozoa) : प्रोटोजोआ दो शब्दों Protos = First, Zoon = Animal से मिलकर बना है। प्रोटोजोआ शब्द का प्रयोग सर्वप्रथम गोल्डफस (Goldfus) ने 1820 ई. में किया। प्रोटोजोआ सबसे आदिकालीन एवं सबसे साधारण जन्तु हैं । ये एककोशिकीय (Unicellular) तथा सूक्ष्मदर्शीय (Microscopic) जन्तु होते हैं । इस संघ में लगभग 30,000 जातियाँ (Species) हैं । इस संघ के जन्तुओं के प्रमुख लक्षण निम्नलिखित हैं

1. ये जन्तु अत्यन्त सूक्ष्म (0.001 mm से 5.0 mm) और एककोशिकीय (Unicellular) होते हैं ।
2. ये स्वतंत्रजीवी, सहजीवी (Symbiotic) या सहभोजी (Commensal) या परजीवी (Parasites) होते हैं।
3. इनके शरीर का जीवद्रव्य (Protoplasm) बाह्यद्रव्य और अन्तः द्रव्य में विभेदित रहता है।
4. इस संघ के जन्तुओं में पोषण (Nutrition) मुख्यतः प्राणी समभोजी (Holozoic), मृतोपजीवी (Saprophytic or Saprozoic), पादपसमभोजी (Holophytic) या

परजीविता (Parasitic) विधि द्वारा होता है।

5. इस संघ के जन्तुओं के शरीर में कोई ऊतक (Tissue) या अंग (Organ) नहीं होता है। इसमें पायी जाने वाली आकृतियों को अंगक (Organelles) कहते हैं, क्योंकि वे शरीर के हिस्से होते हैं। इसलिए प्रोटोजोआ को 'जीवद्रव्य के स्तर पर गठित (Protoplasmic level of body organisation) जन्तु' कहते हैं ।

6. इस संघ के जन्तुओं में प्रचलन (Locomotion) कूटपाद (Pseudopodia), कशाभिका (Flagella) या यक्ष्माभिका (Cilia) द्वारा होता हैं ।

7. इस संघ के जन्तुओं के एककोशिकीय शरीर में रसधानियाँ (Vacuoles) एवं संकुचनशील रसधानियाँ (Contractile vacuoles) पायी जाती हैं।

8. इस संघ के जन्तु एक केन्द्रकीय या बहुकेन्द्रकीय होते हैं।

9. इस संघ के जन्तुओं में श्वसन तथा उत्सर्जन की क्रियाएँ शरीर की बाहरी सतह के रास्ते विसरण (Diffusion) क्रिया द्वारा होती है ।

10. इस संघ के जन्तुओं में प्रजनन अलिंगी (Asexual) तथा लिंगी (Sexual) दोनों विधियों द्वारा सम्पन्न होता है। अलिंगी प्रजनन (Asexual reproduction) द्विविभाजन (Binary fission), बहुविभाजन (Multiple fission) या मुकुलन (Budding) द्वारा तथा लिंगी प्रजनन (Sexual reproduction) नर तथा मादा युग्मकों के समागम (Conjugation) से होता है ।

11. प्रतिकूल वातावरण (Unfavourable condition) से सुरक्षा के लिए इनमें परिकोष्ठन (Encystment) की व्यापक क्षमता होती है।

12. इनका शरीर नग्न या पोलिकिल (Pollicle) द्वारा ढका रहता है। कुछ जन्तु कठोर खोल में बन्द रहते हैं ।

उदाहरण: अमीबा (Amoeba), एण्टअमीबा हिस्टोलिटिका (Entamoebahistolytica), एण्टअमीबा कोलाई (Entamoeba coli), एण्टअमीबा जिनजिवैलिस (Entamoeba gingivalis), ट्रिपैनोसोमा गैम्बियेन्स (Trypanosoma gambiense), लीशमैनिया डोनोवानी (Leishmania donovani), प्लैजमोडियम (Plasmodium) पैरामीशियम कॉडेटम caudatum), यूग्लीना (Euglena) आदि ।

महत्वपूर्ण तथ्य :

1. अमीबा का अर्थ है—'बदलना' । प्रोटियस (Proteus) ग्रीस का एक समुद्र देवता (Sea God) है जिनको शरीर का आकार बदलने की विशेष क्षमता है, इसलिए अमीबा का वैज्ञानिक नाम अमीबा प्रोटियस (Amoeba proteus) रखा गया है।

2. एण्टअमीबा हिस्टोलिटिका परजीवी के कारण मनुष्य में पेचिश (Amoebic dysentery) होती है।

3. एण्टअमीबा कोलाई मनुष्य के बृहदंत्र (Colon) में रहता है तथा जीवाणुओं को खाता है । यह कभी भी रक्त कोशिकाओं या अन्य ऊतकों को नहीं खाता है। अतः यह हानिकारक नहीं

होता है।
4. एण्टअमीबा जिनजिवैलिस परजीवी द्वारा मनुष्य में पायरिया (Pyarrhoea) रोग होता है।
5. ट्रिपैनोसोमा गैम्बियेन्स मनुष्य के रुधिर में पाया जाता है। इस परजीवी से मनुष्य में सुषप्ति रोग (Sleeping sickness) होता है। जब ये रुधिर प्रवाह में रहते हैं तब मनुष्य को गैम्बियन ज्वर (Gambian fever) हो जाता है। इस ज्वर से मनुष्य में कमजोरी हो जाती है, चेतना गायब हो जाती है तथा रक्त कम हो जाता है।
6. लीशमैनिया डोनोवानी का पता 1903 ई. में इंग्लैंड में लीशमैन (Leishman)एवं मद्रास (चेन्नई) में डोनोवान (Donovan) द्वारा लगाया गया था। इसलिए इसका नाम लीशमैनिया डोनोवानी (Leishmania donovani) रखा गया। इसके कारण मनुष्य में कालाजार (Kalazar) नामक रोग होता है। यह रोग भारत, पूर्वी एशिया तथा भूमध्यसागरीय देशों में होता
7. मनुष्य एवं अन्य स्तनधारियों में मलेरिया ज्वर प्लैजमोडियम के द्वारा ही उत्पन्न होता है।
8. पैरामीशियम कॉडेटम का आकार बहुत कुछ चप्पल से मिलता जुलता है। अतः इसे चप्पल जन्तु (Slipper animalcule) कहते हैं ।
9. यूग्लीना को हरा प्रोटोजोआ (Green protozoa) कहा जाता है।
उपजगत मेटाजोआ (Subkingdom Metazoa) : संघ पोरीफेरा (Phyllum Porifera): पोरीफेरा ग्रीक भाषा के दो शब्द Poros = Pore, Ferre = to bear से मिलकर बना है । इसका अर्थ 'छिद्र धारक होता है। पोरीफेरा शब्द का प्रयोग सर्वप्रथम रॉबर्ट ग्राण्ट (Robert Grant) ने 1825 ई. में किया था। इस संघ में आने वाले जन्तुओं को साधारणतः स्पंज (Sponge) कहा जाता है। इस संघ के जन्तुओं के प्रमुख लक्षण निम्नलिखित हैं
1. ये बहुकोशिकीय जलीय (Multicellular aquatic) जन्तु होते हैं जो साधारणतः चट्टान या किसी ठोस पदार्थ पर रहते हैं ।
2. इनकी आकृति अनियमित, बेलनाकार, अंडाकार या शाखीय होती है।
3. इनके शरीर में ऊतक नहीं बनते ।
4. इस संघ के जन्तुओं की शरीर भिति (Body wall) में अनेक छिद्र पाये जाते हैं जिन्हें ऑस्टिया (Ostia) कहते हैं । शरीर के अग्र पर एक बड़ा छिद्र पाया जाता है जिसे ओस्कुलम (Osculum) कहते हैं।
5. ये अत्यंत साधारण बहुकोशिकीय जीव हैं जिनमें नाल तंत्र (Canal system)पाया जाता है जिसकी सहायता से सम्पूर्ण शरीर में जल प्रवाहित होता है।
6. ये द्विलिंगी (Bisexual) होते हैं।
7. इनमें पुनरुद्भवन (Regeneration) की क्षमता होती है।
8. शरीर कठोर बाह्य कंकाल से ढँका होता है। कंकाल में काँटे के समान कुछ रचनाएँ होती हैं

जिन्हें स्पिकूल्स (Spicules) कहते हैं। ये स्पिकूल्स कैल्सियम कार्बोनेट या सितलिका के बने होते हैं।

9. इनका शरीर द्विस्तरीय अन्तः चर्म एवं बाहयचर्म से बना होता है।

10. इनमें प्रजनन अलैंगिक (Asexual) तथा लैंगिक (Sexual) दोनों ही प्रकार का होता है तथा निषेचन (Fertilization) आन्तरिक (Internal) होता है ।

11. इनका लार्वा (Larva) कशाभिकीय (Ciliated) तथा स्वतंत्र तैरने वाला (Free swimming) होता है। इसे एम्फीब्लास्तुला (Amphiblastula) कहते हैं ।

12. इनके शरीर में संवेदी तथा तंत्रिका कोशिकाएँ नहीं होती हैं।

13. इनमें भोजन का पाचन अन्तःकोशिकीय (Intracellular) होता है। उदाहरण: साइकन (Sycon), हायलोनेमा (Hyalonemma) यूस्पंजिया (Euspongia), यूप्लेक्टेला (Euplectella), स्पंजिला (Spongilla) आदि ।

महत्वपूर्ण तथ्य :

1. यूप्लेक्टेला को 'वीनस की पुष्प मंजूषा' या 'वीनस के फूलों की डलिया' (Venus flower basket) कहा जाता है। ये जापान आदि देशों में लोगों को उपहार के रूप में दिए जाते हैं ।

2. स्पंजिला मीठे जल में पाया जाने वाला स्पंज है ।

3. यूस्पंजिया एक साधारण स्नान स्पंज (Bath sponge) है। इसे स्नान के समय मैल (गंदगी साफ करने के काम में इस्तेमाल किया जाता है। यह भूमध्य सागर एवं मैक्सिको की खाड़ी में काफी संख्या में पाया जाता है।

संघ सीलेन्ट्रेटा या निडेरिया (Phylum coelenterata or Cnidaria): सीलेन्ट्रेटा शब्द ग्रीक भाषा के दो शब्द Koilos=Hollow; Enteron = Intestine से मिलकर बना है। इसका नया नाम निडेरिया (Cnidaria) जो ग्रीक भाषा के शब्द Knide = Nettle or Stinging cell bearing अर्थात् दंशकोशिका धारक से बना है। सीलेन्ट्रेटा शब्द का प्रयोग सर्वप्रथम लूकर्ट (Leuckart) ने 1847 ई. में किया। इस संघ में लगभग 9500 जातियाँ (Species) हैं। ये बहुकोशिकीय प्राणियों में निम्न स्तर के जन्तु हैं। इनमें अधिकांश समुद्र में पाये जाते हैं। इस संघ के जन्तुओं के प्रमुख लक्षण निम्नलिखित हैं –

1. ये जलीय अधिकांश समुद्री, एकाकी (Solitary) या संघचारी (Colonial) जन्तु हैं ।

2. ये द्विस्तरीय (Diploblastic) प्राणी होते हैं। शरीर का बाह्य स्तर एक्टोडर्म (Ectoderm) तथा भीतरी स्तर एण्डोडर्म (Endoderm) या गैस्ट्रोडर्मिस (Gastrodermis) होता है। दोनों स्तरों के बीच में अकोशिकीय मेसोग्लीया (Mesoglea) होता है। शरीर की कोशिकाएँ ऊतक स्तर पर व्यवस्थित होती हैं ।

3. ये जन्तु बहुकोशिकीय (Multicellular) होते हैं जिनके अंदर सिर्फ एक ही गुहा (Cavity) पायी जाती है जिसे अंतरगुहा (Coelenteron) कहते हैं ।

4. इनका शरीर अरीय सममित (Radial symmetry) होता है ।

5. इनमें सिर नहीं होता है ।

6. इनमें गुदा नहीं होती है ।
7. इनमें पाचन गुहा (Digestive cavity) थैली जैसी होती है।
8. इनमें मुख के चारों ओर लम्बे-लम्बे संस्पर्शक (Tentacles) पाये जाते हैं ।
9. इनके संस्पर्शक तथा शरीर के अन्य भागों में दंश कोशिकाएँ (Nematocyst)पाये जाते हैं। टीनोफोरा (Tenophora) में दंश कोशिकाएँ अनुपस्थित होती हैं।
10. इनमें श्वसन तंत्र, उत्सर्जन तंत्र एवं परिसंचरण तंत्र नहीं पाया जाता है ।
11. इनमें तंत्रिका कोशिकाओं (Nerve cells) की शाखाएँ आपस में मिलकर तंत्रिकाओं का जाल बनाती हैं।
12. इनमें नेत्र बिन्दु या स्टेटोसिस्ट (Statocyst) पाये जा सकते हैं।
13. पॉलिपॉएड (Polypoid) चूनेदार अस्थि का निर्माण करते हैं जिसे कोरल (Coral) कहते हैं।

उदाहरण:

साइकन (Sycon), हायलोनेमा (Hyalonemma) यूस्पंजिया (Euspongia), यूप्लेक्टेला (Euplectella), स्पंजिला (Spongilla) आदि ।

महत्वपूर्ण तथ्य :

1. यूप्लेक्टेला को 'वीनस की पुष्प मंजूषा' या 'वीनस के फूलों की डलिया' (Venus flower basket) कहा जाता है। ये जापान आदि देशों में लोगों को उपहार के रूप में दिए जाते हैं।
2. स्पंजिला मीठे जल में पाया जाने वाला स्पंज है ।
3. यूस्पंजिया एक साधारण स्नान स्पंज (Bath sponge) हैं । इसे स्नान के समय मैल (गंदगी साफ करने के काम में इस्तेमाल किया जाता है। यह भूमध्य सागर एवं मैक्सिको की खाड़ी में काफी संख्या में पाया जाता है।

जीव विज्ञ संघ सीलेन्ट्रेटा या निडेरिया (Phylum coelenterata or cnidaria): सीलेन्ट्रेटा शब्द ग्रीक भाषा के दो शब्द Koilos=Hollow; Enteron = Intestine से मिलकर बना है। इसका नया नाम निडेरिया (Cnidaria) जो ग्रीक भाषा के शब्द Knide = Nettle or Stinging cell bearing अर्थात् दंशकोशिका धारक से बना है। सीलेन्ट्रेटा शब्द का प्रयोग सर्वप्रथम लूकर्ट (Leuckart) ने 1847 ई. में किया। इस संघ में लगभग 9500 जातियाँ (Species) हैं। ये बहुकोशिकीय प्राणियों में निम्न स्तर के जन्तु हैं। इनमें अधिकांश समुद्र में पाये जाते हैं। इस संघ के जन्तुओं के प्रमुख लक्षण निम्नलिखित हैं

1. ये जलीय अधिकांश समुद्री, एकाकी (Solitary) या संघचारी (Colonial) जन्तु हैं ।
2. ये द्विस्तरीय (Diploblastic) प्राणी होते हैं। शरीर का बाह्य स्तर एक्टोडर्म (Ectoderm) तथा भीतरी स्तर एण्डोडर्म (Endoderm) या गैस्ट्रोडर्मिस (Gastrodermis) होता है। दोनों स्तरों के बीच में अकोशिकीय मेसोग्लीया (Mesoglea) होता है। शरीर की कोशिकाएँ ऊतक स्तर पर व्यवस्थित होती हैं ।
3. ये जन्तु बहुकोशिकीय (Multicellular) होते हैं जिनके अंदर सिर्फ एक ही गुहा

(Cavity) पायी जाती है जिसे अंतरगुहा (Coelenteron) कहते हैं।

4. इनका शरीर अरीय सममित (Radial symmetry) होता है ।
5. इनमें सिर नहीं होता है।
6. इनमें गुदा नहीं होती है।
7. इनमें पाचन गुहा (Digestive cavity) थैली जैसी होती हैं।
8. इनमें मुख के चारों ओर लम्बे-लम्बे संस्पर्शक (Tentacles) पाये जाते हैं।
9. इनके संस्पर्शक तथा शरीर के अन्य भागों में दंश कोशिकाएँ (Nematocyst) पाये जाते हैं। टीनोफोरा (Tenophora) में दंश कोशिकाएँ अनुपस्थित होती हैं ।
10. इनमें श्वसन तंत्र, उत्सर्जन तंत्र एवं परिसंचरण तंत्र नहीं पाया जाता है ।
11. इनमें तंत्रिका कोशिकाओं (Nerve cells) की शाखाएँ आपस में मिलकर तंत्रिकाओं का जाल बनाती हैं ।
12. इनमें नेत्र बिन्दु या स्टेटोसिस्ट (Statocyst) पाये जा सकते हैं ।
13. पॉलिपॉएड (Polypoid) चूनेदार अस्थि का निर्माण करते हैं जिसे कोरल (Coral) कहते हैं।
14. इनके जीवन चक्र में पीढ़ी एकान्तरण (Alteration of generation) या मेटाजेनेसिस (Metagenesis) पाया जाता है। ये दो प्रकार के होते हैं—पॉलिपॉएड (Polypoid) और मेड्यूसॉएड (Medusoid)
15. इनमें अलैंगिक प्रजनन (Asexual reproduction) मुकुलन (Budding) द्वारा तथा लिंगी प्रजनन (Sexual reproduction) युग्मकों द्वारा होता है ।
16. इनके लार्वा को मुख्यतः प्लेनुला (Planula) कहते हैं ।
17. इनकी कोशिकाओं में स्थायी श्रम विभाजन पाया जाता है। अर्थात् अलग-अलग कार्यों के सम्पादन के लिए भिन्न-भिन्न कोशिकाएँ होती हैं ।
18. श्वसन एवं उत्सर्जन की क्रिया शरीर की सतह से होती है।
19. इनमें मस्तिष्क का अभाव होता है ।

उदाहरण : हाइड्रा (Hydra), फाइसेलिया (Physalia), ओबीलिया (Obelia), ऑरेलिया (Aurelia), सी एनीमोन (Sea anemone), पेनाटुला (Pennatula), गोर्गेनिया (Gorgonia) आदि ।

महत्वपूर्ण तथ्य :

1. हाइड्रा में अमरत्व (Immortality) का गुण पाया जाता है ।
2. ऑरेलिया (Aurelia) को साधारणतः जेलीफिश (Jelly fish) कहा जाता है । मेसोग्लिया के अधिक विकसित होने के कारण ऑरेलिया का शरीर काफी मोटा जेली जैसा लगता है।
3. मेट्रीडियम (Metridium) को सी-एनीमोन (Sea-anemone) के नाम से जाना जाता है

।
4. गोर्गोनिया (Gorgonia) को समुद्री पंखा (Sea-fan) तथा पेनाटुला (Pennatula) को समुद्री कलम (Sea pen) कहा जाता है। 5. फाइसेलिया (Physalia) को साधारणतया पुर्तगाली युद्धपोत (Portugauese man of war) कहा जाता है, क्योंकि इसे देखने पर यह एक उल्टा जंगी जहाज जैसा लगता है ।

संघ प्लेटीहेल्मिन्थीज (Phylum Platyhelminthes) : प्लेटी हेल्मिन्थीज शब्द का प्रयोग सर्वप्रथम गीगेनबार (Gegenbaur) ने 1899 ई. में किया था। प्लेटीहेल्मिन्थीज शब्द ग्रीक भाषा के दो शब्दों Platy = Flat ; helminthes = worm से मिलकर बना है। प्लेटी हैल्मन्थीज शब्द का अर्थ 'चिपटे कृमि' होता है। इस संघ के अन्तर्गत कीड़े के समान अखण्डित जन्तु आते हैं। इनमें से अधिकांश परजीवी होते हैं, जिसके कारण मनुष्य पालतू पशु एवं जंगली जन्तुओं में विभिन्न प्रकार के रोग उत्पन्न होते हैं । परजीवी होने के कारण इनकी संरचना, चाल एवं ज्ञानेन्द्रियाँ परपोशी (Host) की तरह ही विकसित होती है। इस संघ के जन्तुओं में पाये जाने वाले प्रमुख लक्षण निम्नलिखित हैं –

1. इस संघ के अधिकांश जन्तु परजीवी (Parasites) होते हैं । कुछ प्रजातियाँ स्वतंत्रजीवी या स्वच्छंद (Free living) होती है। जैसे प्लेनेरिया (Planaria)

2. ये जिन जन्तुओं में आश्रय पाते हैं, उनसे सटे रहने के लिए शरीर में काँटें (hooks) और चूषक (Suckers) पाये जाते हैं ।

3. ये चपटे फीतानुमा परजीवी कृमि होते हैं। ये पृष्ठ अधोदिशा (Dorsoventrally) में चपटे होते हैं तथा इनका शरीर द्विपार्श्विक सममिति (Bilaterally symmetrical) होता है ।

4. इनमें शरीर गुहा नहीं पायी जाती है तथा शरीर के अंदर के अंगों के बीच की जगह पैरेनकाइमा (Parenchyma) से भरी रहती है ।

5. ये जन्तु त्रिस्तरीय (Triploblastic) होते हैं अर्थात् इनका शरीर एक्टोडर्म (Ectoderm) मीसोडर्म (Mesoderm) एवं एण्डोडर्म (Endoderm) से बना रहता है ।

6. इस संघ के जन्तुओं के शरीर में चारों ओर क्यूटिकल (Cuticle) का एक आवरण पाया जाता है।

7. इस संघ के जन्तुओं में सर्वप्रथम अंग एवं विभिन्न तंत्रों का पूर्ण विकास पाया जाता है ।

8. इस संघ के जन्तुओं में पाचन तंत्र कम विकसित होता है क्योंकि ये अपने पोषकों के शरीर में पचा हुआ भोजन ग्रहण करते हैं ।

9. इस संघ के जन्तुओं में रक्त परिसंचरण तंत्र, श्वसन तंत्र तथा कंकाल तंत्र नहीं पाये जाते हैं।

10. तंत्रिका तंत्र में एक जोड़ा अग्रगुच्छिका (Anterior ganglion) या तंत्रिका वलय (Nerve ring) एवं एक से तीन जोड़ी अनुदैर्ध्य तंत्रिका रज्जु (Longitudinal nerve cord) पायी जाती है।

11. इस संघ के जन्तु प्रायः उभयलिंगी (Bisexual) होते हैं तथा निषेचन क्रिया प्रायः आन्तरिक (Internal) हुआ करती है।

12. इस संघ के जन्तुओं में उत्सर्जन क्रिया ज्वाला कोशिका (Flame cells) द्वारा होता है।

13. इस संघ के जन्तुओं का शरीर खण्डयुक्त दिखायी देता है, लेकिन ये खण्ड वास्तविक नहीं होते हैं।

उदाहरण : प्लेनेरिया (Planaria), फैसिओला (Fasciola), टीनिया (Taenia), सिस्टोसोमा (Schistosoma) आदि ।

महत्वपूर्ण तथ्य :

1. फैसिओला हिपेटिका एक साधारण यकृत पर्णाभ (Liver fluke) है जो गाय, भेड़, बैल इत्यादि की पित्त प्रणाली (Bile Ducts) में पाया जाता है।

2. टीनिया सोलियम (Taenia Solium) एक फीता कृमि (Tape worm) है जो मनुष्य की आँत में अन्तः परजीवी (Endoparasite) होता है।

3. सिस्टोसोमा (Schistosoma) को रक्त पर्णाभ (Blood fluke) कहा जाता है।

संघ एस्केल्मिन्थीज या निमेटोडा (Phylum Aschelminthes or Nematoda); इन्हें साधारणतः गोलकृमि (Round worm) कहते हैं। Nematos = Thread, helminthes = worm अर्थात् इन्हें सूत्र कृमि (Thread worm) भी कहते हैं। इस संघ के अंतर्गत लगभग 12000 जातियाँ (Species) ज्ञात हैं। इस संघ के अन्तर्गत पाये जाने वाले जन्तुओं के प्रमुख लक्षण निम्नलिखित हैं

1. इस संघ के जन्तु जलीय, स्थलीय या परजीवी होते हैं।

2. इस संघ के जन्तुओं का शरीर अखण्डित, लम्बे-पतले धागे जैसा बेलनाकार होता है तथा दोनों सिरे नुकीले होते हैं ।

3. इनके शरीर पर कड़ा उच्चर्म (Cuticle) होता है।

4. इनका शरीर अखण्डित तथा द्विपार्श्व सममित होता है ।

5. इनमें एपीडर्मिस (Epidermis) के नीचे अनुदैर्घ्य मांसपेशियाँ (Longitudinal muscles) होती है।

6. इनमें कृत्रिम देहगुहा (Pseudocoel) होती है ।

7. इनमें आहारनाल विकसित तथा मुखद्वार एवं गुदा (Anus) भी उपस्थित होते हैं।

8. इनमें रक्त परिसंचरण तंत्र और श्वसन तंत्र नहीं पाये जाते हैं।

9. इनके तंत्रिका तंत्र में एक अग्रतंत्रिका वलय (Nerve ring) एवं 6 अनुदैर्घ्य तंत्रिका रज्जु (Nerve cord) होती है।

10. ये एकलिंगी (Unisexual) होते हैं, अर्थात् नर एवं मादा जनन अंग अलग-अलग शरीर में पाये जाते हैं।

11. ये अधिकांशतः परजीवी (Parasites) होते हैं तथा अपने पोषकों (hosts) में रोग

उत्पन्न करते हैं।

उदाहरण : ट्राइकिनेला (Trichinella spiralis), एस्केरिस (Ascaris), ऐंकाइलोस्टोमा (Ancylostoma), वूचेरिया (Wuchereria) आदि।

महत्वपूर्ण तथ्य :

1. ट्राइकिनेला मनुष्य, सूअर आदि स्तनपायी जन्तुओं की आँत में पाया जाता है एवं ट्राइकिनोसिस (Trichinosis) नामक रोग उत्पन्न करता है।
2. ऐस्केरिस (Ascaris) मनुष्य की छोटी आँत में पाया जाता है तथा ऐस्केरिएसिस (Ascariasis) रोग उत्पन्न करता है।
3. वूचेरिया (Wuchereria) द्वारा मनुष्य में फाइलेरिया रोग उत्पन्न होता है।

संघ ऐनेलिडा (Phylum Annelida): ऐनेलिडा शब्द का प्रयोग सर्वप्रथम लैमार्क (Lamarck) द्वारा किया गया। इस संघ के अन्तर्गत खण्डयुक्त जन्तु रखे गए हैं। ऐनेलिडा दो ग्रीक शब्दों Annelus = Ring ; eidos = Form से मिलकर बना है। इस संघ के अन्तर्गत लगभग 10000 जातियाँ ज्ञात हैं। इस संघ के जन्तुओं में पाये जाने वाले प्रमुख लक्षण निम्नलिखित हैं—

1. इस संघ में आनेवाले जन्तुओं का शरीर खण्डित लम्बा एवं कृमि के आकार का होता है। प्रत्येक खण्ड वलय (Ring) जैसा होने के कारण इन्हें ऐनेलिडा (Annulus = Ring) कहा जाता है।
2. प्राणियों के विकासक्रम में वास्तविक देहगुहा (Coelom) का उदय सर्वप्रथम इन जन्तुओं में ही हुआ।
3. ये जन्तु साधारणतः स्वतंत्रजीवी (Free living) होते हैं।
4. ये बहुकोशिकीय (Multicellular) तथा त्रिस्तरीय (Triploblastic) होते हैं।
5. ये द्विपार्श्विक सममित (Bilaterally symmetrical) तथा सीलोममुक्त (Coelomate) होते हैं।
6. इनके शरीर में अनेक खण्ड (Segments) होते हैं।
7. इनके शरीर भित्ति (Body wall) में कई परतें होती हैं। बाहर से भीतर की ओर इनके नाम हैं-उच्चर्म (Cuticle), बाह्य त्वचा (Epidermis), वृत्ताकार मांसपेशी (Circular muscle fibre), अनुदैर्घ्य मांसपेशी (Longitudinal muscle fibre) तथा भित्तिलग्न अधिच्छद (Parietal layer of coelomic epithelium)
8. इनमें उच्चर्म (Cuticle) बहुत पतला होता है।
9. इनके शरीर में छोटे-छोटे काँटेनुमा शूक (Setae) पाये जाते हैं।
10. शरीर की दीवार और आहारनाल के बीच की जगह को देहगुहा (Coelom) कहते हैं जो पेट या सेप्टा (Septa) द्वारा कई खण्डों में बँटी रहती है। देहगुहा के चारों ओर भ्रूण के मीसोडव (Mesoderm) की एक परत होती है।

11. इस संघ के जन्तुओं में अंग एवं अंगतंत्र का पूर्ण विकास पाया जाता है।
12. इनमें आहारनाल पूर्ण नलिकाकार (Tubular) होता है। आहारनाल के विभिन्न भाग स्पष्ट होते हैं।
13. इनमें रक्त का परिसंचरण बंद रुधिर वाहिनियों के द्‌वारा होता है।
14. इनमें हीमोग्लोबिन रुधिर कणिकाओं में न होकर प्लाज्मा में घुला रहता है।
15. इनमें उत्सर्जन वृक्कक (Nephridia) के द्‌वारा होता है ।
16. इनमें श्वसन (Respiration) साधारणतः त्वचा (Skin) द्‌वारा तथा किसी-किसी में क्लोम (Gills) द्‌वारा होता है ।
17. इनके तंत्रिका तंत्र में एक जोड़ी पृष्ठीय सेरिब्रल गुच्छिका (Cerebral ganglia) या मस्तिष्क (Brain) एवं एक दोहरी तथा ठोस अधर तंत्रिका रज्जु (Double ventral nerve cord) होती है ।
18. इस संघ के कुछ जन्तु एकलिंगी तथा कुछ उभयलिंगी होते हैं।
19. कुछ जन्तुओं के परिवर्धन काल में एक लार्वा अवस्था होती है, जिसे ट्रोकोफोर (Trochophore) कहते हैं ।

उदाहरण:

पॉलीगोर्डियस (Polygordius), नेरीस (Nereis), एफ्रोडाइट (Aphrodite), केंचुआ (Pheretima posthuma), जोंक (Hirudinaria granulosa) आदि ।

महत्वपूर्ण तथ्य : के नीचे या समुद्री वनस्पतियों के बीच पाया जाता है। (Hirudinaria granulosa) आदि ।

महत्त्वपूर्ण तथ्य:

1. नेरीस एक समुद्री पॉलीकीट है जो विश्वभर में समुद्रतट पर चट्टानों
2. हिरुडिनेरिया (Hirudinaria) को सामान्यतः जोंक कहते हैं जो अधिकांशतः मीठे जल वाले तालाबों या पोखरों और गड्ढों में पाया जाता है। यह बाह्य परजीवी तथा रक्ताहारी (Sangui vorous) होता है। खून चूसते समय जोंक एक प्रकार का प्रतिस्कन्दक निकालती है जो खून को जमने से रोकती है।
3. एफ्रोडाइट (Aphrodite) को समुद्री चूहा (Sea mouse) कहा जाता है।
4. केंचुआ (Earthworm) को किसानों का मित्र, प्रकृति का हलवाहा (Nature's ploughman) पृथ्वी की आँत (Intestine of earth), एवं मृदा उर्वरता का बैरोमीटर (Barometer of soil fertility) कहते हैं ।
5. नेरीस को सीपी कृमि (Clam worm) तथा चीर कृमि (Rag worm) भी कहते हैं।

संघ आर्थ्रोपोडा (Phylum Arthropoda): आर्थ्रोपोडा शब्द का प्रयोग सर्वप्रथम वान सीबोल्ड (Van Seibold) ने 1845 ई. में किया जिसका अर्थ होता है संयुक्त उपांग (Arthron = Joint; Podos = Foot) यह जन्तु जगत का सबसे बड़ा संघ है। इस संघ में लगभग 10 लाख जन्तु हैं जो पर्वत की ऊँचाइयों से लेकर समुद्र में 8 km की गहराई तक

पाये जाते हैं। इस संघ के जन्तुओं के प्रमुख लक्षण निम्नलिखित हैं।

1. इस संघ के जन्तु, जल, थल एवं वायु तीनों जगहों पर पाये जाते हैं।
2. इनका शरीर द्विपार्श्विक सममित (Bilaterally symmetrical) होता है ।
3. इनका शरीर खण्डयुक्त (Segmented) तथा त्रिस्तरीय (Triploblastic) होता है ।
4. इनका शरीर सिर (Head), वक्ष (Thorax) और उदर (Abdomen) में विभाजित होता है। कभी-कभी सिर और क्ष जुड़कर शिरोवक्ष (Cephalothorax) का निर्माण करते हैं।
5. इनका बाह्यकंकाल एक मोटी काइटिन की बनी उच्चर्म (Cuticle) का बना होता है।
6. खण्डों में प्रायः संधित उपांगों (Jointed appendages) के जोड़े लगे रहते हैं। इसलिए इसे ऑर्थोपोडा (Arthropoda ; arthros = Joint ; Podos = Foot) कहा जाता है।
7. इनमें देहगुहा एक रुधिर गुहा (Haemocoel) होती है जो रक्तवाहिनियों के मिलने से बनी है।
8. इनमें आहारनाल पूर्ण होती है। मुख के चारों ओर मुखांग (Mouth parts) होते हैं जो जन्तु के आवश्यकतानुसार छेदने, चूसने या चबाने के लिए अनुकूलित होते हैं।
9. इनमें पेशीतंत्र (Muscular system) विकसित होता है।
10. इनमें खुला रुधिर तंत्र (Openblood Vascular System)
11. इनका हृदय लम्बा तथा संकुचनशील रहता है । होता है ।
12. इनमें श्वसन क्रिया शरीर की सतह द्वारा जलीय जीवों में क्लोमों (Gills) द्वारा और स्थलचर प्राणियों में श्वासनलियों (Tracheae) या पुस्तक फुप्फुसों (Book lungs) द्वारा होती है ।
13. इनमें उत्सर्जन क्रिया मैलपीगियन नलिकाओं (Malpighian tubules)द्वारा या हरित ग्रन्थियों (Green glands) द्वारा होती है ।
14. इनमें तंत्रिका तंत्र पूर्ण विकसित होता है ।
15. ये जन्तु सामान्यतः एकलिंगी (Unisexual) होते हैं।
16. इनके जीवन चक्र में लार्वा अवस्था पायी जाती है जो रूपान्तरित होकर वयस्क हो जाता है ।
17. इनमें निषेचन बाह्य एवं आन्तरिक दोनों प्रकार के होते हैं।

उदाहरण :

ट्राइआर्थस (Triarthrus), लिम्यूलस (Limulus), बिच्छू (Scorpion), मकड़ियाँ (Spiders), किलनी (Ioxodes), पिक्नोगोनम (Pycnogonum), निम्फॉन (Nymphon), झींगा (Palaemon), केंकड़ा (Crab), क्रेफिश (Cambarus), तिलचट्टा (Cockroach), मक्खी (Musca), मच्छड़ (Culex and Anopheles), मधुमक्खी (Apis), रेशम का कीड़ा (Silk worm), कनखजूरा (Scolopendra) आदि ।

महत्वपूर्ण तथ्य :

1. झींगा (Prawn) एक जलवासी जन्तु है जो खाने में इस्तेमाल किया जाता है।

2. केंकड़ा (Crab) जल में रहनेवाला एक जन्तु है जिसका वैज्ञानिक नाम कार्सिनस (Carcinus) है । यह भी मनुष्यों द्वारा भोजन के रूप में इस्तेमाल किया जाता है।
3. टिड्डा (Grass hopper) एक कीट है जो विश्व के प्रायः सभी देशों में पाया जाता है। यह फसलनाशक जीव है।
4. बिच्छू एक साधारण स्थलचर जन्तु है जिसका वैज्ञानिक नाम पैलामिनियस (Palamneaus) है। इसमें विष ग्रंथि होती है ।
5. गोजर (Scolopendra) शतपादवाली एवं स्थलवासी जन्तु है जिसका वैज्ञानिक नाम स्कोलोपेन्ड्रा है ।
6. पेरिपेटस को ऐनेलिडा एवं आर्थ्रोपोडा संघ का योजक कड़ी (Connecting Link) कहा जाता है।
7. इस संघ का सबसे बड़ा वर्ग कीटवर्ग (Insecta) है। संघ मोलस्का (Phylum Mollusca): मोलस्का शब्द का प्रयोग सर्वप्रथम अरस्तू (Aristotle) ने कटल फिश के लिए किया था। मोलस्का अकशेरुकी का दूसरा सबसे बड़ा संघ है। इसकी लगभग 80,000 जीवित जातियाँ हैं और लगभग 35,000 विलुप्त जातियाँ जीवाश्म (Fossil) के रूप में पायी जाती है। इस संघ का नामकरण जोन्स्टन (Johnston) | नामक वैज्ञानिक ने 1960 ई. में किया था। इनका शरीर कोमल होने के कारण इन्हें मोलस्का कहा जाता है। सामान्यतः इनका कोमल शरीर एक कवच (Shell) से ढँका रहता है। इस संघ के जन्तुओं में पाये जाने वाले प्रमुख लक्षण निम्नलिखित हैं—
1. इनके अधिकांश सदस्य समुद्री (Marine) होते हैं, लेकिन कुछ स्वच्छ जल में एवं स्थल पर भी पाये जाते हैं।
2. ये खण्डहीन, कोमल शरीर वाले जन्तु होते हैं जिनमें अधिकांश मंदगति से चलने वाले होते हैं।
3. ये त्रिस्तरीय (Triploblastic) होते हैं ।
4. इनका शरीर साधारणतः द्विपार्श्विक सममित (Bilaterally symmetrical) होता है लेकिन टॉर्सन (Torsion) के कारण अनेक सदस्यों में असममित (Asymmetrical) भी होता है। 5. इनका शरीर एक पतली झिल्ली मैंटल (Mantle) द्वारा ढका रहता है । मैंटल के चारों तरफ एक कठोर खोल या कवच (Shell) होता है।
6. इनके शरीर के तीन भाग होते हैं- (a) सिर आगे की ओर (b) पैर आधारतल पर तथा (c) आंतटांग पिंडक (Visceral mass) पृष्ठतल पर ।
7. इनकी देहगुहा छोटी हो जाती है।
8. इनकी आहारनाल पूर्ण होती है और यह U के आकार की होती है । आहारनाल से सम्बद्ध एक पाचनग्रन्थि (Digestive gland) होती है। 9. इनमें रक्त परिसंचरण तंत्र विकसित होता है। रक्त नीला, हरा, लाल या रंगहीन होता है। रंग हीमोसियानिन (Haemocyanin) नामक वर्णक की उपस्थिति के कारण होता है।

10. इनमें श्वसन क्रिया जल क्लोम (Gills) या फुफ्फुस (Lungs) द्वारा होती है।
11. इनका हृदय पृष्ठ भाग में हृदयावरण (Pericardium) के अंदर होता है।
12. इनके तंत्रिका तंत्र में तीन जोड़ी गुच्छिकाएँ (Ganglia) होती है । ये गुच्छिकाएँ तंत्रिकाओं और योजनिकाओं (Connectives) द्वारा जुड़ी रहती है ।
13. ये प्रायः एकलिंगी होते हैं परन्तु कुछ जन्तु द्विलिंगी भी होते हैं ।
14. इनमें प्रजनन अलैंगिक विधि द्वारा नहीं होता है।
15. इनमें उत्सर्जन वृक्कों (Kidney) द्वारा होता है ।

उदाहरण :

नियोपाइलिना (Neopilina), काइटन (Chiton), पायला (Pila), हेलिक्स (Helix), लाइमैक्स (Limax), डोरिस (Doris), डेंटेलियम (Dentalium), सीप (Unio), मोती शुक्ति (Pearl Oysters), सीपिया (Sepia), नौटिलस (Nautilus), ऑक्टोपस (Octopus) आदि ।

महत्वपूर्ण तथ्य :

1. नेरीस एक समुद्री पॉलीकीट है जो विश्वभर में समुद्रतट पर चट्टानों के नीचे या समुद्री वनस्पतियों के बीच पाया जाता है।
2. हिरुडिनेरिया (Hirudinaria) को सामान्यतः जोंक कहते हैं जो अधिकांशतः मीठे जल वाले तालाबों या पोखरों और गड्ढों में पाया जाता है। यह बाह्य परजीवी तथा रक्ताहारी (Sangui vorous) होता है। खून चूसते समय जोंक एक प्रकार का प्रतिस्कन्दक निकालती है जो खून को जमने से रोकती है।
3. एफ्रोडाइट (Aphrodite) को समुद्री चूहा (Sea mouse) कहा जाता है।
4. केंचुआ (Earthworm) को किसानों का मित्र, प्रकृति का हलवाहा (Nature's ploughman) पृथ्वी की आँत (Intestine of earth), एवं मृदा उर्वरता का बैरोमीटर (Barometer of soil fertility) कहते हैं ।
5. नेरीस को सीपी कृमि (Clam worm) तथा चीर कृमि (Rag worm) भी कहते हैं ।

संघ आर्थ्रोपोडा (Phylum Arthropoda): आर्थ्रोपोडा शब्द का प्रयोग सर्वप्रथम वान सीबोल्ड (Van Seibold) ने 1845 ई. में किया जिसका अर्थ होता है संयुक्त उपांग (Arthron = Joint; Podos = Foot) यह जन्तु जगत का सबसे बड़ा संघ है। इस संघ में लगभग 10 लाख जन्तु हैं जो पर्वत की ऊँचाइयों से लेकर समुद्र में 8 km की गहराई तक पाये जाते हैं। इस संघ के जन्तुओं के प्रमुख लक्षण निम्नलिखित हैं।

1. इस संघ के जन्तु, जल, थल एवं वायु तीनों जगहों पर पाये जाते हैं।
2. इनका शरीर द्विपार्श्विक सममित (Bilaterally symmetrical) होता है ।
3. इनका शरीर खण्डयुक्त (Segmented) तथा त्रिस्तरीय (Triploblastic) होता है ।
4. इनका शरीर सिर (Head), वक्ष (Thorax) और उदर (Abdomen) में विभाजित होता है। कभी-कभी सिर और वक्ष जुड़कर शिरोवक्ष (Cephalothorax) का निर्माण करते हैं।

5. इनका बाह्यकंकाल एक मोटी काइटिन की बनी उच्चर्म (Cuticle) का बना होता है ।
6.खण्डों में प्रायः संधित उपांगों (Jointed appendages) के जोड़े लगे रहते हैं। इसलिए इसे ऑर्थोपोडा (Arthropoda ; arthros = Joint ; Podos = Foot) कहा जाता है।
7. इनमें देहगुहा एक रुधिर गुहा (Haemocoel) होती है जो रक्तवाहिनियों के मिलने से बनी है।
8. इनमें आहारनाल पूर्ण होती है। मुख के चारों ओर मुखांग (Mouth parts) होते हैं जो जन्तु के आवश्यकतानुसार छेदने, चूसने या चबाने के लिए अनुकूलित होते हैं ।
9. इनमें पेशीतंत्र (Muscular system) विकसित होता है।
10. इनमें खुला रुधिर तंत्र (Openblood Vascular System) होता है ।
11. इनका हृदय लम्बा तथा संकुचनशील रहता है।
12. इनमें श्वसन क्रिया शरीर की सतह द्वारा जलीय जीवों में क्लोमों (Gills) द्वारा और स्थलचर प्राणियों में श्वासनलियों (Tracheae) या पुस्तक फुप्फुसों (Book lungs) द्वारा होती है।
13. इनमें उत्सर्जन क्रिया मैलपीगियन नलिकाओं (Malpighian tubules)द्वारा या हरित ग्रन्थियों (Green glands) द्वारा होती है ।
14. इनमें तंत्रिका तंत्र पूर्ण विकसित होता है ।
15. ये जन्तु सामान्यतः एकलिंगी (Unisexual) होते हैं ।
16. इनके जीवन चक्र में लार्वा अवस्था पायी जाती है जो रूपान्तरित होकर वयस्क हो जाता है ।
17. इनमें निषेचन बाह्य एवं आन्तरिक दोनों प्रकार के होते हैं ।

उदाहरण:

ट्राइआर्थस (Triarthrus), लिम्यूलस (Limulus), बिच्छू (Scorpion), मकड़ियाँ (Spiders), किलनी पिक्नोगोनम (Pycnogonum), निम्फॉन (loxodes), (Nymphon), झींगा (Palaemon), केंकड़ा (Crab), क्रेफिश (Cambarus), तिलचट्टा (Cockroach), मक्खी (Musca), मच्छड़ (Culex and Anopheles), मधुमक्खी (Apis), रेशम का कीड़ा (Silk worm), कनखजूरा (Scolopendra) आदि । महत्वपूर्ण तथ्य :

1. झींगा (Prawn) एक जलवासी जन्तु है जो खाने में इस्तेमाल किया जाता है।
2. केंकड़ा (Crab) जल में रहनेवाला एक जन्तु है जिसका वैज्ञानिक नाम कार्सिनस (Carcinus) है । यह भी मनुष्यों द्वारा भोजन के रूप में इस्तेमाल किया जाता है।
3. टिड्डा (Grass hopper) एक कीट है जो विश्व के प्रायः सभी देशों में पाया जाता है। यह फसलनाशक जीव है।
4. बिच्छू एक साधारण स्थलचर जन्तु हैं जिसका वैज्ञानिक नाम पैलामिनियस (Palamneaus) है । इसमें विष ग्रंथि होती है ।

5. गोजर (Scolopendra) शतपादवाली एवं स्थलवासी जन्तु है जिसका वैज्ञानिक नाम स्कोलोपेन्ड्रा है ।

6. पेरिपेटस को ऐनेलिडा एवं आर्थोपोडा संघ का योजक कड़ी (Connecting Link) कहा जाता है।

7. इस संघ का सबसे बड़ा वर्ग कीटवर्ग (Insecta) है | संघ मोलस्का (Phylum Mollusca): मोलस्का शब्द का प्रयोग सर्वप्रथम अरस्तू (Aristotle) ने कटल फिश के लिए किया था। मोलस्का अकशेरुकी का दूसरा सबसे बड़ा संघ है। इसकी लगभग 80,000 जीवित जातियाँ हैं और लगभग 35,000 विलुप्त जातियाँ जीवाश्म (Fossil) के रूप में पायी जाती है। इस संघ का नामकरण जोन्स्टन (Johnston) नामक वैज्ञानिक ने 1960 ई. में किया था। इनका शरीर कोमल होने के कारण इन्हें मोलस्का कहा जाता है। सामान्यतः इनका कोमल शरीर एक कवच (Shell) से ढँका रहता है। इस संघ के जन्तुओं में पाये जाने वाले प्रमुख लक्षण निम्नलिखित हैं—

1. इनके अधिकांश सदस्य समुद्री (Marine) होते हैं, लेकिन कुछ स्वच्छ जल में एवं स्थल पर भी पाये जाते हैं।

2. ये खण्डहीन, कोमल शरीर वाले जन्तु होते हैं जिनमें अधिकांश मंदगति से चलने वाले होते हैं।

3. ये त्रिस्तरीय (Triploblastic) होते हैं।

4. इनका शरीर साधारणतः द्विपार्श्विक सममित (Bilaterally symmetrical) होता है लेकिन टॉर्सन (Torsion) के कारण अनेक सदस्यों में असममित (Asymmetrical) भी होता है।

5. इनका शरीर एक पतली झिल्ली मैंटल (Mantle) द्वारा ढका रहता है। मैंटल के चारों तरफ एक कठोर खोल या कवच (Shell) होता है।

6. इनके शरीर के तीन भाग होते हैं- (a) सिर आगे की ओर (b) पैर आधारतल पर तथा (c) आंतटांग पिंडक (Visceral mass) पृष्ठतल पर ।

7. इनकी देहगुहा छोटी हो जाती है।

8. इनकी आहारनाल पूर्ण होती है और यह के आकार की होती है । आहारनाल से सम्बद्ध एक पाचनग्रन्थि (Digestive gland) होती है।

9. इनमें रक्त परिसंचरण तंत्र विकसित होता है। रक्त नीला, हरा, लाल या रंगहीन होता है। रंग हीमोसियानिन (Haemocyanin) नामक वर्णक की उपस्थिति के कारण होता है।

10. इनमें श्वसन क्रिया जल क्लोम (Gills) या फुफ्फुस (Lungs) द्वारा होती है।

11. इनका हृदय पृष्ठ भाग में हृदयावरण (Pericardium) के अंदर होता है।

12. इनके तंत्रिका तंत्र में तीन जोड़ी गुच्छिकाएँ (Ganglia) होती है। ये गुच्छिकाएँ तंत्रिकाओं और योजनिकाओं (Connectives) द्वारा जुड़ी रहती है।

13. ये प्रायः एकलिंगी होते हैं परन्तु कुछ जन्तु द्विलिंगी भी होते हैं।

14. इनमें प्रजनन अलैंगिक विधि द्वारा नहीं होता है।
15. इनमें उत्सर्जन वृक्कों (Kidney) द्वारा होता है।

उदाहरण:

नियोपाइलिना (Neopilina), काइटन (Chiton), पायला (Pila), हेलिक्स (Helix), लाइमैक्स (Limax), डोरिस (Doris), डेंटेलियम (Dentalium), सीप (Unio), मोती शुक्ति (Pearl Oysters), सीपिया (Sepia), नौटिलस (Nautilus), ऑक्टोपस (Octopus) आदि।

महत्वपूर्ण तथ्य :

1. पाइला (Pila) का साधारण नाम घोंघा या एप्पल स्नेल (Apple Snail) है।
2. यूनियो (Unio) तालाब या पोखर आदि के किनारे पाये जाते हैं।
3. सीपिया समुद्र में पाया जाता है तथा इसका साधारण नाम कटल फिश (Cuttle fish) है।
4. ऑक्टोपस भी समुद्र में पाया जाता है। इसे डेविल फिश (Devil fish) भी कहते हैं।
5. काइटन (Chiton) को समुद्री चूहिया, डोरिस (Doris) को समुद्री नींबू, ऐप्लीसिया को समुद्री खरगोश, कुण्डलिनी को उद्यान घोंघा, इओलिस को समुद्री स्लग तथा ऑक्टोपस को श्रृंगमीन के नाम से जाना जाता है।

संघ एकाइनोडर्मेटा (Phylum Echinodermata): इस संघ के जन्तु सामान्यतः समुद्री होते हैं तथा इनकी त्वचा पर कंटिकाएँ पायी जाती हैं। त्वचा पर कंटिकाएँ पाये जाने के कारण ही इस संघ का नाम एकाइनोडर्मेटा (Echinos = Spines; Dermatos = Skin) पड़ा। एकाइनोडर्मेटा संघ का नामकरण जैकोब क्लिन (Jacob klein) नामक वैज्ञानिक ने 1738 ई. में किया। इस संघ के जन्तुओं के प्रमुख लक्षण निम्नलिखित हैं।

1. इस संघ के सभी जन्तु समुद्री (Marine) होते हैं।
2. ये सीलोमयुक्त (Coelomate) जन्तु होते हैं।
3. इनकी त्वचा के नीचे चूनेदार प्लेट (Calcareous plates) तथा कभी-कभी त्वचा के ऊपर काँटे (Spines) पाये जाते हैं। ये अंतः कंकाल का निर्माण करते हैं।
4. इनमें वास्तविक देहगुहा (True coelom) पायी जाती है जो परिवद्र्धन की प्रथमावस्था में द्विअरीय सममित (Bilaterally symmetrical) होती हैं और वयस्क अवस्था में अरीय सममित (Radially symmetrical) हो जाती है।
5. देहगुहा (Coelom) में तीन अन्य तंत्रों का निर्माण होता है 1. जलवाहक तंत्र (Water vascular system) 2. हीमल तंत्र (Haemal system) तथा 3. पेरीहीमल तंत्र (Perihaemal system)।
6. जलवाहक तंत्र में मैड्रीपीराइट (Madrieporite) नामक एक छिद्रयुक्त पट्टिका होती है जिससे जल शरीर के अंदर प्रवेश करता है।
7. नलपाद (Tube feet) छोटी-छोटी खोखली रचनाएँ होती हैं जो जलवाहक तंत्र से जुड़ी

रहती है इनका काम प्रचलन, तथा श्वसन में भाग लेना है।

8. इनमें आहारनाल प्रायः कुण्डलित (Coiled) होता है ।

9. इनमें उत्सर्जन अंग नहीं पाये जाते हैं ।

10. इनमें तंत्रिका तंत्र अल्प विकसित होता है ।

11. इनमें नर और मादा अलग-अलग होते हैं ।

12. इनमें लैंगिक प्रजनन (Sexual reproduction) होता है ।

13. इनमें अंतः निषेचन (Internal fertilization) होता है।

14. इनमें परिवद्र्धन प्रत्यक्ष (Direct) या परोक्ष (Indirect) रूप में होता है ।

15. जीवन चक्र में जब लार्वा अवस्था आती है तब लार्वा रूपान्तरित होकर वयस्क में परिवर्तित हो जाता है ।

16. इस संघ के जन्तुओं में पुनरुद्भवन (Regeneration) की क्षमता होती है।

उदाहरण : तारा मछली (Star fish), ब्रिटल स्टार (Brittle star), समुद्री अर्चिन (Sea urchin), समुद्री खीरा (Sea cucumber), कुकुमेरिया (Cucumaria), थायोन (Thyone), एण्टीडॉन (Antidon) आदि ।

महत्वपूर्ण तथ्य :

1. एस्टेरियस (Asterias) को तारा मीन (Star fish) कहते हैं । इसकी आकृति पंचकिरणयुक्त तारों जैसी होती है।

2. एण्टीडॉन (Antidon) को साधारणतः Feather Star के नाम से जाना जाता है।

3. ऑफियोरा (Ophiura) को ब्रिटल स्टार (Brittle star) तथा एकिनस (Echinus) को समुद्री अर्चिन (Sea urchin) के नाम से जाना जाता है।

संघ कार्डेटा (Phylum Chordata):

इस संघ की स्थापना बैल्फोर (Balfour) नामक वैज्ञानिक ने की थी। इस संघ की 55,000 विद्‌यमान एवं 25,000 विलुप्त जातियाँ (Species) ज्ञात हैं। इस संघ के अन्तर्गत उन जन्तुओं को रखा जाता है जिनके जीवन चक्र की किसी-न-किसी अवस्था में एक पृष्ठ रज्जु एवं एक खोखली पृष्ठ तंत्रिका रज्जु (Dorsal tubular nerve chord) पायी जाती है। इस संघ के जन्तुओं के प्रमुख लक्षण निम्नलिखित हैं

1. इनके जीवन की किसी-न-किसी अवस्था में एक पृष्ठरज्जु (Notochord) अवश्य पायी जाती है। पृष्ठ-रज्जु का विकास मीसोडर्म (Mesoderm) से होता है।

2. इनके जीवन की किसी-न-किसी अवस्था में एक पृष्ठ नालाकार केन्द्रीय तंत्रिका तंत्र अवश्य पाया जाता है। भ्रूणीय विकास में इसका निर्माण एक्टोडर्म (Ectoderm) से होता है। विकसित होने पर इसके चारों ओर कशेरुक दण्ड का निर्माण होता है।

3. इस संघ के जन्तुओं में जीवन की किसी न किसी अवस्था में क्लोम दरारें अवश्य पायी जाती हैं।

4. इनमें पूर्ण विकसित रक्त परिसंचरण तंत्र पाया जाता है जो बंद प्रकार (Closed type) का होता है।

5. इनमें पूर्ण विकसित मस्तिष्क एवं तंत्रिका तंत्र पाया जाता है।

6. इनमें पाचन तंत्र, उत्सर्जन तंत्र एवं प्रजनन तंत्र सभी पूर्ण विकसित होते हैं।

7. संघ कार्डेटा एक काफी बड़ा एवं महत्वपूर्ण संघ है। अध्ययन की सुविधा हेतु इसे पुनः 13 वर्गों में विभाजित किया गया है। संघ कार्डेटा के कुछ प्रमुख वर्ग –

मत्स्य वर्ग (Class Fisces):

1. इसके अन्तर्गत मछलियाँ आती हैं जो लवणीय (Marine) और मृदु जल (Fresh water) में पायी जाती हैं।

2. ये सभी अनियततापी जन्तु (Cold blooded animal या Poikilothermal) हैं ।

3. इनका शरीर धारारेखित एवं बाह्य कंकाल शल्कों के रूप में होता है ।

4. इनमें श्वसन क्लोम (Gills) द्वारा होता है ।

5. इनका हृदय द्विवेश्मी (Bilobed) होता है और केवल अशुद्ध रक्त ही पम्प करता है ।

6. ये जल में अण्डे देनेवाले वर्टिब्रेट (Vertibrate) हैं। (Torpedo),

उदाहरण:

शार्क (Scoliodon), टॉरपीडो (Labeo), कतला (Catla), भेटकी (Bhetki), हिप्पोकैम्पस (Hippocampus), एनाबस (Anabas), मांगुर (Clarias), गरई (Ophiocephalus), सिंगी (Hetero pneustes), प्रोटोप्टेरस (Protopterus) आदि ।

महत्वपूर्ण तथ्य :

1. हिप्पोकैम्पस एक समुद्री मीन है तथा इसे समुद्री घोड़ा (Sea horse) कहते हैं, क्योंकि यह देखने में एक छोटे घोड़े जैसा लगता है।

2. रोहू मछली का वैज्ञानिक नाम लेबिओ रोहिता (Labeo rohita) है।

3. मांगुर (Magur) को कैटफिश (Cat fish) के नाम से जाना जाता है। इसका वैज्ञानिक नाम (Clarias batrachus) है।

4. शार्क (Shark) या स्कोलियोडॉन (Scoliodon) को डॉग फिश (Dog fish) तथा टॉरपीडो को इलेक्ट्रिक रे (Electric ray) के नाम से जाना जाता है।

उभयचर वर्ग (Class Amphibia) :

1. इस वर्ग के सदस्य जल और स्थल दोनों में पाये जाते हैं। इसीलिए इनका नाम एम्फीबिया या उभयचर (Amphi = both) दिया गया है ।

2. ये अनियततापी जन्तु (Cold blooded animal or Poikilothermal) होते हैं। इस वर्ग में लगभग 3,000 जातियाँ पायें जाते हैं।

3. इनके शरीर पर शल्क (Scales), बाल (Hairs) या पंख (Wings) नहीं होते हैं, परन्तु इनकी त्वचा अधिक ग्रन्थिमय (Glandular) होने के कारण काफी चिकनी होती है।

4. त्वचा (Skin) बराबर कोमल और नम होने से इनमें त्वचीय श्वसन (Cutaneous

respiration) होता है जो इनके जीवन के लिए अत्यावश्यक है ।
5. इनमें दो जोड़े पाद होते हैं, जिनमें साधारणतः 5 अंगुलियाँ होती हैं ।
6. इनके नासाछिद्र मुखगुहा में खुलते हैं ।
7. इनका अंतः कंकाल अस्थि का बना होता है ।
8. इनके हृदय में दो अलिंद (Auricles) और एक निलय (Ventricles) होते हैं ।
9. इनके लाल रुधिर कण में केन्द्रक होता है।
10. इनमें लार्वा अवस्था में श्वसन क्लोम (Gills) द्वारा और वयस्क जन्तु में फेफड़े, त्वचा तथा मुखगुहा द्वारा होता है। किसी किसी जन्तु में वयस्क अवस्था में भी श्वसन क्लोम द्वारा होता है ।
11. इनमें मलाशय और मूत्रजनन वाहिनी (Urinogenital duct) क्लोएका में खुलते हैं। निकलते हैं।
12. इनमें जनन पदार्थ तथा मल क्लोएका से ही बाहर निकलते हैं।
13. इनमें बाह्य निषेचन (External fertilization) होता है।
14. इनमें अधिकांशतः परिवर्द्धन के समय एक लार्वा बनता है जिसे टैडपॉल (Tadpole) लार्वा कहते हैं ।
15. इनमें ग्रीष्म एवं शीत निष्क्रियता होती है। उदाहरण : प्रोटीअस (Proteus), नेक्ट्यूरस (Necturus), साइरेन (Siren), सैलामैण्डर (Salamander) मेढ़क (Frog), दादुर या टोड (Toad) धात्री दादुर (Midwife toad) आदि ।

महत्वपूर्ण तथ्य :

1. इक्थियोफिस (Ichthyophis) में पाद अनुपस्थित होते हैं।
2. टोड (Toad) का वैज्ञानिक नाम ब्यूफो (Bufo) है । यह शिकार की खोज में अधिकतर रात में निकलता है।
3. ऐलीटीज (Alytes) को धात्री शेक (Midwife toad) भी कहा जाता है ।
4. हायला (Hyla) को वृक्ष मेढ़क या वृक्ष मंडूक (Tree Frog) कहते हैं । सरीसृप वर्ग (Reptilia Class) :

1. ये साधारणतः स्थलवासी होते हैं लेकिन कुछ जलवासी भी होते हैं ।
2. ये थल पर रेंगकर (Repere = Crawl) चलते हैं। इसलिए इस वर्ग को रेप्टीलिया (Reptilia) कहा जाता है ।
3. ये अनियततापी (Poikilothermal या Cold blooded) जन्तु हैं ।
4. इनकी त्वचा में एपिडर्मल श्रृंगी शल्क (Epidermal horny scales) पाये जाते हैं।
5. इनका अन्तः कंकाल अस्थि का बना होता है।
6. इनकी त्वचा रूखी (Dry) होती है क्योंकि इसमें ग्रन्थियाँ नहीं होती हैं।
7. इनकी खोपड़ी में केवल एक ऑक्सिपिटल कॉण्डाइल (Occipital condyle) होता है ।
8. इनमें क्लोम (Gills) विकास की प्रारम्भिक अवस्था में पाया जाता है। वयस्क में श्वसन

क्रिया फेफड़े (Lungs) द्वारा होती है।
9. इनमें हृदय में दो अलिन्द (Auricles) तथा आंशिक रूप से विभाजित एक निलय (Ventricle) होता है ।
10. इनमें लाल रक्त कणिकाएँ (RBC) पायी जाती हैं।
11. आहारनाल, जनन तथा मूत्रवाहिनियाँ क्लोएका (Cloaca) में खुलती हैं। इसलिए पृथक-पृथक गुदा (Anus) तथा जनन छिद्र नहीं होती है ।
12. इनमें साधारणतः अन्तः निषेचन (Internal fertilization) होता है । अण्डे बड़े और चूनेदार (Calcareous) कवच (Shell) द्वारा आच्छादित रहते हैं ।
13. इनमें कोई लार्वा अवस्था नहीं पायी जाती है ।
14. इनका शरीर लम्बा और बेलनाकार होता है।
15. इनके मुख के अन्दर एक विष दन्त पाया जाता है ।
उदाहरण :
कच्छप (Turtle), कछुआ (Tortoise) स्फेनोडॉन (Sphenodon), घरेलू छिपकली (House Lizard), यूरोमैस्टिक्स (Uromastix), गोह (Varanus), कैलोटीस (Calotes), नाग (Naja), करैत (Karait), अजगर (Python), मगरमच्छ (Crocodiles), घड़ियाल (Gavialis), एलीगेटर (Alligator) आदि ।

महत्वपूर्ण तथ्य :

1. पायथन (Python) को साधारणतः अजगर (Ajgar) कहते हैं। यह एक विषहीन साँप है ।
2. नाजा (Naja) का साधारण नाम कोबरा (Cobra) है। यह एक विषैला साँप है ।
3. बंगेरस (Bungarus) का साधारण नाम करैत (Karait) है। यह अत्यधिक विषैला होता है।
4. हेमीडेक्टिलस (Hemidactylus) को घरेलु छिपकली (House Lizard) के नाम से जाना जाता है।
5. वैरानस (Varanus) को साधारणतया गोह के नाम से जाना जाता है ।
6. ट्रायोनिक्स (Trionix) नदियों, तालाबों आदि में पाया जाने वाल साधारण कछुआ है।
7. ड्रैको (Draco) को उड़ने वाला छिपकली (Flying Lizard) कहते हैं। पक्षी वर्ग (Class Aves) :
1. ये नियततापी (Warm blooded) जन्तु होते हैं।
2. ये हवा में उड़ते भी हैं तथा जमीन पर तेजी से चलते भी हैं।
3. इनका शरीर तीन भागों में विभाजित रहता है—सिर, गर्दन एवं धड़ ।
4. इनका शरीर परों (Feathers) से ढँका रहता है।
5. इनके धड़ से एक छोटी-सी पूँछ लगी रहती है।
6. इनके अग्रपाद पंखों (Wings) में रूपांतरित हो जाते हैं।

7. इनके जबड़ों में दाँत नहीं होते हैं तथा ये शृंगी (Horny) होते हैं ।
8. इनमें अंगुलियाँ नखरयुक्त (Clawed) होती हैं ।
9. इनमें श्वसन फेफड़े द्वारा होता है जबकि कुछ पक्षियों में वायुकोषा (Airsacs) द्वारा होता है।
10. इनके हृदय में चार वेश्म (Four chambered) होते हैं। दो अलिंद तथा दो निलय ।
11. इनके हृदय में केवल दाहिना महाधमनी चाप (Aortic arch) ही पाया जाता है।
12. इनका कंकाल सरंध्र (Spongy) तथा हल्का होता है। खोपड़ी की हड्डियाँ एक-दूसरे से सायुज्य (Fused) होती हैं तथा संख्या में कम होती हैं।
13. इनमें जननछिद्र गुदा से पृथक नहीं होता है।
14. साधारणतया नर में मैथुन अंग नहीं पाया जाता है।
15. मादा में बायीं अण्डवाहिनी (Left Oviduct) ज्यादा विकसित होती है ।
16. ये अण्डज (Oviparous) होते हैं।

उदाहरण:

कबूतर (Pigeon), गौरैया (Sparrow), मैना (Myna), मोर (Peacock), तोता (Parrot), ऑस्ट्रिच (Ostrich), एमू (Emu), कीवी (Apteryx), आर्किओर्निस (Archaeornis), आर्किओप्टेरिक्स (Archaeopteryx) आदि ।

महत्वपूर्ण तथ्य :

1. स्टुथिओ (Struthio) या ऑस्ट्रिच (Ostrich) दौड़नेवाला एक बहुत बड़ा पक्षी है। इसे साधारण भाषा में शुतुरमुर्ग कहते हैं ।
2. कीवी (Kiwi) भी एक बहुत बड़ा दौड़नेवाला पक्षी है जो न्यूजीलैंड में पाया जाता है। इसका वैज्ञानिक नाम एप्टेरिक्स (Apteryx) है ।
3. मोर या मयूर का वैज्ञानिक नाम Pavo cristasus है। यह भारत का राष्ट्रीय पक्षी है।
4. शुतुरमुर्ग सबसे बड़ा जीवित पक्षी है जबकि हमिंग बर्ड (Humming bird) सबसे छोटा पक्षी है।
5. अवावील (Swift) तीव्रतम उड़नेवाला पक्षी है।
6. डोडो (Dodo) एक विलुप्तप्राय पक्षी है जो कि मॉरीशस में पाया जाता था।
7. सबसे बड़ा अण्डा शुतुरमुर्ग का होता है। इसकी लम्बाई 15-20 सेमी, व्यास 10-15 सेमी. तथा वजन 1.65-1.78 किग्रा तक होता है ।
8. सबसे छोटा अण्डा जमैका की वर्वियन हमिंग बर्ड का होता है।

स्तनधारी वर्ग (Class Mammalia) :

1. इस वर्ग के जन्तु उच्चतापी एवं नियततापी (Stenothermal) होते हैं अर्थात् इनके शरीर का ताप बाह्य वातावरण के तापमान परिवर्तन के साथ नहीं बदलता है।
2. इनका त्वचा बाल या रोम (Hairs) से ढँका रहता है।

3. इनमें बाह्य कर्ण (Pinna) उपस्थित होता है।
4. इनकी त्वचा में स्वेद एवं तैल की ग्रन्थियाँ होती हैं।
5. मादा में स्तन या दुग्ध ग्रन्थियाँ (Mammary glands) होती है। ये ग्रन्थियाँ रूपांतरित त्वचीय ग्रन्थियाँ होती हैं।
6. पाद चलने, दौड़ने, तैरने, खोदने, पेड़ पर चढ़ने, डाल पकड़ने या उड़ने के लिए अनुकूलित होते हैं।
7. शरीर गुहा एक मांसल तनुपद (Diaphragm) द्वारा दो भागों में विभक्त होती है। ये हैं-1. वक्षीय गुहा जिसमें हृदय और फुफ्फुस होते हैं तथा 2. उदरीय गुहा जिसमें अन्य अंग होते हैं।
8. इनमें दाँत जबड़ों के गढ़ों (Socket) में अवस्थित होते हैं। सामान्यतः दाँतों के दो अनुक्रम होते हैं-1. दूध के दाँत (Milk Teeth) तथा 2. स्थायी दाँत (Permanent Teeth), इस प्रकार स्तनधारी जन्तु द्विवारदंती (Diphyodont) होते हैं। दाँत चार प्रकार के होते हैं- 1. कृन्तक (Incisors) - काटने के लिए, 2. भेदक (Canines) - माँस काटने के लिए 3. अग्रचर्वणक (Premolars)- चबाने व पीसने के लिए, 4. चर्वणक (Molars) - चबाने व पीसने के लिए। इस प्रकार स्तनधारी जन्तु विषमदंती (Heterodont) होते हैं।
9. आहारनाल एवं मूत्रजननवाहिनियों के छिद्र अलग-अलग होते हैं।
10. इनमें श्वसन फेफड़ों द्वारा होता है ।
11. इनके स्वरयंत्र (Larynx) में स्वर रज्जु (Vocal cords) होती है ।
12. इनके नेत्र (Eye) में रोमयुक्त ऊपरी और निचले नेत्र छिद्र होते हैं। कभी-कभी एक छोटी निक्टिटेटिंग मेम्ब्रेन (Nictitating membrane) भी रहती है।
13. इनके हृदय में चार कोष्ठ होते हैं, शिरा विवर (Sinus venosus) नहीं पाया जाता है तथा केवल बायाँ महाधमनी चाप (Left aortic arch) पाया जाता है। लाल रुधिरकण गोलाकार केन्द्रकहीन होता है तथा वृक्क जाता है। निवाहिका तंत्र (Renal portal system) नहीं पाया जाता है।
14. प्रमस्तिष्क गोलाद्र्ध बड़े और व्यावृत्त (Convoluted) होते हैं।
15. कॉर्पस कैलोसम (Corpus callosum) दोनों प्रमस्तिष्क गोलाद्ध को जोड़ती हुई तंत्रिका रज्जुओं की एक अनुप्रस्थ पट्टी होती है।
16. इनमें चार दृक पिण्ड (Corpora quadrigemina) होते हैं। .
17. पोन्स वेरोलाई (Pons varolie) पश्चमस्तिष्क के अधरतल पर स्थित और अनुमस्तिष्क (Cerebellum) दोनों पाश्र्वों को जोड़ने वाली तंत्रिका रज्जुओं की एक अनुप्रस्थ पट्टी होती है। फॉर्निक्स (Fornix) लम्बी रज्जुओं का एक समूह होता है।
18. इनमें 12 जोड़ी कपाल तंत्रिकाएँ (Cranial nerves) होती हैं।
19. इनमें 7 ग्रीवा कशेरुक होते हैं तथा कशेरुक मूल के दोनों सिरे चपटे होते हैं।
20. इनमें दो अनुपाल मुण्डिकाएँ होती हैं तथा प्रीमैक्सिला, मैक्सिला और पैलेटाइन हड्डियाँ

मिलकर एक अस्थिल तालु (Bony plate) बनाती हैं जो मुखगुहा को नासिका मार्ग से अलग करता है।

21. अंसमेखला में एक कंटक पाया जाता है। कोराकॉएड अत्यल्प विकसित होता है। उरोस्थि खण्डयुक्त होती है ।

22. इनमें वृक्क (Kidney) सेम के बीज की आकृति का होता है। मूत्रवाहिनी मूत्राशय में खुलती है। नर में मूत्रमार्ग (Urethra) जनन वाहिनी (Genital duct) मिलकर जनन-मूत्र नली बनाते हैं । मादा में मूत्रमार्ग और जनन नली एक योनि प्रधान (Vestibule) में खुलते हैं।

23. प्राचीन स्तनधारियों में वृषण (Testes) उदर में स्थित होते हैं जबकि अधिकांश स्तनधारियों में वृषण शरीर गुहा के बाहर वृषण कोषों (Scrotal sacs) में पाये जाते हैं।

24. इनमें अंडाशय छोटे होते हैं। डिंबवाहिनी के निम्नलिखित भाग होते हैं- (a) कीप जैसा (Funnel shaped) अतः रंध्र (b) फैलोपियन वाहिनी (Fallopian tube), (c) गर्भाशय (Uterus) तथा (d) योनिमार्ग (Vagina)

25. प्रोटोथीरिया (Prototheria) में दोनों डिंबवाहिनी एक अवस्कर (Cloaca) में खुलती है। घानी जन्तुओं (Marsupialia) में द डिंबवाहिनियाँ और दो योनिमार्ग होते हैं। यूथीरिया (Eutheria) में गर्भाशय कुछ अंश तक या पूर्ण रूप से संयुक्त होता है और यह पूर्ण रूप से संयुक्त योनिमार्ग में खुलता है ।

26. इनमें हमेशा अंतः निषेचन (Internal fertilization) होता है। यूथीरिया में भ्रूण मादा के गर्भाशय की भित्ति से एक अपरा (Placenta) द्‌वारा सम्बद्‌ध होता है जिसके माध्यम से भ्रूण का पोषण होता है।

27. वर्ग स्तनधारी को तीन उपवर्गों में बाँटा गया है— (a) प्रोटोथीरिया (Prototheria)(b) (Eutheria)। मेटाथीरिया (Metatheria) तथा (c) यूथीरिया

उपवर्ग प्रोटोथीरिया (Sub class Prototheria):

1. ऐसे स्तनधारी कई लक्षणों में सरीसृपों की तरह होते हैं ।
2. ये अण्डे देने वाले स्तनधारी हैं। इसलिए इन्हें ओवीपेरस (Oviparous) कहते हैं ।
3. इस उपवर्ग के सदस्यों में स्तन ग्रन्थियाँ उपस्थित होती हैं, लेकिन उनमें चुचुक (Teats) नहीं पाये जाते हैं ।
4. इनमें बाहय कर्ण अनुपस्थित होता है।

उदाहरण : एकिडना (Echidna), ऑर्निथोरिंकस (Ornithorhynchus) आदि ।

उपवर्ग मेटाथीरिया (Sub Class Metatheria):

1. इस उपवर्ग में उच्च स्तनधारी सम्मिलित होते हैं।
2. इनमें बाहय कर्ण उपस्थित होता है।
3. इनमें भ्रूण मादा के गर्भाशय में विकसित होता है।
4. इस उपवर्ग के मादा पूर्ण विकसित बच्चे को जन्म देती है ।

5. इनमें स्तन ग्रन्थियाँ पूर्ण विकसित होती है तथा इनमें स्तनाग्र (Teats) पाये जाते हैं ।
6. इनके जबड़े में दाँत पाये जाते हैं।
7. इनमें गर्भाशय तथा योनि पूर्ण विकसित होते हैं तथा आपस संयुक्त होकर योनिमार्ग (Vagina) बनाते हैं ।
8. इनके मस्तिष्क में महासंयोजक (Corpus callo sum) होता है।
9. इनमें निषेचन आन्तरिक (Internal) होता है।
10. इनमें गुदा (Anus) तथा जनन मूत्र छिद्र अलग-अलग होता है। अवस्कर (Cloaca) नहीं होता है।
11. खोपड़ी की अस्थियों के बीच की धारियाँ स्पष्ट होती हैं।

उदाहरण :

पैंगोलिन (Pangolin), छुछंदर (Mole), उड़ने वाली लोमड़ी (Flying fox), हिस्ट्रिक्स (Hystrix), चूहा (Rat), खरगोश (Rabbit), गिनी पिग (Guinea pig), कुत्ता (Dog), बाघ (Tiger), सिंह (Lion), भारतीय हाथी (Indian elephant), गदहा (Ass), ब्लू व्हेल (Blue whale), मनुष्य (Man) आदि ।

महत्वपूर्ण तथ्य :

1. पूर्वी आस्ट्रेलिया और तस्मानिया के मैदान में पाया जाने वाले मैक्रोपस (Macropus) का साधारण नाम कंगारू (Kangaroo) है |
2. चमगादड़ (Bat) का वैज्ञानिक नाम Vespertilio है। यह रात्रिचर, कीटभक्षी स्तनी है ।
3. बाघ का वैज्ञानिक नाम Panthera tigris है। यह भारत का राष्ट्रीय पशु है ।
4. ब्लू व्हेल सबसे बड़ा स्तनधारी प्राणी है ।
5. Shrew सबसे छोटा स्तनधारी प्राणी है।
6. एकिड्ना (Echidna) को सामान्यतः कंटकमय चींटीखोर (Spiny anteater) कहते हैं क्योंकि इसका शरीर कंटकों से ढँका रहता है।
7. आर्निथोरिंकस (Ornithorhynchus) को सामान्यतः बत्तख चोंचा (Duck billed platypus) कहा जाता है।

17

जन्तु ऊतक

जन्तु ऊतक

ऊतकों का अध्ययन जीव विज्ञान की जिस शाखा के अन्तर्गत किया जाता है, उसे औतिकी (Histology) कहते हैं। इस शाखा की स्थापना इटली के वैज्ञानिक **सारसेलो पीधी (1628-1694 ई.)** ने की थी। इस शाखा का हिस्टोलॉजी (Histology) नामकरण मायर (1819 ई.) नामक वैज्ञानिक ने किया। ऊतक (Tissue) शब्द का प्रयोग सर्वप्रथम विचंट (1771-1802 ई.) ने किया था। ऊतक एक समान अथवा आपस में मिलती जुलती कोशिकाओं का ऐसा समूह जिनकी कोशिकाएँ एक समान कार्य करती है तथा उनकी उत्पत्ति भी समान कोशिकाओं से होती हैं विभिन्न प्रकार के ऊतक मिलकर एक मुव्यवस्थित अंग (Organ) का निर्माण करते हैं।

जन्तु ऊतक (Animal Tissue):

अधिकांश बहुकोशिकीय जन्तुओं में निम्नलिखित चार प्रकार के ऊतक पाये जाते हैं-
1. उपकला या एपिथीलियमी ऊतक (Epithelial tissue), 2. संयोजी ऊतक (Connective tissue), 3. पेशी ऊतक (Muscular tissue) तथा 4. तंत्रिका ऊतक (Nervous tissue)

1. उपकला या एपिथीलियमी ऊतक (Epithelial tissue): एपिथीलियमी ऊतक अंगों की बाहरी पतली परत तथा आंतरिक अंगों की भीतरी स्तर का निर्माण करती है। ऐसे ऊतक में अंतरकोशिकीय स्थान (Inter cellular space) नहीं होते हैं। इनकी कोशिकाएँ एक-दूसरे से करीब-करीब सही होती हैं। ऐसे ऊतक अंगों की रक्षा करते हैं। ये विसरण (Diffusion), स्रावण (Secretion) तथा अवशोषण (Absorption) में सहायता करते हैं। इस प्रकार के ऊतक की कोशिकाओं का आकार उनके स्थान तथा कार्य के अनुसार अलग-अलग होता है।

एपिथीलियमी ऊतक सामान्यतः 4 प्रकार के होते हैं—

(a) शल्की या शल्काभ एपिथीलियम (Squamous epithelium) (b) स्तम्भाकार एपिथीलियम (Columnar epithelium) (c) क्यूबाइडल एपिथीलियम (Cuboidal epithelium) तथा (d) पक्ष्माभी या पक्षमल एपिथीलियम (Ciliated epithelium)

(a) शल्की या शल्काभ एपिथीलियम (Squamousepithelium): ऐसी ऊतक की कोशिकाएँ चपटी और अत्यधिक पतली होती हैं । इन कोशिकाओं के केन्द्रक (Nucleus) भी चपटे होते हैं। इस प्रकार के ऊतक की कोशिकाएँ फर्श या दीवार पर लगी चपटी ईंटों की तरह दिखती हैं। शल्काभ एपिथीलियम त्वचा की बाहरी परत पर पाया जाता है। इसके अलावा ऐसे ऊतक मुख गुहा, जिह्वा (Tongue), ग्रासनली (Oesophagus) तथा आहारनाल (Alimentary canal) के स्तर बनाते हैं। ये रक्त वाहिनियों (Blood vessels) तथा फेफड़े के वायुकोषों (Alveoli) में भी पाये जाते हैं। इनका कार्य आंतरिक अंगों को सुरक्षा देना तथा रक्त वाहिनियों एवं वायुकोषों में पदार्थों के विसरण में सहायता देना है। त्वचा की सतह पर स्थित शल्की या शल्काभ एपिथीलियम त्वचा की सुरक्षा हेतु कई परतों में सजी होती हैं। ऐसे शल्की या शल्काभ एपिथीलियम स्तरित शल्की एपिथीलियम (Striated squamous epithelium) कहलाती है।

(b) स्तम्भाकार एपिधीलियम (Columnar Epithelium): ऐसे ऊतक एक ही स्तर में सजे स्तंभाकार कोशिकाओं के बने होते हैं। कोशिकाओं के मुक्त सिरे पर सूक्ष्म रसांकुर (Micro Villi) होते हैं। ये आहार नाल के वैसे भाग में पाये जाते हैं जहाँ पदार्थों का अवशोषण. (Absorption) तथा स्रवण (Secretion) होता है। जैसे—छोटी आँत का भीतरी स्तर । अवशोषण एवं स्रवण के अतिरिक्त ये अंगों को यांत्रिक सहारा भी प्रदान करते हैं ।

(c) घनाकार एपिथीलियम (Cuboidal epithelium): ऐसे ऊतक की कोशिकाएँ घनाकार होती हैं। प्रत्येक कोशिका में एक स्पष्ट गोलाकार केन्द्रक (Nucleus) होता है। यह लार ग्रन्थि (Salivary gland), स्वेद ग्रन्धि (Sweat gland), वृक्क नलिकाओं (Uriniferous tubules) में पायी जाती है। अवशेषण (Absorption) और स्रवण (Secretion) के अलावा ये अंगों को यांत्रिक सहारा (Mechanical support) भी प्रदान करते हैं।

(d) पक्ष्माभी या पक्षमल एपिथीलियम (Ciliated epithelium); इस प्रकार के ऊतक में स्तम्भाकार अथवा घनाकार कोशिकाएँ होती हैं जिनकी मुक्त सतह पर रोम (Cilia) होते हैं। रोम का कार्य कणों, मुक्त कोशिकाओं अथवा म्यूकस में एपिथीलियम सतह के ऊपर विशिष्ट दिशा में गति कराना है यह अण्डवाहिनी, श्वासनली तथा मुख गुहा में पायी जाती है ।

2. संयोजी ऊतक (Connective Tissue): संयोजी ऊतक विभिन्न अंगों और ऊतकों को सम्बद्ध करता है तथा उन्हें कुछ सहारा (अवलम्ब) भी देता है। इस प्रकार के ऊतक में कोशिकाओं की संख्या कम होती है तथा अंतरकोशिकीय पदार्थ अधिक होता है। अंतरकोशिकीय पदार्थ को मैट्रिक्स (Matrix) कहा जाता है। मैट्रिक्स तंतुवत (Fibrous), ठोस, जेली की तरह तरल, सघन या कठोर अवस्था में रह सकता है। संयोजी ऊतक आन्तरिक अंगों के रिक्त स्थानों में भरी रहती है। इसके अतिरिक्त ये रक्त नलिकाओं एवं

तंत्रिका (Nerves) के चारों ओर तथा अस्थिमज्जा (Bone marrow) में पायी जाती है ।

संयोजी ऊतक निम्नलिखित तीन प्रकार के होते हैं—

A. वास्तविक संयोजी ऊतक (Connective tissue proper)

B. कंकाल ऊतक (Skeletal tissue) तथा

C. तरल ऊतक या संवहन ऊतक (Fluid tissue or vascular tissue)

A. वास्तविक संयोजी ऊतक (Connective tissue proper) : इसके अन्तर्गत निम्नलिखित ऊतक आते हैं

1. एरियोलर ऊतक (Areolar tissue): ये बहुतायत में मिलने वाले ऊतक हैं। इस ऊतक के मैट्रिक्स में कई प्रकार की कोशिकाएँ तथा दो प्रकार के तन्तु (श्वेत एवं पीला) पाये जाते हैं। कोशिकाएँ निम्नलिखित प्रकार की होती हैं—

(a) फाइब्रोब्लास्ट (Fibroblast): ये चपटी एवं शाखीय होती हैं तथा तन्तु बनाती हैं।

(b) हिस्टोसाइट्स (Histocytes): ये चपटी, अनियमित आकार की तथा केन्द्रकयुक्त (Nucleated) होती हैं। ये जीवाणुओं का भक्षण करती हैं।

(c) प्लाज्मा कोशिकाएँ (Plasma Cells): ये गोलाकार अथवा अण्डाकार होती हैं। ये एण्टीबॉडी (Antibody) का निर्माण करती हैं।

(d) मास्ट कोशिकाएँ (Mast cells): ये केन्द्रक युक्त, गोलाकार या अण्डाकार होती हैं। ये रुधिर वाहिनियों को फैलाने के लिए हिस्टामिन (Histamin), रुधिर के एंटीकोएगुलेट के लिए हिपैरिन (Heparin) तथा रुधिर वाहिनियों को सिकुड़ने के लिए सोरोटोनिन नामक प्रोटीन स्रावित करती है।

(e) श्वेत कण (Leucocytes) : इस ऊतक में विभिन्न प्रकार के श्वेतकण (Leucocytes) जैसे—लिम्फोसाइट, इओसिनोफिल, न्यूट्रोफिल आदि भी पाये जाते हैं।

उपर्युक्त कोशिकाओं के अतिरिक्त मैट्रिक्स (Matrix) में दो प्रकार के तंतु पाये जाते हैं। ये हैं

(a) श्वेत तन्तु (White fibre): ये अशाखीय तथा अलचीले होते हैं। ये कोलेजन (Collagen) नामक रसायन से बने होते हैं।

(b) पीला तन्तु (Yellow fibre): ये शाखीय या अशाखीय तथा लचीले (Elastic) होते हैं। ये एलास्टिन नामक पदार्थ से बने होते हैं ।

एरियोलर ऊतक के कार्य (Function of areolar tissue):

1. यह त्वचा एवं मांसपेशियों अथवा दो मांसपेशियों को जोड़ने का कार्य करता है।

2. यह विभिन्न आन्तरिक रचनाओं को ढीले रूप से बाँधकर उन्हें अपने स्थान पर रखने में मदद करता है।

3. लिम्फोसाइट्स का सम्बन्ध एंटीबॉडी संश्लेषण से है ।

वसा संयोजी ऊतक (Adipose tissue): इस प्रकार के ऊतक में गोलकार एवं अण्डाकार कोशिकाएँ पायी जाती हैं। इन कोशिकाओं में वसा (Fat or Lipid) की बूँदें भरी रहती हैं। यह

ऊतक त्वचा के नीचे चर्बी के रूप में, आंतरिक अंगों के बीच तथा मेढ़क के वृक्क के शीर्ष पर स्थित वसापुंजों (Fat bodies) में पाया जाता है। यह ऊतक संचित भोज्य पदार्थ का कार्य करता है जिसका उपयोग आवश्यकता के समय होता है। यह बाहरी चोटों से अंगों की रक्षा करता है। यह ऊतक तापरोधक होने के कारण ठण्ड से शरीर की सुरक्षा करता है । इसलिए ठण्डे प्रदेशों के जन्तुओं के शरीर में यह ऊतक अधिक मात्रा में पाया जाता है। इस ऊतक के अधिक मात्रा में संचय से शरीर मोटा हो जाता है।

श्वेत तन्तुमय ऊतक (White fibrous tissue): इस ऊतक में एक-दूसरे के समानांतर स्थित सघन श्वेत तन्तु पाये जाते हैं। तन्तुओं के बीच कुछ कोशिकाएँ बिखरी होती हैं। इनमें मैट्रिक्स (Matrix) बहुत कम मात्रा में होता है। यह ऊतक टेंडन (Tendon) का निर्माण करता हैं जो मांसपेशी को अस्थियों अथवा दूसरी मांसपेशियों से जोड़ता है। ऐसे ऊतक अत्यधिक मजबूत तथा आंशिक लचीले होते हैं।

पीला तन्तुमय ऊतक (Yellow fibrous tissue): इस प्रकार के ऊतक के तन्तु एरियोलर ऊतक के पीले तन्तु से ज्यादा मोटे होते हैं । इनमें मैट्रिक्स (Matrix) कम होता है तथा तन्तुओं के बीच में कई कोशिकाएँ होती हैं। ये ऊतक अधिक मजबूत एवं लचीले (Elastic) होते हैं। यह ऊतक लिगामेंट (Ligament) का निर्माण करता है । लिगामेंट अस्थियों को अस्थियों से जोड़ने का कार्य करता है।

जालवत संयोजी ऊतक (Reticular connective tissue): इस प्रकार के ऊतक में तारा जैसी कोशिकाएँ होती हैं। इन कोशिकाओं से जीवद्रव्य के कई पदार्थ निकले होते हैं जो मैट्रिक्स में एक जाल जैसी रचना बनाते हैं। इसके मैट्रिक्स में अन्य प्रकार की कोशिकाएँ भी होती हैं। ऐसे ऊतक प्लीहा, यकृत तथा अस्थिमज्जा में पाये जाते हैं ।

B. कंकाल ऊतक (Skeletal tissue): कंकाल ऊतक शरीर को तथा अन्य ऊतक को सहारा प्रदान करता है और उन्हें मजबूती से जोड़ता है। यह हमेशा शरीर के अंदर पाया जाता है । यह शरीर का अन्तः कंकाल (Endo Skeleton) बनाता है। यह कशेरुकी जन्तुओं का विशेष लक्षण है । यह कोमल अंगों, जैसे मस्तिष्क आदि की रक्षा करता है। कंकाल ऊतक दो प्रकार के होते हैं

(a) उपास्थि ऊतक (Cartilaginous tissue): उपास्थि का मैट्रिक्स लसलसा होता है। इसमें बहुत ही पतले तथा महीन कोलेजन तंतु (Collagen fibre) होते हैं। इसके मैट्रिक्स की रचना एक प्रकार के प्रोटीन से होती है, जिसे कोंड्रिन (Chondrin) कहते हैं। इसमें कोशिकाएँ रहती हैं जिसे कोंड्रियोब्लास्ट (Chondrioblast) कहते हैं । कोशिकाओं के चारों ओर द्रव भरा आवरण होता है, जिसे लैकुना (Lacuna) कहते हैं। प्रत्येक लैकुना में 2 से 4 तक कोशिकाएँ होती हैं। इनके मैट्रिक्स में रक्तवाहिनियों का अभाव होता है परन्तु यह एक वाहिनीयुक्त उपास्थि आवरण पेरिकोंड्रियम (Perichondrium) से ढँका रहता है। उपास्थि का कार्टिलेज अस्थियों के जोड़ को चिकना बनाती है। ये बाहय कर्ण, नाक, श्वासनली, कण्ठ,

स्तरनम (Sternum) तथा अंतरकशेरुकी स्थानों (Intervertebral spaces) में पायी जाती है।

(b) अस्थि (Bone): इस ऊतक की कोशिकाएँ ऑस्टियोब्लास्ट (Osteoblasts) कहलाती हैं। ऑस्टियोब्लास्ट कठोर मैट्रिक्स में स्थित होते हैं। मैट्रिक्स में कैल्सियम एवं फास्फोरस के लवण पाये जाते हैं। जिसके कारण मैट्रिक्स कठोर होता है। ऑस्टियोब्लास्ट मैट्रिक्स में स्थित स्थान लैकुनी (Lacunae) में पायी जाती है। लैकुनी एक-दूसरे से पतली नलिकाओं से सम्बद्ध रहती हैं जिन्हें कैनालीकुली (Canaliculi) कहते हैं। अस्थि के मध्य में एक गुहा होती हैं जो अस्थि मज्जा (Bone marrow) से भरी होती है । लैकुनी में स्थित ऑस्टियोब्लास्ट के प्रोटोप्लाज्मिक प्रवद्र्धन (Protoplasmic process) कैनालीकुली द्वारा ही अन्य अस्थि कोशिकाओं से सम्बन्ध स्थापित करते हैं। अस्थिमज्जा (Bone marrow) में रक्त नलिकाएँ रहती हैं जिनसे पोषक तत्व कैनालीकुली द्वारा ही विसरण (Diffusion) से अस्थि की सभी जीवित कोशिकाओं में पहुँचता है। मैमेलियन अस्थि की अनुप्रस्थ काट में अनेक नलिकाएँ दिखलायी पड़ती हैं जिन्हें हैवर्सियन नलिकाएँ (Haversian canals) कहते हैं । प्रत्येक हैवर्सियन नलिका अपने चारों ओर स्थित लैमेली, लैकुनी, अस्थि कोशिकाओं (Osteoblasts) और कैनालीकुली के साथ एक हैवर्सियन तंत्र (Haversian System) बनाती है जो वर्ग मैमेलिया की अस्थियों की प्रमुख पहचान है ।

C. तरल ऊतक या संवहनीय ऊतक (Fluid tissue or vascular tissue): रक्त या रुधिर एवं लसिका को तरल संयोजी ऊतक कहते हैं। इनका अंतरकोशिकीय (Intercellular) पदार्थ तरल (Fluid) होता है जिसमें कोशिकाएँ बिखरी रहती हैं। इस कारण इन्हें तरल ऊतक (Fluid tissue) कहा जाता है।

रक्त या रुधिर (Blood): रक्त या रुधिर के तरल भाग को प्लाज्मा (Plasma) कहते हैं। इसमें रुधिर कणिकाएँ (Blood corpuscles) तैरती रहती हैं।

प्लाज्मा (Plasma): यह हल्के पीले रंग का चिपचिपा और थोड़ा क्षारीय (Alkaline) द्रव्य होता है जो आयतन के हिसाब से सम्पूर्ण रुधिर का 55% भाग है। शेष 45% में रुधिर कणिकाएँ होते हैं। प्लाज्मा में 90% भाग जल तथा शेष 10% भाग में प्रोटीन तथा कार्बनिक एवं अकार्बनिक पदार्थ होते हैं । रुधिर कणिकाएँ (Blood corpuscles): ये तीन प्रकार की होती हैं –

(a) लाल रुधिर कणिकाएँ (Red blood corpuscles or RBC)
(b) श्वेत रुधिर कणिकाएँ (White blood corpuscles or WBC)
(c) प्लेट लेट्स (Platelets)

(a) लाल रुधिर कणिकाएँ (RBC) : ये रुधिर कणिकाओं का 99% होती हैं। इन्हें इरिथ्रोसाइट्स (Erythrocytes) भी कहते हैं। ये केवल कशेरुकी प्राणियों में ही पाये जाते हैं। लाल रुधिर कणिकाओं में हीमोग्लोबिक नामक एक प्रोटीन रंजक होता है जिसके कारण

इन कणों का रंग लाल होता है। हीमोग्लोबिन (Haemoglobin) एक प्रोटीन ग्लोबिन (96%) तथा एक रंजक हीम (4%) से बना होता है। हीम (Haeme) अणु के केन्द्र में लोहा (Fe) होता है जिसमें ऑक्सीजन को बाँधने और मुक्त करने की क्षमता होता है। हीमोग्लोबिन की प्रमुख विशेषता यह है कि वह ऑक्सीजन को शोषित कर गहरे लाल रंग का ऑक्सी- हीमोग्लोबिन (Oxy-haemoglobin) नामक अस्थायी यौगिक बनाता है जो विखंडित होकर ऑक्सीजन को छोड़ देता है। यह ऑक्सीजन मानव शरीर के विभिन्न हिस्सों में पहुँचती है और कार्बन डाईऑक्साइड को वापस लाती है । स्तनधारियों के लाल रुधिर कणिकाओं के जीवद्रव्य में केन्द्रक का पूर्ण अभाव होता है । स्तनधारी प्राणियों में ऊँट (Camel) ही एक ऐसा प्राणी है जिसकी लाल रुधिर कणिकाओं में केन्द्रक पाया जाता है। ये लाल अस्थिमज्जा में बनती हैं।

(b) श्वेत रुधिर कणिकाएँ (WBC) : इन्हें ल्यूकोसाइट्स (Leucocytes) भी कहते हैं। ये अनियमित आकृति की केन्द्रकयुक्त तथा हीमोग्लोबिनरहित होती है। इनकी संख्या लाल रुधिर कणिकाओं (RBC) की अपेक्षा बहुत कम होती है। मनुष्य के शरीर में इनकी संख्या 5 से 9 हजार तक होती है। कुछ सूक्ष्मकणों की उपस्थिति के आधार पर इन्हें दो प्रकार का माना जाता है। जिन श्वेत रुधिर कणिकाओं में कण (Granules) मौजूद होते हैं उन्हें ग्रेनुलोसाइट्स (Granulocytes) कहते हैं। जैसे—न्यूट्रोफिल (Neutrophil), इओसिनोफिल (Eosinophils) और बेसोफिल (Basophil)। इनका केन्द्रक पालिवत होता है। कुछ श्वेत रुधिर कणिकाओं के कोशिका द्रव्य में कण (Granule) नहीं पाये जाते हैं इन्हें एग्रेनुलोसाइट्स (Agranulocytes) कहते हैं। ये दो प्रकार के होते हैं— लिम्फोसाइट्स (Lymphocytes) एवं मोनोसाइट (Monocytes) | लिम्फोसाइट्स एंटीबॉडी के निर्माण में भाग लेती है जबकि अन्य श्वेत रुधिर कणिकाएँ जीवाणुओं को नष्ट करने का प्रधान कार्य करती हैं।

(c) रुधिर प्लेटलेट्स या थ्रोम्बोसाइट्स (Blood platelets or thrombocytes): ये केवल स्तनधारी वर्ग के रक्त में पायी जाती हैं। इनकी संख्या 2 से 5 लाख प्रति घन मिमी रक्त में होती है। स्तनियों में ये सूक्ष्म, रंगहीन, केन्द्रकहीन, कुछ गोलाकार टिकिये के समान होते हैं। इनका मुख्य कार्य शरीर के कट जाने पर रक्त के बहाव को रोकना है जिससे कि शरीर में रक्त की मात्रा कम न होने पाए। इस प्रकार ये रक्त का थक्का बनने (Blood Clotting) में मदद करती है ।

रुधिर के कार्य (Function of blood): रुधिर के दो प्रमुख कार्य हैं—परिवहन एवं ताप नियंत्रण रुधिर द्वारा पची भोजन सामग्री, अंतःस्रावी एवं उत्सर्जी पदार्थों, गैसों (O2 एवं CO2) आदि का परिवहन विभिन्न अंगों में होता है। यकृत और पेशियों में जो ताप उत्पन्न होता वह रुधिर द्वारा शरीर के विभिन्न भागों में पहुँचाया जाता है, जिससे शरीर का तापमान नियंत्रित होता है। श्वेत रुधिर कणिकाएँ जीवाणुओं तथा अन्य हानिकारक पदार्थों को नष्ट कर देते हैं। प्लेट्लेट्स रुधिर को जमाने में मदद करता है ।

रुधिर स्कंदन (Blood clotting): जब किसी कटे हुए भाग से रुधिर बाहर निकलता है, तब यह जैली के रूप में कुछ ही मिनटों में जम जाता है, इसे स्कंदन कहते हैं। रुधिर का थक्का बनने की क्रिया एक जटिल क्रिया है । जब किसी स्थान से रुधिर बहने लगता है और जब यह रुधिर वायु के सम्पर्क में आता है तो रुधिर में उपस्थित ग्राम्बोसाइट्स टूट जाता है तथा इससे एक विशिष्ट रासायनिक पदार्थ मुक्त होकर रुधिर के प्रोटीन से क्रिया करता है तथा प्रोथ्रोम्बोप्लास्टीन नामक पदार्थ में बदल जाता है । यह प्रोथ्रोम्बोप्लास्टीन रुधिर के कैल्शियम आयन से क्रिया करके थ्रॉम्बोप्लास्टीन बनाती है । थ्राम्बोप्लास्टीन, कैल्शियम आयन (Catt) तथा ट्रिप्टेज नामक एंजाइम के साथ क्रिया करके निष्क्रिय प्रोथ्रोम्बिन को सक्रिय थ्रोम्बिन नामक पदार्थ में परिवर्तित कर देता है । यह सक्रिय थ्रोम्बिन रुधिर के प्रोटीन फाइब्रिनोजेन पर क्रिया करता है और उसे फाइब्रिन में परिवर्तित कर देता है। फाइब्रिन बारीक एवं कोमल तन्तुओं का जाल बनता है। यह जाल इतना बारीक एवं सूक्ष्म होता है कि इसमें रुधिर के कण (विशेषकर RBC) फँस जाती है और एक लाल ठीस पिंड सा बना देती हैं, जिसे रुधिर थक्का कहते हैं। थक्का बहने वाले रुधिर को बन्द कर देता है । रुधिर स्कंदन के बाद कुछ पीला-सा पदार्थ रह जाता है, इसे सीरम कहते है। सीरम का थक्का नहीं बन सकता, क्योंकि इसमें फिब्रिनोजेन नहीं होता है। रुधिर में प्रायः एक प्रति स्कंदन होता है, जिसे हिपेरिन (Heparin) कहते हैं। यह प्रोथ्रोम्बिन के उत्प्रेरण को रोकता है।

नोट:

रुधिर वाहिका से निकाले गए रुधिर को जमने से बचाने के लिए उसमें थोड़ा-सा ऑक्जेलेट (सोडियम अथवा पोटैशियम ऑक्जेलेट) मिलाया जाता है।

मनुष्य के रुधिर वर्ग (Human blood groups): कार्ल लैंडस्टीनर ने सन् 1900 ई. में पता लगाया कि सभी मनुष्यों का रुधिर समान न होकर भिन्न-भिन्न प्रकार का होता है। इस भिन्नता का कारण रुधिरकी लाल रुधिर कोशिकाओं में एक विशेष प्रकार की प्रोटीन (ग्लाइकोप्रोटीन) की उपस्थिति है, जिसे एण्टीजन कहते हैं। एण्टीजन दो प्रकार की होती हैं (i) एण्टीजन A, (ii) एण्टीजन B वास्तव में अक्षर A एवं B दो विभिन्न प्रकार की एण्टीजनों को निरूपित करते हैं। लाल रुधिराणुओं में उपस्थित ग्लाइकोप्रोटीनों की उपस्थिति के आधार पर मनुष्य में चार प्रकार के रुधिर वर्ग होते हैं –

एण्टीजन एवं एण्टीबॉडी (Antigen and Antibody): जब कोई बाहरी जीव (Organism) किसी व्यक्ति के शरीर में प्रवेश करता हैं, तो वह परोक्ष अथवा अपरोक्ष रूप से कुछ प्रोटीन यौगिक का उत्पादन करता है। यह प्रोटीन यौगिक उस जाति के विशिष्ट होते हैं, जो व्यक्ति के शरीर में प्रवेश करता है। शरीर में प्रवेशित इन्हीं प्रोटीनों को एण्टीजन्स कहते हैं। शरीर में इन एण्टीजन्स अणुओं के प्रकटन के प्रतिक्रिया स्वरूप ऊतकों द्वारा दूसरे प्रोटीन अणुओं का संश्लेषण होता है, जो विशेषतया एण्टीजन से संयुक्त हो जाता है अथवा उस पर अभिक्रिया करता है। शरीर में संश्लेषित इस दूसरे प्रकार के प्रोटीन को एण्टीबॉडी कहते हैं। एण्टीबॉडी श्वेत रक्त कणिकाओं में संश्लेषित गामा ग्लोब्युलिन (Gamma globulin) प्रोटीन के

रूपान्तरण के फलस्वरूप संश्लेषित होता है।

मनुष्य में रक्त आधान (Blood Transfusion in Man): मनुष्य के रुधिर वर्गों में सामान्यतः कोई भी रक्त अभिश्लेषण (Agglutination) नहीं होता, इसका कारण यह है कि किसी भी रुधिर वर्ग में अनुरूप (Corresponding) एण्टीबॉडी एवं एन्टीजन्स उपस्थित नहीं होते अर्थात् एण्टीजन A के साथ एण्टीबॉडी a, एण्टीजन B के साथ एण्टीबॉडी b उपस्थित नहीं होते। यदि किसी रुधिर वर्ग के रक्त को किसी ऐसे रुधिर वर्ग के रक्त में मिश्रित कर दिया जाय जिसमें अनुरूप (Corresponding) एण्टीजन्स एवं एण्टीबॉडीज उपस्थित हैं, तब रक्त की लाल कोशिकाओं का अभिश्लेषण हो जाएगा। उदाहरणस्वरूप, A रुधिर वर्ग के रक्त का B रुधिर वर्ग के रक्त में मिश्रण के फलस्वरूप रक्त कोशिकाओं का अभिश्लेषण हो जाएगा। इसमें लाल रक्त कोशिकाएँ एक-दूसरे से चिपक जाती हैं। इस प्रकार के चिपकाव के फलस्वरूप रक्तवाहिनियों में अवरोध उत्पन्न हो जाता है एवं अंततोगत्वा प्राणी की मृत्यु हो जाती है। अतः रक्त आधान में एण्टीजन एवं एण्टीबॉडी का ऐसा ताल-मेल करना चाहिए जिससे रक्त का अभिश्लेषण न हो सके ।

रक्त वर्ग O के दानकर्ता को सार्वभौमिक दानकर्ता (Universal donor) कहते हैं, क्योंकि इसमें कोई एण्टीजन नहीं होता है और इसका आधान किसी भी प्राप्तकर्ता में किया जा सकता है। इसी प्रकाररक्त समूह AB को सार्वभौमिक प्राप्तकर्ता (Universal recepient) कहते हैं, क्योंकि इसमें कोई एण्टीबॉडी नहीं होता है और इस रक्त वर्ग वाले प्राप्तकर्ता के शरीर में किसी भी वर्ग के रक्त का आधान किया जा सकता है।

Rh तत्व (Rh-Factor) 1940 ई. में लैंडस्टीनर और वीनर (Landsteiner and Wiener) ने रुधिर में एक अन्य प्रकार के एण्टीजन का पता लगाया। इन्होंने इस एण्टीजन की खोज रीसस (Rhesus) नामक बन्दर पर की थी, इसलिए इस एण्टीजन का नामकरण Rh-तत्व (Rh-Factor) किया गया। जिन व्यक्तियों के रक्त में यह तत्व पाया जाता है, उनका रक्त Rh - सहित (Rh Positive Rht) कहलाता है तथा जिनके रक्त में नहीं पाया जाता, उनका रक्त Rh रहित (Rh Negative Rh) कहलाता है। रक्त आधान के समय Rh Factor की भी जाँच की जाती है। Rh को Rh का रक्त ही दिया जाता है। यदि Rh रक्त वर्ग का रक्त Rh रक्त वर्ग वाले व्यक्ति को दिया जाय, तो प्रथम बार' कम मात्रा होने के कारण कोई प्रभाव नहीं पड़ेगा किन्तु, जब दूसरी बार इसी प्रकार रक्ताधान किया गया, तो रक्त अभिश्लेषण के कारण Rh रक्त वर्ग वाले व्यक्ति की मृत्यु हो जाती है।

एरिथ्रोब्लास्टोसिस फीटेलिस (Erythroblastosis foetalis) : यदि पिता का रक्त Rh' हो तथा माता का रक्त Rh हो, तो प्रथम सन्तान सामान्य होगी लेकिन उसके बाद जन्म लेने वाले शिशु की जन्म से पहले गर्भावस्था में अथवा जन्म के तुरंत बाद मृत्यु हो जाती है।

लसीका (Lymph) : लसीका एक रंगहीन द्रव है जिसमें लाल रुधिर कणिकाएँ और प्लेटलेट्स नहीं होते हैं। इसमें रक्त से कम मात्रा में कैल्सियम और फॉस्फोरस पाया जाता है। साधारणतः इसमें लिम्फोसाइट्स तैरते रहते हैं। रुधिर की अपेक्षा लसीका में कम मात्रा

में पोषक पदार्थ एवं ऑक्सीजन होते हैं जबकि कार्बन डाइऑक्साइड एवं अपशिष्ट पदार्थ अपेक्षाकृत अधिक मात्रा में पाये जाते हैं। लसीका में मौजूद लिम्फोसाइट्स रोगाणुओं जैसे जीवाणुओं का भक्षण कर उन्हें नष्ट कर संक्रमण से हमारी सुरक्षा करते हैं। यह पोषक पदार्थों का परिवहन भी करता है। यह शरीर के असंक्राम्य तंत्र (Immunity system) का निर्माण करता है।

3. पेशी ऊतक (Muscular tissue) : प्रचलन तथा विभिन्न प्रकार • की गतियों के लिए पेशी ऊतकों की आवश्ककता होती है। पेशी ऊतक पेशी कोशिकाओं से बनते हैं। इस प्रकार के ऊतक की कोशिकाएँ लम्बी होती हैं। इन कोशिकाओं के भीतर पाये जाने वाले तरल को सार्कोप्लाज्म (Sarcoplasm) कहते हैं। इस सार्कोप्लाज्म में केन्द्रक होता है । जन्तुओं के शारीरिक अंगों में गति पेशी ऊतक के कारण ही होता है।

औतिकी और कार्यिकी के आधार पर पेशी ऊतक तीन प्रकार की होती है—

(a) अरेखित या अनैच्छिक पेशी (Smooth or unstriped or involuntary muscles)

(b) रेखित या ऐच्छिक पेशी (Striped or skeletal or voluntary muscles)

(c) हृद्पेशी (Cardiac or Heart muscles)

(a) अरेखित पेशी (Unstriped muscles) : ये पेशियाँ नेत्र की आइरिस (Iris), वृषण (Testes) और उनकी नलिकाओं में, मूत्रवाहिनियों और मूत्राशय में तथा रक्तवाहिनियों में पायी जाती हैं। आहारनाल की भित्ति में ये अनुदैर्ध्य और गोलाकार पेशी स्तरों के रूप में दिखायी देती हैं। अरेखित पेशी या कोशिका तर्क की आकृति (Spindle shaped) की होती है जिसमें प्रचुर मात्रा में कोशिकाद्रव्य और एक केन्द्रक पाया जाता है। अरेखित पेशी का संकुचन जन्तु के इच्छाधीन नहीं होता है। इसलिए इन्हें अनैच्छिक पेशी (Involuntary muscles) कहते हैं। आहारनाल के एक भाग से दूसरे भाग में भोजन का प्रवाह इसी पेशी के संकुचन एवं प्रसार के कारण होता रहता है।

(b) रेखित पेशी (Striped muscles) : ये पेशियाँ जन्तु के कंकाल से सम्बद्ध रहती हैं और इनमें ऐच्छिक गति होती है। इस कारण इन्हें कंकाल पेशी (Skeletal muscles) या ऐच्छिक पेशी (Voluntary muscles) भी कहते हैं। यह पेशी अनेक बहुकेन्द्रक तंतुओं द्वारा बनती है । प्रत्येक तंतु या कोशिका एक पतली झिल्ली सार्कोलेमा (Sarcolemma) से घिरी रहती है। इसके अंदर के कोशिकाद्रव्य को सार्कोप्लाज्म (Sarcoplasm) कहते हैं जिसमें अनेक मायोफाइब्रिल (Myofibril) होते हैं। यह पेशी शरीर के बाहु (Arm), पैर, गर्दन आदि में पायी जाती है एवं इसका भार शरीर के भार का प्रायः 50% होता है। रेखित पेशियाँ तंत्रिका द्वारा उत्तेजित होती हैं ।

(c) हृदपेशी (Cardiac muscles) : इस प्रकार की पेशी से हृदय की भित्ति बनती है। रेखित पेशी की भाँति इसमें भी अनुप्रस्थ धारियाँ पायी जाती हैं। इसके तन्तु शाखावत तथा बड़े, अंडाकार एवं केन्द्रकयुक्त होते हैं। दो तंतुओं के जोड़ की जगह में डिस्क (Disc) रहता है। प्रत्येक तंतु के चारों ओर सार्कोलेमा एवं अंदर में सार्कोप्लाज्म रहता है। सार्कों प्लाज्म में

उपस्थित मायोफाइब्रिल के कारण पेशीधारियों जैसी दिखायी पड़ती है । हृद् पेशी स्वभावतः अनैच्छिक (Involuntary) होती है एवं इसमें हमेशा संकुचन एवं प्रसरण (Contraction and expansion) होता रहता है जो आजीवन चलता रहता है जिसके कारण हृदय से रुधिर शरीर के विभिन्न भागों में प्रवाहित होता रहता है।

4. तंत्रिका ऊतक (Nervous Tissue) : शरीर के समस्त अंगों व कार्यों में सामंजस्य स्थापित करना तंत्रिका ऊतक की प्रमुख विशेषता है । जन्तुओं के शरीर के मस्तिष्क (Brain), मेरुरज्जु (Spinal Cord) तथा तंत्रिकाएँ (Nerves) तंत्रिका ऊतक के बने होते हैं। तंत्रिका ऊतक संवेदना को शरीर के एक भाग से दूसरे भाग में भेजने का कार्य करती है। तंत्रिका ऊतक की इकाई न्यूरॉन (Neuron) या तंत्रिका कोशिका (Nerve cells) होती है। तंत्रिका कोशिका के तीन मुख्य भाग होते हैं।

(a) साइटॉन (Cyton) : यह तंत्रिका कोशिका का मुख्य भाग होता है। इसमें एक केन्द्रक तथा कोशिका द्रव्य होता है। इसके कोशिका द्रव्य में अनेक प्रोटीनयुक्त रंगीन कण होते हैं, जिन्हें निसिल्स कण कहते हैं । (b) डेन्ड्रन (Dendron) : साइटॉन से निकले हुए तन्तु जो एक या अधिक होते हैं, डेन्ड्रन (Dendron) कहलाते हैं। डेन्ड्रन पुनः शाखित होकर पतले-पतले डेन्ड्राइट्स (Dendrites) बनाता है जो आवेग को साइटॉन में लाता है ।

(c) ऐक्सॉन (Axon) : साइटॉन से शुरू होकर एक बहुत पतला एवं लम्बा तंत्रिका तंतु निकलता है। यह एक न्यूरॉन से दूसरे न्यूरॉन तक संदेशवाहक का कार्य करता है। इसे ही ऐक्सॉन (Axon) कहते हैं । यह आवेग को साइटॉन से आगे की ओर ले जाता है ।

साधारणतः एक लम्बे ऐक्सॉन को तंत्रिका तंतु (Nerve fibre) कहते हैं । तंत्रिका तंतु के बाहरी कोमल आच्छद को न्यूरिलेमा आच्छद (Neurilemma sheath) कहते हैं । इसके नीचे स्थित मायलीन आच्छद को मज्जा आच्छद (Medullary or Myelin sheath) कहते हैं। यह जगह-जगह संकुचित होता है । संकुचित स्थान को रैनवियर की नोड (Node of ranvier) कहते हैं। जब एक से ज्यादा तन्तु संयोजी ऊतक से घिरे रहते हैं तब इसे तंत्रिका (Nerve) कहते हैं । साइटन (Cyton) के समूह को गुच्छिका (Ganglia) कहते हैं।

तंत्रिका ऊतक से मस्तिष्क एवं मेरुरज्जु बनते हैं। इन दोनों अंगों से तंत्रिकाएँ शरीर के विभिन्न भागों में जाती एवं आती हैं। इनमें से कुछ तंत्रिकाएँ आवेगों को शरीर के अन्दर या बाहर से प्राप्त करके मस्तिष्क का मेरुरज्जु में ले जाता है। अन्य कुछ तंत्रिकाएँ आवेगों को मस्तिष्क एवं मेरुरज्जु से शरीर के अन्यान्य भागों में ले जाते हैं, जो अनुरूप ढंग से उत्तेजित होते हैं।

सिनैप्स (Synapse) : एक न्यूरॉन के ऐक्सॉन के अन्तिम छोर की शाखाएँ दूसरे न्यूरॉन के डेन्ड्राइट्स से जुड़कर सिनेप्स बनाती हैं ।

18

जन्तुओं में पोषण

जन्तुओं में पोषण

पोषण (Nutrition) :

जीव को वृद्धि, विकास एवं अनुरक्षण (Maintenance) एवं सभी जैव प्रक्रमों को सुचारू रूप से चलाने के लिए आवश्यक सभी पोषक पदार्थों के अधिग्रहण को ***पोषण*** कहते हैं ।

पोषक पदार्थ (Nutrients) : वे पदार्थ जो जीवों में विभिन्न प्रकार के जैविक कार्यों के संचालन एवं सम्पादन के लिए आवश्यक होते हैं, पोषक पदार्थ कहलाते हैं।

पोषण के प्रकार (Types fo nutrition) : भोजन की प्रकृति तथा उसे उपयोग करने के तरीके के आधार पर जन्तुओं में निम्नलिखित तीन प्रकार के पोषण पाये जाते हैं। ये हैं-1. पूर्णभोजी पोषण (Holozoic nutrition) 2. परजीवी पोषण (Parasitic nutrition) तथा 3. मृतोपजीवी पोषण (Saprozoic nutrition)

1. पूर्णभोजी पोषण (Holozoic nutrition) : होलोजोइक (Holozoic) शब्द दो ग्रीक शब्दों होलो (Holo) और जोइक (Zoic) के मिलने से बना है । 'होलो' शब्द का अर्थ 'पूर्ण रूप से' या 'पूरी तरह' (Holo = Complete) तथा जोइक का अर्थ 'जन्तु जैसा' (Zoic = animal like) होता है। अर्थात् वैसा पोषण जिसमें प्राणी अपना भोजन ठोस या तरल के रूप में जन्तुओं के भोजन ग्रहण करने की विधि द्वारा ग्रहण करते हैं, पूर्णभोजी पोषण या प्राणीसम पोषण कहलाता है। वैसे जीव जिनमें इस विधि द्वारा पोषण होता है, प्राणी समभोजी कहलाते हैं। इस प्रकार का पोषण सामान्यतः जन्तुओं का लक्षण है तथा यह अमीबा, मेढ़क, मनुष्य आदि में पाया जाता है। यह चार प्रकार के होते हैं–

(a) शाकाहारी (Herbivorous) : इस प्रकार के जन्तु पौधों एवं उसके अन्य भागों या उत्पादों को भोजन के रूप में ग्रहण करते हैं। जैसे- गाय, भैंस, घोड़ा, बकरी, हिरण, भेड़ आदि ।

(b) मांसाहारी (Carnivorous) : इस प्रकार के जन्तु दूसरे जन्तुओं का शिकार कर उसे

भोजन के रूप में ग्रहण करते हैं। जैसे- शेर, बाघ, चीता, तेंदुआ, लोमड़ी आदि ।

(c) सर्वाहारी (Omnivorous) : इस समूह के अन्तर्गत वैसे जन्तु आते हैं, जो पौधों और जन्तुओं दोनों को अपने भोजन के रूप में ग्रहण करते हैं। जैसे - मानव ।

(d) अपमार्जक (Scavengers) : इस समूह के अन्तर्गत वैसे जन्तु आते हैं जो मृत जन्तुओं को अपने भोजन के रूप में ग्रहण करते हैं। दूसरे शब्दों में मृत जन्तुओं को खाने वाले जीवों को अपमार्जक कहते हैं और मरे हुए जन्तुओं को खाने की प्रक्रिया को अपमार्जन (Scavenging)कहते हैं। जैसे—सियार, लकड़बग्घा, गिद्ध, चील आदि । अपमार्जक मृत जन्तुओं का भक्षण कर उन्हें सड़ने से बचाते हैं और इस प्रकार वातावरण को शुद्ध रखने में मदद करते हैं।

2. परजीवी पोषण (Parasitic nutrition) : पारासाइट शब्द दो ग्रीक शब्दों, पारा (Para) तथा साइटोस (Sitos) के मेल से बना है। पारा (Para) का अर्थ 'पास', 'बगल' या पार्श्व में (Para = Beside) तथा साइटोस (Sitos) का अर्थ पोषण (Sitos = Nutrition) होता है | अर्थात् इस प्रकार के पोषण में जीव दूसरे प्राणी के सम्पर्क में स्थायी या अस्थायी रूप में रहकर उससे अपना भोजन प्राप्त करते हैं। ऐसे जीवों का भोजन अन्य प्राणी के शरीर में मौजूद कार्बनिक पदार्थ होता है। इस प्रकार भोजन ग्रहण करने वाले जीव परजीवी (Parasite) कहलाते हैं और जिस जीव के शरीर से परजीवी अपना भोजन प्राप्त करते हैं, वे पोषी (Hosts) कहलाते हैं। इस प्रकार का पोषण अनेक प्रकार के कवक, जीवाणु, कुछ पौधों जैसे अमरबेल तथा कई जन्तुओं जैसे गोलकृमि, हुकवर्म, टेपवर्म (फीताकृमि), एण्ट अमीबा हिस्टोलीटिका, मलेरिया परजीवी (Plasmodium) आदि में पाया जाता है। परजीवियों के द्वारा भोजन के रूप में ग्रहण कार्बनिक पदार्थ सामान्यतः तरल रूप में होते हैं।

3. मृतोपजीवी पोषण (Saprozoic nutrition) : ग्रीक शब्द सैप्रोस (Sapros) का अर्थ अवशोषण (Sapros = To absorb) होता है। अतः इस प्रकार के पोषण में जीव मृत जन्तुओं और पौधों के शरीर से अपना भोजन अपने शरीर की सतह से घुलित कार्बनिक पदार्थों के रूप में अवशोषित करते हैं। वैसे जीव जो अपना भोजन मृतजीवी पोषण के द्वारा प्राप्त करते हैं मृतजीवी या सैप्रोफाइटस (Saprophytes) कहलाते हैं। अनेक कवक (Fungi), जीवाणु (Bacteria) तथा कुछ प्रोटोजोआ में पोषण विधि द्वारा होता है। मृतजीवी को अपघटक (Decomposer) भी कहा जाता है क्योंकि ये जटिल अणुओं का विघटन करते हैं। मृतोपजीवी पर्यावरण के महत्वपूर्ण घटक हैं। इनकी उपस्थिति से पृथ्वी मृत पदार्थों के ढेर से बची रहती है। मृतोपजीवी सड़ते हुए कार्बनिक पदार्थों को सरल अणुओं में विघटित कर उन्हें पर्यावरण में छोड़ देते हैं । हरे पेड़-पौधे पर्यावरण से इन पदार्थों को ग्रहण कर इनसे जटिल कार्बनिक पदार्थ का निर्माण करते हैं। इस प्रकार यह चक्र निरन्तर चलता रहता है।

प्राणीसम पोषण के महत्वपूर्ण चरण प्राणीसम पोषण के निम्नलिखित महत्वपूर्ण चरण हैं—

1. अन्तर्ग्रहण (Ingestion) : भोजन को शरीर के भीतर (आहारनाल में) पहुँचाने की प्रक्रिया को अन्तर्ग्रहण कहते हैं ।

2. पाचन (Digestion) : ठोस, जटिल, बड़े-बड़े अघुलनशील भोजन अणुओं का विभिन्न एन्जाइमों की सहायता से तथा विभिन्न रासायनिक क्रियाओं द्वारा तरल, सरल, छोटे-छोटे घुलनशील अणुओं में निम्नीकरण को पाचन कहते हैं ।

3. अवशोषण (Absorption) : कोशिकाओं द्वारा पचे हुए भोजन को अपने भीतर सोख लेने की प्रक्रिया को अवशोषण कहते हैं।

4. स्वांगीकरण (Assimilation) : कोशिकाओं के भीतर पचे हुए भोजन से नए जीवद्रव्य के संश्लेषण की प्रक्रिया या फिर संचित भोजन ऑक्सीकरण के फलस्वरूप ऊर्जा मुक्ति की प्रक्रिया को स्वांगीकरण कहते हैं।

5. बहिष्करण (Ejection) : मल के रूप में अनपचे भोजन के गुदा (Anus) द्वारा शरीर से बाहर त्याग करने की प्रक्रिया को बहिष्करण कहते हैं।

भोजन और उसके अवयव

भोजन वे पोषक पदार्थ हैं जिनको जीव कार्य करने के लिए, वृद्धि और ऊतकों की टूट-फूट की मरम्मत के लिए तथा विभिन्न जैव प्रक्रमों को सुचारू रूप से कायम रखने के लिए ग्रहण करता है या खाता है।

भोजन को तीन प्रमुख वर्गों में विभाजित किया जा सकता है–

1. ऊर्जा प्रदान करने वाले खाद्य पदार्थ
2. शरीर निर्माण करने वाले खाद्य पदार्थ
3. रोधी क्षमता वाले खाद्य पदार्थ

भोजन के अवयव (Components of food) : भोजन के प्रमुख अवयव निम्नलिखित हैं— 1. कार्बोहाइड्रेट (Carbohydrates) 2. प्रोटीन (Proteins) 3. वसा (Fats) 4. खनिज लवण (Mineral Salts) 5. विटामिन (Vitamins) तथा 6. जल (Water) |

1. कार्बोहाइड्रेट (Carbohydrate): कार्बोहाइड्रेट ऊर्जा प्रदान करने वाले पदार्थों का वर्ग है। ये रासायनिक यौगिक होते हैं जिनमें कार्बन, हाइड्रोजन एवं ऑक्सीजन होते हैं। कार्बोहाइड्रेट कार्बनिक यौगिक होते हैं जो कि पचने के पश्चात ग्लूकोज में परिवर्तित हो जाते • हैं और ग्लूकोज ऑक्सीजन के द्वारा ऑक्सीकृत होकर शरीर को ऊर्जा प्रदान करते हैं। कार्बोहाइड्रेट में कार्बन, हाइड्रोजन एवं ऑक्सीजन 1: 2:1 के अनुपात में होता है। इनका आधारभूत सूत्र (CH, O) होता है। कार्बोहाइड्रेट ऊर्जा का प्रमुख स्रोत है। शरीर की कुल ऊर्जा आवश्यकता की 50-79% मात्रा की पूर्ति कार्बोहाइड्रेट के द्वारा होती है। 1 ग्राम ग्लूकोज के पूर्ण ऑक्सीकरण से 4.2 किलो कैलोरी (kcal) ऊर्जा प्राप्त होती है।

कार्बोहाइड्रेट के स्रोत (Sources of carbohydrate): कार्बोहाइड्रेट के प्रमुख स्रोत गेहूँ, चावल, मक्का, ज्वार, बाजरा, जौ, शक्कर, गुड़, शहद, सूखे फल, अंजीर, दूध, पके फल, आलू, शकरकन्द, चुकन्दर, रसीले फल, गन्ना, शलजम, केला, अरबी, माँस आदि हैं।

कार्बोहाइड्रेट के प्रकार : कार्बोहाइड्रेट मुख्यतः तीन प्रकार के होते हैं—

(a) मोनोसेकेराइडस (Monosaccharides) : यह सभी कार्बोहाइड्रेट्स में सबसे अधिक सरल होता है। इसका आधारभूत सूत्र (CH2O), निम्नलिखित हैं होता है। मोनोसैकेराइड्स के कुछ प्रमुख उदाहरण निम्नलिखित है।

ट्रायोस (Triose) : जैसे— ग्लिसरैल्डिहाइड (Glyceraldehyde)

टेट्रोस (Tetrose): जैसे—इरेथ्रोस (Erthrose) हेक्सोज (Hexose) : जैसे— ग्लूकोज (Glucose), फ्रक्टोज (Fructose) एवं ग्लैक्टोज (Glactose)

(b) डाइसैकेराइड (Disaccharides) : यह मोनोसैकेराइड के दो अणुओं से मिलकर बना होता है। इसका आधारभूत सूत्र C2H2O होता है । सुक्रोज (Sucrose), माल्टोज (Maltose), लैक्टोज (Lactose) आदि डाइसैकेराइड्स के प्रमुख उदाहरण हैं।

(c) पॉलीसेकेराइड्स (Polysaccharides) : यह अनेक मोनोसैकैराइड्स अणुओं के मिलने से बनता है। इसका आधारभूत सूत्र (CHOz), होता है। ये जल में अघुलनशील होते हैं। यह मुख्यतः पौधों में पाया जाता है। आवश्यकता पड़ने पर यह जल अपघटन द्वारा ग्लूकोज में विघटित हो जाता है। इस प्रकार ये ऊर्जा उत्पादन के लिए 'संग्रहीत ईंधन' का कार्य करते हैं। मण्ड (स्टार्च), ग्लाइकोजेन, सेल्यूलोज, काइटिन (Chitin) आदि पॉलीसेकेराइड्स के प्रमुख उदाहरण हैं।

कार्बोहाइड्रेट के कार्य

1. ये शरीर को ऊर्जा प्रदान करने वाले मुख्य स्रोत होते हैं ।
2. ये मण्ड के रूप में 'संचित ईंधन' का कार्य करते हैं।
3. यह वसा में बदलकर संचित भोजन का कार्य करते हैं ।
4. यह DNA तथा RNA का घटक होता है।
5. ये शर्कराओं के रूप में ऊर्जा उत्पादन के लिए ईंधन का काम करते हैं।
6. ये प्रोटीन को शरीर के निर्माणकारी कार्यों के लिए सुरक्षित रखते हैं ।
7. शरीर में वसा के उपयोग के लिए यह अत्यंत आवश्यक है ।

कार्बोहाइड्रेट की कमी या अधिकता से होने वाले विकार :

कार्बोहाइड्रेट की अधिकता से शरीर के वजन में वृद्धि होती है तथा मोटापा से सम्बन्धित रोग होने की संभावना बढ़ जाती है। कार्बोहाइड्रेट की कमी होने से शरीर का वजन कम हो जाता है, कार्य करने की क्षमता घट जाती है तथा शरीर में ऊर्जा उत्पन्न करने हेतु प्रोटीन प्रयुक्त होने लगती है जिससे यकृत एवं नाड़ी संस्थान के क्रियाकलापों में शिथिलता आ जाती है।

2. प्रोटीन (Proteins): प्रोटीन अत्यन्त जटिल नाइट्रोजन युक्त पदार्थ है जिसकी रचना लगभग 20 ऐमीनो अम्लों (Amino acids) के भिन्न-भिन्न संयोगों से होती है। ये ऐमीनो

अम्ल शरीर के उचित पोषण के लिए नितांत ही आवश्यक है।

प्रोटीन शब्द का प्रयोग सर्वप्रथम जे. बर्जीलियस (1938 ई.) ने किया था। प्रोटीन मानव शरीर का केवल संरचनात्मक पदार्थ ही नहीं है, वरन यह अन्य प्रकार्यों को भी सम्पन्न करते हैं। मानव शरीर का लगभग 15% भाग प्रोटीन से बना होता है। प्रोटीन शारीरिक वृद्धि एवं प्रक्रियाओं के लिए आवश्यक है। भोजन में इनकी कमी से शारीरिक एवं मानसिक वृद्धि रुक जाती है। प्रोटीन की कमी से शिशुओं में सूखा रोग (मेरास्मस) तथा क्वाशियोरकॉर नामक रोग हो जाता है ।

प्रोटीन के प्रकार: प्रोटीन सामान्यतः तीन प्रकार के होते हैं—

(a) सरल प्रोटीन (Simple protein): ऐसे प्रोटीन जो केवल एमीनों अम्लों से बने होते हैं, सरल प्रोटीन कहलाते हैं। जैसे— एल्ब्यूमिन, एल्ब्यूमिनाएड, ग्लोब्यूलिन आदि ।

(b) संयुग्मी प्रोटीन (Conjugated protein): ऐसा प्रोटीन जिनका संयोजन प्रोटीन के अतिरिक्त अन्य किसी अणु से भी रहता है, संयुग्मी प्रोटीन कहलाता है। जैसे—न्यूक्लियोप्रोटीन, ग्लाइकोप्रोटीन, फॉस्फोप्रोटीन आदि ।

(c) व्युत्पन्न प्रोटीन (Derived protein): वैसे प्रोटीन जो प्राकृतिक प्रोटीन के आंशिक जलीय अपघटन से प्राप्त होते हैं, व्युत्पन्न प्रोटीन कहलाते हैं ।

प्रोटीन के कार्य

1. यह कोशिकाओं की वृद्धि एवं मरम्मत करती है।
2. अनेक जटिल प्रोटीन मेटाबोलिक प्रक्रियाओं में एन्जाइम का कार्य करते हैं।
3. कुछ प्रोटीन हार्मोन के संश्लेषण में भाग लेते हैं ।
4. हीमोग्लोबिन के रूप में यह शरीर में गैसीय संवहन का कार्य करता है।
5. यह एन्टीबॉडीज के रूप में शरीर की सुरक्षा करता है।

प्रोटीन के स्रोत : प्रोटीन के प्रमुख स्रोत दूध, अण्डा, कली, बादाम, दाल, सोयाबीन, पनीर, माँस, मछली, अण्डे की जर्दी आदि हैं।

3. वसा (Fats): वसा शरीर को ऊर्जा प्रदान करने वाला प्रमुख खाद्य पदार्थ होता है। वसा के अणु ग्लिसरॉल तथा वसा अम्ल के संयोग से बनते हैं। कार्बोहाइड्रेट की तरह वसा भी कार्बन, हाइड्रोजन और ऑक्सीजन के यौगिक हैं परन्तु इसमें कार्बोहाइड्रेट की तुलना में ऑक्सीजन की मात्रा कम होती है। यह जल में पूर्णतः अघुलनशील होता है लेकिन यह कार्बनिक घोलकों में घुलनशील होता है। क्षार द्वारा इसका पायसीकरण (Emulsification) हो सकता है।

वसा के प्रकार : वसा को उनके स्रोत के आधार पर दो प्रमुख वर्गों में बाँटा जा सकता है— 1. जन्तु वसा तथा 2. वनस्पति वसा जन्तु वसा दूध, पनीर, अण्डा तथा मछली में पाया जाता जबकि वनस्पति वसा वनस्पति तेलों में उपलब्ध होता है। वनस्पति तेल अखरोट, बादाम,

मूँगफली, नारियल, सरसों, तिल, सूरजमुखी इत्यादि। से प्राप्त होते हैं । वसा सामान्यतः 20°C ताप पर ठोस अवस्था में होते हैं, परन्तु यदि वे इस ताप पर द्रव अवस्था में हों, तो उन्हें तेल (Oil) कहते हैं।

वसा अम्ल दो प्रकार के होते हैं-संतृप्त तथा असंतृप्त । असंतृप्त वसा अम्ल, मछली के तेल तथा बनस्पति तेलों में मिलते हैं। नारियल का तेल एवं ताड़ का तेल (Palm Oil) संतृप्त वनस्पति तेलों के उदाहरण हैं। अधिकतर असंतृप्त वसा जन्तु वसा होते हैं। यह सामान्य ताप पर ठोस होता है । जैसे मक्खन (Butter)। एक ग्राम वसा के पूर्ण ऑक्सीकरण से 9.3 k cal ऊर्जा मुक्त होती है। सामान्यतः एक वयस्क व्यक्ति को 20-30% ऊर्जा वसा से प्राप्त होनी चाहिए। मनुष्य के आहार में मक्खन तथा घी जैसे संतृप्त वसा की मात्रा कम होनी चाहिए क्योंकि संतृप्त वसा आसानी से कोलेस्टेरॉल में परिवर्तित हो जाती है। इससे धमनी कठिन्य (Arteriosclerosis), उच्च रक्तचाप, तथा हृदय सम्बन्धी विकार उत्पन्न हो जाते हैं।

वसा के कार्य

1. वसा ठोस रूप में शरीर को ऊर्जा प्रदान करती है।
2. यह त्वचा के नीचे जमा होकर शरीर के ताप को बाहर निकलने से रोकती है।
3. यह खाद्य पदार्थ में स्वाद उत्पन्न करती है तथा आहार को रुचिकर बनाती है ।
4. यह शरीर के विभिन्न अंगों को चोटों से बचाती है।
5. यह प्रोटीन के स्थान पर शरीर को ऊर्जा प्रदान करती है । वसा के स्रोत : वसा का मुख्य स्रोत दूध, मांस, मछली, मक्खन, मूँगफली का तेल, घी आदि है ।

वसा की कमी से होने वाले विकार: मानव शरीर में वसा की कमी से त्वचा रूखी हो जाती है, वजन में ह्रास होता है तथा शरीर का विकास अवरुद्ध हो जाता है। वसा की अधिकता से शरीर स्थूल हो जाता है, जिससे हृदय सम्बन्धी रोग, उच्च रक्त चाप इत्यादि हो जाता है ।

4. विटामिन (Vitamins) : विटामिन शब्द का प्रयोग सर्वप्रथम सी. फंक द्वारा 1911 ई. में किया गया। इसका नामकरण अंग्रेजी वर्णमाला के अनुसार किया गया | जैसे – A, B, C, D, E, K आदि। मानव शरीर में इस कार्बनिक पदार्थ की आवश्यकता कम मात्रा में होती है। विटामिन खाद्य पदार्थों से प्राप्त होते हैं तथा इनकी कमी से कुछ रोग हो जाते हैं। विटामिन विभिन्न उपापचयी क्रियाओं का नियंत्रण करते हैं।

विटामिन के प्रकार : विलेयता के आधार पर विटामिनों को दो वर्गों में विभाजित किया गया है—

1. जल में घुलनशील विटामिन विटामिन B तथा विटामिन C
2. वसा में घुलनशील विटामिन: विटामिन A, D, E तथा Kविटामिनों का संश्लेषण मानव शरीर की कोशिकाओं द्वारा नहीं हो सकता एवं इसकी पूर्ति विटामिनयुक्त खाद्य पदार्थ से होती है।

विटामिन A (Retinol) : इसका रासायनिक नाम ऐक्सेरोफाईटॉल (Axerophytol) तथा

अणुसूत्र C20H2OH है । यह विटामिन वसा में घुलनशील होता है। यह विटामिन शरीर की वृद्धि में सहायता करता है तथा शरीर के उपकला ऊतकों को स्वस्थ बनाए रखता है। इसकी कमी होने से श्वास नली और पाचन नाल की उपकलाएँ रुग्ण हो जाती हैं। इसके अतिरिक्त रतौंधी (Nyctalopia), आँखों का शुष्क होना, कॉर्निया में श्वेत फुल्ली पड़ना तथा दृष्टि का समाप्त हो जाना इत्यादि रोग भी होता है। हरी पत्तीदार सब्जियाँ, गाजर, मछली यकृत तेल, कलेजी (यकृत), अण्डे की जर्दी, दूध, पनीर आदि विटामिन A के मुख्य स्रोत हैं। 13-15 वर्ष की आयु के बालक तथा बालिकाओं को इसकी दैनिक आवश्यकता 60 mg होती है।

विटामिन B समूह (Vitamin-Bcomplex) : यह जल में घुलनशील 11 प्रकार के विटामिनों का समूह है। इस विटामिन में नाइट्रोजन पाया जाता है।

विटामिन-B, (Thymine) : इस विटामिन का रासायनिक नाम थायमिन है। यह जल में घुलनशील होता है। मानव शरीर में इसकी कमी से बेरी-बेरी (Beri-Beri) नामक रोग हो जाता है। खमीर, गाजर, गेहूँ, चावल, दूध, समुद्री भोजन, सोयाबीन, साबुत अन्न, हरी सब्जियाँ आदि विटामिन B1 के मुख्य स्रोत हैं।

विटामिन B2 (Riboflavin): इस विटामिन का रासायनिक नाम राइवोफ्लेविन है। यह जल में घुलनशील विटामिन है। यह कार्बोहाइड्रेट तथा अन्य पदार्थों के उपापचय में भाग लेता है। इसकी कमी से शरीर के भार में कमी आ जाती है। साथ ही साथ ओठ, जिह्वा तथा त्वचा में रूखापन आ जाता है। दूध, मटर, सेम, यीस्ट, माँस, अण्डा, हरी पत्तेदार सब्जियाँ इत्यादि विटामिन B के प्रमुख स्रोत हैं।

विटामिन-B, (Niacin): इस विटामिन का रासायनिक नाम नियासिन है । यह जल में घुलनशील विटामिन है। शरीर में इसकी कमी से पेलाग्रा (Pellagra) नामक रोग हो जाता है तथा मानसिक विकास एवं पाचन क्रिया में खराबी हो जाती है। अंकुरित गेहूँ, आलू, अनाज की बाहरी परत, बादाम, टमाटर, पत्तेदार सब्जियाँ आदि इस विटामिन के प्रमुख स्रोत हैं।

विटामिन B (Pyridoxine) : इस विटामिन का रासायनिक नाम 6 पायरीडॉक्सिन है। यह जल में घुलनशील विटामिन है। इसकी कमी होने से शारीरिक वृद्धि अवरुद्ध हो जाती है और व्यक्ति अरक्तता का शिकार हो जाता है। हरी सब्जियाँ, माँस, कलेजी इत्यादि इसके प्रमुख स्रोत हैं ।

विटामिन-B, (Biotin): इस विटामिन का रासायनिक नाम बायोटिन है । यह मुख्य रूप से ताजे फलों, हरी सब्जियों, यकृत (लीवर), दूध, अण्डा, यीस्ट, सम्पूर्ण अनाज तथा दाल में पाया जाता है। यह वसा अम्ल के संश्लेषण के लिए आवश्यक को-एन्जाइम का आवश्यक भाग है । यह पायरूवेट को ऑक्जेलोएसिटेट में रूपांतरित करने का कार्य करता है। इसकी कमी से त्वचा शल्की, मांसपेशियों में दर्द, कमजोरी, भूख में कमी तथा रक्त शून्यता होती है।

विटामिन-B, (Folic acid) : इसका रासायनिक नाम फोलिक अम्ल हैं । यह हरी पत्तीदार सब्जियों, केला, संतरा, लीवर, यीस्ट, अण्डा, सेम आदि में पाया जाता है। इसका संश्लेषण

कोलोन में बैक्टीरिया द्वारा भी होता है। इसकी कमी से रक्त अल्पता (Anaemia), पचे हुए भोजन के अवशोषण में कमी, RBC की परिपक्वता में कमी तथा मुँह में अल्सर जैसी बीमारियाँ होती है।

विटामिन B12 (Cyanocobalamine) : इस विटामिन का रासायनिक नाम साएनोकोबालामिन है। यह जल में घुलनशील विटामिन है। इस विटामिन में कोबाल्ट धातु उपस्थित होता है। यह विटामिन रक्त की उत्पत्ति में सहायक होता है। यह लाल रक्त कणों (RBC) की परिपक्वता के लिए आवश्यक प्रोटीन का संश्लेषण करता है। मानव शरीर में इसकी कमी से अरक्तता रोग हो जाता है। इसकी अधिक कमी होने की स्थिति में शरीर में स्नायविक दोष आ जाता है। माँस, कलेजी, दूध आदि इस विटामिन के प्रमुख स्रोत हैं।

विटामिन C (Ascorbic acid) : इस विटामिन का रासायनिक नाम एस्कॉर्बिक एसिड है। इसका रासायनिक सूत्र CHO, है । यह जल में विलेय विटामिन है । मानव शरीर में इस विटामिन की कमी होने से स्कर्वी (Scurvy) नामक रोग हो जाता है। खट्टे रसदार फल (नींबू, सन्तरा, मुसम्मी आदि), चीकू, आँवला, टमाटर, पत्तेदार सब्जियाँ अंकुरित अनाज आदि विटामिन C के प्रमुख स्रोत हैं ।

विटामिन-D (Calciferol) इस विटामिन का रासायनिक नाम कैल्सिफेरॉल है । यह वसा में विलेय विटामिन है। यह विटामिन हड्डियों को मजबूती प्रदान करने में सहायक होता है। यह गर्भ में पल रहे बच्चे के शरीर को स्वस्थ बनाए रखने में सहायक होता है । मानव शरीर में इसकी कमी होने से बच्चों में रिकेट्स (Rickets) तथा प्रौढ़ों में ऑस्टियोमलेशिया (Osteiomalasia) नामक रोग हो जाता है। रिकेट्स को 'सूखा रोग' के नाम से भी जाना जाता है। सूर्य की किरणें (U.V.Rays) त्वचा में उपस्थित इर्गेस्टीरॉल को विटामिन D में परिवर्तित कर देती है । यह विटामिन मक्खन, घी, अण्डे, मछली के तेल आदि में पर्याप्त मात्रा में पाया जाता है ।

विटामिन E (Tocopherol): इस विटामिन का रासायनिक नाम टोकोफेरॉल है। यह वसा में विलेय विटामिन है। इस विटामिन को प्रजनन विटामिन भी कहते हैं क्योंकि यह जनन क्रियाओं के लिए आवश्यक होता है। इसके अभाव में मनुष्य नपुंसक हो जाता है और उसकी प्रजनन शक्ति क्षीण हो जाती है। यह अंकुरित दानों जैसे-गेहूँ, चना, मटर, हरी पत्तेदार सब्जियों तथा माँस में पर्याप्त मात्रा में पाया जाता है ।

विटामिन K (Piloquilone): इस विटामिन का रासायनिक नाम फिलोक्विलोन है। यह रक्तस्रावरोधी विटामिन है जो यकृत में प्रोथाम्बिन (Prothombin) के निर्माण के लिए आवश्यक है। मानव शरीर में इस विटामिन की कमी होने से रक्त का थक्का (Blood clotting) नहीं बनता है और कटे स्थान से रक्त का स्राव बहुत अधिक होता है। यह हरी पत्तेदार सब्जियों, टमाटर, पनीर इत्यादि में पर्याप्त मात्रा में पाया जाता है।

विटामिन के कार्य

1. उपापचय क्रिया में विटामिन आवश्यक सहकारी है ।

2. विटामिन विभिन्न ऑक्सीकारी एन्जाइम के भागों के रूप में विशिष्ट प्रोटीनों का संयोजन करते हैं।

3. इनका सम्बन्ध शरीर में कार्बोहाइड्रेट, प्रोटीन और वसा के भंजन से होता है ।

4. ये उपापचय के अंतिम उत्पाद के रूप में ऊर्जा, कार्बन डाइऑक्साइड व जल का मोचन करते हैं।

5. खनिज लवण (Mineral salts): खनिज लवण अकार्बनिक पदार्थ हैं। मानव शरीर में कम से कम 29 तत्व पाए जाते हैं। यद्यपि खनिज से ऊर्जा प्राप्त नहीं होती है, परन्तु इनकी आवश्यकता शरीर की विभिन्न अभिक्रियाओं के लिए होती है।

खनिज लवण के कार्य

1. लवणों के आयनों के कारण जीवद्रव्य में विद्युत चालकता होती है । इसी से जीवद्रव्य में संवेदनशीलता होती है।

2. अनेक रासायनिक प्रतिक्रियाओं में आयन बंधकों का कार्य करते हैं।

3. कई ऊतक, रक्त, हड्डियों, दाँतों आदि की रचना में ये भाग लेते हैं ।

4. हृदय स्पंदन चेता संवाहन, पेशी संकुचन आदि में ये महत्वपूर्ण भाग लेते हैं।

मानव शरीर के लिए आवश्यक खनिज

1. सोडियम यह मुख्ततः कोशिका बाह्य द्रव में धनायन के रूप से सम्बद्ध होता है— में होता है तथा यह निम्नलिखित कार्यों (a) पेशियों का संकुचन

(b) तंत्रिका तंतु में तंत्रिका आवेग का संचरण तथा

(c) शरीर में धनात्मक विद्युत अपघट्य संतुलन बनाए रखना

(d) यह रक्त दाब नियंत्रित रखने में सहायक होता है।

स्रोत: सोडियम का मुख्य स्रोत साधारण नमक, मछली, अण्डे, माँस, दूध आदि हैं।

स्रोत: सोडियम का मुख्य स्रोत साधारण नमक, मछली, अण्डे, माँस, दूध आदि हैं।

दैनिक आवश्यकता : 2.5 g प्रतिदिन

दैनिक आवश्यकता : 2.5 g प्रतिदिन 2. पोटैशियम : यह सामान्यतः कोशिका द्रव्य में धनायन के रूप में पाया जाता है । यह लगभग सभी खाद्य पदार्थों में उपस्थित रहता है। यह निम्न अभिक्रियाओं के लिए आवश्यक है- (a) कोशिका में होने वाली अनेक अभिक्रियाएँ

(b) पेशीय संकुचन

(c) तंत्रिका आवेग का संचरण

(d) शरीर में विद्युत अपघट्य संतुलन को बनाए रखना

3. कैल्सियम यह विटामिन D के साथ हड्डियों तथा दाँतों को दृढ़ता प्रदान करता है। यह रुधिर के स्कन्दन में महत्वपूर्ण भूमिका निभाता है। यह पेशीय संकुचन प्रक्रिया से सम्बद्ध होता है। यह पनीर, दूध, अण्डे, हरी सब्जियाँ, साबुत अन्न, चना, रागी, मछली, कसावा आदि

में मुख्य रूप से पाया जाता है। मनुष्य के लिए कैल्सियम की दैनिक आवश्यकता लगभग 1.2g है।

4. फॉस्फोरस : यह मानव शरीर के लिए एक आवश्यक तत्व है। यह कैल्सियम से सम्बद्ध होकर दाँतों तथा हड्डियों को दृढ़ता प्रदान करता है। यह शरीर के तरल पदार्थों के संरचनात्मक संतुलन बनाए रखने में सहायक होता है। यह वसा एवं कार्बोहाइड्रेट के पाचन में सहायता करता है। हड्डियों के विकास के लिए फॉस्फोरस अत्यन्त आवश्यक है। दूध, पनीर, हरी पत्तेदार सब्जियाँ, बाजरा, रागी, जई, आँटा, कलेजी, गुर्दे आदि फॉस्फोरस प्राप्ति के मुख्य स्रोत हैं। मानव शरीर के लिए इसकी दैनिक आवश्यकता लगभग 1.2 g है।

5. लौह : लोहा लाल रुधिर कणिकाओं (RBC) में हीमोग्लोबिन के बनने के लिए आवश्यक है। दूसरे शब्दों में, लौह लवण से रक्त का हीमोग्लोबिन बनता है जो शरीर में ऑक्सीजन का संवाहक है। लोहे की कमी के परिणामस्वरूप रक्त की यह क्षमता कम हो जाती है, जिसे अरक्तता कहते हैं। लौह लवण की कमी अधिकांशतया बालकों तथा महिलाओं में पायी जाती है। इसकी कमी से शरीर में क्षीणता आती है तथा अत्यधिक थकान महसूस होती है। अरक्तता की तीव्र अवस्था में आँखों के सामने अँधेरा छा जाना, चक्कर आना, भूख नहीं लगना इत्यादि लक्षण पाये जाते हैं। यकृत लौह का सर्वोत्तम स्रोत है। इसके अतिरिक्त अण्डा, पालक, मेथी, अनाज, मेवे इत्यादि में भी लौह तत्व पाया जाता है। एक वयस्क व्यक्ति को एक दिन में लगभग 20mg • लोहा आवश्यक होता है। लोहा ऊतक ऑक्सीकरण के लिए भी आवश्यक है।

6. आयोडीन : यह थॉयरायड ग्रन्थि द्वारा स्रावित थॉयरॉक्सिन (Thyroxine) हार्मोन के संश्लेषण के लिए आवश्यक है। इसकी कमी से घेंघा या गलगण्ड (Goitre) नामक हीनताजन्य रोग हो जाता गलगण्ड के बाद क्रेटनिज्म (Cretnism) की अवस्था आती है जिससे प्रभावित व्यक्ति में शारीरिक और मानसिक परिवर्तन होने लगता है। इससे उसका तंत्रिका तंत्र भी प्रभावित होता है। आयोडीन का मुख्य स्रोत समुद्री मछली, समुद्री भोजन, हरी पत्तेदार सब्जियाँ, आयोडीन युक्त नमक आदि हैं।

6. जल (Water): जल मानव आहार का एक महत्वपूर्ण भाग है। मानव शरीर के भार का लगभग 65-75% भाग जल होता है। उल्टी (वमन) तथा अतिसार से मानव शरीर में जल की कमी हो जाती है। इस अवस्था को निर्जलीकरण (Dehydration) कहते हैं। निर्जलीकरण से मनुष्य की मृत्यु तक हो सकती है। जल मानव शरीर के ताप को स्वेदन (पसीना) तथा वाष्पन द्वारा नियंत्रित रखता है। यह शरीर के अपशिष्ट पदार्थों के उत्सर्जन का महत्वपूर्ण माध्यम है। शरीर में होने वाली अधिकतर जैव रासायनिक अभिक्रियाएँ जलीय माध्यम में सम्पन्न होती हैं। यह एक अच्छा विलायक है। यह शरीर की सभी कोशिकाओं का महत्वपूर्ण घटक है। सामान्यतः वयस्क व्यक्ति को औसतन 4-5 लीटर जल प्रतिदिन पीना चाहिए।

सन्तुलित आहार (Balanced diet): वह आहार जिसमें शरीर की वृद्धि एवं स्वस्थ रहने

के लिए आवश्यक सभी पोषक पदार्थ एवं तत्त्व निश्चित अनुपात में उपस्थित हों, सन्तुलित आहार कहलाता है। यह व्यक्ति की आयु, लिंग, स्वास्थ्य एवं व्यवसाय पर निर्भर करता है। सामान्यतः एक सामान्य कार्य करने वाले औसत युवा मनुष्य को 3000 से 3500 कैलोरी ऊर्जा उत्पन्न करने लायक भोजन की आवश्यकता होती है। यह ऊर्जा प्राप्त करने के लिए भोजन में लगभग 90 ग्राम प्रोटीन, 400 से 500 ग्राम कार्बोहाइड्रेट, 50 से 70 ग्राम वसा तथा अन्य आवश्यक तत्त्वों का होना आवश्यक है । बाल्यावस्था में जब वृद्धि तेज होती है तब अपेक्षाकृत अधिक भोजन की आवश्यकता होती है। जबकि प्रौढ़ावस्था में अपेक्षाकृत कम भोजन की आवश्यकता होती है। पुरुष और बालकों को स्त्रियों तथा बालिकाओं की तुलना में अधिक भोजन चाहिए। इसी प्रकार शीतकाल या ठण्डी जलवायु में ग्रीष्मकाल या गर्म जलवायु की तुलना में अधिक भोजन की आवश्यकता होती है । जो व्यक्ति अधिक परिश्रम करते हैं और सक्रिय जीवन व्यतीत करते हैं, उनके भोजन की मात्रा अधिक होनी चाहिए।

अल्पपोषण (Under nutrition): लम्बी अवधि तक भोजन की | मात्रा कम लेने से उत्पन्न स्थिति को अल्प पोषण कहते हैं।

अतिशय पोषण (Over nutrition): लम्बी अवधि तक अत्यधिक भोजन लेने से उत्पन्न स्थिति को अतिशय पोषण कहते हैं। इसके परिणामस्वरूप मोटापा, धमनी काठिन्य रक्त सम्बन्धी विकार, मधुमेह आदि हो जाते हैं।

असन्तुलित आहार (Unbalanced diet): जब आहार में कुछ पोषक अधिक मात्रा में तथा कुछ अन्य पोषक नगण्य मात्रा में उपस्थित रहते हैं तब ऐसा आहार असंतुलित आहार कहलाता है।

विशिष्ट पोषक तत्व की कमी : आहार में किसी पोषक विशेष की कमी अथवा अभाव होने से विशिष्ट हीनताजन्य विकार उत्पन्न हो जाते हैं।

19

मानव शरीर के तंत्र

मानव शरीर के तंत्र

शरीर के भीतर ऐसे अंगों के कई समूह हैं जो एक-दूसरे से जुड़े हैं या एक-दूसरे पर निर्भर है और एक साथ मिलकर सामूहिक रूप में कार्य करते हैं। समान क्रिया वाले सहयोगी अंगों के इस समूह को तंत्र (System) कहा जाता है। शरीर की क्रियाएँ निम्नलिखित तंत्रों द्वारा सम्पादित होती हैं—

1. पाचन तंत्र (Digestive system)
2. श्वसन तंत्र (Respiratory system)
3. उत्सर्जन तंत्र (Excretory system)
4. तंत्रिका तंत्र (Nervous system)
5. परिसंचरण तंत्र (Circulatory system)
6. कंकाल तंत्र (Skeleton system)
7. अन्तःस्रावी तंत्र (Endocrine system)
8. प्रजनन तंत्र (Reproductive system)
9. पेशी तंत्र (Muscular system)

पाचन तंत्र

भोजन में उपस्थित जटिल पोषक पदार्थों (कार्बोहाइड्रेट, वसा व प्रोटीन) का निर्माण पोषक पदार्थों के बड़े-बड़े अणुओं के समायोजन से होता है और उन पोषक पदार्थों की इकाइयाँ आपस में निर्जलीकरण बंधों से जुड़ी होती हैं । वे जल से प्रतिक्रिया कर छोटी-छोटी इकाइयों में टूट जाती हैं और शरीर उन्हें खपने योग्य दशा में परिवर्तित कर लेता है। यही समस्त क्रिया पाचन कहलाती है। अतः ठोस, जटिल, बड़े-बड़े अघुलनशील भोजन अणुओं का विभिन्न एन्जाइमों की सहायता से तथा विभिन्न रासायनिक क्रियाओं द्वारा तरल, सरल और छोटे-छोटे घुलनशील अणुओं में निम्नीकरण को पाचन (Digestion) कहते हैं। पाचन क्रिया में भाग लेने वाले तंत्र को पाचन तंत्र (Digestive system) कहते हैं ।

मनुष्य का पाचन तंत्र (Human digestive system): मनुष्य के पाचन तंत्र को अध्ययन की सुविधा की दृष्टि से दो भागों में विभाजित किया जा सकता है

A. आहार नाल (Alimentary canal) एवं

B. सम्बद्ध पाचन ग्रन्थियाँ (Associated digestive glands)

A. आहारनाल (Alimentary canal): मनुष्य या किसी भी कशेरुकी जन्तु की आहारनाल एक लम्बी, कुण्डलित नलिका होती है जो मुख (Mouth) से शुरू होती है और गुदा (Anus) में समाप्त हो जाती है ।

मनुष्य के आहारनाल के प्रमुख भाग निम्नलिखित हैं—

1. मुखगुहा (Buccal cavity), 2. ग्रास नली (Oesophagus), 3. आमाशय (Stomach), 4. आँत (Intestine)।

1. मुखगुहा (Buccal cavity): मुखगुहा आहारनाल का पहला भाग है। मनुष्य का मुख एक दरार के समान होता है जो दोनों जबड़ों के बीच में स्थित एक गुहा में खुलता है, जिसे मुखगुहा कहते हैं । मुखगुहा के ऊपरी भाग को 'तालू' कहा जाता है। मनुष्य का मुखगुहा ऊपरी तथा निचले जबड़े से घिरी होती है । मुखगुहा को बन्द करने के लिए दो (ऊपरी तथा निचले) होंठ होते हैं । मुखगुहा में जीभ तथा दाँत होते हैं ।

जीभ मुखगुहा के फर्श पर स्थित एक मोटी एवं मांसल रचना होती है। इसका अगला सिरा स्वतंत्र तथा पिछला सिरा फर्श से जुड़ा होता है। जीभ के ऊपरी सतह पर कई छोटे-छोटे अंकुर (Papillae) होते हैं, जिन्हें स्वाद कलियाँ (Taste buds) कहते हैं। इन्हीं स्वाद कलियों द्वारा मनुष्य को भोजन के विभिन्न स्वादों जैसे—मीठा, खारा, खट्टा, कड़आ आदि का ज्ञान होता है। जीभ के अग्रभाग से मीठे स्वाद का, पश्च भाग (कंठ के निकट के भाग) से कड़वे स्वाद का तथा बगल के भाग से खट्टे स्वाद का आभास होता है। जीभ अपनी गति के द्वारा भोजन को निगलने में मदद करता है।

मुखगुहा के ऊपरी तथा निचले दोनों जबड़ों में दाँतों की एक-एक पंक्तियाँ पायी जाती हैं। मनुष्य के दाँत गर्तदन्ती (Thecodont), द्विवारदन्ती (Diphyodont) तथा विषमदन्ती (Heterodont) प्रकार के होते हैं। गर्तदन्ती से तात्पर्य है कि ये जबड़े की हड्डियों में धँसे होते हैं, द्विवारदन्ती से तात्पर्य है कि ये जीवन में दो बार निकलते हैं। जबकि विषमदन्ती से तात्पर्य है ये एक से अधिक प्रकार के होते हैं। मनुष्य के एक जबड़े में 16 तथा कुल 32 दाँत होते हैं। जबड़े के आधे दाँत दायीं ओर तथा आधे बायीं ओर स्थित होते हैं। जबड़े के प्रत्येक ओर दो कृन्तक (Incisors), एक रदनक (Canine), दो अग्रचवर्णक (Premolars) तथा तीन चवर्णक (Molars) दाँत पाये जाते हैं । कृन्तक (Incisors) सबसे आगे, चपटे व धारदार होते हैं जो भोजन को काटने का काम करते हैं। रदनक (Canine) नुकीले होते हैं, जो भोजन को फाड़ते हैं । अग्रचवर्णक (Premolars) तथा चवर्णक (Molars) भोजन को पीसने का काम करते हैं। मनुष्य के दाँत दो बार निकलते हैं। पहले शैशव अवस्था में जिनकी संख्या 20 होती है। शैशवावस्था के दाँत 'दूध के दाँत' (Milky tooth) कहलाते हैं। वयस्कावस्था

में निकले दाँत 'स्थायी दाँत' (Permanent tooth) कहलाते हैं ।

मनुष्य के दाँत के तीन भाग होते हैं- (a) ऊपरी भाग – शिखर (Crown), (b) मध्य भाग— ग्रीवा (Neck) तथा (c) निचला भाग जड़ (Root)। दाँत का वह भाग जो मसूढ़े के ऊपर निकला होता है, शिखर (Crown) या सिर कहलाता है। जड़ (Root) तथा शिखर के बीच का भाग ग्रीवा या गर्दन (Neck) कहलाता है। दाँत का वह भाग जो मसूढ़े में धँसा होता है, जड़ (Root) कहलाता है। प्रत्येक दाँत के भीतर एक गुहा होती है जिसे मज्जा गुहा (Pulp cavity) कहते हैं । इसके ऊपर दंतास्थि या डेंटाइन (Dentine) होती है, जो दाँत का अधिकांश भाग तैयार करती है। यह हड्डी से अधिक कड़ी तथा पीले रंग की होती है। दाँत के ऊपरी हिस्से या शिखर में ईनामेल (Enamel) का चमकीला स्तर पाया जाता है जो दाँत को सुरक्षा प्रदान करती है।

ईनामेल (Enamel) मानव शरीर का सबसे कठोर भाग है।

मुखगुहा का पिछला भाग ग्रसनी (Pharynx) कहलाता है । इसमें दो छिद्र होते हैं—(a) निगल द्वार (Gullet) जो आहारनाल के अगले भाग अर्थात् ग्रासनली में खुलता है, तथा (b) कण्ठद्वार (Glottis) जो श्वासनली (Trachea) में खुलता है। कण्ठद्वार से आगे एक पट्टी जैसी रचना होती है जो एपिग्लोटिस (Epiglottis) कहलाता है। मनुष्य जब भोजन करता है तो यह पट्टी कण्ठद्वार को ढँक देती है जिससे भोजन श्वासनली में नहीं जा पाता है ।

2. ग्रासनली (Oesophagus): मुखगुहा से लार से सना हुआ भोजन निगल द्वार (Gullet) के द्वारा ग्रासनली में पहुँचता है। ग्रासनली एक लम्बी नली होती है जो आमाशय में खुलती है। इसकी दीवार पेशीय तथा संकुचनशील होती है। भोजन के पहुँचते ही ग्रासनली की दीवार में तुरंग की तरह संकुचन या सिकुड़न और शिथिलन या फैलाव शुरू होता है जिसे क्रमाकुंचन (Peristolsis) कहते हैं। इसी प्रकार की गति के कारण भोजन धीरे-धीरे नीचे की ओर खिसकता है। ग्रासनली में किसी भी प्रकार की पाचन क्रिया नहीं होती है। ग्रासनली से भोजन आमाशय में पहुँचता है।

3. आमाशय (Stomach) : आमाशय उदरगुहा (Abdominal Cavity) में बायीं ओर स्थित होता है। यह द्विपालिका थैली (Bilobed Sac) जैसी रचना होती है। इसकी लम्बाई लगभग 30 cm होती है । आमाशय का अग्र भाग कार्डिएक (Cardiac) तथा पिछला भाग पाइलोरिक (Pyloric) कहलाता है। कार्डिएक तथा पाइलोरिक के बीच का भाग फुण्डिक (Fundic) कहलाता है। आहार नाल के अन्य भागों की तरह आमाशय की भीतरी दीवार पर स्तम्भाकार एपिथीलियम (Columnar epithelium) कोशिकाओं का स्तर होता है। कोशिकाओं का यह स्तर जगह-जगह अंदर की ओर धँसा रहता है। इन धँसे भागों की कोशिकाएँ आमाशय ग्रन्थि या जठर ग्रन्थि (Gastric glands) का निर्माण करती है। ये ग्रन्थियाँ आमाशय में जठर रस (Gastric juice) का स्रावण करती है। जठर ग्रन्थियों की कोशिकाएँ तीन प्रकार की होती हैं- (a) श्लेष्मा कोशिकाएँ (Mucous cells) (b) भित्तीय या अम्लजन कोशिकाएँ

(Parietal or oxyntic cells) तथा (c) मुख्य या जाइमोजिन कोशिकाएँ (Chief or Zymogen cells) | इन तीनों प्रकार की कोशिकाओं के स्राव का सम्मिलित रूप जठर रस कहलाता है। जठर रस में हाइड्रोक्लोरिक अम्ल, श्लेष्मा या म्यूकस तथा निष्क्रिय पेप्सिनोजेन (Pepsinogen) होता है। हाइड्रोक्लोरिक अम्ल का स्राव अम्लजन कोशिकाओं (Oxyntic cells) से होता है । हाइड्रोक्लोरिक अम्ल निष्क्रिय पेरिसनोजेन की सक्रिय पेप्सिन (Pepsin) नामक एन्जाइम में परिवर्तित कर देता है। पेप्सिन भोजन के प्रोटीन पर कार्य करके उसे पेप्टोन में बदल देता है। हाइड्रोक्लोरिक अम्ल जीवाणुनाशक की तरह भी कार्य करता है तथा भोजन के साथ आने वाले जीवाणुओं को नष्ट कर देता है। म्यूकस का स्राव म्यूकस कोशिकाओं से होता है। म्यूकस आमाशय की दीवार तथा जठर ग्रन्थियों को हाइड्रोक्लोरिक अम्ल एवं पेप्सिन एन्जाइम से सुरक्षित रखता है। काइम (Chyme) आमाशय के पाइलोरिक छिद्र के द्वारा छोटी आँत में पहुँचता है ।

4. आँत (Intestine) : मनुष्य के सम्पूर्ण आँत को दो भागों में विभाजित किया गया है- (a) छोटी आँत (Small intestine) तथा (b) बड़ी आँत (Large intestine)।

(a) छोटी आँत (Small intestine): इसका प्रारम्भिक भाग जो अंग्रेजी के अक्षर 'U' की तरह मुड़ा रहता है, ग्रहणी या पक्वाशय (Duodenum) कहलाता है । ग्रहणी की लम्बाई लगभग 25 cm होती है जबकि शेष 30 cm लम्बा भाग इलियम (Ileum) कहलाता है ।

इलियम की दीवार की भीतरी सतह पर अंगुलियों के समान रचनाएँ पायी जाती हैं जिन्हें आन्त्र रसांकुर (Intestinal villi) कहते हैं। ये रसांकुर आँत की दीवार के अवशोषण सतह को बढ़ाते हैं। ग्रहणी तथा आमाशय के मोड़ के मध्य अग्न्याशय पाया जाता है। पित्त वाहिनी (Bile duct) तथा अग्न्याशय वाहिनी (Pancreatic duct) मिलकर एक सामान्य वाहिनी (Common duct) का निर्माण करती है । यह सामान्य वाहिनी ग्रहणी में खुलती है । छोटी आँत पीछे की ओर बड़ी आँत में खुलती है। छोटी आँत भोजन के पाचन में सहायता करती है तथा पचे हुए भोजन का अवशोषण (Absorption) करती है। छोटी आँत आहारनाल का सबसे लम्बा भाग होता है । आहारनाल के इसी भाग में पाचन की क्रिया पूर्ण होती है। मनुष्य में इसकी लम्बाई लगभग 6 मीटर तथा चौड़ाई 2.5 सेमी होती है ।

(b) बड़ी आँत (Large intestine) : छोटी आँत आहारनाल का अगला भाग बड़ी आँत में खुलता है। बड़ी आँत भी दो भागों में विभक्त होता है। ये भाग कोलोन (Colon) तथा मलाशय (Rectum) कहलाते हैं। छोटी आँत तथा बड़ी आँत के जोड़ पर एक छोटी-सी नली होती है, जो सीकम (Caecum) कहलाता है। सीकम के शीर्ष पर एक अंगुली जैसी रचना होती है, जिसका सिरा बन्द रहता है। यह रचना ऐपेन्डिक्स कहलाती है। मनुष्य के आहारनाल में ऐपेन्डिक्स का कोई कार्य नहीं होता है। यह एक अवशेषी अंग (Vestigial organ) है। कोलन तीन भागों में विभाजित होता है। ये भाग हैं—उपरिगामी कोलन (Ascending colon) अनुप्रस्थ कोलन (Transverse colon) तथा अधोगामी कोलन (Descending colon)। अधोगामी कोलन मलाशय (Rectum) में खुलता है जो अंत में मलद्वार (Anus) के द्वारा

शरीर के बाहर खुलता है। इलियम एवं कोलन के जोड़ पर एक वाल्व (Valve) पाया जाता है जिसे इलियोसीकल वाल्व कहते हैं जो भोजन को वापस छोटी आँत में जाने से रोकता है।

B. सम्बद्ध पाचक ग्रन्थियाँ (Associated digestive glands) : आहारनाल (Alimentary canal) से सम्बन्धित वे ग्रन्थियाँ जो भोजन के पाचन में मदद करती हैं, पाचक ग्रन्थियाँ (Digestive glands) कहलाती हैं ।

ये मुख्यतः दो प्रकार की होती हैं—

1. आन्तरिक पाचक ग्रन्थियाँ (Internal digestive glands): वे पाचक ग्रन्थियाँ जो आहारनाल की दीवार में उपस्थित होती हैं, आन्तरिक पाचक ग्रन्थियाँ कहलाती हैं। इस श्रेणी में समस्त श्लेष्म ग्रन्थियाँ (Mucous glands), आमाशय की दीवार, जठर ग्रन्थियाँ (Gastric glands) एवं आँत के दीवार की ब्रूनर्स ग्रन्थियाँ (Brunner's glands) आती हैं।

2. बाह्य पाचक ग्रन्थियाँ (External digestive glands) : आहारनाल के अतिरिक्त शरीर के अन्य भागों में पायी जाने वाली पाचक ग्रन्थियाँ बाह्य पाचक ग्रन्थियाँ कहलाती हैं। मनुष्य में निम्नलिखित तीन बाह्य पाचक ग्रन्थियाँ पायी जाती हैं—

(a) लार ग्रन्थियाँ (Salivary glands) : मनुष्य में तीन जोड़ी लार ग्रन्थियाँ पायी जाती हैं। पहली जोड़ी लार ग्रन्थि जिह्वा के दोनों ओर एक-एक की संख्या में उपस्थित होती है जो Sublingual glands के नाम से जानी जाती है। दूसरी जोड़ी लार ग्रन्थियाँ निचले जबड़े के मध्य में मैक्जिला अस्थि के दोनों ओर एक-एक की संख्या में उपस्थित होती है जो Submaxillary glands के नाम से जानी जाती है। तीसरी जोड़ी लार ग्रन्थियाँ दोनों कानों के नीचे एक-एक की संख्या में उपस्थित होती है, जो Parotid glands के नाम से जानी जाती है।

मनुष्य के लार (Saliva) में लगभग 99% जल तथा शेष 1% एन्जाइम होता है। लार में मुख्यतः दो प्रकार के एन्जाइम पाये जाते हैं। ये हैं—टायलिन (Ptylin) एवं लाइसोजाइम (Lysozyme)। ये दोनों एन्जाइम पाचन में सहायता करते हैं ।

(b) यकृत (Liver) : यह मानव शरीर की सबसे बड़ी ग्रन्थि है। इसका वजन 1.5 से 2.0 किग्रा के मध्य होता है। यह उदर गुहा (Abdominal cavity) के ऊपरी भाग में दाहिनी ओर स्थित होता है । यह गहरे धूसर रंग का होता है। यह एक गहरे गर्त द्वारा दो खण्डों में विभाजित रहता है। इसके निचले भाग में नाशपाती के आकार की एक छोटी-सी थैली होती है जिसे पित्ताशय (Gal-bladder) कहते हैं । यकृत द्वारा स्त्रावित पित्त रस (Bile) पित्ताशय में ही संचित होता है । यह पित्त आँत में उपस्थित एन्जाइमों की क्रिया को तीव्र कर देता हैं। इसके अतिरिक्त यकृत कार्बोहाइड्रेट, प्रोटीन एवं वसा (Lipid) के उपापचय (Metabolism) में सक्रिय भाग लेता है तथा शरीर में उत्पन्न जीवविषों (Toxins) को प्रभावहीन कर इसकी रक्षा करता है।

यकृत के कार्य

1. यकृत कार्बोहाइड्रेट उपापचय (Carbohydrate metabolism) के अन्तर्गत

ग्लाइकोजिन (Glycogen) का निर्माण एवं संचय करता है।
2. यकृत भोजन में वसा की कमी होने पर कार्बोहाइड्रेट का कुछ भाग वसा में परिवर्तित कर देता है।
3. यकृत प्रोटीन उपापचय (Protein metabolism) में सक्रिय रूप से भाग लेता है। शरीर के अवयवों में प्रोटीन विघटन (Protein decomposition) के फलस्वरूप अन्य वस्तुओं के साथ-साथ जल, CO, और अन्य नाइट्रोजनीय पदार्थ जैसे अमोनिया (Ammonia), यूरिया (Urea), यूरिक अम्ल (Uric Acid) इत्यादि उत्पन्न होते. हैं। अमोनिया एक विषैला पदार्थ है जिसे यकृत (Liver) यूरिया में परिवर्तित कर देता है। इसके अतिरिक्त यकृत प्रोटीन के अधिकांश मात्रा को कार्बोहाइड्रेट में परिवर्तित कर देता है।

4. सामान्यतः बड़ी आँत में प्रोटीन के पूतीभवन (Putrefication) के कारण कुछ विषैले पदार्थ उत्पन्न होते हैं जिन्हें रक्त निर्वाहिका शिरा को माध्यम से यकृत में ले आता है। यकृत इन विषैले पदार्थों को अविषैले यौगिकों में परिवर्तित कर प्रभावहीन कर देता है, जो मूत्र (Urine) के माध्यम से शरीर से बाहर निकल जाता है ।
पित्ताशय (Gall bladder): पित्ताशय नाशपाती के आकार की एक थैली होती है, जो यकृत के नीचे स्थित होती है। पित्त नलिका (Bile duct) यकृत से जुड़ी होती है। यकृत में जो पित्त (Bile) बनता है वह पित्त नलिका के माध्यम से पक्वाशय में आ जाता है। पित्त का पक्वाशय में गिरना प्रतिवर्ती क्रिया (Reflex action) द्वारा होता है।

पित्त (Bile) : यह पीले रंग का क्षारीय द्रव होता है। इसका pH मान 7.7 होता है। इसमें 85% जल, 12% पित्त वर्णक, 0.7% पित्त लवण, 0.28% कोलेस्ट्रॉल, 0.3% मध्यम वसाएँ तथा 0.15% लेसीथिन (Lacithin) होते हैं। पित्त में कोई एन्जाइम नहीं पाया जाता है। इसकी प्रकृति क्षारीय होती है । यह काइम की चर्बी को जल के साथ मिलाकर इमल्शन बनाने में सहायता करता है। मनुष्य में प्रतिदिन लगभग 700-1000 मिली लीटर पित्त बनता है। पित्त भोजन के साथ आये हानिकारक जीवाणुओं को भी नष्ट करता है। पित्त में उपस्थित अकार्बनिक लवण आमाशय से आये भोजन का माध्यम क्षारीय कर देता है जिससे कि अग्न्याशयी रस (Pancreatic Juice) क्रिया कर सके। पित्त आँत की क्रमाकुंचन गतियों को बढ़ाता है जिससे भोजन में पाचक रस अच्छी तरह मिल जाते हैं। पित्त अनेक उत्सर्जी एवं विषैले पदार्थों तथा धातुओं के उत्सर्जन का कार्य करता है। यह वसा के अवशोषण में भी सहायक होता है। यह विटामिन K तथा वसाओं में अन्य विटामिनों के अवशोषण में सहायक होता है। यदि यकृत कोशिकाएँ रुधिर से विलिरुबिन लेना बन्द कर दे तो रुधिर द्वारा सम्पूर्ण शरीर में विलिरुबिन फैल जाता है। इसे ही पीलिया (Jaundice) कहते हैं ।

(c) अग्न्याशय (Pancreas): यह मानव शरीर की दूसरी सबसे बड़ी ग्रन्थि है। इसकी प्रमुख विशेषता यह है कि यह एक साथ अन्तःस्रावी (नलिकाविहीन) और बहिःस्रावी (नलिकायुक्त) दोनों प्रकार की ग्रन्थि है । यह छोटी आँत के 'U' आकार वाले भाग में स्थित होती है। यह आमाशय के ठीक नीचे तथा ग्रहणी को घेरे हुए पीले रंग की एक

ग्रन्थि है । अग्नाशय में अनेक पतली-पतली नलिकाएँ होती हैं जो आपस में जुड़कर एक बड़ी अग्न्याशयी वाहिनी (Pancreatic duct) बनाती हैं । अग्न्याशयी वाहिनी तथा मूल पित्तवाहिनी मिलकर एक बड़ी नलिका बनाते हैं, फिर यह नलिका एक छिद्र के द्वारा ग्रहणी में खुलती है। अग्न्याशय एक प्रकार का क्लोम रस (Pancreatic juice) स्रावित करता है जो नलिका के माध्यम से पक्वाशय में आ जाता है । अग्न्याशय का एक भाग लैंगर हैंस की द्विपिका' (Islets of Langerhans) कहलाता है। लैंगर हैंस की द्विपिका के B-कोशिका से इन्सुलिन (Insulin), a- कोशिका से ग्लूकेगॉन (Glucagon) एवं Y - कोशिका से सोमेटोस्टेटिन (Somatostatin) नामक हार्मोन निकलता है । इन्सुलिन रक्त में शर्करा की मात्रा को निर्धारित करने का काम करता है । इन्सुलिन के अल्पस्रवण से मधुमेह (Diabetes) नामक रोग हो जाता है ।

अग्न्याशयी रस (Pancreatic juice): यह अग्न्याशयी कोशिकाओं से स्रावित होता है। इसमें 98% जल तथा शेष 2% भाग में लवण एवं एन्जाइम होते हैं। यह क्षारीय द्रव होता है जिसका pH मान 7.5-8.3 होता है। अग्न्याशयी रस में तीनों प्रकार मुख्य भोज्य पदार्थों को पचाने के एन्जाइम होते हैं । इस कारण इसे 'पूर्ण पाचक रस' कहा जाता है। इसमें मुख्यतः पाँच एन्जाइम ट्रिप्सिन, एमाइलेज, कार्बोक्सिपेप्टिडेस, लाइपेज तथा माल्टेज पाये जाते हैं। इसमें माल्टेज एवं एमाइलेज कार्बोहाइड्रेट का, ट्रिप्सिन प्रोटीन का तथा लाइपेज वसा का पाचन करता है ।

मनुष्य में पाचन क्रिया (Process of digestion in human beings): मनुष्य में भोजन का पाचन मुख से ही प्रारम्भ हो जाता है। और यह छोटी आँत तक जारी रहता है। भोजन के मुख में अन्तर्ग्रहण (Ingestion) के बाद उसको दाँतों के द्वारा अच्छी तरह पीसा एवं चबाया जाता है जिससे वह महीन कणों में विभक्त हो जाता है। मुख में स्थित लार ग्रन्थियों (Salivary Glands) द्वारा स्रावित लार (Saliva) से दाँतों द्वारा पीसा भोजन अच्छी तरह मिल जाता है। लार में दो एन्जाइम टायलिन एवं लाइसोजाइम पाये जाते हैं। इनमें से टायलिन भोजन में उपस्थित मंड (स्टार्च) को माल्टोज शर्करा में अपघटित करता है, फिर माल्टेज नामक एन्जाइम माल्टोज शर्करा को ग्लूकोज में परिवर्तित कर देता है। लाइसोजाइम नामक एन्जाइम भोजन में उपस्थित हानिकारक जीवाणुओं को नष्ट करने का काम करता है। इसके अतिरिक्त लार में उपस्थित शेष पदार्थ बफर (Buffer) का कार्य करते हैं। अब यह भोजन जीभ द्वारा ग्रसिका में ठेल दिया जाता है जहाँ से यह आमाशय में पहुँच जाता है । आमाशय में भोजन के पहुँचने पर हाइड्रोक्लोरिक अम्ल (HCI) भोजन से मिलकर टायलिन को निष्क्रिय कर देता है। साथ ही साथ यह भोजन को अम्लीय बना देता है। इसके अतिरिक्त हाइड्रोक्लोरिक अम्ल भोजन में उपस्थित हानिकारक जीवाणुओं को भी नष्ट कर देता है । आमाशय में पहुँचा भोजन जठर रस से मिलकर अर्द्धतरल लुगदी के रूप में परिवर्तित हो जाता है। जठर रस में पेप्सिन, रेनिन तथा म्यूसिन नामक एन्जाइम उपस्थित होते हैं। पेप्सिन भोजन में उपस्थित प्रोटीन को पहले प्रोटियोजेज तथा

फिर पेप्टोन में परिवर्तित करता है। रेनिन दूध में घुलनशील प्रोटीन केसीन (Casein) को कैल्सियम पैराकैसिनेट में बदलकर दूध को दही में परिवर्तित करता है। म्यूसिन जठर रस के अम्लीय प्रभाव को कम करता है। यह भोजन को चिकना बनाने का काम करता है तथा श्लेष्मा झिल्ली (Mucous membrane) पर एक रक्षात्मक आवरण बनाता है जिससे पाचक एन्जाइमों का प्रभाव आहारनाल पर नहीं पड़ता है । आमाशय में इसके पश्चात भोजन 'काइम' (Chyme) कहलाता है । आमाशय से काइम ग्रहणी (Duodenum) में पहुँचता है। यहाँ इसमें सबसे पहले यकृत से स्रावित पित्त रस (Bile juice) मिलता है । पित रस में किसी भी प्रकार का एन्जाइम नहीं पाया जाता है। यह क्षारीय होता है तथा काइम की प्रकृति को भी अम्लीय से क्षारीय बना देता है । यह काइम की चर्बी को जल के साथ मिलाकर इमल्शन (Emulsion) बनाने में मदद करता है। यहाँ अग्न्याशय से स्रावित अग्न्याशय रस (Pancreatic juice) भी आकर काइम में मिलते हैं। अग्न्याशय रस में ट्रिप्सिन, (Trypsin), लाइपेज (Lipase), एमाइलेज (Amylase) कोर्बोक्सिपेप्टिडेस (Carboxypeptidase) तथा माल्टेज नामक एन्जाइम होते हैं। ट्रिप्सिन प्रोटीन एवं पेप्टोन को पॉलीपेप्टाइड्स एवं ऐमीनो अम्ल में परिवर्तित करता है । एमाइलेज मंड (स्टार्च) को घुलनशील शर्करा में परिवर्तित करता है। लाइपेज इमल्सीकृत वसाओं को ग्लिसरीन तथा फैटी एसिड्स (Fatty acids) में परिवर्तित करता है । इन एन्जाइमों की क्रिया काइम पर होने के फलस्वरूप काइम काफी तरल हो जाता है और अब यह इलियम (Ileum) में पहुँचता है । यहाँ आन्त्ररस (Intestinal juice) की क्रिया काइम पर होती है। आन्त्र रस क्षारीय (pH-8) होता है। एक स्वस्थ मनुष्य में प्रतिदिन लगभग 2 लीटर आन्त्र रस स्रावित होता है। आन्त्ररस में निम्नलिखित प्रकार के एन्जाइम उपस्थित होते हैं—

1. इरेप्सिन (Erepsin): यह शेष प्रोटीन एवं पेप्टोन को ऐमीनो अम्ल में परिवर्तित करता है ।
2. माल्टेज (Maltase) : यह माल्टोस को ग्लूकोज शर्करा में परिवर्तित करता है।
3. सुक्रेस (Sucrase) : यह सुक्रोस को ग्लूकोज एवं फ्रक्टोज में परिवर्तित करता है।
4. लेक्टेस (Lactase) : यह लैक्टोज को ग्लूकोज एवं ग्लेक्टोस में परिवर्तित करता है।
5. लाइपेज (Lipase) : यह इमल्शीकृत वसाओं को ग्लिसरीन एवं फैटी एसिड्स में परिवर्तित करता है।

अवशोषण (Absorption): छोटी आँत तक भोजन का पूर्ण पाचन हो जाता है अर्थात् भोज्य पदार्थ यहाँ इस रूप में परिवर्तित हो जाता है कि आहारनाल की दीवार उसे अवशोषित कर सके। काइम के अवशोषण की मुख्य क्रिया छोटी आँत में ही होती है। छोटी आँत में स्थित रसांकुर (Villi) की कोशिकाएँ अवशोषित योग्य तरल क्राइम को अवशोषित करने के पश्चात् रुधिर एवं लसीका में पहुँचा देती है। इस प्रकार पचे हुए काइम को ग्लूकोज तथा ऐमीनो अम्ल रुधिर कोशिकाओं में अवशोषित होकर रुधिर मिश्रित हो जाते हैं। लेकिन वसा अम्ल एवं ग्लिसरीन लसीका में अवशोषित होते हैं। इसके बाद ये पदार्थ रुधिर भ्रमण द्वारा

शरीर के विभिन्न अंगों में पहुँच जाते हैं। बिना पचा काइम (Undigested chyme) छोटी आँत से बड़ी आँत में पहुँच जाता है। बड़ी आँत काइम से जल को अवशोषित कर लेती है। शेष काइम मल के रूप में मलाशय (Rectum) में एकत्रित होकर गुदा (Annus) द्वारा बाहर निकाल दिया जाता है।

श्वसन तंत्र

प्रत्येक जीव को जीवित रहने हेतु ऑक्सीजन की आवश्यकता होती है क्योंकि ऑक्सीजन ही कार्बनिक भोज्य पदार्थों का ऑक्सीकरण या विघटन करके ऊर्जा प्रदान करते हैं। भोज्य पदार्थों के ऑक्सीकरण की यही प्रक्रिया श्वसन' (Respiration) कहलाती है। दूसरे शब्दों में यह कहा जा सकता है कि जीवों में सम्पन्न होनेवाली वह ऑक्सीकरण क्रिया जिसमें ऑक्सीजन की उपस्थिति या अनुपस्थिति में जटिल भोज्य पदार्थों का सामान्य शरीर तापमान पर विभिन्न एन्जाइमों के नियंत्रण में क्रमिक अपघटन होता है, जिसके फलस्वरूप सरल भोज्य पदार्थ CO, अथवा जल एवं CO2 का निर्माण होता है तथा ऊर्जा मुक्त होती है, श्वसन कहलाती है।

ऑक्सीजन के अन्तर्ग्रहण (Ingestion) करने का कार्य श्वसन तंत्र (Respiratory system) करता है। श्वसन तंत्र के द्वारा शरीर की प्रत्येक कोशिका ऑक्सीजन की सम्पूर्ति प्राप्त करती है, साथ-ही-साथ ऑक्सीकरण उत्पादनों से मुक्त हो जाती है । श्वसन की सम्पूर्ण प्रक्रिया को निम्नलिखित भागों में विभाजित किया जा सकता है।

A. बाह्य श्वसन (External respiration),

B. गैसों का परिवहन (Transportation of gases),

C. आन्तरिक श्वसन (Internal respiration) |

A. बाह्य श्वसन (External respiration): प्राणी और वातावरण के बीच श्वसन गैसों (O, एवं CO2) के आदान-प्रदान अर्थात् ऑक्सीजन का शरीर में आना और कार्बन डाइऑक्साइड का शरीर से बाहर जाना बाह्य श्वसन कहलाता है चूँकि इस प्रकार की श्वसन क्रिया फुफ्फुसों (Lungs) में ही सम्पन्न होती है। इसलिए इसे फुफ्फुस श्वसन (Pulmonary respiration) भी कहते हैं। चूँकि इसमें ऑक्सीजन का रुधिर में मिलना तथा CO का शरीर से बाहर निकलना सम्मिलित होता है, अतः इसे गैसीय विनिमय (Gaseous exchange) भी कहते हैं ।

स्तनधारियों में बाह्य श्वसन दो पदों में होता है— 1. श्वासोच्छवास (Breathing) 2. गैसों का विनिमय (Exchange of gases) |

1. श्वासोच्छवास (Breathing): स्तनधारी में एक जोड़े लचीले, स्पन्जी फेफड़े होते हैं जो वक्ष गुहा (Thoracic cavity) में स्थित एक जोड़ा फुफ्फुसावरणी गुहाओं (Pleural cavities) के भीतर सुरक्षित बन्द रहते हैं। फेफड़ों में निश्चित दर से वायु भरी तथा निकाली जाती है, जिसे साँस लेना या श्वासोच्छवास कहते हैं। श्वास लेने की प्रक्रिया दो भागों में सम्पन्न होती है। ये हैं

(a) निःश्वसन (Inspiration) : जब वायु वातावरण से शरीर के भीतर श्वासोच्छवास अंगों में प्रवेश करती है, तब उस अवस्था को निःश्वसन कहते हैं। निःश्वसन में बाह्य अन्तरार्शुक पेशियाँ सिकुड़ती हैं, पसलियाँ तथा स्टर्नम ऊपर तथा बाहर की ओर खिंचते हैं, जिससे वक्षगुहा का आयतन बढ़ जाता है। डायफ्रॉम की रेडियल पेशियाँ सिकुड़ती हैं जिससे डायफ्राम चिपटा हो जाता है, जिससे वक्ष गुहा का आयतन अग्रपश्च दिशा में बढ़ जाता है। वक्षगुहा का आयतन बढ़ने से दबाव कम हो जाता है, फेफड़े फैलते हैं। वायु नासा, नासावेश्मों, जोफेरिंग्स, ट्रैकिया ब्रोक्स एवं ब्रोकियोल्स आदि से होती हुई फेफड़ों में पहुँचती है। गैसों का आदान-प्रदान एलव्योली में होता है। एलव्योली से ऑक्सीजन विसरित होकर रुधिर में तथा कार्बन डाइऑक्साइड रुधिर से विसरित होकर फेफड़ों की एलव्योली में पहुँचती है।

(b) उच्छवास (Expiration): जब श्वसन के पश्चात् CO_2 युक्त वायु श्वासोच्छवास अंगों से बाहर वातावरण में निकलती है, तब उस अवस्था को उच्छवास कहते हैं। उच्छवास में आन्तरिक इण्टरकॉस्टल पेशियों (Internal intercoastal muscles) के सिकुड़ने के कारण पसलियाँ फिर अपने स्थान पर वापस आ जाती हैं। इसके फलस्वरूप प्लूरल गुहा (Pleural cavity) का आयतन घट जाता है एवं फेफड़े पर दबाव पड़ने के कारण वह सिकुड़ता रहता है तथा फेफड़े की हवा उसी पथ से, जिस पथ से प्रवेश करती है, बाहर निकलकर वातावरण में वापस चली जाती है। आन्तरिक इण्टरकॉस्टल पेशियों को उच्छवास पेशियाँ भी कहते हैं, क्योंकि इन्हीं के द्वारा उच्छवास सम्पन्न होता है।

2. गैसों का विनिमय (Exchange of gases) : गैसों का विनिमय फेफड़े के अन्दर होता है। श्वासोच्छवास के फलस्वरूप वायु फेफड़े के विभिन्न वायुकोष्ठकों (Alveoli) में पहुँच जाती हैं। वायुकोष्ठकों के चारों ओर रक्त कोशिकाओं का अत्यधिक घना जाल उपस्थित रहता है। इस समय वायु की ऑक्सीजन महीन शिरा केशिकाओं (Venous capillaries) की दीवार से होकर इनके रुधिर में पहुँच जाती है। बदले में रुधिर से CO_2 केशिकाओं की दीवार से बाहर निकलकर बाहर जाने वाली वायु में मिल जाती है। यह गैसीय विनिमय घुली अवस्था में या विसरण प्रवणता (Diffusion gradient) के आधार पर साधारण विसरण द्वारा होता है।

फेफड़े में ऑक्सीजन और कार्बन डाइऑक्साइड गैसों का विनिमय उनके दाब के अन्तर के कारण होता हैं। कूपिक वायु (Alveolar air) में ऑक्सीजन का दाब 100 mm Hg होता है जबकि शिरा केशिका के रुधिर में ऑक्सीजन का दाब 37mm Hg होता है। इनके दबाव में अन्तर के कारण ऑक्सीजन शिरा केशिका (Venous capillary) की ओर विसरित होता है। इसी तरह CO_2 का दाब कूपिक वायु में 40mm Hg होता है जबकि शिरा केशिका में 46 mm Hg होता है। फलतः CO_2 शिरा केशिका से कूपिका (Alveoli) की ओर विसरित होती है । अतः ऑक्सीजन एवं कार्बन डाइऑक्साइड की विसरण की दिशा एक-दूसरे के विपरीत होती है। फेफड़े के समान ही गैसीय विनिमय ऊतकों (Tissues) में भी होता है। ऊतकों में सक्रिय उपापचय के फलस्वरूप केशिकाओं में CO_2 की मात्रा अधिक तथा ऑक्सीजन की मात्रा कम होती है। इस कारण CO_2 केशिकाओं से रुधिर में विसरित होता रहता है जबकि ऑक्सीजन

की मात्रा रुधिर में अधिक रहने के फलस्वरूप यह रुधिर से ऊतक की केशिकाओं में विसरित होता रहता है। मानव शरीर में ऑक्सीजन का अभिगमन का क्रम क्रमशः फुफ्फुस, रुधिर और ऊतक द्वारा होता है। इस प्रकार शरीर में गैसों का आदान प्रदान एक सरल भौतिकीय विसरण सिद्धान्त पर होता रहता है।

B. गैसों का परिवहन (Transportation of gases) : गैसों अर्थात् ऑक्सीजन एवं कार्बन डाइऑक्साइड का फेफड़े से शरीर की कोशिकाओं तक पहुँचना तथा पुनः फेफड़े तक वापस आने की क्रिया को गैसों का परिवहन कहते हैं। श्वसन गैसों का परिवहन रुधिर परिसंचरण तंत्र की सहायता से होता है।

1. ऑक्सीजन का परिवहन (Transportation of oxygen): ऑक्सीजन का परिवहन मुख्यतः रुधिर में पाये जाने वाले लाल वर्णक हीमोग्लोबिन (Haemoglobin) के द्वारा होता है। हीमोग्लोबिन ऑक्सीजन से संयुक्त होकर एक अस्थायी यौगिक ऑक्सीहीमोग्लोबिन (Oxyhaemoglobin) बनाता है जो एक भौतिक परिवर्तन (Physical change) है ।

यह ऑक्सीहीमोग्लोबिन रुधिर परिसंचरण के द्वारा शरीर की विभिन्न कोशिकाओं में पहुँचता है। कोशिकाओं में ऑक्सीजन का आंशिक दाब कम रहता है जिसके कारण ऑक्सीहीमोग्लोबिन का विखण्डन ऑक्सीजन एवं हीमोग्लोबिन में हो जाता है। इस प्रक्रिया में ऑक्सीजन मुक्त होकर ऊतकों में प्रवेश कर जाता है। हीमोग्लोबिन बैंगनी रंग (Violet) का होता है जबकि ऑक्सी हीमोग्लोबिन चमकदार लाल रंग का होता है। ऑक्सीजन की कितनी मात्रा का संयोजन हीमोग्लोबिन से होगा, यह ऑक्सीजन के आंशिक दाब एवं रक्त के pH पर आधारित होता है।

हीमोग्लोबिन को 'श्वसन वर्णक' (Respiratory pigment) कहा जाता है । यह दो भागों से मिलकर बना होता है। प्रथम भाग हीमेटीन या हीम (Haematin or Heme) कहलाता है। हीम एक आयरन पारफाइरिन (Iron Porfirin) होता है। इसके केन्द्रक में एक लौह परमाणु (Fe) रहता है। हीमोग्लोबिन का दूसरा भाग ग्लोबिन (Globin) कहलाता है जो कि एक रंगहीन प्रोटीन है । यह हीमोग्लोबिन का 95% होता है।

2. कार्बन डाइऑक्साइड का परिवहन (Transportation of Carbondioxide) : कार्बन डाइऑक्साइड का परिवहन कोशिकाओं से फेफड़े तक हीमोग्लोबिन के द्वारा केवल 10 से 20 प्रतिशत तक ही हो पाता है। अतः CO2 का परिवहन रुधिर परिसंचरण द्वारा अन्य प्रकार से भी होता है जो निम्नलिखित हैं—

(a) प्लाज्मा में घुलकर (Dissolved in plasma) : कार्बन डाइऑक्साइड रुधिर प्लाज्मा में घुलकर कार्बोनिक अम्ल (Carbonic acid) बनाती है। कार्बोनिक अम्ल के रूप में CO2 का लगभग 7% परिवहन होता है ।

(b) बाइकार्बोनेट्स के रूप में (As bicarbonates): बाइकार्बोनेट्स के रूप में कार्बन डाइऑक्साइड के अधिकांश भाग (लगभग 70%) का परिवहन होता है। यह रुधिर के

पोटैशियम तथा प्लाज्मा के सोडियम | से मिलकर क्रमशः पोटैशियम बाइकार्बोनेट एवं सोडियम बाइकार्बोनेट बनाता है।

(c) कार्बोमिनो यौगिकों के रूप में (As Carbominocompounds): कार्बन डाइऑक्साइड हीमोग्लोबिन के अमीनो (-NH) समूह से संयोग कर कार्बोक्सी हीमोग्लोबिन (Carboxy haemoglobin) तथा प्लाज्मा प्रोटीन से संयोग कर कार्बोमिनो-हीमोग्लोबिन बनाता है। इस प्रकार यह लगभग 23% CO2, का परिवहन करता है।

मनुष्य में साँस लेने की दर 16-20 बार प्रति मिनट होती है। सामान्य श्वसन के दौरान लगभग 1500 ml वायु फेफड़े में हर समय भरी रहती है। इसे फेफड़े की कार्यात्मक अवशेष सामर्थ्य (Functional residual capacity) कहते हैं।

C. आन्तरिक श्वसन (Internal respiration): शरीर के अन्दर रुधिर एवं ऊतक द्रव्य के बीच होने वाले गैसीय विनिमय को आन्तरिक श्वसन कहते हैं। फेफड़े में होनेवाले गैसीय विनिमय को बाह्य श्वसन कहते हैं। चूँकि आन्तरिक श्वसन कोशिका के अन्दर होता है। अतः इसे कोशिकीय श्वसन (Cellular Respiration) भी कहते हैं। आन्तरिक श्वसन या कोशिकीय श्वसन में निम्नलिखित प्रक्रियाएँ सम्मिलित होती हैं—

1. ऑक्सीहीमोग्लोबिन का विघटन (Dissociation of oxyhaemoglobin) : रक्त परिसंचरण के परिणामस्वरूप ऑक्सी हीमोग्लोबिन कोशिकाओं में पहुँचता है जहाँ पर ऑक्सीजन का दाब कम होता है। अतः ऑक्सीहीमोग्लोबिन का ऑक्सीजन में विघटन हो जाता है । इस प्रकार से लगभग 25% ऑक्सीजन ऊतकों में पहुँच जाते हैं।

2. खाद्य पदार्थों का ऑक्सीकरण (Oxidation of food stuffs): कोशिकाद्रव्य में ऑक्सीजन की उपस्थिति में विभिन्न खाद्य पदार्थों का विभिन्न एन्जाइमों की उपस्थिति में ऑक्सीकरण होता है जिसके परिणामस्वरूप ऊर्जा मुक्त होती है।

आन्तरिक श्वसन दो प्रकार के होते हैं –

A. अनॉक्सी श्वसन (Anaerobic respiration)

B. ऑक्सी श्वसन (Aerobic respiration)

A. अनॉक्सी श्वसन (Anaerobic respiration) : वह श्वसन जो ऑक्सीजन की अनुपस्थिति में होता है, अनॉक्सी श्वसन कहलाता है। इसमें जटिल रासायनिक प्रतिक्रियाओं की श्रृंखला द्वारा ग्लूकोज (कोशिकीय ईंधन) का आंशिक विखंडन होता है। ग्लूकोज का यह आंशिक विखंडन 12 एन्जाइमों की सहायता से कोशिकाद्रव्य में सम्पन्न होती है। इसके अन्तर्गत होनेवाले सम्पूर्ण प्रक्रम को ग्लाइकोलिसिस (Glycolysis) कहते हैं। अनॉक्सी श्वसन का अन्तिम उत्पाद पाइरुविक अम्ल (Pyruvicacid) होता है। सम्पूर्ण प्रक्रम में 4 अणु ATP ऊर्जा का निर्माण होता है, जिसमें से 2 अणु ATP ऊर्जा इस प्रक्रम के सम्पन्न होने में खर्च हो जाती है। इस प्रकार 2 अणु ATP का शुद्ध लाभ होता है। इसमें ग्लूकोज अणु के आंशिक विखण्डन के कारण उनसे लगभग 7% ऊर्जा मुक्त हो पाती है, शेष ऊर्जा पाइरुविक अम्ल के बन्धनों में ही संचित रह जाती है। यह बची हुई ऊर्जा आण्विक

ऑक्सीजन की उपस्थिति में पाइरुविक अम्ल के पूर्ण विखण्डन के फलस्वरूप मुक्त होती है । यदि पाइरुविक अम्ल को स्थायी रूप से आण्विक ऑक्सीजन बिल्कुल उपलब्ध नहीं हो पाती तब यह चरण स्थायी हो जाता है और पाइरुविक अम्ल लैक्टिक अम्ल या एथिल ऐल्कोहॉल में परिवर्तित हो जाता है । उदाहरणस्वरूप-पौधों, मांसल फलों, जीवाणुओं एवं फफूँदों में पाइरुविक अम्ल का परिवर्तन एथिल ऐल्कोहॉल में हो जाता है और CO_2 मुक्त होती है ।

अनॉक्सी श्वसन प्रायः जीवों में गहराई पर स्थित ऊतकों में, अंकुरित होते बीजों में व फलों में अल्प समय के लिए होता है। अनॉक्सी श्वसन (Anaerobic respiration) को शर्करा किण्वन भी कहा जाता है ।

B. ऑक्सीश्वसन (Aerobic Respiration): कोशिकीय श्वसन का यह चरण कोशिका के अंदर माइटोकॉण्ड्रिया (Mitochondria) में सम्पन्न होता है। इस चरण में विभिन्न रासायनिक प्रतिक्रियाओं की एक श्रृंखला और अनेक एन्जाइमों की सहायता से पाइरुविक अम्ल का पूर्ण ऑक्सीकरण होता है तथा अन्त में CO_2 एवं जल उपोत्पाद के रूप में बनते हैं और ढेर सारी रासायनिक ऊर्जा मुक्त होती है जो ATP अणुओं में संचित हो जाती है। इस चरण के अन्त में 36 ATP के अणु प्राप्त होते हैं। इस प्रकार सम्पूर्ण कोशिकीय श्वसन में एक अणु ग्लूकोज से 38 ATP ऊर्जा प्राप्त होती है। एक अणु ग्लूकोज के पूर्ण विखण्डन या पूर्ण ऑक्सीकरण के फलस्वरूप कुल ऊर्जा का लगभग 55 से 60 प्रतिशत तक ही जीवों को उपलब्ध होता है, शेष ऊर्जा ऊष्मा ऊर्जा के रूप में हासित हो जाती है।

श्वसन की क्रियाविधि (Mechanism of respiration) : श्वसन की प्रक्रिया सामान्यतया दो पदों में सम्पन्न होती है। ये हैं 1. ग्लाइकोलाइसिस तथा 2. क्रेब्स चक्र ।

1. ग्लाइकोलिसिस (Glycolysis) इस प्रक्रिया में ग्लूकोज के एक अणु से पाइरुविक अम्ल के दो अणुओं का निर्माण होता है। इस प्रक्रिया में ऑक्सीजन की आवश्यकता नहीं होती है। अतः यह प्रक्रिया अनॉक्सीश्वसन तथा ऑक्सीश्वसन में एक जैसी ही होती है । यह सम्पूर्ण प्रक्रिया कोशिकाद्रव्य में पूर्ण होती है। ग्लाइकोलिसिस के पूरे चरण में ATP के 4 अणु बनते हैं जबकि ATP के 2 अणु खर्च हो जाते हैं। इस प्रकार इस प्रक्रिया में ATP के दो अणुओं का शुद्ध लाभ होता है। इस प्रक्रिया में हाइड्रोजन के चार परमाणु बनते हैं जो NAD को $2NADH_2$ में बदलने में काम आते हैं।

ग्लाइकोलिसिस की खोज जर्मनी के तीन जीव वैज्ञानिकों एम्बडेन मेयरहॉफ एवं पारसन ने की थी, इस कारण इसे EMPपाथवे भी कहते हैं।

2. केव्स चक्र (Kreb's cycle) : इस प्रक्रिया की खोज 1937 ई. में ब्रिटिश वैज्ञानिक हैन्स फ्रेन्स (Hens Krebs) ने की थी। क्रेव्स चक्र की सम्पूर्ण अभिक्रियाएँ पूकैरियोटिक जीवों में माइटोकॉण्ड्रिया (Mitochondria) में तथा प्रोकैरियोटिक जीवों में कोशिका कला (Cell membrane) पर होती है। इसमें ग्लाइकोलिसिस से प्राप्त पाइरुविक अम्ल के दोनों अणुओं का ऑक्सीजन की उपस्थिति में पूर्ण ऑक्सीकरण होता है। इस चरण में होने वाले प्रमुख

परिवर्तन इस प्रकार हैं

(a) क्रेब्स चक्र में प्रवेश करने से पूर्व पाइरुविक अम्ल से CO_2 के एक अणु तथा दो हाइड्रोजन परमाणुओं का विमोचन होता है। बचा हुआ अणु कोएन्ज़ाइम-A से संयुक्त होकर ऐसीटल कोएन्जाइम A बनाता है।

(b) ऐसीटल कोएन्जाइम A अब कोशिका में उपस्थित ऑक्जैलो एसीटिक अम्ल तथा जल से क्रिया कर साइट्रिक अम्ल बनाता है।

(c) साइट्रिक अम्ल का क्रेब्स चक्र में धीरे-धीरे कई अभिक्रियाओं के माध्यम से क्रमबद्ध विघटन होता है। इन अभिक्रियाओं के परिणामस्वरूप कई मध्यवर्ती अम्ल बनते हैं, जैसे ऑक्जैलोसक्सिनिक अम्ल, अल्फा कीटोग्लूटेरिक अम्ल, सक्सिनिक अम्ल, फ्यूमेरिक अम्ल मैलिक अम्ल आदि। इन परिवर्तनों के दौरान CO2 के 2 अणु तथा हाइड्रोजन के 8 परमाणु मुक्त होते हैं।

(d) अन्त में मैलिक अम्ल का परिवर्तन ऑक्जैलोग्लिसरिक अम्ल में होता है। यह पुनः दूसरे पाइरुविक अम्ल के साथ संयुक्त होकर क्रेब्स चक्र में पुनः प्रवेश करता है।

ऊर्जा का उत्पादन (Production of energy): पाइरुविक अम्ल के अणु के ऑक्सीकरण से ATP का एक अणु 5 अणु NADH के और 1 अणु $FADH_2$ का बनता है। NADH के एक अणु से 3 अणु ATP के और $FADH_2$ के एक अणु से ATP के दो अणु प्राप्त होते हैं। इस प्रकार पाइरुविक अम्ल के एक अणु से $1 + (35) + (2 \times 1) = 1 + 15 + 2 = 18$ अणु ATP बनते हैं । चूँकि ग्लूकोज के एक अणु से दो अणु पाइरुविक अम्ल के बनते हैं । इसलिए पाइरुविक अम्ल के दो अणुओं से 2 x 18 = 36 अणु ATP के प्राप्त होते हैं। ग्लाइकोलिसिस के दौरान भी 2ATP अणुओं का लाभ होता है । अतः ग्लूकोज के 1 अणु के श्वसन से 2 + 36 = 38 अणु ATP प्राप्त होते हैं। स्पष्ट है कि हमारे तंत्र में अधिकतम ATP अणुओं का उत्पादन क्रेब्स चक्र के दौरान ही होता है।

मनुष्य का श्वसन तंत्र (Respiratory system in human): मनुष्य का श्वसन तंत्र कई अंगों से मिलकर बना होता है। इन अंगों में सबसे महत्वपूर्ण अंग फेफड़ा (Lungs) या फुफ्फुस होता है, जहाँ पर गैसों का विनिमय (Exchange of gases) होता है। इस कारण इसे फुफ्फुसीय श्वसन (Pulmonary respiration) भी कहा जाता है। मनुष्य के श्वसन तंत्र के अन्तर्गत वे सभी अंग आते हैं जिनसे होकर वायु का आदान-प्रदान होता है। मनुष्य में नासिका छिद्र (Nostrils), स्वरयंत्र (Larynx), श्वासनली (Trachea) तथा फेफड़ा (Lungs) मिलकर श्वसन अंग कहलाते हैं ।

मनुष्य के श्वसन तंत्र के अंग (Organs of human respiratory system):

1. नासिका (Nostrils) : मनुष्य में नासिका मुखद्वार के ठीक ऊपर स्थित होता है। इसमें दो लगभग गोलाकार बाह्य नासिका छिद्र (External nostrils or Nares) होते हैं जो अन्दर की ओर दो अलग-अलग (दायाँ एवं बायाँ) नासिका वेश्मों (Nasal chambers) में खुलते हैं। दोनों नासिका वेश्म एक ऊँची, लम्बवत, अस्थि की बनी नासा पट्टिका (Nasal

septum) के द्वारा एक-दूसरे से अलग होते हैं। नासिका वेश्म का छोटा अग्रभाग जिसमें बाह्य नासिका छिद्र खुलता है, प्रघ्राण या प्रकोष्ठ (Vestibule) कहलाता है। इस भाग में सामान्य रोमयुक्त त्वचा (Hairy skin) का स्तर होता है। प्रम्राण के पीछे नासा वेश्म का छोटा ऊपरी भाग घ्राणक्षेत्र (Olfactory region) तथा मध्य और निचला भाग श्वसन क्षेत्र (Respiratory region) कहलाता है। मनुष्य में घ्राण क्षेत्र अत्यन्त छोटा होता है, जिसके कारण मनुष्य में सूँघने की क्षमता कुछ निम्न स्तनधारियों की तुलना में कम होती है। नासिका वेश्म की दीवार टेढ़ी-मेढ़ी, घुमावदार प्लेट की तरह होती है, जिसे काँची (Conchae) कहते हैं। नासिका वेश्मों में महीनम्यूकस मेम्ब्रेन (Mucous Membrane) का स्तर होता है जो म्यूकस (Mucous) का स्राव करते हैं। श्वसन क्षेत्र में स्थित श्वसन एपिथीलियम (Respiratory epithelium) के नीचे महीन रक्त केशिकाओं का जाल फैला रहता है। नासिका वेश्म अन्दर की ओर ग्रसनी (Pharynx) में कण्ठद्वार (Glottis) के समीप खुलता है। ग्रसनी कण्ठद्वार के ठीक नीचे एक छोटी रचना स्वरयंत्र में खुलती है।

2. स्वरयंत्र (Larynx): श्वसन मार्ग का वह भाग जो ग्रसनी (Pharynx) को श्वासनली से जोड़ता है, कण्ठ या स्वरयंत्र कहलाता है। इसका मुख्य कार्य ध्वनि का उत्पादन करना है। ध्वनि उत्पादन के अतिरिक्त यह खाँसने, निगलने, श्वासोच्छवास तथा श्वसन मार्ग की सुरक्षा करने में सहायक होता है। स्वरयंत्र के प्रवेश द्वार पर एक पतला एवं पत्ती के समान कपाट (Valve) होता है, जिसे एपिग्लॉटिस (Epiglottis) कहते हैं। जब कुछ अन्दर निगलना होता है तो एपिग्लॉटिस द्वार बन्द कर लेता है, जिससे भोजन श्वासनली में प्रवेश नहीं कर पाता है । यह क्रिया स्वतः संम्पन्न होती है।

3. श्वासनली (Trachea): स्वरयंत्र श्वासनली या ट्रेकिया से जुड़ा होता है। दूसरे शब्दों में स्वरयंत्र (Larynx) पीछे की ओर श्वासनली या ट्रेकिया में खुलता है। श्वासनली लगभग 11 cm लम्बी नली है जिसका व्यास 16 mm का होता है। श्वासनली की पतली दीवार को मजबूती प्रदान करने के लिए बहुत उपास्थि के बने अपूर्ण वलय (Incomplete rings) क्रम से इसकी सम्पूर्ण लम्बाई में सजे होते हैं। ये वलय श्वासनली से वायु के बाहर निकलते समय उसे पिचकने से रोकते हैं। श्वासनली नीचे की ओर वक्षगुहा (Thoracic cavity) में पहुँचती है जहाँ यह विभाजित होकर दो श्वसनियों (Bronchi) में बँट जाती है । श्वसनियों में भी श्वासनली की तरह उपास्थीय वलय (Cartilageous rings) होते हैं। प्रत्येक श्वसनी फेफड़े में प्रवेश कर तुरन्त श्वसनिकाओं (Bronchioles) में विभाजित हो जाती है। नासिका से श्वसनिकाओं तक श्वसन तंत्र का सम्पूर्ण आन्तरिक भाग पक्ष्माभिकामय एपिथीलियम (Ciliated epithelium) का बना होता है। फेफड़े के अन्दर प्रत्येक श्वसनिका पुनः पतली शाखाओं में विभाजित हो जाती है जिन्हें वायुकोष्ठिका वाहिनियाँ (Alevolar ducts) कहते हैं। ये वाहिनियाँ अनेक छोटे-छोटे वायुकोष या एल्विओलाई (Airsacs or Alveoli) में खुलती है। मनुष्य के दोनों फेफड़ों में ऐसे करीब 3 x 10 वायुकोष पाए जाते हैं। इस प्रकार मनुष्य के फेफड़ों में श्वसन गैसों के आदान-प्रदान के लिए लगभग 400-800 वर्ग फीट सतह

(Surface) उपलब्ध होती है ।

4. फेफड़ा (Lungs): मनुष्य के वक्ष गुहा (Thoracic cavity) में एक जोड़ी शंक्वाकार फेफड़े होते हैं। मनुष्य का फेफड़ा स्पंजी (Spongy), गुलाबी थैलीनुमा रचना है, जो हृदय के इधर उधर प्लूरल गुहाओं (Pleural Cavity) में स्थित होता है। प्लूरल गुहा के चारों ओर प्लूरल मेम्ब्रेन (Pleural membrane) का पतला आवरण होता हैं | जिसे पैराइटल प्लूरा (Parietal Pleura) कहते हैं। फेफड़ा और प्लूरा के मध्य म्यूकस जैसा चिकना तरल पदार्थ पाया जाता है जो फेफड़े के फैलने और फिर वास्तविक रूप में लौटने से होने वाले घर्षण को कम करता है। मनुष्य के प्रत्येक फेफड़े में लगभग 300 करोड़ वायुकोष (Airsacs) या एल्विओलाई (Alveoli) होते हैं । दायाँ फेफड़ा थोड़ा लम्बा एवं बायाँ फेफड़ा थोड़ा छोटा होता है। दायाँ फेफड़ा तीन पालियों (Lobes) एवं बायाँ फेफड़ा दो पालियों का बना होता है। प्लूरल मेम्ब्रेन फेफड़ों की सुरक्षा करते हैं। फेफड़े कुंचनशील होते हैं और यदि हम श्वासनली में फूँक मारें तो फेफड़े गुब्बारों की भाँति फैल जाते हैं। वक्षीय गुहा के पसलियों के संकुचन एवं शिथिलन से वक्षीय गुहा | का आयतन बढ़ता एवं घटता है जिसके कारण वायु फेफड़े के अन्दर प्रवेश करती है और बाहर निकलती है।

5. डायफ्राम (Diaphragm): वक्षीय गुहा का निचला फर्श एक पतले पट्ट द्वारा बन्द रहता है, जिसे डायफ्राम कहते हैं। यह वक्ष एवं उदर के बीच गुम्बद के समान पेशीय सेप्टम है। यह देहगुहा को दो की तरफ उठा रहता है। उच्छ्वास (Exhalation) के समय डायफ्राम भागों में बाँटती है—अग्र वक्ष गुहा एवं पश्च उदर गुहा। यह वक्ष गुहा संकुचित (चपटा) हो जाता है।

6. पसलियाँ तथा पर्शुक पेशियाँ स्तनधारियों में वक्ष गुहा एक बन्द बक्से के समान गुहा होता है जो वक्ष और कशेरुक दण्ड अधरतल पर स्टर्नम, पार्श्व और पसलियों से, पश्च और डायफ्राम से, अग्र ओर गर्दन से घिरी होती है। पास-पास की पसलियों के बीच दो प्रकार की पेशियाँ पायी जाती हैं - (a) बाह्य अन्तरापर्शुक पेशी (External inter coastal muscle), (b) अन्तः अन्तरापर्शुक पेशी (Internal Inter Coastal Muscle) ।

कृत्रिम श्वसन : जल में डूबने या बिजली का करेंट लगने पर जब किसी व्यक्ति की श्वसन क्रिया रुक जाती है तो कृत्रिम श्वासोच्छ्वास क्रिया का सहारा लेना पड़ता है। इसके द्वारा फेफड़ों में पुनः संचालन (Ventilation) संभव हो पाता है ।

कृत्रिम श्वसन निम्न चरणों में किया जाता है

1. अमुक व्यक्ति को पीठ के बल लिटाकर उसकी गर्दन के नीचे हाथ रखकर उसे ऊपर ऊठाना चाहिए जिससे उसकी गर्दन खिंच जाये और उसका वायुमार्ग खुल जाए।
2. व्यक्ति की नाक को अंगुलियों की सहायता से बन्द करके अपना मुख उस व्यक्ति पर रखकर जोर से फूँक मारा जाए जिससे उसके फेफडे फूल जाएँ ।
3. अब मुख को हटा लेना चाहिए जिससे निःश्वसन संभव हो सके। यह क्रिया एक मिनट में 10-15 बार करनी चाहिए। इस प्रकार उस व्यक्ति में पुनः श्वसन क्रिया प्रारम्भ हो सकती है

। इस प्रकार इस विधि के द्वारा प्रथम उपचार के रूप में दुर्घटना से ग्रसित व्यक्ति की जान बचायी जा सकती है।

श्वसन भागफल : श्वसन क्रिया के दौरान उपयोग में लायी गई सम्पूर्ण ऑक्सीजन (O) एवं इस दौरान उत्पन्न हुई कार्बन डाइऑक्साइड के गैसीय विनिमय अनुपात को श्वसन भागफल (Respiratory quotient or R. Q) कहते हैं ।

विभिन्न भोज्य पदार्थों केलिए श्वसन भागफल (R. Q) का मान भिन्न-भिन्न होता है। यह एक तरह का मापन है, जिसको देखकर उसमें प्रयुक्त होनेवाले खाद्य-पदार्थों की पहचान की जाती है। प्रत्येक अपना खाद्य-पदार्थ का निश्चित श्वसन भागफल (R.Q) होता है।

उत्सर्जन तंत्र

शरीर कोशिकाओं से वर्ज्य (Waste) या विषाक्त पदार्थों को बाहर निकालने की क्रियाविधि को उत्सर्जन (Excretion) कहते हैं। वैसे अंग जो उत्सर्जन क्रिया में भाग लेते हैं या सहायता पहुँचाते हैं, उत्सर्जी अंग (Excretory Organs) कहलाते हैं।

अपचय क्रिया (Catabolic process) के फलस्वरूप शरीर में एकत्रित जटिल यौगिकों का विघटन होता है जिसके फलस्वरूप ऊर्जा मुक्त होती है और कुछ अपशिष्ट पदार्थ (Waste products) शेष रह जाते हैं। यह अपशिष्ट पदार्थ व्यर्थ होने के साथ साथ हानिकारक या विषाक्त (Poisonous) भी होते हैं, जो जीवित कोशिका के लिए घातक सिद्ध हो सकते हैं। इन पदार्थों का शरीर में अधिक समय तक रहने पर उपापचय की क्रियाओं पर प्रतिकूल प्रभाव पड़ता है और विभिन्न रोग भी हो सकते हैं। अतः इन अपशिष्ट या वर्ज्य पदार्थ का शरीर से बाहर निष्कासन आवश्यक है।

मनुष्य में उत्सर्जन (Excretion in human): मनुष्य के उत्सर्जन तंत्र में निम्नलिखित अंग आते हैं— 1. वृक्क (Kidney), 2. फेफड़ा (Lungs), 3. त्वचा (Skin) 4. यकृत (Liver) एवं 5. आँत (Intestine)

1. वृक्क (Kidney): मनुष्यएवं अन्य स्तनधारियों में मुख्य उत्सर्जी अंग एक जोड़ा वृक्क (Kidneys) होता है जो रुधिर परिसंचरण से उत्सर्जी पदार्थों को हटाने, साथ ही साथ रुधिर में लाभदायक तत्वों को बनाए रखने के लिए भली-भाँति अनुकूलित होते हैं। वृक्क सेम के बीज के आकार के होते हैं। उदर गुहा (Abdominal cavity) में पीठ की ओर कमर के क्षेत्र में, कशेरुक दण्ड (Vertebral column) के दोनों ओर एक-एक वृक्क स्थित होता है। इसके चारों तरफ पेरिटोनियम (Peritonium) नामक एक झिल्ली पायी जाती है। वयस्क मनुष्य में प्रत्येक वृक्क 4 से 5 इंचलम्बा, 2 इंच चौड़ा और लगभग 1.5 इंच मोटा होता है । इसका भार लगभग 140 ग्राम होता है। इसका बाहरी धरातल उत्तल (Convex) होता है तथा भीतरी धरातल अवतल होता है । वृक्क चारों ओर से मोटी वसा परतों द्वारा आच्छादित होते हैं, जो उनकी सुरक्षा करती है । वृक्क की भीतरी अवतल सतह हाइलम (Hilum) कहलाती है।

वृक्क को लम्बवत (Lengthwise) काटने पर यह दो भागों में विभाजित हो जाता है। बाहरी भाग जो अपेक्षाकृत पतला होता है, कॉर्टेक्स (Cortex) कहलाता है जबकि भीतरी मोटा दो

तिहाई भाग मेडुला (Medulla) कहलाता है। मेडुला शंकुरूपी (Cone shaped) रचनाओं से भरा होता है जिन्हें पिरामिड (Pyramid) कहते हैं। सभी पिरामिडें एक बैलीनुमा गुहा में दिष्ट (Directed) रहती है। यह गुहा वृक्क की भीतरी अवतल धरातल पर स्थित होती है। इस गुहा को वृक्क पेल्विस (Renal pelvis) कहते हैं। वृक्क पेल्विस से एक लम्बी तथा संकरी वाहिनी निकलती है जिसे मूत्रवाहिनी (Ureter) कहते हैं। दोनों ओर की मूत्रवाहिनियाँ मूत्राशय (Urinary bladder) में खुलती हैं। प्रत्येक वृक्क से लगभग 1,30,000 सूक्ष्म नलिकाएँ (Micro tubules) होती है जिन्हें वृक्कक या नेफ्रॉन (Nephron) कहते हैं। नेफ्रॉन वृक्क की कार्यात्मक इकाई (Functional Unit of Kidney) है। नेफ्रॉन को उत्सर्जन इकाई (Excretory Units) भी कहा जाता है। यह नेफ्रॉन ही रुधिर के रासायनिक संघटन (Chemical Composition) का वास्तविक नियंत्रण करते हैं।

नेफ्रॉन की संरचना (Structure of nephron) प्रत्येक नेफ्रॉन में एक छोटी प्यालीनुमा संरचना होती है जिसे बोमेन सम्पुट (Bowman's capsule) कहते हैं। बोमेन सम्पुट कॉर्टेक्स क्षेत्र में स्थित होता है। इस बोमेन सम्पुट से एक सूक्ष्म कुण्डलित नलिका निकलती है जो सीधी होकर वृक्क पेल्विस में प्रवेश करती है। इसके पश्चात् यह नलिका चौड़ी होकर एक पाश (Loop) बनाती है, जिसे हेनले लूप (Henle's loop) कहते हैं। उसके बाद यह नलिका फिर वृक्क के कॉर्टेक्स भाग में चली जाती है। कॉर्टेक्स भाग में यह फिर से कुण्डलित हो जाती है और तब यह एक बड़ी वाहिनी में खुलती है जिसे संग्राहक वाहिनी (Collecting duct) कहते हैं । संग्राहक वाहिनी एक सीधी नली होती है, जिसमें कई नेफ्रॉन की नलिकाएँ खुलती हैं। यह द्रव को वृक्क पेल्विस में ले जाती है। सभी संग्राहक वाहिनियाँ वृक्क पेल्विस में खुलती हैं। वृक्क पेल्विस से एक वाहिनी जिसे मूत्रवाहिनी कहते हैं, निकलता है। जो मूत्राशय में खुलता है ।

वृक्क में रुधिर की आपूर्ति (Supply of blood in the kidneys): महाधमनी (Aorta) से वृक्क धमनी (Renal artery) रुधिर को वृक्कों के भीतर ले जाती है । प्रत्येक वृक्क में वृक्क धमनी प्रवेश करने के बाद अनेक पतली शाखाओं में विभाजित हो जाती है। जिन्हें वृक्क धमनिकाएँ (Arterioles) कहते हैं। ये वृक्क धमनिकाएँ प्रत्येक नेफ्रॉन के बोमेन सम्पुट में प्रवेश करती हैं जिसे अभिवाही धमनिका (Afferent arteriole) कहते हैं । अभिवाही धमनिका बार बार विभाजित होकर महीन केशिकाओं (Capillaries) का एक गुच्छा बनाती है, जिसे केशिका गुच्छ (Glomerulus) कहते हैं । केशिकाएँ केशिका गुच्छ के बाद पुनः संयोजित होकर अपवाही धमनिका (Efferen arteriole) बनाती है। अपवाही धमनिका बोमेन सम्पुट से निकलकर फिर बार-बार विभाजित होकर महीन केशिकाओं का जाल बनाती जो नेफ्रॉन के विभिन्न जालिका भागों को ढँक लेती है। केशिकाएँ पुन संयोजित होकर वृक्क शिरिकाएँ (Renal venules) बनाती हैं। ये वृक् शिरिकाएँ अन्ततोगत्वा वृक्क शिरा में खुलती हैं। वृक्क शिरा वृक्क रुधिर को इकट्ठा कर हृदय (Heart) में पुनः वापस ले जाती है।

नेफ्रॉन के कार्य करने की विधि (Mechanism of working of nephron) : वृक्कों के भीतर नेफ्रॉन द्वारा दो महत्वपूर्ण कार्य सम्पन्न होते हैं। ये हैं- 1. रुधिर से सभी उत्सर्जी पदार्थों को हटाना एवं 2. रुधिर में आवश्यक पोषक तत्वों को बनाए रखना।

रुधिर से उत्सर्जी पदार्थ को दो चरणों में हटाया जाता है। ये हैं–

A. निस्यंदन (Filtration) तथा B. पुनरावशोषण (Reabsorption)|

A. निस्यंदन (Filtration) : निस्यंदन की क्रिया केशिकागुच्छ में सम्पन्न होती है। केशिका गुच्छ एक छन्नी की तरह है। प्रत्येक मिनट में रक्त का लगभग 1 लीटर जिसमें 500 ml प्लाज्मा होता है, केशिका गुच्छ से होकर बहता है। इसका लगभग 10% भाग छनता है। अभिवाही धमनिका जिसका व्यास अपवाही धमनिका से अधिक होता है, इसलिए केशिका गुच्छ में रक्त का दाब बढ़ जाता है जिसके फलस्वरूप छनने की क्रिया इसी उच्च दाब पर सम्पन्न होती है। उच्च दाब में छनने की इस क्रिया को अल्ट्राफिल्टरेशन (Ultra filtration) कहते हैं। अल्ट्राफिल्टरेशन द्वारा रुधिर की प्लाज्मा से ग्लोमेरुलस द्वारा विभिन्न घटक छान लिये जाते हैं। रुधिर प्लाज्मा से जल, ग्लूकोस, खनिज लवण आदि छान लिये जाते हैं। केवल रुधिर कोशिकाएँ एवं प्लाज्मा प्रोटीन नहीं छन पाती और रुधिर में ही रह जाती है। छने हुए द्रव को निस्यंद (Filtrate) कहते हैं। यह निस्यंद रुधिर प्लाज्मा की ही तरह होता है। किन्तु इसमें रुधिर कोशिकाएँ और प्लाज्मा प्रोटीन अनुपस्थित होते हैं। निस्यंद बोमेन सम्पुट की गुहा में इकट्ठा होता है जहाँ से यह नेफ्रॉन की नलिका में चला जाता है। इस निस्यंदन के कारण रुधिर के बहुत अधिक लाभदायक घटक छान लिये जाते हैं परन्तु इसका निदान अगले चरण में हो जाता है। इस प्रकार के चयनात्मक निस्यंदन को जिसमें कुछ पदार्थ छाने जाते हैं और कुछ नहीं, डाइऐलिसिस (Dialysis) कहते हैं। प्रत्येक केशिकागुच्छ (Glomerulus)एक डाइऐलिसिस थैली का कार्य करती है।

B. पुनरावशोषण (Reabsorption): बोमेन सम्पुट में छनने के बाद रुधिर नेफ्रॉन के बाहर मौजूद केशिकाओं के जाल से होकर प्रवाहित होता है। नेफ्रॉन की विभिन्न नलिकाओं से गुजरते समय निस्यंद में उपस्थित अनेक लाभदायक तत्वों को नलिकाओं के चारों ओर मौजूद रुधिर केशिकाओं द्वारा पुनः सोखकर रुधिर परिसंचरण में लौटा दिया जाता है। इस क्रिया को पुनरावशोषण (Reabsorption) कहते हैं। निस्यंद से अधिकांश जल का अवशोषण परासरण (Osmosis) द्वारा होता है। अन्य अवशोषित होने वाले लाभदायक तत्त्व ग्लूकोस, विटामिन, हार्मोन, खनिज लवण इत्यादि होते हैं। हाल की खोजों से पता चला है कि 100 ml निस्यंद से लगभग 99 ml द्रव का पुनरावशोषण हो जाता है। पुनरावशोषण के पश्चात् कभी-कभी नलिका की कोशिकाओं से कुछ उत्सर्जी पदार्थ स्रावित होते हैं जो निस्यंद में मिल जाते हैं। इसे ट्यूबुलर स्रवण (Tubular secretion) कहते हैं। इस निस्यंद (Filtrate) को मूत्र (Urine) कहते हैं।

मूत्र की संरचना एवं प्रकृति (Nature and composition of = urine): नेफ्रॉन या वृक्क नलिका में रुधिर से छनकर आए जल एवं शेष उत्सर्जी पदार्थों के मिश्रण को मूत्र

कहते हैं। मनुष्य का मूत्र पारदर्शी 1 एवं हल्के पीले रंग का द्रव होता है। इसका पीला रंग हीमोग्लोबिन के अपघटन से निर्मित यूरोक्रोम (Urochrome) नामक वर्णक (Pigment) के कारण होता है। मूत्र के गंध का कारण इसमें उपस्थित कार्बनिक . पदार्थ होता है। एक सामान्य व्यक्ति में 24 घंटे में लगभग 1.5 लीटर मूत्र बनता है। सामान्यतः मूत्र की मात्रा मनुष्य द्वारा ग्रहण किये गए जल की मात्रा, भोजन की प्रकृति उनकी शारीरिक एवं मानसिक स्थिति तथा वातावरणीय ताप पर निर्भर करती है। सामान्यतया ताजा मूत्र अम्लीय प्रकृति का होता है। इसका pH मान 4.5 से 8.6 के मध्य होता है । इसका आपेक्षिक घनत्व जल से थोड़ा अधिक होता है। एक सामान्य व्यक्ति के मूत्र में जल (96%), यूरिया (2%), प्रोटीन, वसा, शर्करा एवं दूसरे कोलयड्स (1.3%), यूरिक अम्ल (0.5%) के साथ अत्यल्प मात्रा में क्रियेटिनिन, सोडियम, पोटैशियम, कैल्सियम, मैग्नीशियम, क्लोरीन, सल्फेट, फॉस्फेट, सीसा, अमोनिया, आर्सेनिक, आयोडीन, नाइट्रोजन आदि पाये जाते हैं।

ड्यूरेसिस (Diuresis) : मूत्रस्राव की मात्रा के बढ़ जाने को ड्यूरेसिस कहते हैं। वे पदार्थ जो इसको क्रियान्वित करते हैं, उन्हें ड्यूरेटिक (Diuretics) कहते हैं। यूरिया ड्यूरेटिक पदार्थ होता है जो मूत्रस्राव को बहुत अधिक प्रभावित करता है। मूत्रस्राव का सीधा सम्बन्ध सामान्य रक्त में यूरिया की मात्रा पर निर्भर करता है। मैनिटॉल (Mannitol), सुक्रोज, ग्लूकोज, कैफीन आदि अन्य ड्यूरेटिक पदार्थ हैं।

वृक्क के कार्य (Function of kidneys): वृक्क के निम्नलिखित महत्वपूर्ण कार्य हैं—

1. वृक्क स्तनधारियों एवं अन्य कशेरुकी जन्तुओं में उपापचय क्रिया के फलस्वरूप उत्पन्न विभिन्न अपशिष्ट पदार्थों को मूत्र के रूप में शरीर से बाहर निकालता है।
2. यह रक्त में हाइड्रोजन आयन सांद्रता (pH) का नियंत्रण करता है ।
3. यह रक्त के परासरणी दाब तथा उसकी मात्रा का नियंत्रण करता है ।
4. यह रुधिर तथा ऊतक द्रव्य में जल एवं लवणों की मात्रा को निश्चित कर रुधिर दाब बनाए रखता है।
5. रुधिर के विभिन्न पदार्थों का वरणात्मक उत्सर्जन (Selective excretion) कर वृक्क शरीर की रासायनिक अखण्डता बनाने में सहायक होता है ।
6. शरीर में ऑक्सीजन की कमी होने की अवस्था में विशेष एन्जाइम के स्रवण से वृक्क एरिथ्रोपोइटिन (Erythropoietin) नामक हार्मोन द्वारा लाल रुधिराणुओं के तेजी से बनने में सहायक होता है।
7. यह कुछ पोषक तत्वों के अधिशेष भाग जैसे शर्करा, ऐमीनो अम्ल आदि का निष्कासन करता है।
8. यह बाहरी पदार्थों जैसे दवाइयाँ, विष इत्यादि जिनका शरीर में कोई प्रयोजन नहीं होता है, का निष्कासन करता है।
9. शरीर में परासरण नियंत्रण (Osmoregulation) द्वारा वृक्क जल की निश्चित मात्रा को बनाए रखता है।

2. फेफड़ा (Lungs): मनुष्यों में वैसे तो फेफड़ा श्वसन तंत्र से सम्बन्धित अंग है लेकिन यह श्वसन के साथ-साथ उत्सर्जन का भी कार्य | करता है। फेफड़ा द्वारा दो प्रकार के गैसीय पदार्थों कार्बन डाइऑक्साइड एवं जलवाष्प का उत्सर्जन होता है। कुछ पदार्थ जैसे-लहसून, प्याज और कुछ मसाले जिनमें कुछ वाष्पशील घटक पाये जाते हैं, का उत्सर्जन फेफड़ों के द्वारा होता है।

3. त्वचा (Skin): त्वचा में उपस्थित तैलीय ग्रन्थियाँ एवं स्वेद ग्रन्थियाँ क्रमशः सीबम एवं पसीने का स्राव करती हैं। सीबम एवं पसीने के साथ अनेक उत्सर्जी पदार्थ शरीर से बाहर निष्कासित हो जाते हैं।

4. यकृत (Liver): यकृत कोशिकाएँ आवश्यकता से अधिक ऐमीनो अम्ल तथा रुधिर की अमोनिया को यूरिया में परिवर्तित करके उत्सर्जन में मुख्य भूमिका निभाता है। इसके अतिरिक्त यकृत तथा प्लीहा कोशिकाएँ टूटी-फूटी रुधिर कोशिकाओं को विखंडित कर उन्हें रक्त प्रवाह से अलग करती हैं। यकृत कोशिकाएँ हीमोग्लोबिन का भी विखण्डन कर उन्हें रक्त प्रवाह से अलग करती है।

5. आँत (Intestine): आँत की दीवार में रुधिर कोशिकाओं का जाल होता है। इन कोशिकाओं के रुधिर में विद्यमान वर्ज्य पदार्थ की कुछ मात्रा आँत की कोशिकाएँ विसरण क्रिया द्वारा अवशोषित करके आँत की गुहा में पहुँचा देती है। यहाँ से वे मल के साथ बाहर निकल जाते हैं। इस प्रकार आँत अनपचे भोजन को शरीर से बाहर निकालकर उत्सर्जन में मदद करती है।

तंत्रिका तंत्र

मानव शरीर का वह तंत्र जो सोचने समझने तथा किसी चीज को याद रखने के साथ ही शरीर के विभिन्न अंगों के कार्यों में सामंजस्य तथा संतुलन स्थापित करने का कार्य करता है, तंत्रिका तंत्र कहलाता है। तंत्रिका तंत्र संवेदी अंगों, तंत्रिकाओं, मस्तिष्क, मेरुरज्जु एवं तंत्रिका कोशिकाओं का बना होता है। तंत्रिकीय नियंत्रण एवं समन्वय का कार्य मुख्यतया मस्तिष्क तथा मेरुरज्जु के द्वारा किया जाता है।

तंत्रिका तंत्र के कार्य : तंत्रिका तंत्र निम्नलिखित कार्य करता है

1. तंत्रिका तंत्र विभिन्न अंगों की भिन्न-भिन्न क्रियाओं को संचालित एवं नियंत्रित करता है।
2. यह समस्त मानसिक कार्यों का नियंत्रण करता है।
3. यह जन्तु को बाहरी वातावरण के अनुसार प्रतिक्रिया करने में मदद करता है।
4. यह विभिन्न ग्रन्थियों एवं ऊतकों के प्रकार्यों में समन्वय बनाकर शरीर के आन्तरिक पर्यावरण का नियमन करता है।

मानव में तंत्रिका तंत्र तीन भागों में विभक्त रहता है— 1. केन्द्रीय तंत्रिका तंत्र (Central nervous system), 2. परिधीय तंत्रिका तंत्र (Peripheral nervous system) तथा 3. स्वायत्त या स्वचालित तंत्रिका तंत्र (Autonomic nervous system) |

1. केन्द्रीय तंत्रिका तंत्र (Central nervous system): तंत्रिका तंत्र का वह भाग जो सम्पूर्ण शरीर तथा स्वयं तंत्रिका तंत्र पर नियंत्रण रखता है, केन्द्रीय तंत्रिका तंत्र कहलाता है। मस्तिष्क (Brain) तथा मेरुरज्जु दोनों मिलकर केन्द्रीय तंत्रिका तंत्र की स्थापना करते हैं। मस्तिष्क मेरुरज्जु का ही बढ़ा हुआ भाग है ।

मस्तिष्क (Brain): मस्तिष्क मानव शरीर का केन्द्रीय सूचना एवं प्रसारण अंग है और यह आदेश व नियंत्रण तंत्र की तरह कार्य करता है। यह ऐच्छिक गमन, शरीर के संतुलन, प्रमुख अनैच्छिक अंगों के कार्य, तापमान नियंत्रण, भूख एवं प्यास, परिवहन, लय, अनेक अन्तःस्रावी ग्रन्थियों की क्रियाएँ और मानव व्यवहार का नियंत्रण करता है। यह देखने, सुनने, बोलने की प्रक्रिया, याददाश्त, कुशाग्रता, भावनाओं और विचारों का भी स्थल है। इस प्रकार मस्तिष्क सम्पूर्ण शरीर तथा स्वयं तंत्रिका तंत्र का नियंत्रण कक्ष है। मानव का मस्तिष्क मस्तिष्क कोश या क्रेनियम (Cranium) के अंदर अच्छी तरह सुरक्षित रहता है । क्रेनियम मस्तिष्क को बाहरी आघातों से बचाता है। मानव मस्तिष्क का औसत भार 1400 ग्राम होता है। इसके चारों ओर मेनिनजेज (Meninges) नामक एक आवरण पाया जाता है। यह आवरण तीन स्तरों का बना होता है। इस आवरण की सबसे बाहरी परत को ड्यूरामेटर (Duramater), मध्य परत को अरेकनॉइड (Arachnoid) तथा सबसे अंदर की परत को पायामेटर (Piamater) कहते हैं। मेनिनजेज कोमल मस्तिष्क को बाहरी आघातों तथा दबाव से बचाता है। मेनिनजेज तथा मस्तिष्क के बीच सेरीब्रोस्पाइनल द्रव (Cerebrospinal fluid) भरा रहता है। मस्तिष्क की गुहा भी इसी द्रव्य से भरी रहती है। सेरोब्रोस्पाइनल द्रव मस्तिष्क को बाहरी आघातों से सुरक्षित रखने में मदद करता है।
यह मस्तिष्क को नम बनाए रखता है। मानव का मस्तिष्क अन्य कशेरुकों की अपेक्षा ज्यादा जटिल और विकसित होता है। इसका औसत आयतन लगभग 1650ml होता है । मानव मस्तिष्क को तीन प्रमुख भागों में विभाजित किया गया है।
ये है –1. अग्रमस्तिष्क (Forebrain)
2. मध्यमस्तिष्क (Midbrain) तथा 3. पश्च मस्तिष्क (Hindbrain) अग्रमस्तिष्क (Forebrain or Prosencephalon): यह दो भागों में बँटा होता है—
(a) प्रमस्तिष्क (Cerebrum): यह मस्तिष्क के शीर्ष, पार्श्व तथा पश्च भागों को ढँके रहता है। यह मस्तिष्क का सबसे बड़ा भाग है । यह सम्पूर्ण मस्तिष्क का लगभग दो-तिहाई हिस्सा होता है। यह एक अनुदैर्घ्य खाँच द्वारा दाएँ एवं बाएँ भागों में बँटा होता है, जिन्हें प्रमस्तिष्क गोलार्द्ध (Cerebral hemisphere) कहते हैं। दोनों प्रमस्तिष्क गोलार्द्ध तंत्रिका ऊतकों से बना कॉर्पस कैलोसम (Corpus callosum) नामक रचना के द्वारा एक-दूसरे से जुड़े रहते हैं । गोलार्द्ध में अनेक अनियमिताकार उभरी हुईं रचनाएँ होती हैं जिन्हें गाइरस (Gyrus) कहते हैं। दो गाइरस के बीच अवनमन वाले स्थान को सल्कस (Sulcus) कहते हैं। इसके कारण प्रमस्तिष्क वल्कुट (Cerebal cortex) का बाहरी क्षेत्र (Surface area) बढ़ जाता है। कॉर्टेक्स सेरीब्रम का बाहरी मोटा धूसर आवरण है, जिसपर अलग-अलग निर्दिष्ट केन्द्र

होते हैं जो विभिन्न शारीरिक क्रियाओं का नियंत्रण एवं समन्वयन कुशलतापूर्वक करते हैं। यह मस्तिष्क का अत्यन्त महत्वपूर्ण भाग है। यह बुद्धि और चतुराई का केन्द्र है। मानव में किसी बात को सोचने समझने की शक्ति, स्मरण शक्ति, किसी कार्य को करने की प्रेरणा, घृणा, प्रेम, भय, हर्ष, कष्ट के अनुभव जैसी क्रियाओं का नियंत्रण और समन्वय सेरीब्रम द्वारा ही होता है। यह मस्तिष्क के अन्य भागों के कार्यों पर भी नियंत्रण रखता है । जिस व्यक्ति में सेरीब्रम औसत से छोटा होता है तथा गाइरस एवं सल्कस कम विकसित होते हैं, वह व्यक्ति मन्द बुद्धि का होता है।

(b) डाइएनसेफलॉन (Diencephalon) : यह अग्रमस्तिष्क का एक भाग है जो प्रमस्तिष्क गोलाद्र्ध के द्वारा ढँका होता है। यह अधिक या कम ताप के आभास तथा दर्द व रोने जैसी क्रियाओं का नियंत्रण करता है।

मध्य मस्तिष्क (Midbrain or Mesencephalon) : यह भाग मस्तिष्क के मध्य में स्थित होता है। यह मस्तिष्क स्टेम का ऊपरी भाग है। इसमें अनेक तंत्रिका कोशिकाएँ कई समूहों में उपस्थित होती हैं । मध्य मस्तिष्क में संतुलन एवं आँख की पेशियों को नियंत्रित करने के केन्द्र होते हैं। मध्यमस्तिष्क दो भागों का बना होता है। ये हैं—कार्पोराक्वाड्रीजेमीन एवं सेरीब्रल पेडन्कल

(a) कार्पोराक्वाड्रीजेमीन: मध्य मस्तिष्क का ऊपरी भाग चार लोबनुमा उभारों का बना होता है, जिन्हें कॉर्पोराक्वाड्रीजेमीन कहते हैं। ये दृष्टि एवं श्रवण शक्ति पर नियंत्रण के केन्द्र होते हैं ।

(b) सेरीब्रल पेंडन्कल यह तन्तुओं का बंडल होता है जो सेरीब्रल कॉर्टेक्स को मस्तिष्क के अन्य भागों तथा मेरुरज्जु से जोड़ता है।

पश्चमस्तिष्क (Hind brain or Rhomben cephalon) : यह मस्तिष्क का सबसे पिछला भाग है। यह अनुमस्तिष्क या सेरीबेलम
(Cerebellum) एवं मस्तिष्क स्टेम का बना होता है।

(a) अनुमस्तिष्क (Cerebellum): इसे मेटेनसिफेलॉन भी कहते हैं। यह मुद्रा (Posture), समन्वय, संतुलन, ऐच्छिक पेशियों की गतियों इत्यादि का नियंत्रण करता है। इसका मुख्य कार्य शरीर का संतुलन बनाए रखना है। यह शरीर के ऐच्छिक पेशियों के संकुचन पर नियंत्रण करता है। यह आन्तरिक कान के संतुलन भाग से संवेदनाएँ ग्रहण करता है ।

(b) मस्तिष्क स्टेम (Brain stem): इसके अन्तर्गत पॉन्स वैरोलाई (Pons varolii) एवं मेडुला ऑब्लांगेटा (Medulla oblongata) आते हैं।

(i) पॉन्स वैरोलाई (Pons varolii): तंत्रिका तंतुओं से निर्मित पॉन्स वैरोलाई मेडुला के अग्रभाग में स्थित होता है। यह श्वसन (Respiration) को नियंत्रित करता है । (ii) मेडुला ऑब्लांगेटा (Medulla oblongata): यह एक बेलनाकार रचना होती है जो पीछे की ओर स्पाइनल कॉर्ड या मेरुरज्जु के रूप में पाया जाता है। स्पाइनल कॉर्ड मस्तिष्क के पिछले सिरे से शुरू होकर रीढ़ की हड्डियों में न्यूरल कैनाल (Neural canal) के अन्दर से होता

हुआ नीचे की ओर रीढ़ के अन्त तक फैला रहता है। इसी में अनैच्छिक क्रियाओं के नियंत्रण केन्द्र स्थित होते हैं। मेडुला द्वारा आवेगों का चालन मस्तिष्क और मेरुरज्जु के बीच होता है । मेडुला में अनेक तंत्रिका केन्द्र होते हैं, जो हृदय स्पन्दन या हृदय की धड़कन (Heart beat), रक्त चाप (Blood pressure) और श्वांस गति की दर (Rate of respiration) का नियंत्रण करते हैं। मस्तिष्क के इसी भाग द्वारा विभिन्न प्रतिवर्ती क्रियाओं जैसे-खाँसना (Coughing), छींकना (Sneezing), उल्टी करना (Vomiting), पाचक रसों के स्राव इत्यादि का नियंत्रण होता है ।

मेरुरज्जु (Spinal Cord): मेडुला ऑब्लांगेटा का पिछला भाग मेरुरज्जु बनाता है। मेरुरज्जु का अंतिम सिरा एक पतले सूत्र के रूप में होता है। मेरुरज्जु के चारों ओर भी ड्यूरोमेटर, ऑक्नायड और पॉयमेटर का बना आवरण पाया जाता है। मेरुरज्जु बेलनाकार खोखली तथा पृष्ठ एवं प्रतिपृष्ठ तल पर चपटी होती है। इसकी दोनों सतहों पर एक-एक खाँच पायी जाती है जिन्हें क्रमशः डार्सल फिशर एवं वेन्ट्रल फिशर (Dorsal fissure and Ventral fissure) कहते हैं। मेरुरज्जु के मध्य एक सँकरी नाल पायी जाती है जिसे केन्द्रीय नाल (Central canal) कहते हैं। केन्द्रीय नाल में सेरिब्रोस्पाइनल द्रव भरा रहता है। केन्द्रीय नाल के चारों ओर मेरुरज्जु का मोटा भाग दो भागों में बँटा होता है । भीतरी स्तर को धूसर पदार्थ (Grey matter) तथा बाहरी स्तर को श्वेत पदार्थ (White matter) कहते हैं। धूसर पदार्थ तंत्रिका कोशिकाओं उनके डेन्ड्रान्स तथा न्यूरोम्लिया प्रबद्ध का बना होता है जबकि श्वेत पदार्थ मेड्युलेटेड तंत्रिका तन्तुओं और न्यूरोम्लिया प्रवद्ध का बना होता है।

मेरुरज्जु के कार्य : मेरुरज्जु के दो प्रमुख कार्य हैं—

(a) यह प्रतिवर्ती क्रियाओं का नियंत्रण एवं समन्वयन करती है।

(b) यह मस्तिष्क से आने जाने वाले उद्दीपनों का संवहन करती है।

2. परिधीय तंत्रिका तंत्र (Peripheral nervous system): परिधीय तंत्रिका तंत्र, मस्तिष्क एवं मेरुरज्जु से निकलने वाली तंत्रिकाओं का बना होता है, जिन्हें क्रमशः कपालीय तंत्रिकाएँ एवं मेरुरज्जु तंत्रिकाएँ कहते हैं। मनुष्य में 12 जोड़ी कपालीय तंत्रिकाएँ एवं 31 जोड़ी मेरुरज्जु तंत्रिकाएँ होती हैं।

3. स्वायत्त या स्वचालित तंत्रिका तंत्र (Autornomic nervous system) : स्वायत्त तंत्रिका तंत्र कुछ मस्तिष्क एवं कुछ मेरुरज्जु तंत्रिकाओं का बना होता है। यह शरीर के सभी आन्तरिक अंगों व रक्त वाहिनियों को तंत्रिकाओं की आपूर्ति करता है। स्वायत्त तंत्रिका तंत्र की अवधारणा को सर्वप्रथम लैंगली महोदय ने 1921 ई. में प्रस्तुत किया था। स्वायत्त तंत्रिका तंत्र के दो भाग होते हैं। ये हैं- (a) अनुकम्पी तंत्रिका तंत्र (Sympathetic nervous system) (b) परानुकम्पी तंत्रिका तंत्र (Parasympathetic nervous system) |

दोनों तंत्र केन्द्रीय तथा परिधीय तंत्रों से पूर्णतया स्वतंत्र नहीं होते हैं क्योंकि इनका निर्माण केन्द्रीय एवं परिधीय तंत्रिका तंत्रों द्वारा ही होता है।

(a) अनुकम्पी तंत्रिका तंत्र (Sympathetic nervous system): इसे थोरेकोलम्बर आऊट फ्लो भी कहते हैं क्योंकि जो प्रोगेन्गलियोनिक तन्तु होते हैं, वह स्पाइनल कॉर्ड को थोरेसिक तथा लम्बर क्षेत्र में ही संलग्न (Join) करते हैं। यह एक जोड़ा गैन्गलियोनिक श्रृंखला को रखते हैं जो कि स्पाइनल कॉर्ड के दोनों ओर गर्दन से उदर तक रहता है। तंत्रिका तंतु गैन्गलिया को विसरल अंगों तथा केन्द्रीय तंत्रिका तंत्र से जोड़ती है । वे तंत्रिका तन्तु जो गैन्नगलिया को केन्द्रीय तंत्रिका तंत्र से जोड़ते हैं उन्हें मेड्युलेटेड तंत्रिका तंतु कहते हैं । प्रीगैन्गलियोनिक तंत्रिका तन्तु स्पाइनल कॉर्ड से निकलते हैं तथा स्पाइनल तंत्रिकाओं की अधर मूल के पास होते हैं। वे तंत्रिका तंतु जो गैन्गिलिया को अंगों से जोड़ते हैं उन्हें नॉन मेड्यूलेटेड तंत्रिका तंतु या पोस्ट गैन्गलियोनिक तंत्रिका तन्तु कहते हैं। प्री- गैन्गलियोनिक फाइबर्स एसीटाइलकॉलीन तथा पोस्ट गैन्गलियोनिक फाइबर्स सिम्पथीन स्रावित करते हैं ।

(b) परानुकम्पी तंत्रिका तंत्र (Parasympathetic nervous system) : यह युग्मित गैन्गलियोनिक शृंखला का बना होता है जो मस्तिष्क से आरम्भ होता है तथा स्पाइनल कॉर्ड के सेक्रल भाग से भी उत्पन्न होती है पेरासिम्पैथेटिक गैन्गलिया सिर, गर्दन और सेक्रल क्षेत्र में रहता है। यह उन सभी अंगों को नर्व (Nerve) सप्लाई करता है जिन्हें सिम्पैथेटिक सिस्टम सप्लाई करता है ।

सिम्पैथेटिक तथा पैरा सिम्पैथेटिक तंत्रिका समान अंगों को नर्व सप्लाई करती है किन्तु इनका असर एक-दूसरे से विपरीत होता है।

अनुकम्पी तंत्रिका तंत्र के कार्य |

1. यह आँख की पुतलियों को फैलाता है।
2. यह स्वेद ग्रन्थि से पसीने के स्राव को बढ़ाता है।
3. यह लार ग्रन्थियों के स्रवण को कम करता है।
4. यह हृदय स्पन्दन को बढ़ाता है ।
5. यह त्वचीय रुधिर वाहिनियों को सिकोड़ता है, जिससे त्वचा पीली हो जाती है और रक्त दाब बढ़ जाता है। यह उन रुधिर वाहिनियों को फैलाता है जो हृदय, मस्तिष्क फेफड़ों तथा कंकालीय पेशियों को संवहनित करती है।
6. यह एड्रीनल स्रवण को बढ़ाता है।
7. यह मूत्राशय की पेशियों को फैलाता है।
8. यह लैक्राइमल ग्रन्थियों के स्रवण को बढ़ाता है।
9. यह रक्त में शर्करा स्तर को बढ़ाता है।
10. यह आहारनाल के क्रमानुसंकुचन को कम करता है ।
11. यह पाचन ग्रन्थियों के स्रवण को कम करता है ।
12. यह गुदा के स्फिक्टर को सिकोड़ता है।
13. इसकी क्रिया से बाल खड़े हो जाते हैं ।
14. यह श्वसन दर को तीव्र करता है ।

15. यह रक्त दाब को बढ़ाता है ।
16. यह रुधिर में RBC की संख्या में वृद्धि करता है ।
17. इसके सामूहिक प्रभाव से भय, पीड़ा तथा क्रोध पर प्रभाव पड़ता है ।

परानुकम्पी तंत्रिका तंत्र के कार्य

1. यह आँख की पुतलियों (Pupil) को सिकोड़ता है।
2. यह स्वेद ग्रन्थियों से पसीने के स्राव को घटाता है ।
3. यह लार ग्रन्थियों के स्रवण को बढ़ाता है ।
4. यह हृदय स्पन्दन को घटाता है ।
5. यह सभी रुधिर वाहिनियों को फैलाता है।
6. यह एड्रीनल स्रवण को कम करता है।
7. यह मूत्राशय की पेशियों को सिकोड़ता है।
8. यह लैक्राइमल ग्रन्थियों के स्रवण को कम करता है।
9. यह रक्त में शर्करा के स्तर को कम करता है।
10. यह आहारनाल के क्रमानुकुंचन को बढ़ाता है ।
11. यह पाचन ग्रन्थियों के स्रवण को बढ़ाता है ।
12. यह गुदा के स्फिक्टर को फैलाता है।
13. इसकी क्रिया से बाल (रोंगटे खड़े नहीं होते हैं।
14. यह श्वसन दर को कम करता है।
15. यह रक्त दाब (Blood pressure) को कम करता है।
16. यह रुधिर में RBC की संख्या में कमी करता है।
17. इस तंत्रिका तंत्र का प्रभाव सामूहिक रूप से आराम एवं सुख की स्थितियाँ उत्पन्न करता है ।

प्रतिवर्ती क्रियाएँ (Reflex actions) : इन्हें स्पाइनल प्रतिक्षेप भी कहते हैं। बाह्य उद्दीपनों के प्रति होनेवाली यंत्रवत, तत्काल एवं अविवेचित अनुक्रिया जिसमें मस्तिष्क की कोई भूमिका नहीं होती है, प्रतिवर्ती क्रियाएँ कहलाती हैं। इस प्रकार की क्रियाओं में हम जो कुछ भी करते हैं उनपर विचारों का नियंत्रण नहीं होता है। घुटने का झटका, खाँसना, जम्हाई लेना, पलकों का झपकना, छींक आना, डर से काँपने लगना, खाने की वस्तु देखकर मुँह में पानी आना, ठंड से काँपना, बुरी खबर सुनकर हृदय की धड़कन तेज होना आदि सभी प्रतिवर्ती क्रियाओं के उदाहरण हैं। सामान्यतः ये क्रियाएँ रीढ़ रज्जु या मेरुरज्जु द्वारा नियंत्रित होती है । प्रतिवर्ती क्रिया में उद्दीपनों या संवेदनाओं को त्वचा या अन्य ग्राही अंगों से संवेदना मार्ग द्वारा तंत्रिका केन्द्र (मेरुरज्जु) में पहुँचा दिया जाता है। यहाँ से संवेदना प्राप्त कर उचित आदेश निर्गत होते हैं। ये आदेश प्रेरक मार्ग से होते हुए फिर अभिवाही अंगों में पहुँचते हैं जहाँ तंत्रिका तंत्र के आदेशानुसार कार्य होते हैं। आवेग संचरण के सम्पूर्ण पथ को प्रतिवर्ती चाप या रिफ्लेक्स आर्क (Reflex arc) कहते हैं। अधिकतर प्रतिवर्तन मेरुरज्जु

से सम्बद्ध होते हैं। इसलिए उन्हें मेरु प्रतिवर्तन भी कहते हैं ।

A. रुधिर परिसंचरण तंत्र

मनुष्य तथा उच्च जन्तुओं (कशेरुकियों एवं कुछ अकशेरुकियों) में शरीर के भीतर पदार्थों के परिवहन के लिए एक तंत्र सुविकसित होता है जिसे परिसंचरण तंत्र (Circulatory system) कहते हैं । रुधिर एक तरल संयोजी ऊतक है। यही तरल रुधिर पदार्थों के परिवहन या परिसंचरण हेतु एक माध्यम प्रदान करता है। परिसंचरण तंत्र में रुधिर के अतिरिक्त एक केन्द्रीय पम्प अंग होता है, जिसे हृदय (Heart) कहते हैं, और रुधिर वाहिनियाँ (Blood vessels) होती है। इन्हीं रुधिर वाहिनियों के भीतर रुधिर निरंतर प्रवाहित होता रहता है।

परिसंचरण तंत्र के कार्य

1. यह पोषक पदार्थों जैसे-ग्लूकोज, वसीय अम्ल, विटामिन आदि का अवशोषण कर केन्द्र से शरीर के विभिन्न भागों तक परिवहन करता है।
2. यह नाइट्रोजनी वर्ज्य पदार्थों जैसे—अमोनिया यूरिया, यूरिक अम्ल आदि का शरीर के विभिन्न भागों से उत्सर्जी अंगों तक परिवहन करता है।
3. यह हार्मोन का अन्तःस्रावी ग्रन्थि से लक्षित अंगों तक परिवहन करता है।
4. यह फेफड़ों से शरीर की कोशिकाओं एवं ऊतकों तक ऑक्सीजन का परिवहन करता है।

रुधिर परिसंचरण तंत्र के अवयव (Elements of blood circulatory system): रुधिर परिसंचरण तंत्र मुख्यतः तीन अवयवों का बना होता है।

1. हृदय (Heart) : यह मोटा, पेशीय व रुधिर को शरीर में प्रवाहित करने वाला अंग है।

2. रुधिर नलिकाएँ (Blood Vessels) रुधिर नलिकाएँ तीन प्रकार की होती हैं

(a) धमनियाँ (Arteries): मोटी पेशीय तथा लचीली भित्तियुक्त वे रुधिर नलिकाएँ जो रुधिर को हृदय से विभिन्न अंगों में पहुँचाती धमनियाँ कहलाती हैं। ये शरीर में गहराई में स्थित होते हैं तथा इनमें कोई कपाट (Valve) नहीं पाया जाता है। फुफ्फुस धमनी (Pulmonary artery) के अतिरिक्त सभी धमनियों में ऑक्सीकृत रुधिर (शुद्ध रुधिर) प्रवाहित होता है। धमनियों में रुधिर अधिक दाब से अधिक गति से बहता है। धमनियों की गुहा (Lumen) छोटी होती है तथा इनकी भित्तियाँ न पिचकने वाली होती हैं। धमनियों के ट्यूनिका मीडिया (मध्य स्तर) में अधिक पेशी तन्तु पाये जाते हैं। जन्तु की मृत्यु के बाद धमनियाँ खाली हो जाती हैं। धमनियाँ रुधिर को बाँटती है।

(b) शिराएँ (Veins): ये पतली तथा कम लचीली भित्ति वाली रुधिर नलिकाएँ हैं जो विभिन्न अंगों से रुधिर को हृदय तक ले जाते हैं। ये शरीर में अधिक गहराई में नहीं होती हैं। इनमें रुधिर की विपरीत गति को रोकने हेतु कपाट (Valve) पाये जाते हैं। इनमें रुधिर कम दाब एवं कम गति से बहता है। फुफ्फुस शिरा के अतिरिक्त सभी शिराओं में अनॉक्सीकृत रुधिर (अशुद्ध रुधिर) प्रवाहित होता है। शिराओं की गुहा (Lumen) बड़ी होती है। इनकी भित्तियाँ पिचकने वाली होती है। शिराओं के ट्यूनिका मीडिया (मध्य स्तर) में अपेक्षाकृत कम पेशी तन्तु पाये जाते हैं। जन्तु की मृत्यु के बाद भी इनमें रुधिर रहता है। शिराएँ रुधिर

को एकत्रित करने का कार्य करती है।

(c) रुधिर वाहिनियाँ (Blood capillaries): ये सबसे पतली रुधिर नलिकाएँ हैं जो धमनियों को शिराओं से जोड़ती हैं। प्रत्येक वाहिनी चपटी कोशिकाओं की एक परत से बनी होती है। ये पोषक पदार्थों, वर्ज्य पदार्थों, गैस आदि पदार्थों को रुधिर एवं कोशिका के बीच आदान प्रदान करने में सहायक होता है।

3. रुधिर (Blood): यह तरल, संवहनी (Vascular) संयोजी ऊतक है जिसमें रुधिर कणिकाएँ, प्लाज्मा हीमोग्लोबिन, प्लाज्मा प्रोटीन आदि उपस्थित होती है।

रुधिर परिसंचरण तंत्र के प्रकार : रुचिर परिसंचरण तंत्र दो प्रकार के होते हैं

(A) खुला परिसंचरण तंत्र (Open circulatory system):

इस प्रकार के परिसंचरण तंत्र में रुधिर कुछ समय के लिए रुचिर नलिकाओं में उपस्थित रहता है तथा अंत में रुधिर नलिकाओं से खुले स्थान में आ जाता है। इस प्रकार का रुधिर परिसंचरण तिलचट्टा, प्रॉन, कीट, मकड़ी आदि में पाया जाता है। इस प्रकार के रुधिर परिसंचरण तंत्र में रुधिर कम दाब तथा कम गति से बहता है। इस प्रकार के रुधिर परिसंचरण तंत्र में रुधिर परिसंचरण चक्र कम समय में पूर्ण हो जाता है। जैसे- तिलचट्टे में रुधिर परिसंचरण चक्र केवल 5 से 6 मिनट में पूर्ण हो जाता है।

(B) बन्द परिसंचरण तंत्र (Closed circulatory system) इस प्रकार के परिसंचरण तंत्र में रुधिर बन्द नलिकाओं में बहता है। इसमें रुधिर अधिक दाब एवं अधिक गति से बहता है। इसमें पदार्थों का आदान-प्रदान ऊतक द्रव (Tissue Fluid) द्वारा होता है। इस प्रकार का परिसंचरण तंत्र सभी कशेरुकियों में पाया जाता है। मनुष्य में विकसित बन्द तथा दोहरा परिसंचरण तंत्र पाया जाता है। मनुष्य का रुधिर परिसंचरण तंत्र दो भागों से मिलकर बना होता है। ये हैं-A. रुधिर परिसंचरण तंत्र (Blood circulatory system) B. लसीका परिसंचरण तंत्र (Lymph circulatory system) |

A. रुधिर परिसंचरण तंत्र (Blood circulatory System) : मनुष्य में रुधिर परिसंचरण तंत्र की खोज विलियम हार्वे (William Harvey) ने की थी। इस तंत्र में मुख्य संवहनी पदार्थ रुधिर या रक्त होता है। रुधिर परिसंचरण तंत्र के भाग-रुचिर परिसंचरण तंत्र के तीन मुख्य भाग हैं

1. हृदय (Heart): यह केन्द्रीय पम्य अंग है जो सम्पूर्ण शरीर में रुधिर का परिसंचरण करता है। मनुष्य का हृदय एक मांसल, शंक्वाकार (Conical) अंग है। यह पसलियों के नीचे और फेफड़ों के बीच में स्थित होता है। हृदय झिल्ली की बनी एक थैली के भीतर रहता है जिसे हृदयावरण या पेरीकार्डियम (Pericardium) कहते हैं। इसमें एक द्रव भरा रहता है जिसे पेरीकार्डियल द्रव (Pericardial fluid) कहते हैं। यह द्रव हृदय को बाहरी आघातों से बचाता है। मनुष्य केहृदय में चार कोष्ठक (Chambers) होते हैं जो दायाँ और बायाँ अलिंद (Right and left Auricle) तथा दायाँ और बायाँ निलय (Right and left ventricle) कहलाते हैं।

दायाँ और बायाँ अलिंद हृदय के चौड़े अग्रभाग में होते हैं तथा ये दोनों एक विभाजिका या सेप्टम (Septum) के द्वारा एक-दूसरे से अलग होते हैं। इस विभाजिका को अंतराअलिंद भित्ति (Interauricular septum) कहते हैं। दायाँ और बायाँ निलय हृदय के सँकरे पश्च भाग में स्थित होते हैं तथा ये दोनों एक-दूसरे से अंतरानिलय भित्ति (Interventricular septum) के द्वारा अलग होते हैं। दोनों अलिंद की दीवार पतली होती है जबकि निलय की दीवार इनके अपेक्षाकृत मोटी होती हैं। बाएँ निलय की दीवार दाएँ निलय की दीवार की अपेक्षा तिगुनी या चौगुनी मोटी होती है । दायाँ अलिंद दाएँ निलय में एक छिद्र के द्वारा खुलता है जिसे दायाँ अलिंद निलय छिद्र (Right auriculoventricular aperture) कहते । एक छिद्र पर एक त्रिदली कपाट (Tricuspid valve) पाया जाता है जो रक्त को दाएँ अलिंद से दाएँ निलय में जाने तो देता है लेकिन वापस नहीं आने देता है। इसी प्रकार बायाँ अलिंद बाएँ निलय में बायाँ अलिंद निलय छिद्र (Left auriculoventricular aperture) के द्वारा खुलता है। इस छिद्र पर एक द्विदली कपाट (Bicuspid valve) या मिट्रल कपाट (Mitral valve) होता है जो रक्त को बाएँ अलिंद से बाएँ निलय में जाने तो देता है किन्तु विपरीत दिशा में वापस आने नहीं देता है। दाएँ निलय के अगले भाग की बाईं ओर से एक बड़ी फुफ्फुस चाप (Pulmonary arch) निकलती है। फुफ्फुस चाप के निकलने के स्थान पर तीन अर्द्धचन्द्राकार वाल्व (Semilunar valve) स्थित होते हैं। इस वाल्व के कारण रुधिर दाएँ निलय से फुफ्फुस चाप में जाता तो है, परन्तु फिर वापस नहीं आ सकता । फुफ्फुस चाप आगे की ओर दाई और बाईं फुफ्फुस धमनियों (Right and left pulmonary arteries) में बँट जाता है, जो रुधिर को फेफड़ों में ले जाते हैं। बाएँ निलय के अगले भाग के दाएँ कोने महाधमनी (Aorta) या महाधमनी चाप (Aortic arch) निकलता है। इस महाधमनी के उद्गम स्थान पर भी तीन अर्द्धचन्द्राकार वाल्व (Semilunar valve) होते हैं जो रुधिर को बाएँ निलय से महाधमनी की ओर ही प्रवाहित होने देते हैं। शरीर के सभी भागों (फेफड़ों को छोड़कर) में जाने वाली धमनियाँ महाधमनी चाप से ही निकलती हैं। दाएँ अलिंद में दो अग्र महाशिराएँ (Precaval veins)तथा एक पश्च महाशिरा (Postcaval veins) खुलती है, जो शरीर के सभी भागों से अशुद्ध रुधिर दाएँ अलिंद में लाती है। अलिंद में फुफ्फुस शिराएँ (Pulmonary veins) खुलती हैं, जो फेफड़ो से शुद्ध रुधिर बाएँ अलिंद में लाती है।

हृदय की क्रियाविधि (Mechanism of heart): शरीर में रुधिर का परिसंचरण हृदय की पम्प क्रिया द्वारा सम्पन्न होता है। हृदय के कार्य करने की दो अवस्थाएँ हैं। प्रथम अवस्था को प्रकुंचन (Systole) कहते हैं जिसमें निलय सिकुड़ते हैं और उनमें भरे रुधिर को महाधमनियों में पम्प करते हैं। द्वितीय अवस्था को अनुशिथिलन (Diastole) कहते हैं, जिसमें निलय फैलते हैं और अलिंद से रुधिर प्राप्त करते हैं। एक प्रकुंचन (Systole) तथा एक अनुशिथिलन (Diastole) मिलकर हृदय-धड़कन (Heart beat) का निर्माण करते हैं। एक सामान्य या स्वस्थ मनुष्य का हृदय विश्राम की अवस्था में औसतन 1 मिनट में 72 बार धड़कता है, परन्तु कड़ी मेहनत या व्यायाम के फलस्वरूप यह धड़कन बढ़कर 1

मिनट में 180 बार तक हो सकती है। हृदय एक धड़कन में लगभग 70 मिमी. रुधिर पम्प करता है। रुधिर के इस आयतन को स्ट्रोक आयतन कहते हैं। हृदय की धड़कन के समय दोनों अलिंद एक साथ संकुचित होते हैं और फिर दोनों निलय एक साथ संकुचित होते हैं। हृदय की धड़कन दाहिने अलिंद के ऊपरी भाग में स्थित ऊतकों के एक समूह से शुरू होती है जिसे शिरा अलिंद नोड (Sinuauricular node) कहते हैं। इसे ही पेसमेकर (Pacemaker) के नाम से जाना जाता है। हृदय के भीतर संकुचन एवं अनुशिथिलन के आवेग (Impulse) का प्रसारण विद्‍युत रासायनिक तरंग के रूप में होता है, जो शिरा-अलिंद नोड (SAN) से प्रारम्भ होकर निलयों तक जाती है। इलेक्ट्रोकार्डियोग्राम (Electrocardiogram) नामक उपकरण द्‍वारा हृदय की धड़कन के दौरान वैद्‍युत परिवर्तन रिकॉर्ड किए जा सकते हैं। इस ग्राफीय रिकार्डिंग को **इलेक्ट्रोकार्डियोग्राफी (Electrocardiography) अथवा ECG कहते** हैं।

हृदय का स्पन्दन (Heart beat): हृदय के क्रमिक या नियमित संकुचन को हृदय स्पन्दन कहते हैं। मनुष्य में हृदय सामान्यतः 72 बार प्रति मिनट स्पन्दन होता है जिसमें लगभग 5 लीटर रुधिर का पम्पिंग होता है। सर्वप्रथम दाएँ एवं तुरन्त बाद बाएँ अलिंद में संकुचन होता है जिसके कारण रुधिर अलिन्दों से निलयों में पम्प हो जाता है। दाएँ एवं बाएँ निलयों में एक साथ तीव्र आकुंचन होता है और निलयों का रुधिर धमनियों में चला जाता है।
हृदय की धड़कन का नियमन (Regulation of heart beat): हृदय की धड़कन एक स्वचालित क्रिया है जो शिरा-अलिंद नोड (Sinu auricular node) से प्रारम्भ होती है। यह क्रिया पश्च मस्तिष्क (Rhombencephalon) के मेडुला ऑब्लांगाटा में उपस्थित एक नियंत्रण केन्द्र के नियंत्रण में होती है। इस केन्द्र को कार्डियक केन्द्र (Cardiac centre) कहते हैं। हार्मोन्स में थाइरॉक्सिन (Thyroxine) एवं एड्रिनेलिन (Adrenalin) स्वतंत्र रूप से हृदय की धड़कन को नियंत्रित करते हैं। तंत्रिकीय एवं हार्मोनल नियमन के अलावा शरीर में उपस्थित कुछ रासायनिक पदार्थ भी हृदय की गति को नियंत्रित करते हैं। रुधिर में उपस्थित कार्बन डाइऑक्साइड (CO2) रुधिर के PH को कम करके हृदय की गति को बढ़ाती है। अतः अम्लीयता (Acidity) हृदय की गति को अधिक तथा क्षारीयता हृदय की गति को कम करती है।
2. रुधिर वाहिकाएँ या रुधिर वाहिनियाँ (Blood vessels) : मानव शरीर में रुधिर का संचरण धमनियों (Arteries) एवं शिराओं (Veins) के द्‍वारा होता है तथा रुधिर कोशिकाएँ (Blood capilaries) धमनियों एवं शिराओं को जोड़ती है।

(a) धमनियाँ (Arteries): जो रुधिर वाहिनियाँ हृदय से रुधिर को शरीर के विभिन्न अंगों तक ले जाती है, उन्हें धमनियाँ (Arteries) कहते हैं। इनमें सामान्यतः शुद्‍ध रुधिर या ऑक्सीजनित रुधिर (Pure blood or Oxygenated blood) प्रवाहित होता है सिवाय

फुफ्फुसीय धमनी के जिसमें अशुद्ध रुधिर या विऑक्सीजनित रुधिर (Impure blood or Deoxygenated blood) प्रवाहित होता है। धमनियों की दीवारें अपेक्षाकृत मोटी, पेशीय तथा लचीली होती हैं। इस कारण धमनियाँ सिकुड़ और फैल सकती हैं तथा इनमें काफी दाब (Pressure) के सहन करने की क्षमता होती है। जब हृदय रुधिर को धमनियों में पम्प करता है, उस समय दाब काफी उच्च होता है। अतः धमनियों में रुधिर परिसंचरण झटके से तथा तेजी से होता है।

(b) शिराएँ (Veins): वे रुधिर वाहिनियाँ जो शरीर के विभिन्न अंगों से रुधिर को हृदय की ओर वापस लौटाती है, शिराएँ कहलाती हैं। इनकी भित्ति पतली होती है। इनकी दीवारों में अपेक्षाकृत कम पेशीय होती है। इनकी आंतरिक गुहा अपेक्षाकृत काफी चौड़ी होती है। अधिकांश शिराओं में नव चन्द्राकार कपाट होते हैं जो रुधिर की वापस विपरीत दिशा में लौटने नहीं देते। शिराएँ नीले रंग की प्रतीत होती हैं। त्वचा में उपस्थित पीले वर्णक (Pigment) के कारण शिराओं बहने वाले गाढ़े लाल रंग का रुधिर नीला प्रतीत होता है। शिराओं में सामान्यतः अशुद्ध या कार्बन डाइऑक्साइड युक्त रुधिर (Impure blood) बहता है सिवाय फुफ्फुस शिरा (Pulmonary vein) के जिसमें शुद्ध रुधिर या ऑक्सीजन युक्त रुधिर बहता है ।

(c) रुधिर केशिकाएँ (Blood capillaries): रुधिर केशिकाएँ बहुत ही महीन रुधिर वाहिनियाँ होती हैं। इनकी भित्ति की मोटाई केवल एक कोशिकीय स्तर की होती हैं। इनका व्यास लाल रुधिर कोशिकाओं से बहुत थोड़ा ही अधिक होता है। इस कारण लाल रुधिर कोशिकाएँ इसके भीतर केवल एक पंक्ति में व्यवस्थित होकर ही गुजर सकती है।

रुधिर केशिकाओं का निर्माण (Formation of blood capillaries): धमनियाँ शाखाओं में बँटी होती है, जिन्हें धमनिकाएँ (Arterioles) कहते हैं। ये विभिन्न ऊतकों में प्रवेश कर महीन शाखाओं में विभाजित होकर केशिकाएँ (Capillaries) बनाती हैं। ये केशिकाएँ फिर संयोजित होकर शिरिकाओं (Venules) का निर्माण करती हैं और शिरिकाएँ संयोजित होकर शिराओं (Veins) का। ऊतकों में विभिन्न पदार्थों जैसे—भोजन, O, CO, आदि के विसरण द्वारा आदान प्रदान इन रुधिर केशिकाओं द्वारा ही होता है। बहुत से अर्थों में, सम्पूर्ण शरीर में फैले रुधिर केशिकाओं के जाल रुधिर परिसंचरण के सबसे महत्वपूर्ण भाग होते हैं, क्योंकि यहीं पर रुधिर और ऊतक की कोशिकाओं के है बीच पदार्थों का आदान-प्रदान होता है।

रुधिरदाब या रक्तचाप (Blood pressure): हृदय के संकुचन से धमनियों की दीवारों पर पड़ने वाला दाब रुधिर दाब (Blood pressure) कहलाता है। इस दाब को संकुचन दाब (Systolic Pressure) कहते हैं जो निलयों के संकुचन के फलस्वरूप उत्पन्न होता है । यह संकुचन दाब उतना होता है, जितना कि 120 मिलीमीटर पारे के स्तम्भ द्वारा उत्पन्न होता है। इसके ठीक विपरीत अनुशिथिलन दाब (Diastolic Pressure) होता है जो निलय के अनुशिथिलन के फलस्वरूप उत्पन्न होता है, जब रुधिर अलिंद (Auricle) से निलय (Ventricle) में प्रवेश कर रहा होता है। यह दाब सामान्यतः 80 मिलीमीटर

पारे के स्तम्भ द्वारा उत्पन्न दाब के बराबर होता है। अतः एक स्वस्थ मनुष्य में संकुचन और अनुशिथिलन दाब अर्थात् रुधिर दाब 120/80 होता है। विभिन्न व्यक्तियों में रुधिर दाब उम्र, लिंग, आनुवंशिकता, शारीरिक एवं मानसिक स्थिति तथा अन्य कई कारणों से अलग-अलग होता है। रुधिर दाब की माप एक विशेष उपकरण द्वारा की जाती है। यह उपकरण स्फिगमोमैनोमीटर (Sphygmomanometer) कहलाता है। यदि कोई व्यक्ति लगातार उच्च रुधिर दाब (150/90mm Hg) से पीड़ित है, तो यह अवस्था हाइपरटेंशन (Hypertension) कहलाती है। उच्च रुधिर दाब के लिए अधिक भोजन, भय, चिन्ता, दुःख आदि कारक उत्तरदायी होते हैं। हाइपरटेंशन की अवस्था में कभी-कभी रक्तवाहिनियाँ फट जाती हैं, जिनसे आन्तरिक रक्तस्राव (Internal bleeding) होने लगता है। इसके कारण कभी-कभी हृदयाघाट (Heart stroke) भी हो जाता है। हाइपरटेंशन के कारण जब मस्तिष्क की रक्त कोशिकाएँ फट जाती हैं तब मस्तिष्क को रक्त और उसके साथ ऑक्सीजन तथा पोषण उचित मात्रा में नहीं मिल पाता है। इससे मस्तिष्क सामान्य रूप से काम करना बंद कर देता है। यदि कोई व्यक्ति लगातार निम्न रुधिर दाब (100/50mm Hg) से पीड़ित है, तो यह अवस्था हाइपोटेंशन (Hypotension) कहलाती है । हाइपोटेंशन में हृदय की संकुचन अवस्था और तीव्रता दोनों में कमी आ जाती है। धमनियाँ फैल जाती हैं और रक्त की कमी हो जाती है। यही कारण है कि रक्त का दाब कम हो जाता है। रुधिर दाब को सर्वप्रथम एस हेल्स ने 1733 ई. में घोड़े में मापा था।

B. लसीका परिसंचरण तंत्र

लसीका (Lymph) : कोशिकाओं के चारों ओर द्रव की एक पतली परत होती है, जिसे ऊतक द्रव (Tissue fluid) कहते हैं । रुधिर एवं कोशिकाओं के मध्य होने वाले पदार्थों का आदान-प्रदान इसी ऊतक द्रव के माध्यम से होता है। वास्तव में रुधिर कोशिकाओं से पदार्थ जैसे—भोजन, ऑक्सीजन आदि सबसे पहले इसी ऊतक द्रव में ही विसरित होते हैं और तब ऊतक द्रव से कोशिकाओं में। इसी प्रकार कोशिकाओं से पदार्थ जैसे – CO, यूरिया आदि पहले इसी ऊतक द्रव कोशिकाओं से पदार्थ जैसे में विसरित होते हैं, फिर इस , द्रव से रुधिर कोशिकाओं में । यह ऊतक-द्रव वाहिनियों में एकत्रित होता है । वाहिनियों में एकत्रित होने के बाद इसे लसीका कहते हैं । लसीका जिस वाहिनी में एकत्रित होता है उसे लसीका वाहिनी (Lymph Vessel) कहते हैं । लसीका हल्के पीले रंग का द्रव है । रुधिर की तरह यह लाल रंग का नहीं होता है क्योंकि इसमें लाल वर्णक हीमोग्लोबिन उपस्थित नहीं होता है। इसका रासायनिक संघटन प्लाज्मा (Plasma) की भाँति होता है जिसमें विशेष प्रकार की श्वेत कोशिकाएँ होती हैं, जिन्हें लिम्फोसाइट (Lymphocytes) कहते हैं। छोटी-छोटी महीन लसीका वाहिनियाँ संयोजित होकर बड़ी लसीका वाहिनियाँ बनाती हैं, उसी प्रकार जिस प्रकार रुधिर केशिकाएँ मिलकर शिरिकाओं (Venules) का निर्माण करती है। लसीका वाहिनियाँ अन्ततोगत्वा मिलकर वक्षीय वाहिनी (Thoracic duct) तथा दाहिनी लसीका वाहिनी (Right lymphatic duct) बनाती है, जो हृदय के निकट शिरातंत्र में खुलती है। लसीका

प्रवाह केवल एक ही दिशा में अर्थात् ऊतकों से हृदय की ओर होता है। लसीका वाहिनियाँ कहीं-कहीं पर फुलकर गाँठें बनाती हैं जिनको लसीका गाँठें (Lymph nodes) कहते हैं। ये गाँठें डोरी (Strings) में मनकों की भाँति प्रतीत होते हैं। मनुष्य के गर्दन (Neck), बाहुकक्षों (Armpits) आदि में सबसे अधिक संख्या में लसीका गाँठें मौजूद होती हैं। मनुष्य के गले में गल तुण्डिका या टॉन्सिल (Tonsils) भी लसीका ऊतकों के पिण्ड हैं।

लसीका के कार्य

लसीका के निम्नलिखित प्रमुख कार्य होते हैं

1. जल का अस्थायी संचय (Temporary storage of water): शरीर में प्रवेश करने वाले जल के लिए लसीका वाहिनियाँ अस्थायी आशय (Reservoir) का कार्य करती हैं।

2. अधिशेष जल का अवशोषण (Absorption of excess of water): ऊतक द्रव से जल की अधिशेष मात्रा को हटाकर लसीका उसे रुधिर परिसंचरण में डालती है।

3. दीर्घाणुओं का परिवहन (Transport of macromolecules): लसीका द्वारा बड़े-बड़े अणुओं जैसे—प्रोटीन, हार्मोन आदि को रुधिर परिसंचरण में ले जाकर डाला जाता है क्योंकि ये अणु रुधिर केशिकाओं की भित्तियों को नहीं भेद पाते । अतः ये अणु सीधे रुधिर परिसंचरण में नहीं पहुँच पाते।

4. वसा का परिवहन (Transport of fat): वसा का परिवहन लसीका के द्वारा ही होता है। आहारनाल में वसा के पाचन के पश्चात वसा अम्ल एवं ग्लिसरॉल रुधिर वाहिनियों में न जाकर लैक्टीयल में आते हैं और वहाँ से लसीका तंत्र में ।

5. संक्रमण से सुरक्षा (Protection from infection) : लसीका में मौजूद लिम्फोसाइट्स रोगाणुओं को नष्ट कर संक्रमण से मनुष्य की सुरक्षा करते हैं।

कंकाल तंत्र

मानव शरीर का ढाँचा हड्डियों का बना होता है। सभा हड्डियाँ एक-दूसरे से जुड़ी रहती है। हड्डियों के ऊपर मांसपेशियाँ होती हैं जिनकी सहायता से हड्डियों के जोड़ों को हिलाया डुलाया जाता है। हड्डियाँ मांसपेशियाँ शरीर के आन्तरिक अंगों की सुरक्षा करती है। मनुष्य के शरीर में 206 हड्डियाँ पायी जाती हैं। मानव शरीर का ढाँचा बनाने वाले अंग को कंकाल तंत्र (Skeleton system) कहते हैं ।

कंकाल के कार्य (Function of skeleton): कंकाल शरीर को एक निश्चित आकार एवं आकृति प्रदान करता है। इससे शरीर को सहारा मिलता है। कशेरुकियों का शारीरिक ढाँचा कंकाल का बना होता है। जिससे शरीर के अन्य भागों को आलम्बन मिलता है। कंकाल से शरीर के कोमल अंगों की रक्षा होती है। यह शरीर के कोमल अंगों को बाहरी आघातों से बचाता है। कंकाल के बहुत से भाग लीवर (Lever) का कार्य करते हैं जिसके कारण प्राणियों को प्रचलन (Locomotion) में सुगमता होती है। कंकाल में मांसपेशियों को जोड़ने के लिए उपयुक्त स्थान मौजूद होती है । कंकाल की मज्जा गुहा (Marrow cavity) वसा एकत्रित करने का कार्य करती है। कर्ण अस्थियाँ ध्वनि कम्पनों को आन्तरिक कर्ण तक पहुँचाने में

सहायक होती है। जीवित अन्तः कंकाल लाल रुधिर कणिकाओं (RBC) का निर्माण करता है। कंकाल में कैल्सियम एवं फॉस्फोरस संचित रहता है जो आवश्यकता पड़ने पर समय-समय पर शरीर को उपलब्ध होता है।

कंकाल तंत्र के प्रकार : शरीर में उपस्थिति के आधार पर कंकाल दो प्रकार के होते हैं। ये हैं— 1. बाह्य कंकाल (Exo-skeleton) एवं 2. अन्तः कंकाल (Endo-skeleton)।

1. बाह्य कंकाल (Exo-skeleton) : शरीर की बाहरी सतह पर पाये जाने वाले कंकाल को बाह्य कंकाल कहा जाता है | बाह्य की उत्पत्ति भ्रूणीय एक्टोडर्म (Ectoderm) या मीसोडर्म (Mesoderm) से होती है। त्वचा की उपचर्म या चर्म ही बाह्य कंकाल के रूप कंकाल रूपान्तरित हो जाती है। बाह्य कंकाल शरीर के आंतरिक अंगों की रक्षा करता है तथा यह मृत होता है। मत्स्यों में शल्क (Scales), कछुओं ऊपरी कवच, पक्षियों में पिच्छ (Feathers) तथा स्तनधारियों में बाल बाह्य कंकाल होते हैं जो इन प्राणियों को अत्यधिक सर्दी एवं गर्मी से सुरक्षित रखते हैं।

2. अन्तः कंकाल (Endo-skeleton) : शरीर के अंदर पाये जाने वाले कंकाल को अन्तः कंकाल कहते हैं। इसकी उत्पत्ति भ्रूणीय मीसोडर्म से होती है । अन्तः कंकाल सभी कशेरुकियों में पाया जाता है। कशेरुकियों में अन्तः कंकाल ही शरीर का मुख्य ढाँचा बनाता है। यह मांसपेशियों (Muscles) से ढँका रहता है। संरचनात्मक दृष्टि से अन्तः कंकाल दो भागों से मिलकर बना होता है— (a) अस्थि एवं (b) उपास्थि ।

(a) अस्थि (Bone) : अस्थि एक ठोस, कठोर एवं मजबूत संयोजी ऊतक (Connective tissue) है जो तन्तुओं एवं मैट्रिक्स (Matrix) का बना होता है। इसके मैट्रिक्स में कैल्सियम और मैग्नीशियम के लवण पाये जाते हैं तथा इसमें अस्थि कोशिकाएँ एवं कोलेजन तंतु व्यवस्थित होते हैं। कैल्सियम एवं मैग्नीशियम के लवणों की उपस्थिति के कारण ही अस्थियाँ कठोर होती हैं। प्रत्येक अस्थि के चारों ओर तंतुमय संयोजी ऊतक से निर्मित एक दोहरा आवरण पाया जाता है जिसे परिअस्थिक (Periosteum) कहते हैं। इसी परिअस्थिक के द्वारा लिगामेण्ट्स (Ligaments), टेन्ड्न्स (Tendens) तथा दूसरी मांसपेशियाँ जुड़ी होती हैं। मोटी एवं लम्बी अस्थियों में एक प्रकार की खोखली गुहा पायी जाती है, जिसे मज्जा गुहा (Marrow cavity) कहते हैं । मज्जा गुहा में एक प्रकार का तरल पदार्थ पाया जाता है जिसे अस्थि मज्जा (Bone marrow) कहते हैं। अस्थि मज्जा मध्य में पीली तथा अस्थियों के सिरों पर लाल होती है । इन्हें क्रमशः पीली अस्थि मज्जा (Yellow bone marrow) तथा लाल अस्थि मज्जा (Red bone marrow) कहते हैं। लाल अस्थि मज्जा लाल रुधिर कणिकाओं (RBCs) का निर्माण करती है। जबकि पीली अस्थि मज्जा श्वेत रुधिर कणिकाओं (WBCs) का निर्माण 'करती है। लाल अस्थि मज्जा केवल स्तनधारियों में पायी जाती है।

अस्थि के प्रकार : विकास के आधार पर अस्थियाँ दो प्रकार की होती हैं। ये हैं— 1. कलाजात अस्थि (Investing bone) एवं 2. उपास्थिजात अस्थि (Cartilage bone) |

1. कलाजात अस्थि (Investing bone) : यह अस्थि त्वचा के नीचे संयोजी ऊतक की झिल्लियों से निर्मित होती है। इसे मेम्ब्रेन अस्थि (Membrane bone) भी कहते हैं। खोपड़ी (Skull) की सभी चपटी अस्थियाँ कलाजात अस्थियाँ होती हैं ।

2. उपास्थिजात अस्थि (Cartilage bone) : ये अस्थियाँ सदैव भ्रूण की उपास्थि को नष्ट करके उन्हीं के स्थानों पर बनती हैं। इस कारण इन्हें रिप्लेसिंग बोन (Replacing bone) भी कहा जाता है। कशेरुक दण्ड (Vertebralcolumn) तथा पैरों की अस्थियाँ उपास्थिजात अस्थियाँ होती हैं ।

(b) उपास्थि (Cartilage) : उपास्थि का निर्माण कंकाली संयोजी ऊतकों से होता है। यह भी एक प्रकार का संयोजी ऊतक होता है। यह अद्र्ध ठोस, पारदर्शक एवं लचीले ग्लाइकोप्रोटीन से बने मैट्रिक्स से निर्मित होता है। उपास्थि का मैट्रिक्स थोड़ा कड़ा होता है। इसके मैट्रिक्स के बीच में रिक्त स्थान में छोटी-छोटी थैलियाँ होती हैं, जिसे लैकुनी (Lacunee) कहते हैं। लैकुनी में एक प्रकार का तरल पदार्थ भरा रहता है। लैकुनी में कुछ जीवित कोशिकाएँ (Living cells) भी पायी जाती जिसे कोण्ड्रियोसाइट (Chondriocyte) कहते हैं। इसके मैट्रिक्स में इलास्टिन तन्तु एवं कोलेजन भी पाये जाते हैं । उपास्थि के चारों ओर एक प्रकार की झिल्ली (Membrane) पायी जाती है जिसे पेरीकोण्ड्रियम (Perichondrium) कहते हैं ।

मानव कंकाल तंत्र (Human skeleton system) : मनुष्य के कंकाल में कुल 206 अस्थियाँ होती हैं। मनुष्य के कंकाल को दो भागों में विभाजित किया जा सकता है—

(A) अक्षीय कंकाल (Axial skeleton) : इसके अन्तर्गत खोपड़ी (Skull), कशेरुक दण्ड (Vertebral column) तथा छाती की अस्थियाँ आती हैं ।

(B) अनुबंधी कंकाल (Appendicular skeleton) : इसके अन्तर्गत मेखलाएँ (Girdles) तथा हाथ-पैरों की अस्थियाँ आती हैं।

(A) अक्षीय कंकाल (Axial skeleton) : शरीर का मुख्य अक्ष बनाने वाले कंकाल को अक्षीय कंकाल कहते हैं। इसके अन्तर्गत खोपड़ी, कशेरुक दण्ड एवं छाती की अस्थियाँ आती हैं।

(a) खोपड़ी (Skull): मनुष्य की खोपड़ी में कुल 22 अस्थियाँ 251 हैं। इनमें से 8 अस्थियाँ संयुक्त रूप से मनुष्य के मस्तिष्क को सुरक्षित रखती है। इन अस्थियों से बनी रचना को कपाल (Cranium) कहते हैं। ये सभी अस्थियाँ सीवनों (Sutures) के द्वारा जुड़ी रहती है। इनके अतिरिक्त 14 अस्थियाँ और होती हैं जो चेहरे को बनाती है। मनुष्य की खोपड़ी में महारन्ध्र (Foramen magnum) नीचे की ओर होता है । महारन्ध्र के दोनों ओर अनुकपाल अस्थिकन्द (Occipital condyles) होते हैं, जो एटलस कशेरुक (Atlas vertebra) के अवतलों में स्थित होते हैं ।

खोपड़ी की मुख्य अस्थियाँ निम्न हैं— 1. फ्रॉण्टल (Frontal), 2. पेराइटल (Parietal),

3. ऑक्सिपिटल (Occipital), 4. टेम्पोरल (Temporal), 5. मेलर (Maler) 6. मैक्सिला (Maxilla), 7. डेण्टरी (Dentary), 8. नेजल (Nasal) ।

(b) कशेरुक दण्ड (Vertebral column): मनुष्य का कशेरुक दण्ड 33 कशेरुकों से मिलकर बना होता है। मनुष्य की पृष्ठ सतह पर मध्य में सिर से लेकर कमर तक एक लम्बी, मोटी एवं छड़ के समान अस्थि पायी जाती है, जिसे कशेरूक दण्ड (Vertebral column) कहते हैं। सभी कशेरुक उपास्थि की गद्दियों द्वारा जुड़े रहते हैं । इन गद्दियों से कशेरुक दण्ड लचीला रहता है तथा ये बाहरी आघातों को भी सोख लेती है। कशेरुक दण्ड का विकास नोटोकॉर्ड (Notochord) से होता है । कशेरुक दण्ड का पहला कशेरुक एटलस कशेरुक (Atlas vertebra) कहलाता है, जो खोपड़ी को साधे रखता है । कशेरूक दण्ड गर्दन तथा धड़ को आधार प्रदान करता है। इस प्रकार यह मनुष्य को खड़े होकर चलने, खड़े होने आदि में मदद करता है। यह मेरुरज्जु को घेरता है और सुरक्षा प्रदान करता है। कशेरुक दण्ड गर्दन तथा धड़ को लचक प्रदान करते हैं जिससे मनुष्य किसी मेटाटार्सल्स | फैलेजेज चित्र: मनुष्य का कंकाल तंत्र भी दिशा में अपनी गर्दन और धड़ को मोड़ने में सफल होता है।

(c) स्टर्नम (Sternum) : पसलियों को आपस में जोड़ने वाली अस्थि स्टर्नम कहलाती है। यह वक्ष के बीचोबीच स्थित होती है।

(d) पसलियाँ (Ribs) : मनुष्य में 12 जोड़ी पसलियाँ पायी जाती हैं।

(B) अनुबन्धी कंकाल (Appendicular skeleton) : इसके अन्तर्गत मेखलाएँ (Girdles) तथा हाथ-पैरों की अस्थियाँ आती हैं।

(a) मेखलाएँ (Girdles) : मनुष्य में अग्रपाद तथा पश्चपाद् को अक्षीय कंकाल पर साधने के लिए दो चाप पाये जाते हैं, जिन्हें मेखलाएँ (Girdles) कहते हैं। अग्रपाद की मेखला को अंसमेखला (Pectoral girdle)तथा पश्च पाद की मेखला को श्रोणि मेखला (Pelvic girdle) कहते हैं । अंस मेखला से अग्रपाद की अस्थि ह्यूमरस (Humurus) एवं श्रोणि मेखला से पश्च पाद की अस्थि फीमर (Femur) जुड़ी होती है। ये अस्थियाँ गुहाओं में व्यवस्थित होती हैं जिन्हें एसिटेबुलम (Acetabulum) कहते हैं।

(b) अंसमेखला तथा हाथ की अस्थियाँ (Bones of dectoral girdle and hand): मनुष्य की अंसमेखला के दोनों भाग अलग-अलग होते हैं। इसके प्रत्येक भाग में केवल एक चपटी व तिकोनी अस्थि होती है, जिसे स्कैपुला (Scapula) कहते हैं । यह आगे की पसलियों को पृष्ठ तल की ओर ढके रहती हैं। इसका आगे वाला मोटा भाग क्लेविकिल (Clevicle) से जुड़ा रहता है। इसी सिरे पर एक गोल गड्ढा होता है, जिसे ग्लीनॉइड गुहा (Glenoid cavity) कहते हैं। ग्लीनॉइड गुहा में ह्यूमरस का सिर जुड़ा रहता है। ग्लीनॉइड गुहा के निकट ही एक प्रवर्द्ध होता है जिसे कोरोकॉइड प्रवर्द्ध कहते हैं । अंसमेखला हाथ की अस्थियों को अपने से जोड़ने के लिए सन्धि स्थान प्रदान करती है । यह हृदय तथा फेफड़ों को सुरक्षा प्रदान करती है। यह मांसपेशियों को अपने से जोड़ने के लिए स्थान प्रदान करती है। मनुष्य के हाथ की अस्थियों में ह्यूमरस, रेडियस अलना, कार्पलस, मेटाकार्पल्स तथा फैलेन्जस होती है।

मनुष्य की रेडियस अलना जुड़ी न होकर एक-दूसरे से स्वतंत्र होती है।

(c) श्रोणि मेखला तथा पैर की अस्थियाँ (Bones of Pelvic girdle and legs) : मनुष्य की श्रोणि मेखला तीन प्रकार की अस्थियों से मिलकर बनी होती है। ये तीनों अस्थियाँ हैं— इलियम, इश्चियम तथा प्यूबिस । वयस्क में ये तीनों अस्थियाँ आपस में जुड़ी रहती हैं । प्यूबिस अधर तल पर दूसरी ओर की प्यूबिस से, इलियम आगे की ओर सेंक्रम से तथा इश्चियम पृष्ठ तल की ओर दूसरी ओर की इश्चियम से जुड़ी रहती है। इलियम, इश्चियम तथा प्यूबिस के संधि स्थल पर एक गड्ढ़ा होता है जिसे एसिटेबुलम कहते हैं। एसिटेबुलम में फीमर अस्थि का सिर जुड़ा रहता है।

श्रोणि मेखला पैरों की अस्थियों को अपने से जोड़ने के लिए संधि स्थान प्रदान करती है। यह अन्तरंगों को सुरक्षा प्रदान करती है।

मनुष्य के पैर में फीमर, टिबियो फिबुला, टॉर्सल्स तथा मेटा टॉर्सल्स अस्थियाँ होती हैं। इनमें टिबियोफिबुला मुक्त रहती है। फीमर तथा टिबियोफिबुला के सन्धि स्थान पर एक गोल अस्थि होती है, जिसे घुटने की अस्थि या पटेला (Patella) कहते हैं । इस जोड़ पर मनुष्य का पैर केवल एक ओर ही मुड़ सकता है। टॉर्सल्स में से एक बड़ी होती है जो ऐड़ी बनाती है । तलवे की अस्थियाँ मेटाटार्सल्स कहलाती है । अँगूठे में केवल दो तथा अन्य अँगुलियों में तीन-तीन अंगुलास्थियाँ होती हैं ।

सन्धियाँ (Joints): कंकाल में वह स्थान जहाँ पर अस्थियाँ मिलकर हिल डुल सकती हैं, सन्धि (Joints) कहलाती है। सन्धि बनाने वाले प्रत्येक अस्थि के सिरे पर उपास्थि की एक पर्त होती है तथा दोनों अस्थियों के मध्य एक गुहा होती है, जिसे साइनोवियल गुहा (Sinovial cavity) कहते हैं। साइनोवियल गुहा में एक द्रव भरा रहता है जिसे साइनोवियल द्रव (Sinovial fluid) कहते हैं। साइनोवियल गुहा को स्तरित करने वाली एक पतली झिल्ली को साइनोवियल कला (Sinovial membrane) कहते हैं। दोनों अस्थियाँ एक-दूसरे से लचीले लिगामेंट्स द्वारा जुड़ी रहती हैं जो कि अस्थि को मोड़ने में सहायक होती हैं।

सन्धि के प्रकार : गति के प्रकृति के आधार पर सन्धियाँ तीन प्रकार की होती हैं— 1. पूर्ण सन्धि (Perfect joint), 2. अपूर्ण सन्धि (Imperfect joint) तथा 3. अचल सन्धि (Fixed joint) |

1. पूर्ण सन्धि (Perfect Joint) : अस्थियों की वह सन्धि जिसमें सन्धि बनाने वाली अस्थियों को विभिन्न दिशा में घुमाया जा सकता है। तथा उनमें गति होती है, पूर्ण सन्धि (Perfect Joint) कहलाती है। इस प्रकार की सन्धि में जो अस्थियाँ पायी जाती हैं उनके सिरों पर उपास्थि (Cartilage) की एक पतली पर्त होती है। इस प्रकार की सन्धि में अस्थियों के जोड़ों पर लिगामेंट्स (Ligaments) पाये जाते हैं। पूर्ण सन्धियाँ निम्नलिखित प्रकार की होती हैं

(a) कन्दुक खल्लिका सन्धि (Ball and socket joint) : इस प्रकार की सन्धि में एक अस्थि का सिरा गेंद की भाँति गोल तथा दूसरा एक प्याले की आकृति की गुहा बनाता है। गेंद

वाला भाग प्याले अथवा गुहा में स्थित होता है। गेंद वाली अस्थि किसी भी दिशा में घुमायी जा सकती है। इस प्रकार की सन्धियाँ अंस मेखला तथा ह्यूमरस अस्थि के जोड़ पर और फीमर तथा श्रोणि मेखला के जोड़ पर पायी जाती है। इसमें ह्यूमरस एवं फीमर अस्थियाँ किसी भी दिशा में घुमायी जा सकती हैं।

(b) हिंज सन्धि (Hinge joint) : इस प्रकार की सन्धियों की अस्थियाँ केवल एक दिशा में ही मोड़ी जा सकती हैं जैसे— कोहनी एवं घुटने की सन्धियाँ ।

(c) खूँटी सन्धि (Pivot joint) : इस प्रकार की सन्धि में एक अस्थि खूँटी के आकार में स्थित होती है तथा दूसरी अस्थि इसके ऊपर हिल-डुल सकती है। इस प्रकार की सन्धि मनुष्य के द्वितीय कशेरुक (Second vertebra) के ओडोन्टॉयड प्रवर्ध तथा करोटि (Skull) के मध्य में पायी जाती है ।

(d) ग्लाइडिंग सन्धि (Gliding Joint) : इस प्रकार की सन्धि में अस्थियाँ एक-दूसरे पर फिसलती हैं। इस प्रकार की सन्धियाँ कशेरुकाओं के सन्धि प्रवर्ध के मध्य तथा रेडियस अलना एवं कार्पल्स के मध्य पायी जाती है।

(e) सैडिल सन्धि (Saddle joint) : यह सन्धि भी कन्दुक खल्लिका सन्धि (Ball and socket joint) की भाँति होती है। दोनों में अंतर केवल इतना होता है कि इसमें न तो पूर्ण गेंद बनती है और न पूर्ण प्याला बनता है। इस प्रकार की सन्धि मनुष्य के अंगूठे में बनती है।

2. अपूर्ण सन्धि (Imperfect Joint) : इस प्रकार की सन्धि में अस्थियों के मध्य सिनोवियल सम्पुट और लिगामेंट्स नहीं पाये जाते हैं। इस सन्धि में पायी जाने वाली अस्थियों में थोड़ी सी गति देखने को मिलती है। इस प्रकार की सन्धि मनुष्य की श्रोणि मेखला की प्यूबिस अस्थि के मध्य होती है । अपूर्ण सन्धि कशेरुकाओं के बीच की अस्थियों में भी पायी जाती है।

3. अचल सन्धि (Fixed Joint) : इस प्रकार की सन्धि में सम्बद्ध अस्थियाँ बिल्कुल हिल डुल नहीं सकती हैं। इस कारण इस प्रकार की सन्धि को अचल सन्धि कहते हैं। इस प्रकार की सन्धि में अस्थियाँ एक दूसरे के काफी निकट होती हैं। जैसे—करोटि (Skull) की अस्थियाँ ।

अन्तःस्रावी ग्रन्थि

जन्तुओं में विभिन्न शारीरिक क्रियाओं का नियंत्रण एवं समन्वयन तंत्रिका तंत्र के अतिरिक्त कुछ विशिष्ट रासायनिक यौगिकों के द्वारा भी होता है। ये रासायनिक यौगिक हार्मोन (Hormone) कहलाते हैं। हार्मोन शब्द ग्रीक भाषा (Gr. Hormaein = to stimulate or excite) से लिया गया है, जिसका अर्थ है—उत्तेजित करने वाला पदार्थ । हार्मोन का स्राव शरीर की कुछ विशेष प्रकार की ग्रन्थियों द्वारा होता है, जिन्हें अन्तःस्रावी ग्रन्थियाँ (Endocrine glands) कहते हैं। अन्तःस्रावी ग्रन्थियों को नलिकाविहीन ग्रन्थियाँ (Ductless glands) के नाम से भी जाना जाता है क्योंकि इनमें स्राव के लिए नलिकाएँ

(Ducts) नहीं होती हैं । नलिकाविहीन होने के कारण ये ग्रन्थियाँ अपने स्राव हार्मोन्स को सीधे रुधिर परिसंचरण में मुक्त करती है । रुधिर परिसंचरण तंत्र द्वारा ही इनका परिवहन सम्पूर्ण शरीर में होता है।

ग्रन्थियों के प्रकार : कशेरुकी जन्तुओं में तीन प्रकार की ग्रन्थियाँ पायी जाती हैं। ये हैं

(a) बहिःस्रावी ग्रन्थियाँ (Exocrine glands) : शरीर की ऐसी ग्रन्थियाँ जिनके द्वारा स्रावित स्राव को विभिन्न अंगों तक पहुँचाने के लिए वाहिनियाँ या नलिकाएँ होती हैं, बहिःस्रावी ग्रन्थियाँ (Exocrine Glands) कहलाती है । बहिःस्रावी ग्रन्थियों को नलिकायुक्त ग्रन्थियाँ (Duct glands) भी कहते हैं । बहिःस्रावी ग्रन्थियों के स्राव को एन्जाइम (Enzyme) कहा जाता है । स्वेद ग्रन्थि दुग्ध ग्रन्थि, लार ग्रन्थि, श्लेष्म ग्रन्थि, अश्रु ग्रन्थि आदि बहिःस्रावी ग्रन्थि के प्रमुख उदाहरण हैं ।

(b) अन्तःस्रावी ग्रन्थियाँ (Endocrine Glands) : बहिःस्रावी ग्रन्थियों के विपरीत अन्तःस्रावी ग्रन्थियाँ नलिकाविहीन (Ductless) होती हैं । अतः इन्हें नलिकाविहीन ग्रन्थियाँ (Ductless glands) भी कहते हैं । अन्तःस्रावी ग्रन्थियाँ नलिका (Duct) के अभाव में अपने स्राव को सीधे रुधिर परिसंचरण में मुक्त करती हैं । अन्तःस्रावी ग्रन्थियों द्वारा स्रावित स्राव को अन्तःस्राव या हार्मोन (Hormone) कहते हैं । ये हार्मोन फिर रुधिर के साथ उन अंगों तक चले जाते हैं, जहाँ इनका प्रभाव होना होता है। पीयूष ग्रन्थि, थाइरॉयड ग्रन्थि, अधिवृक्क ग्रन्थि, पैराथाइरॉयड ग्रन्थि पीनियल काय, थाइमस ग्रन्थि आदि प्रमुख अन्तःस्रावी ग्रन्थियाँ हैं ।

(c) मिश्रित ग्रन्थियाँ (Mixed glands) : कुछ ग्रन्थियाँ ऐसी होती हैं जो बहिःस्रावी तथा अन्तःस्रावी दोनों ही प्रकार की होती हैं, उन्हें मिश्रित ग्रन्थियों कहते हैं । जैसे—अग्न्याशय (Pancreas) | मानव शरीर की मुख्य अन्तःस्रावी ग्रन्थियाँ एवं उनसे स्रावित हार्मोन के कार्य एवं प्रभावः

A. पीयूष ग्रन्थि (Pituitary gland) : यह कपाल (Skull) की स्फेनॉयड (Sphenoid) हड्डी में सेलाटर्सिका (Sellaturcica) नामक गड्ढे में उपस्थित रहती हैं। यह तालु (Palate) एवं मस्तिष्क (Brain) के अधरतल के मध्य स्थित रहती है एवं उससे एक इन्फन्डीबुलम (Infundibulum) नाम छोटे वृन्त (Stalk) से जुड़ी रहती है। इसका भार लगभग 0.6 ग्राम होता है। स्त्रियों में गर्भावस्था के दौरान यह कुछ बड़ी हो जाती है। पीयूष ग्रन्थि को मास्टर ग्रन्थि (Master Glands) भी कहा जाता है, क्योंकि यह अन्य अन्तःस्रावी ग्रन्थियों के स्रवण को लूसेंट साम नियंत्रित करती है। साथ-ही-साथ यह व्यक्ति के स्वभाव, स्वास्थ्य, वृद्धि एवं लैंगिक विकास को भी प्रेरित करती है। पीयूष ग्रन्थि से स्रावित होने वाले हार्मोन एवं उनके कार्य : पीयूष ग्रन्थि द्वारा निम्नलिखित हार्मोनों का स्राव होता है—

1. वृद्धि हार्मोन या सोमैटोट्रॉपिक हार्मोन (Growth hromone or somatotropic hormone) : यह शरीर की वृद्धि विशेषतया हड्डियों की वृद्धि का नियंत्रण करता है। इसकी अधिकता से भीमकायता (Gigantism) अथवा एक्रोमिगली (Acromegaly)

विकार उत्पन्न हो जाता है। इसके कारण मनुष्य की लम्बाई सामान्य से बहुत अधिक बढ़ जाती है तथा हड्डियाँ भारी व मोटी हो जाती हैं। बाल्यावस्था में इस हार्मोन के कम स्राव से शरीर की वृद्धि रुक जाती है जिससे मनुष्य में बौनापन (Dwarfism) हो जाता है।

2. थाइरोट्रॉपिक या थाइरॉइड प्रेरक हार्मोन (Thyrotropic or thyroid stimulating hormone-STH): यह हार्मोन थाइरायड ग्रन्थि के कार्यों को उद्दीपित करता है। यह थाइरॉक्सिन (Thyroxine) हार्मोन के स्रवण को भी प्रभावित करता है।

3. एड्रिनोकॉर्टिको ट्रापिक हार्मोन (Adrenocortico tropic hormone—ACTH) : यह हार्मोन अधिवृक्क ग्रन्थि (Adrenal gland) के कार्टेक्स (Cortex) को प्रभावित कर उससे निकलने वाले हार्मोन को भी प्रेरित करता है।

4. गोनेडोट्रॉपिक हार्मोन (Gonadotropic hormone) : यह मादा हार्मोन जनन ग्रन्थियों (Gonads) की क्रियाशीलता को प्रभावित करता है। यह दो प्रकार का होता है।

(a) फॉलिकिल उत्तेजन हार्मोन (Follicle stimulating hormone-FSH):पुरुषों में यह हार्मोन शुक्रजन (Spermatogenesis) को उद्दीपित करता है। स्त्रियों में यह हार्मोन अण्डाशय से अण्डोत्सर्ग (Ovulation) को प्रेरित करता है। यह अण्डाशय में फॉलिकिल की वृद्धि में सहायता करता है । (b) ल्यूटीनाइजिंग हार्मोन (Lutenizing hormone-LH) : पुरुषों में यह हार्मोन अन्तराली कोशिकाओं (Interstial cells) को प्रभावित कर नर हार्मोन टेस्टोस्टेरॉन (Testosterone) को प्रेरित करता है, जबकि स्त्रियों में यह एस्ट्रोजन हार्मोन के स्राव को प्रेरित करता है ।

5. दुग्धजनक हार्मोन (Lactogenic hormone-LTH) : यह दुग्धजनक हार्मोन है। इस हार्मोन का मुख्य कार्य शिशु के लिए स्तनों में दुग्ध स्राव उत्पन्न करना है। इस हार्मोन से कार्पसल्यूटियम (Corpus luteum) का स्राव भी शुरू होता है।

6. मिलैनोसाइट प्रेरक हार्मोन (Melanocyte stimulating hormone) : निम्न जन्तुओं एवं पक्षियों में यह हार्मोन मिलेनिन (Melanin) वर्णक के कणों को फैलाकर त्वचा के रंग को प्रभावित करता है। इसके फलस्वरूप त्वचा रंगीन होती है। मनुष्य में यह हार्मोन त्वचा पर चकते तथा तिल पड़ने को प्रेरित करता है।

7. वेसोप्रेसिन या एन्टीडाइयूरेटिक हार्मोन (Vasopressin or Antidiuratichormone-ADH): यह हार्मोन वृक्क की मूत्रवाहिनियों को जल पुनरावशोषण (Reabsorption) करने के लिए प्रेरित करता है। इसके अतिरिक्त यह रुधिर वाहिनियों को सिकोड़ कर रुधिर दाब (Blood pressure) बढ़ाता है। यह शरीर के जल संतुलन में सहायक होता है। इस कारण इसे एन्टीडाइयूरेटिक (Antidiuratic) कहा जाता है । इस हार्मोन की कमी से उदकमेह या डायबिटीज इन्सिपिड्स नामक रोग हो जाता है।

8. ऑक्सीटोसीन (Oxytocin) या पाइटोसिन (Pitocin) : यह हार्मोन गर्भाशय की अरेखित पेशियों में सिकुड़न पैदा करता है जिससे प्रसव पीड़ा (Labour pain) उत्पन्न होती है और बच्चे के जन्म में सहायता पहुँचाता है। यह स्तन से दुग्ध स्राव में भी सहायक होता है

।

8. ऑक्सीटोसीन (Oxytocin) या पाइटोसिन (Pitocin) : यह हार्मोन गर्भाशय की अरेखित पेशियों में सिकुड़न पैदा करता है जिससे प्रसव पीड़ा (Labour pain) उत्पन्न होती है और बच्चे के जन्म में सहायता पहुँचाता है। यह स्तन से दुग्ध स्राव में भी सहायक होता है।

B. अवटु ग्रन्थि (Thyroid gland): मनुष्य में यह ग्रन्थि द्विपिण्डक रचना होती है। यह ग्रन्थि श्वास नली या ट्रैकिया (Trachea) के दोनों तरफ लैरिंक्स (Larynx) के नीचे स्थित रहती है। यह संयोजी ऊतक की पतली अनुप्रस्थ पट्टी से जुड़ी रहती है, जिसे इस्थमस (Isthmus) कहते हैं । यह अनेक खोखली व गोल पुटिकाओं (Follicles) से मिलकर बनता है । इन पुटिकाओं की गुहा में आयोडीन युक्त गुलाबी रंग का कोलायडी पदार्थ स्रावित होता है, जिसे थाइरोग्लोब्यूलिन (Thyroglobulin) कहते हैं । थाइरॉइड ग्रन्थि का अन्तःस्राव या हार्मोन थाइरॉक्सिन (Thyroxine) तथा ट्रायोडोथाइरोनिन (Triodothyronine) है। इन दोनों ही हार्मोनों में आयोडीन (Iodine) अधिक मात्रा में रहता है।

अवटु ग्रन्थि से स्रावित हार्मोन एवं उनके कार्य—

1. थाइरॉक्सिन (Thyroxine) : यह हार्मोन कोशिकीय श्वसन की गति को तीव्र करता है। यह शरीर की सामान्य वृद्धि विशेषतया हड्डियों, बाल इत्यादि के विकास के लिए अनिवार्य है। यह हार्मोन दूसरी अन्तःस्रावी ग्रन्थियों को भी प्रभावित करता है। यह पीयूष ग्रन्थि द्वारा स्रावित हार्मोन के साथ सहयोग कर शरीर में जल संतुलन का नियंत्रण करता है। बच्चों में थाइरॉक्सिन की कमी के कारण अवटुवामनता (Cretinism) नामक रोग उत्पन्न हो जाता है। इस रोग में 30 वर्ष की उम्र वाला वयस्क 4 अथवा 5 वर्ष का बालक प्रतीत होता है । यौवनावस्था (Puberty) के पश्चात इस हार्मोन की कमी के कारण शरीर में मिक्सिडिमा (Myxioedema) नामक रोग उत्पन्न होता है। मनुष्य में एक लम्बे समय तक इस हार्मोन की कमी के कारण हाइपोथाइरॉयडिज्म (Hypothyroidism) रोग उत्पन्न हो जाता है। भोजन में आयोडीन की कमी के कारण घेंघा या ग्वाइटर (Goitre)नामक रोग हो जाता है। इसके कारण थाइराइड ग्रन्थि के आकार में बहुत वृद्धि हो जाती है। थायरॉक्सिन के आधिक्य से टॉक्सिक ग्वाइटर (Toxic goitre) नामक रोग होता है। थाक्ॉक्सिन की अधिकता के कारण आँख फूलकर नेत्रकोटर से बाहर निकल जाती है। इस रोग को कारण एक्सोप्थेलमिक ग्वाइटर (Exophthalmic goitre) कहते हैं ।

C. परावटु ग्रन्थि (Parathyroid glands) : ये मटर की आकृति की पालियुक्त (Lobed) ग्रन्थियाँ हैं । ये थाइरॉइड ग्रन्थि के पीछे स्थित रहती है और संयोजी ऊतक के एक संपुट द्वारा उससे अलग रहती है । परावटु ग्रन्थि द्वारा स्रावित हार्मोन व उनके कार्य : इस ग्रन्थि द्वारा दो हार्मोनों का स्राव होता है। ये दोनों रक्त में कैल्सियम और फॉस्फोरस की मात्रा का नियंत्रण करते हैं। ये हार्मोन हैं

1. पैराथाइरॉइड हार्मोन (Parathyroid hormone) : यह हार्मोन उस समय मुक्त होता है,

जब रक्त में कैल्सियम की कमी हो जाती है। यह हार्मोन कैल्सियम के अवशोषण तथा वृक्क में इसके पुनरावशोषण (Reabsorption) को बढ़ाता है । यह अस्थियों के अनावश्यक भाग को गलाकर रक्त में कैल्सियम और फॉस्फोरस मुक्त करता है। यह हड्डियों की वृद्धि एवं दाँतों के निर्माण का नियंत्रण करता है ।

2. कैल्सिटोनिन हार्मोन (Calcitonin hormone) : जब रक्त कैल्सियम की मात्रा अधिक हो जाती है, तब यह हार्मोन मुक्त में होता है । यह हार्मोन पैराथाइरॉइड हार्मोन के विपरीत काम करता है। यह हड्डियों के विघटन को कम करता है तथा मूत्र में कैल्सियम का उत्सर्जन बढ़ाता है ।

D. अधिवृक्क ग्रन्थि (Adrenal gland) : अधिवृक्क ग्रन्थि को उपरिवृक्कीय ग्रन्थि या सुप्रारीनल ग्लैंड के नाम से भी जाना जाता है। यह ग्रन्थि प्रत्येक वृक्क के ऊपरी सिरे पर अंदर की ओर स्थित रहती है। वस्तुतः अधिवृक्क ग्रन्थि के दो भाग होते हैं—

1. बाहरी वल्कुट या कॉर्टेक्स (Cortex)
2. अंदरुनी मध्यांश या मेडुला (Medulla) ये दोनों भाग कार्यात्मक रूप से तथा उत्पत्ति में भी एक-दूसरे से भिन्न होते हैं।

1. एड्रीनल कॉर्टेक्स द्वारा स्रावित हार्मोन एवं उनके कार्य इसके द्वारा स्रावित हार्मोनों को निम्नलिखित तीन समूहों में वर्गीकृत किया जा सकता है।

(a) ग्लूकोकॉर्टिक्वायड्स (Glucocorticoids): भोजन उपापचय में इनकी महत्वपूर्ण भूमिका होती है। ये कार्बोहाइड्रेट, प्रोटीन एवं वसा के उपापचय का नियंत्रण करते हैं। शरीर में जल एवं इलेक्ट्रोलाइट्स के नियंत्रण में भी ये सहायक होते हैं। ये अमाशयिक स्राव को प्रेरित करते हैं। ये हार्मोन प्रदाह-विरोधी (Anti inflammatory) होते हैं, जिसके लिए ये श्वेत रुधिराणुओं पर नियंत्रण कर उतेजक पदार्थों के प्रति सुरक्षा प्रतिक्रियाओं को रोकते हैं। ये शरीर में लाल रुधिराणुओं की संख्या को बढ़ाते हैं तथा श्वेत रुधिराणुओं को नियंत्रित करते हैं।

(b) मिनरलोकॉर्टिक्वायड्स (Mineralocorticoids) : इनका मुख्य कार्य वृक्क नलिकाओं द्वारा लवण के पुनः अवशोषण एवं शरीर में अन्य लवणों की मात्रा का नियंत्रण करना है । ये शरीर में जल संतुलन को भी नियंत्रित करते हैं। इसके प्रभाव से मूत्र द्वारा पोटैशियम और फॉस्फेट का अधिक मात्रा में उत्सर्जन और सोडियम क्लोराइड एवं जल का कम मात्रा में उत्सर्जन होता है ।

(c) लिंग हार्मोन (Sex hormones): ये हार्मोन पेशियों तथा हड्डियों के परिवर्धन, बाह्यलिंगों, बालों के आने का प्रतिमान एवं यौन आचरण का नियंत्रण करते हैं । ये हार्मोन मुख्यतः नर हार्मोन एन्ड्रोजन्स (Androgens) तथा मादा हार्मोन एस्ट्रोजन्स (Estrogens) होते हैं। नर हार्मोन में डीहाइड्रोएपीएन्ड्रोस्टीरोन (Dehydroepiandrosterone) होता है। मुख्य स्त्रियों में इस हार्मोन की अधिकता से चेहरे पर बाल बढ़ने लगते हैं। इस प्रक्रिया को एड्रीनल विरिलिज्म (Adrenal virilism) कहते हैं।

2. एड्रीनल मेडुला द्वारा स्रावित हार्मोन व उनके कार्य : एड्रीनल मेडुला से निम्नलिखित दो हार्मोनों का स्राव होता है

(a) एड्रीनेलीन (Adrenalin) : इस हार्मोन को एड्रीनिन (Adrenin) एवं एपिनेफ्रीन (Epineprin) भी कहते हैं। यह हार्मोन मेडुला से स्रावित हार्मोन का अधिकांश भाग होता है। यह हार्मोन क्रोध, डर, मानसिक तनाव एवं व्यस्तता की अवस्था में अत्यधिक स्रावित होने लगता है, जिससे इन संकटकालीन परिस्थितियों में उचित कदम उठाने का निर्णय लिया जा सकता है। यह हृदय स्पंदन की दर को बढ़ाता है । यह हार्मोन रोंगटे खड़े होने के लिए प्रेरित करता है । यह आँख की पुतलियों को फैलाता है। अधिवृक्क ग्रन्थि से निकलने वाले इस हार्मोन को लड़ो और उड़ो हार्मोन कहा जाता है ।

(b) नॉर एड्रीनेलीन या नॉरएपीनेफ्रीन (Nor adrenalin or Nor epinephrine): ये समान रूप से हृदय पेशियों की उत्तेजनशीलता एवं संकुचनशीलता को तेज करते हैं । परिणामस्वरूप रक्त चाप (Blood pressure) बढ़ जाता है। यह हृदय स्पंदन के एकाएक रुक जाने पर उसे पुनः चालू करने में सहायक होता है।

एड्रीनल के अल्पस्रवण से होने वाले रोग :

1. एडीसन रोग (Addison's disease) : इस रोग में रुधिर दाब कम हो जाता है तथा सोडियम एवं जल का उत्सर्जन बढ़ जाता है जिससे निर्जलीकरण (Dehydration) हो जाता है। चेहरे, गर्दन एवं त्वचा पर जगह-जगह चकते पड़ जाते हैं।

2. कॉन्स रोग (Conn's disease) : यह रोग सोडियम एवं पोटैशियम की कमी से हो जाता है। इस रोग में पेशियों में अकड़न आ जाती है एवं रोगी की मृत्यु भी हो जाती है।

एड्रीनल के अतिस्रवण से होने वाले रोग : 1. कुशिंग रोग (Cushing disease): इस रोग में शरीर में जल एवं सोडियम का जमाव अधिक हा जाता है। पेशीय शिथिलन होने लगता है। प्रोटीन केटाबालिज्म (Protein catabolism) बढ़ जाता है तथा हड्डियाँ अनियमित हो जाती हैं। 2. एड्रीनल विरिलिज्म (Adrenal virilism): इस रोग में स्त्रियों में पुरुषों के लक्षण बनने लगते हैं। इसमें स्त्रियों के चेहरे पर दाढ़ी व मूँछों का आना, आवाज मोटी हो जाना, बाँझपन उत्पन्न हो जाना इत्यादि होते हैं ।

E. थाइमस ग्रन्थि (Thymus gland) : यह ग्रंथि वक्ष में हृदय से आगे स्थित होती है । यह ग्रंथि वृद्धावस्था में लुप्त हो जाती है। यह गुलाबी, चपटी एवं द्विपालित (Bilobed) ग्रन्थि है । थाइमस ग्रन्थि से स्रावित हार्मोन व उनके कार्य: थाइमस ग्रन्थि से निम्नलिखित हार्मोनों का स्राव होता है— 1. थाइमोसीन (Thymosin), 2. थाइमीन-I (Thymin - I), 3. थाइमीन- II (Thymin-II) | ये हार्मोन शरीर में लिम्फोसाइट कोशिकाएँ बनाने में सहायक होती हैं। ये हार्मोन लिम्फोसाइट को जीवाणुओं एवं एन्टीजन्स (Antigens) को नष्ट करने के लिए प्रेरित करती हैं। ये शरीर में एन्टीबॉडी बनाकर शरीर की सुरक्षा तंत्र स्थापित करने में सहायक होती हैं।

F. अग्न्याशय की लैंगर हैंस की द्वीपिकाएँ : अग्न्याशय एक हल्के पीले रंग की विसरित

ग्रंथि है। यह आमाशय एवं डयूओडिनम (Duodenum) के बीच स्थित होती है। इससे अग्न्याशय रस स्रावित होता है। इस रस में कई पाचक एन्जाइम होते हैं। इस प्रकार यह एक बहिःस्रावी ग्रन्थि है, परन्तु अग्न्याशय में विशिष्ट प्रकार की कोशिकाओं के समूह पाये जाते हैं, जिन्हें लैगरहैंस की द्वीपिकाएँ (Islets of Langerhans) कहते हैं । ये अन्तःस्रावी ग्रन्थि का काम करती है।

लैंगर हैंस की द्वीपिका द्वारा स्रावित हार्मोन एवं उनके कार्य : लैंगर हैंस की द्वीपिका में निम्नलिखित तीन प्रकार की कोशिकाएँ पायी जाती हैं–

(a) ca-कोशिकाएँ (a-cells)

(b) B-कोशिकाएँ (p-cells)

(c) 8-कोशिकाएँ (S-cells) y-कोशिकाएँ (Gamma cells) इससे निम्नलिखित हार्मोनों का स्राव होता है–

(a) ग्लूकागॉन (Glucagon) : यह हार्मोन अल्फा कोशिकाओं (ca-cells)द्वारा स्रावित होता है। यह यकृत (Liver) में ग्लूकोनियोजेनेसिस (Gluconeogenesis) को प्रेरित करता है, जिससे ग्लूकोज की मात्रा बढ़ जाती है। यह ऊतकों में ग्लूकोज के उत्पादन में भी सहायक होता है ।

(b) इन्सुलिन (Insulin): यह हार्मोन B-कोशिकाओं (B-Cells) द्वारा स्रावित होता है। यह कार्बोहाइड्रेट उपापचय के लिए अत्यधिक महत्वपूर्ण है। यह पेशियों एवं यकृत में ग्लूकोस से ग्लाइकोजेन के परिवर्तन की दर को काफी बढ़ा देता है। यह शर्करा एवं वसा के निर्माण में भी सहायक है और प्रोटीन संश्लेषण को प्रेरित करता है। यह पेशियों में ग्लूकोस उपापचय को तीव्र करता है। अगर अग्न्याशय इन्सुलिन हार्मोन का उत्पादन बन्द कर दे तो मूत्र एवं रक्त में शर्करा की मात्रा बढ़ जाएगी। यह ग्लूकोस के ऑक्सीकरण से शरीर कोशिकाओं में ऊर्जा विमुक्ति को प्रभावित करता है। इन्सुलिन के अल्पस्रवण से मधुमेह या डाइबिटीज मेलिटस (Diabetes mellitus) नामक रोग होता है। इस रोग में रुधिर में ग्लूकोज की मात्रा बढ़ने लगती है। ग्लूकोज की मात्रा बढ़ने से ग्लूकोज मूत्र में उत्सर्जित होने लगता है। मूत्र में जल की मात्रा बढ़ जाती है जिससे मूत्र पतला एवं मात्रा बढ़ जाती है। इस प्रकार बहुमूत्रता की अवस्था उत्पन्न हो जाती है।

इन्सुलिन के अतिस्रवण से हाइपोग्लाइसीमिया (Hypoglycemia) नामक रोग हो जाता है। इस रोग में रक्त में रुधिर की मात्रा कम हो जाती है जिससे तंत्रिका तथा रेटिना की कोशिकाएँ ऊर्जा की कम मात्रा की अवस्था में आ जाती है। इससे जनन क्षमता एवं दृष्टि ज्ञान कम होने लगता है तथा रोगी को थकावट अधिक महसूस होती है।

(c) सोमेटोस्टेटीन (Somatostatin): यह हार्मोन डेल्टा कोशिकाओं या गामा कोशिकाओं से स्रावित होता है। यह हार्मोन पॉलीपेप्टाइड होता है जो पचे हुए भोजन के स्वांगीकरण (Assimilation) की अवधि बढ़ाता है।

G. जनन ग्रन्थियाँ (Gonads) : जनन ग्रन्थियाँ जनन कोशिकाओं के निर्माण के अलावा

अन्तःस्रावी ग्रन्थियों के रूप में भी कार्य करती है।

1. अण्डाशय (Ovary): यह मादा के उदर गुहा में स्थित होता है । इसके द्‌वारा निम्नलिखित हार्मोनों का स्राव होता है

(a) एस्ट्रोजन (Estrogen): यह एस्टेरॉयड (Steroid) होता है, जो ग्रेफियन फॉलिकिल (Graffian follicle) द्‌वारा स्रावित होता है। यह हार्मोन यौवनावस्था में यौन लक्षणों जैसे—गर्भाशय (Uterus), योनि (Vagina), भगशिश्न (Clitoris) व स्तनों के विकास को प्रेरित करता है। यह हार्मोन गर्भाशयी एण्डोमीट्रियम (Uterine endometrium) की वृद्‌धि को प्रेरित करता है तथा अंडवाहिनी (Oviduct) के परिवद्‌र्धन को पूर्ण करता है। इस हार्मोन की कमी के कारण जनन क्षमता क्षीण हो जाती है, रजनोवृत्ति (Menopause) का आभास होने लगता है। तथा स्तन ढलने लगता है।

(b) प्रोजेस्टेरॉन (Progesteron): इस हार्मोन का स्राव प्रति पिण्ड या कॉर्पसल्यूटियम (Corpus luteum) की कोशिकाओं द्‌वारा होता है । यह एस्ट्रोजेन से सहयोग कर स्तन के विकास एवं दुग्ध ग्रन्थियों को सक्रिय करता है इसके अतिरिक्त यह गर्भावस्था एवं प्रसव में होने वाले परिवर्तनों से भी सम्बद्‌ध होता है। अतः यह हार्मोन गर्भधारण के निर्धारण वाला हार्मोन' कहलाता है ।

(c) रिलैक्सिन (Relaxin) : यह हार्मोन भी कॉर्पस ल्यूटियम (Corpus luteum) द्‌वारा स्रावित होता है। गर्भावस्था में यह अण्डाशय, गर्भाशय एवं अपरा (Placenta) में उपस्थित रहता है। यह हार्मोन प्यूबिक सिम्फाइसिस (Pubic symphysis) को मुलायम करता है तथा गर्भाशय को सिकुड़ने से रोकता है। यह गर्भाशय ग्रीवा (Uterine cervix) को चौड़ा करता है। इससे बच्चे के जन्म में सहायता मिलती है ।

2. वृषण (Testes): यह नर जनन अंग है। यह शरीर के बाहर स्क्रोटल कोष (Scrotal sac) में स्थित होते हैं। वृषण के अंदर स्थित अन्तराली कोशिकाओं (Interstitial cells) या लीडिंग कोशिकाओं (Leyding cells) से नर हार्मोन स्रावित होते हैं, जिन्हें एण्ड्रोजेन (Androgen) कहते हैं। सबसे प्रमुख एन्ड्रोजेन हार्मोन को टेस्टोस्टेरॉन (Testosteron) कहते हैं। यह हार्मोन पुरुषोचित लैंगिक लक्षणों के परिवद्‌र्धन को एवं यौन-आचार को प्रेरित करता है।

प्रजनन तंत्र

जिस प्रक्रम द्‌वारा जीव अपनी संख्या में वृद्‌धि करते हैं, उसे प्रजनन (Reproduction) कहते हैं। प्रजनन जीवों का सर्वप्रमुख लक्षण है। इस पृथ्वी पर जीव-जातियों की सततता प्रजनन के फलस्वरूप ही संभव हो पायी है। इस प्रकार प्रजनन वह प्रक्रम है जिसके द्‌वारा जीव अपनी ही जैसी अन्य उर्वर सन्तानों की उत्पत्ति करता है और इस प्रकार अपनी संख्या में वृद्‌धि कर अपनी जाति के अस्तित्व को बराबर बनाए रखकर उसे विलुप्त होने से बचाता है। जीवों के प्रजनन में भाग लेने वाले अंगों प्रजनन अंग (Reproductive organs) तथा एक जीव के सभी प्रजनन अंगों को सम्मिलित रूप से प्रजनन तंत्र (Reproductive system)

कहते हैं।

मानव प्रजनन तंत्र (Human reproductive system): मानव एकलिंगी (Unisexual) प्राणी है, अर्थात् नर और मादा लिंग अलग अलग जीवों में पाये जाते हैं जो जीव केवल शुक्राणु उत्पन्न करते हैं उसे नर कहते हैं। जिन जीवों से केवल अण्डाणु की उत्पत्ति होती है, उन्हें मादा कहते हैं। मानव में प्रजनन तंत्र अन्य जन्तुओं की अपेक्षा बहुत अधिक विकसित और जटिल होता है। मानव में अण्डे का निषेचन (Fertilization) फैलोपिअन नलिका (Fallopian tube) तथा भ्रूणीय विकास (Embryonic development) गर्भाशय (Uterus) में होता है। मानव जरायुज (Viviparous) होते हैं अर्थात् ये सीधे शिशु को जन्म देते हैं। मानव में जनन अंग मादा में 12 से 13 वर्ष की उम्र में तथा नर में 15 से 18 वर्ष की उम्र में प्रायः क्रियाशील हो जाते हैं।

प्रजनन अंग भी कुछ हार्मोन (Hormone) का स्राव (Secretion) करते हैं जो शरीर में अनेक प्रकार के परिवर्तन लाते हैं। ऐसे परिवर्तन मादा में प्रायः वक्ष तथा जनन अंगों पर बाल उगने तथा नर में दाढ़ी एवं मूँछ आने से परिलक्षित होता है। मानव में नर तथा मादा प्रजनन अंग पूर्णतया अलग-अलग होते हैं।

नर प्रजनन तंत्र (Male reproductivesystem): जनन कोशिका उत्पादित करने वाले अंग एवं जनन कोशिकाओं को निषेचन के स्थान तक पहुँचाने वाले अंग संयुक्त रूप से नर प्रजनन तंत्र कहलाते हैं। मानव के नर प्रजनन तंत्र में निम्नलिखित लैंगिक अंग (Sex organs) एवं उनसे सम्बद्ध अन्य रचनाएँ पायी जाती है।

1. वृषण एवं वृषण कोष, 2. अधिवृषण, 3. शुक्रवाहिका, 4. शुक्राशय, 5. मूत्र मार्ग, 6. शिश्न, 7. पुरःस्थ या प्रोस्टेट ।

1. वृषण एवं वृषण कोष (Testes and scrotal sac): वृषण नर जनन ग्रन्थियाँ हैं जो अण्डाकार होती हैं। इनकी संख्या दो होती है। वृषण नर में पाया जाने वाला प्राथमिक जनन अंग है । वृषण त्वचा की बनी एक थैली जैसी रचना में स्थित रहते हैं जो शरीर के बाहर लटकती रहती है। इसे वृषण कोष (Scrotal sac) कहते हैं। वृषण की कोशिकाओं द्वारा नर युग्मक अर्थात् शुक्राणुओं का निर्माण होता है। शुक्राणु (Sperm) उत्पादन के लिए आवश्यक ताप शरीर के ताप से कम होता है। यही कारण है कि वृषण उदर गुहा के बाहर वृषण कोष में स्थित होते हैं। एक औसत स्खलन में लगभग एक चम्मच शुक्र स्राव होता है। इसमें शुक्राणुओं की संख्या 20 से 20 लाख तक होती है। शुक्राणु की लम्बाई 5 माइक्रॉन होती है। यह तीन भाग में विभाजित रहता है— सिर, ग्रीवा और पुच्छ । शुक्राणु शरीर में 30 दिन तक जीवित रहते हैं जबकि मैथून के पश्चात स्त्रियों में केवल 72 घण्टे तक ये जीवित रहते हैं। वृषण में एक प्रकार का द्रव भरा रहता जिसे 'वृषण द्रव' (Seminal fluid) कहते हैं। वृषण का प्रत्येक खण्ड है शुक्रजनन नलिकाओं (Seminiferous tubules) से भरा रहता है। ये नलिकाएँ छल्लेदार होती है । शुक्रजनन नलिकाओं के बीच अंतराली कोशिकाओं (Interstitial cells) के समूह पाये जाते हैं जो नर जनन हार्मोन टेस्टोस्टेरॉन

(Testosterone) का स्राव करती है। यह हार्मोन गौण लैंगिक लक्षणों (Secondary sexual characters) के विकास और नियंत्रण में सहायक होता है। सभी शुक्रजनन नलिकाएँ आपस में मिलकर शुक्र अपवाहिका (Vas efferentia) बनाती है। शुक्र अपवाहिकाएँ मिलकर अन्त में अधिवृषण-वाहिनी (Epididymis duct) बनाती है। वृषण में ही शुक्रजनन नलिकाओं द्वारा शुक्राणु कोशिकाओं की उत्पत्ति होती है। वृषण से शुक्राणु कोशिकाएँ अधिवृषण (Epididyonis) में चली जाती हैं जहाँ वे संचित रहती हैं। वृषण का प्रमुख कार्य शुक्राणुओं का निर्माण करना और नर हार्मोन टेस्टोस्टेरान की उत्पत्ति करना है।

2. अधिवृषण (Epididymis): यह एक 6 मीटर लम्बी कुण्डलित नलिका होती है जो प्रत्येक वृषण के पीछे स्थित होती है। यह वृषण से अच्छी तरह जुड़ी रहती है। इसका एक छोर वृषण से जुड़ा रहता है तथा दूसरा छोर अधिवृषण से आगे बढ़कर शुक्रवाहिका (Vas deferens) बनाता है। अधिवृषण शुक्राणुओं के प्रमुख संग्रह स्थान का कार्य करता है। इसके अतिरिक्त अधिवृषण में शुक्राणुओं का परिपक्वन (Maturation) भी होता है। शुक्राणु यहीं सक्रियता प्राप्त करते हैं ।

3. शुक्रवाहिका (Vas deferens): यह एक पतली नलिका होती है जिसकी भित्तियाँ मांसपेशियों की बनी होती है। अधिवृषण से शुक्राणु शुक्रवाहिका में पहुँचते हैं। शुक्रवाहिका अधिवृषण को शुक्राशय (Seminal vesicle) से जोड़ती है। ये शुक्राणुओं को आगे की ओर बढ़ाने का काम करती हैं।

4. शुक्राशय (Vas vesicles) : यह एक जोड़ी पतली पेशीयुक्त भित्तियोंवाली रचना होती है। ये पालियुक्त (Lobed) रचनाएँ होती हैं। यह प्रोस्टेट ग्रन्थियों (Prostate glands) के ऊपर स्थित रहता है। दोनों ओर के शुक्राशय मिलकर स्खलनीय वाहिनी (Ejaculatory duct) का निर्माण करते हैं। शुक्राशय से एक प्रकार का चिपचिपा पदार्थ स्त्रावित होता है।

5. पुरः स्थ (Prostate) : यह मूत्र मार्ग (Urethra) से मूत्राशय (Urinary bladder) तक सम्बद्ध रहता है। इसका आकार गोल सुपारी जैसा होता है। दोनों पुरःस्थ (Prostate) ग्रन्थियाँ संयुक्त होकर एक सामान्य पुरःस्थ ग्रन्थि का निर्माण करती है। इसमें लगभग दो दर्जन नलिकाएँ होती हैं जो मूत्रमार्ग (Urethra) में खुलती है। पुरःस्थ से एक प्रकार का द्रव स्रावित होता है जिसे पुरःस्थ द्रव (Prostate fluid) कहते हैं। यह द्रव शुक्र (Semen) को विशिष्ट गंध (Smell) • प्रदान करता है। पुरःस्थ द्रव शुक्राशय द्रव के साथ मिलकर मूत्रमार्ग (Urethra) में पहुँचते हैं।

6. शिश्न (Penis): शिश्न पुरुषों का संभोग करने वाला अंग होता है । शिश्न के माध्यम से ही शुक्राणु मादा के प्रजनन तंत्र में पहुँचते हैं। मूत्र मार्ग (Urethra) मूत्राशय से प्रारम्भ होकर शिश्न से गुजरकर उसके (शिश्न के ऊपरी भाग में खुलता है। शिश्न में अत्यधिक रक्त की आपूर्ति होती है। साथ ही साथ इसकी पेशियाँ भी विशिष्ट प्रकार की होती है। जो इसे कड़ापन प्रदान करती है। शिश्न शुक्र (Semen) को शरीर से बाहर निकालकर मादा की योनि (Vagina) के भीतर तक पहुँचाता है।

मादा जनन तंत्र (Female reproductivesystem): मादा जनन तंत्र में निम्नलिखित जनन अंग होते हैं— 1. अण्डाशय, 2. अण्डवाहिनियाँ, 3. गर्भाशय, 4. योनि ।

1. अण्डाशय (Ovaries): प्रत्येक मादा में एक जोड़ा अंडाशय होता है। ये उदर के निचले भाग में श्रोणिगुहा (Pelvic cavity) में दोनों ओर दाएँ और बाएँ एक-एक स्थित होते हैं। प्रत्येक अंडाशय एक अंडाकार (Oval) रचना होती है । प्रत्येक अंडाशय लगभग 4 सेमी लम्बा, 2.5 सेमी चौड़ा और 1.5 सेमी मोटा होता है। अंडाशय पेरिटोनियम (Peritoneum) झिल्ली द्वारा उदर (Abdomen) से सटा रहता है। अंडाशय के भीतर अंडाणुओं का अंडजनन द्वारा निर्माण होता है । अंडाशय का बाह्य स्तर एपिथीलियम का बना होता है जिसे जनन एपिथीलियम (Germinal epithelium) कहते हैं। अंडाशय का आन्तरिक भाग तंतुओं एवं संयोजी ऊतक (Connective tissue) का बना होता है, जिसे स्ट्रोमा (Stroma) कहते हैं। अंडाशय का मुख्य कार्य अंडाणु (Ovum) पैदा करना है। अंडाशय से दो हार्मोन आस्ट्रोजन (Oestrogen) तथा प्रोजेस्टेरान (Progesterone) का स्राव (Secretion) होता है, जो ऋतुस्राव (Menstruation) को नियंत्रित करते हैं।

2. अण्डवाहिनियाँ (Fallopian tube): अण्डवाहिनी या फैलोपियन नलिका की संख्या दो होती है, जो गर्भाशय के ऊपरी भाग के दोनों बगल लगी रहती है। प्रत्येक फेलोपियन नलिका लगभग 10 सेमी लम्बी होती हैं। इस नलिका का एक सिरा गर्भाशय से सम्बद्ध रहता दूसरा सिरा अण्डाशय की ओर अंगुलियों के समान झालर बनाता है। और इस रचना को फिम्ब्री (Fimbri) कहते हैं । अण्डाणु जब अण्डाशय से बाहर निकलता है तब वह फिम्ब्री द्वारा पकड़ लिया जाता है। इसके बाद अण्डाणु फेलोपियन नलिका की गुहा में पहुँच जाता है। फेलोपियन नलिका से अण्डाणु गर्भाशय में पहुँचता है। फेलोपियन नलिका का प्रमुख कार्य फिम्ब्री द्वारा अण्डाणु को पकड़ना और गर्भाशय में पहुँचाना है।

3. गर्भाशय (Uterus): यह एक नाशपाती के समान रचना होती है जो श्रोणिगुहा (Pelvic Cavity) में स्थित होती है। यह सामान्यतः 7.5 सेमी लम्बा, 5 सेमी चौड़ा तथा 3.5 सेमी मोटा होता है। इससे ऊपर की तरफ दोनों ओर अर्थात् दाएँ और बाएँ कोण पर अण्डवाहिनी खुलती है। इसका निचला भाग सँकरा होता है जिसे ग्रीवा (Cervix) कहते हैं। ग्रीवा आगे की ओर योनि में परिवर्तित हो जाता है। गर्भाशय का निचला छिद्र इसी में खुलता है। गर्भाशय की भित्ति पेशीय (Muscular) होती है, जिसके भीतर खाली जगह होती है। गर्भाशय की भित्ति के अंदर की ओर एक कोशिकीय स्तर होता है जिसे गर्भाशय अंत: स्तर (Endometrium) कहते हैं। गर्भाशय का प्रमुख कार्य निषेचित अण्डाणुओं को भ्रूण परिवद्र्धन हेतु उचित स्थान प्रदान करना है ।

4. योनि (Vagina): यह एक नली के समान रचना होती है। यह लगभग 7.5 सेमी लम्बी होती है। यह बाहर के तल से गर्भाशय तक फैली रहती है। इसके सामने मूत्राशय (Urinary bladder) तथा नीचे मलाशय (Rectum) स्थित होता है। योनि की दीवार पेशीय ऊतक की बनी होती है। योनि का एक सिरा मादा जनन छिद्र के रूप में बाहर खुलता है तथा दूसरा

सिरा पीछे की ओर गर्भाशय की ग्रीवा (Cervix) से जुड़ा रहता है। योनि के शरीर के बाहर खुलने वाले छिद्र को योनि द्वार (Vaginal orifice) कहते हैं। योनि की दीवार में वल्बोरील ग्रन्थियाँ पायी जाती हैं, जिससे एक चिपचिपा द्रव निकलता है । यह द्रव संभोग के समय योनि को चिकना बनाता है। योनि एवं मूत्रवाहिनी के द्वार के ऊपर एक छोटा-सा मटर (Pea) के दाने के जैसा उभार स्थित होता है जिसे भग शिश्निका (Clitoris) कहते हैं। यह एक अत्यन्त ही उत्तेजक अंग होता है, जिसे स्पर्श करने या शिश्न (Penis) के सम्पर्क में आने पर स्त्री को अत्यधिक सुखानुभूति होती है। मैथून के समय शिश्न से वीर्य निकलकर योनि में गिरता है तथा योनि इसे गर्भाशय में पहुँचा देती है ।

अण्डोत्सर्ग (Ovulation) : अण्डाणु के परिवद्र्धन के साथ-साथ गर्भाशय भी परिवद्र्धित होता है। परिवद्र्धन की ये क्रियाएँ हार्मोन द्वारा नियंत्रित होती हैं। 28 दिन की सक्रियता में मानव अण्डाशय सामान्यतः केवल एक अण्डाणु की उत्पत्ति करता है । अण्डाशय द्वारा अण्डाणु की निर्मुक्ति को अण्डोत्सर्ग (Ovulation) कहते हैं

ऋतुस्राव चक्र (Menstruation cycle) : ऋतुस्राव चक्र का पाया जाना प्राइमेट्स का प्रमुख लक्षण है। स्त्री का प्रजनन काल 12-13 वर्ष की उम्र में प्रारम्भ होता है जो 40-50 वर्ष की उम्र तक चलता है । इस प्रजनन काल में गर्भावस्था को छोड़कर प्रति 26 से 28 दिनों की अवधि पर गर्भाशय से रक्त तथा इसकी आन्तरिक दीवार से श्लेष्म का स्राव होता है। यह स्राव तीन-चार दिनों तक चलता है। इसे ही रजोधर्म या मासिक धर्म या ऋतुस्राव चक्र (Menstruation cycle) कहते हैं । ऋतुस्राव के प्रारम्भ होने के 14 दिन बाद अण्डोत्सर्ग होता है। यह अण्डोत्सर्ग दोनों अण्डाशयों से बारी-बारी से होती है। अण्डोत्सर्ग के कुछ समय के पश्चात अण्डाणु अण्डवाहिनी में पहुँच जाता है और 15वें से 19वें दिन तक इसमें रहता है। इस बीच यदि स्त्री सम्भोग करे, तो यह अण्डाणु निषेचित होकर गर्भाशय में चला जाता है, अन्यथा वह अगले ऋतुस्राव में बाहर निकल जाता है। लड़कियों में मासिक धर्म या ऋतुस्राव चक्र प्रथम बार 12-13 वर्ष की उम्र में प्रारम्भ होता है, इसे मेनार्की (Menarche) कहते हैं ।

अण्डोत्सर्ग के पश्चात पुटक (Follicle) पीले रंग का हो जाता है। अब इस पुटक को पीत पिण्ड या कॉर्पस ल्यूटियम (Corpus leuteum) कहते हैं। पीतपिण्ड या कॉर्पसल्यूटियम के परिवद्र्धन का भी नियंत्रण हार्मोन द्वारा होता है। कॉर्पस ल्यूटियम द्वारा एक हार्मोन का स्राव होता है जिसे प्रोजेस्टेरॉन (Progesterone) कहते हैं ।

गर्भधारण हेतु उपयुक्त परिस्थितियाँ (Favourable conditions for pregnancy): सम्भोग क्रिया द्वारा हमेशा गर्भधारण नहीं होता है। इसके लिए कुछ परिस्थितियों का अनुकूल होना आवश्यक है ये परिस्थितियाँ हैं—

1. गर्भधारण के लिए आवश्यक है कि ऋतुस्राव के 14वें दिन के आस-पास या 11वें से 18वें दिन के अन्दर सम्भोग अनिवार्य रूप से हो ।
2. अण्डवाहिनी (Fallopian tube) एवं गर्भाशय सूजन एवं संक्रमण से मुक्त हो ।
3. वीर्य (Semen) में शुक्राणुओं (Sperms) की संख्या सामान्य हो ।

मानव प्रजनन की क्रिया विधि (Mechanism of human reproduction): मानव के प्रजनन में तीन अवस्थाएँ होती हैं। ये हैं –

1. युग्मक जनन (Gametogenesis)
2. निषेचन (Fertilization)
3. भ्रूणीय विकास (Embryonic development)

1. युग्मक जनन (Gametogenesis): वृषण (Testes) एवं अण्डाशयों (Ovaries) में युग्मकों के निर्माण की प्रक्रिया को युग्मक जनन (Gametogenesis) कहते हैं। युग्मकों का निर्माण वृषण तथा अण्डाशय की जनन कोशिकाओं में अद्‌र्धसूत्री विभाजन (Meiosis) द्‌वारा होता है। वृषण में शुक्राणुओं (Sperms) का निर्माण शुक्रजनन (Spermatogenesis) तथा अण्डाणु (Ovum) का अण्डाशय में निर्माण अण्डजनन (Oogenesis) कहलाता है।

2. निषेचन (Fertilization): नर युग्मक (शुक्राणु) एवं मादा युग्मक (अण्डाणु) के आपस में सम्मिलन से युग्मनज (Zygote) बनने की क्रिया को निषेचन कहते हैं। मनुष्य में अन्तः निषेचन (Internal fertilization) पाया जाता है। मनुष्य में निषेचन की क्रिया मादा की अण्डवाहिनी (Fallopian tube) में होती है। इस क्रिया में नर युग्मक का केवल केन्द्रक भाग लेता है जबकि सम्पूर्ण मादा युग्मक इसमें भाग लेता है।

3. भ्रूणीय विकास (Embryonic development) : निषेचन क्रिया के बाद बना युग्मनज तीव्रता से समसूत्री विभाजनों द्‌वारा विभाजित होने लगता है, और अन्ततः गर्भाशय में एक पूर्ण विकसित शिशु को स्थापित करता है। निषेचन के लगभग 10 सप्ताह तक के विकसित युग्मनज को भ्रूण (Embryo) तथा युग्मनज में होने वाले विभिन्न क्रमिक परिवर्तनों को भ्रूणीय विकास कहते हैं । भ्रूण में 5वें सप्ताह तक तीन जननिक स्तरों का निर्माण हो जाता है। ये तीन जननिक स्तर हैं— (a) एण्डोडर्म (Endoderm) (b) मीसोडर्म (Mesoderm) तथा (c) एक्टोडर्म (Ectoderm) इसके पश्चात इन स्तरों से विभिन्न शारीरिक अंगों का निर्माण होता है। भ्रूण में 7वें से 9वें सप्ताह के मध्य तक हाथ, पैर, श्वसन तंत्र, तंत्रिका तंत्र एवं पाचन तंत्र बन जाते हैं । तीसरे माह में भ्रूण में कंकाल तंत्र बन जाता है। चौथे माह में सिर एवं शरीर पर रोएँ, पाँचवें माह में आहारनाल, रुधिर व अस्थिमज्जा बन जाते हैं। छठे माह में भ्रूण छोटे शिशु का रूप धारण कर लेता है। सातवें माह तक शिशु के सभी अंग अच्छी तरह कार्य करने लगते हैं। आठवें माह में उसमें वसा का जमाव होने लगता है जबकि नवें माह में वह जन्म के लिए तैयार हो जाता है। भ्रूण का पोषण जरायु (Chorin) एम्नियान एवं अपरा (Placenta) द्‌वारा होता है। मनुष्य में गर्भाधान काल 280 दिनों का होता है। इसके पश्चात प्रसव द्‌वारा शिशु मादा के शरीर के बाहर आ जाता है।

महत्वपूर्ण तथ्य :

1. यौवनारम्भ (Puberty): मनुष्य के जीवन काल में जब उसमें जनन क्षमता आरम्भ होती है, वह समय यौवनारम्भ (Puberty) कहलाता है। जनन की क्षमता स्त्रियों में सामान्यतः

12-16 वर्ष की उम्र में प्रारम्भ होती है जबकि 40-50 वर्ष की आयु में समाप्त हो जाती है। पुरुषों में भी यौवनारम्भ प्रायः 12-16 वर्ष की उम्र में होता है जबकि 50 वर्ष की उम्र के बाद धीरे-धीरे जनन क्षमता घटती जाती है ।

2. गौण लैंगिक लक्षण (Secondary Sexual Characters) : यौवनारम्भ के समय मनुष्य के शरीर में अनेक प्रकार के परिवर्तन होते हैं तथा अनेक ऐसे परिवर्तन होते हैं जो मादा को नर से विभेदित करते हैं। इन लक्षणों को गौण लैंगिक लक्षण कहते हैं ।

3. मेनार्की (Menarche) : लड़कियों में मासिक चक्र का प्रथम बार प्रारम्भ होना (12-13 वर्ष की उम्र में) मेनार्की (Menarche) कहलाता है।

4. रजोनिवृति (Menopause) : स्त्रियों में 40-50 वर्ष की उम्र के पश्चात ऋतु स्राव नहीं होता है। इसे ही रजनोवृत्ति (Menopause) कहते हैं।

5. अण्डोत्सर्ग (Ovulation) : अण्डाशय द्वारा अण्डाणु की निर्मुक्ति को अण्डोत्सर्ग कहते हैं ।

6. जरायु (Chorion): गर्भ की सबसे बाहरी झिल्ली को जरायु कहते हैं ।

7. अंकुर (Villi) : जरायु से अंगुलियों के आकार के अनेक प्रवद्‌र्ध निकलते हैं, जिन्हें अंकुर कहते हैं ।

8. अपरा (Placenta): अंकुर और गर्भाशय कोशिकीय परत के सम्पर्क क्षेत्र को अपरा कहते हैं ।

9. नाभिरज्जु (Umbilical cord): गर्भ अपरा से एक मजबूत डोरी जैसी रचना से जुड़ा रहता है जिसे नाभिरज्जु कहते हैं। यह माता और गर्भ के बीच सम्पर्क अंग का कार्य करता है।

10. युग्मनज (Zygote): निषेचित अण्डाणु को युग्मनज कहा जाता है।

11. कृत्रिम वीर्य सेचन (Artificial insemination): जब शुक्राणु मादा की योनि (Vagina) में कृत्रिम विधि द्वारा स्थानान्तरित किये जाते हैं तो इस क्रिया को कृत्रिम वीर्य सेचन कहते हैं।

12. आन्तरिक निषेचन (Internal fertilization): उच्च स्तनधारियों में निषेचन की क्रिया मादा के शरीर के अंदर होती है। इस प्रकार के निषेचन को आन्तरिक निषेचन कहते हैं।

13. वीर्य सेचन (Insemination): मैथून के समय नर के शिश्न द्वारा मादा की योनि में वीर्य जमा करना वीर्य सेचन या इनसेमिनेशन कहलाता है।

पेशी तंत्र

पेशियाँ त्वचा के नीचे का माँस होती है। यह अंगों में गति उत्पन्न करता है एवं शरीर को सुदृढ़ बनाती है। संपूर्ण शरीर में 500 से अधिक पेशियाँ हैं। पेशियाँ प्रेरक उपकरण का सक्रिय भाग है। इनके संकुचन के फलस्वरूप विभिन्न गतिविधियाँ होती हैं। लम्बे समय तक कठोर कार्य के पश्चात् मांसपेशियों में थकान का अनुभव लैक्टिक अम्ल (Lactic acid) के संचय के कारण होता है।

कार्य के आधार पर पेशियों को दो वर्गों में विभाजित किया गया है। ये हैं–

1. ऐच्छिक पेशियाँ (Voluntary muscles) : यह रेखित पेशी ऊतक से बनी होती है तथा मनुष्य के इच्छानुसार संकुचित हो जाती है। यह सिर, कांड तथा अग्रांगों में पायी जाती है। यह शरीर के कुछ आन्तरिक अंगों जैसे जिह्वा, कण्ठ आदि में भी पायी जाती है

2. अनैच्छिक पेशियाँ (Involuntary muscles) : यह अरेखित (चिकनी) पेशियाँ ऊतक की बनी होती हैं। इन पेशियों का संकुचन मनुष्य के इच्छानुसार नियंत्रित नहीं होता है। ये आन्तरिक अंगों, रुधिर वाहिकाओं तथा त्वचा की दीवारों में पायी जाती हैं।

20

आनुवंशिकी एवं जैव विकास

आनुवंशिकी एवं जैव विकास

प्रत्येक जीव में बहुत से ऐसे गुण होते हैं, जो पीढ़ी दर पीढ़ी माता-पिता अर्थात् जनकों से उनके संतानों में संचरित होते रहते हैं । ऐसे गुणों को आनुवंशिक गुण (Hereditary characters) या पैतृक गुण कहते हैं। एक पीढ़ी से दूसरी पीढ़ी में जीवों के मूल गुणों का संचरण आनुवंशिकता (Heredity) कहलाता है। मूल गुणों के संचरण के कारण ही प्रत्येक जीव के गुण अपने जनकों के गुण के समान होते हैं। इन गुणों का संचरण एक पीढ़ी से दूसरी पीढ़ी में जनकों के युग्मकों (Gametes) के द्वारा होता है। अतः जनकों से उनके संतानों में पीढ़ी दर-पीढ़ी युग्मकों के माध्यम से पैतृक गुणों का संचरण आनुवंशिकता कहलाता है ।
आनुवंशिकता एवं विभिन्नता (Variations) का अध्ययन जीव विज्ञान की जिस शाखा के अन्तर्गत किया जाता है, उसे आनुवंशिकी या जेनेटिक्स (Genetics) कहते हैं। ग्रेगर जोहॉन मेंडल (Gregor Johan Mendel) ने अपने वैज्ञानिक खोजों से आधुनिक आनुवंशिकी (Modern genetics) की नींव डाली। इसीलिए उन्हें आनुवंशिकी का पिता (Father of Genetics) कहा जाता है।

मेंडल के आनुवंशिकता के नियम (Mendel's law of inheritance) : ग्रेगर जोहॉन मेंडल (Gregor Johan Mendel, 1822-84) आस्ट्रिया देश के ब्रून (Brunn) नामक स्थान में ईसाइयों के एक मठ के पादरी थे। उन्होंने अपने वैज्ञानिक खोजों से आधुनिक आनुवंशिकी की नींव डाली। मटर के पौधों पर किए गए अपने प्रयोगों के निष्कर्षों को उन्होंने 1866 ई. में Annual proceedings of the natural history society of brunn में प्रकाशित कराया, परन्तु विज्ञान जगत में 34 वर्षों तक इस पर ध्यान नहीं दिया गया। उनके मृत्यु के पश्चात् 1900 ई. में इनके प्रयोगों के निष्कर्ष को वैज्ञानिकों द्वारा मान्यता मिली।

मेंडल ने अपने प्रयोगों के लिए मटर के सात जोड़ी गुणों को चुना, जिनमें से प्रत्येक जोड़े का एक गुण प्रयोग के दौरान दूसरे गुण को | दबाने की क्षमता रखता था । उन्होंने पहले को

प्रभावी (Dominant) तथा दूसरे को अप्रभावी (Recessive) गुण कहा। मेंडल ने गुणों की
1. वंशागति के लिए जिम्मेदार इन कारकों (Factors) को एक प्रतीक से व्यक्त किया। गुणों के जोड़ों में से उन्होंने प्रभावी लक्षण के कारक को अंग्रेजी के बड़े अक्षर (Capital letters) तथा अप्रभावी लक्षण के कारक को अंग्रेजी के छोटे अक्षर (Small letters) से व्यक्त किया। जैसे-लम्बेपन के लिए 'T' तथा बौनेपन के लिए t है।

मेंडल के अनुसार प्रत्येक जनन कोशिका में एक ही गुण को व्यक्त करने के लिए दो कारक (Factor) होते हैं। जब ये दोनों कारक समान हों, तो इस स्थिति को समयुग्मजी (Homozygous) तथा जब ये विपरीत हों, तो इस स्थिति को विषमयुग्मजी (Heterozygous) कहते हैं।

मेंडल ने पहले एक जोड़ी विपरीत गुणों और फिर दो जोड़ी विपरीत गुणों की वंशागति का अध्ययन किया, जिन्हें क्रमशः एकसंकरीय क्रॉस तथा द्विसंकरीय क्रॉस कहते हैं।

एकसंकरीय क्रॉस (Monohybrid cross): जब दो पौधों के बीच एक इकाई लक्षण के आधार पर संकरण कराया जाता है, तो इसे एकसंकरीय क्रॉस कहते हैं। एक संकरीय क्रॉस में मेंडल ने मटर के पौधों की दो ऐसी उपजातियाँ चुनी जिनके विपरीत लक्षणों के जोड़ों में एक लम्बा (Tall) तथा दूसरा बौना (Dwarf) था और इसका आपस में क्रॉस कराया तो देखा गया कि पहली पीढ़ी (F, Generation) में बीजों द्वारा जो पौधे उत्पन्न हुए, वे सभी लम्बे थे। इन सभी पहली पीढ़ी वाले पौधों को F, पौधे कहते हैं। F पीढ़ी से प्राप्त पौधों को उन्होंने फिर स्वपरागण (Self pollination) द्वारा उगाया और पाया कि दूसरी पीढ़ी F में पाये जाने वाले लम्बे तथा नाटे पौधों का समलक्षणी अनुपात (Phenotypic ratio) 3 1 था इस प्रकार के अनुपात को : एकसंकरीय अनुपात् (Monohybrid Ratio) भी कहते हैं। तीन लम्बे पौधों में एक शुद्ध लम्बा (Pure tall, TT) और दो मिश्रित या संकर लम्बे (Mixed or hybrid tall, Tt) थे। एक बौना पौधा जो से बना था, वह शुद्ध बौना था।

यदि हम F, के पौधे से तीसरी पीढ़ी अर्थात् F. प्राप्त करें तो देखेंगे कि शुद्ध लम्बे पौधे (TT) सदैव ही लम्बे पौधे बनाते हैं। इसी प्रकार शुद्ध बौने पौधे (tt) हमेशा ही बौने पौधे बनाते हैं परन्तु यदि मिश्रित लम्बे पौधे (Ttx Tt) का क्रॉस कराया जाए तो F पीढ़ी की भाँति लम्बे तथा बौने पौधों का समलक्षणी अनुपात (Phenotypicratio) 3:1 होगा।

फीनोटाइप अनुपात: 3 लम्बा : 1 बौना

जीनोटाइप अनुपात: 1 शुद्ध लम्बा 2 संकर लम्बा 1 शुद्ध बौना

द्विसंकरीय क्रॉस (Dihybrid cross) : इसमें दो जोड़े विपरीत लक्षणों को क्रॉस कराया जाता है। मेंडल ने द्विसंकरीय क्रॉस के लिए गोल तथा पीले बीज एवं हरे तथा झुर्रीदार बीज से उत्पन्न पौधों को क्रॉस कराया। इसमें गोल (Round) तथा पीला (Yellow) बीज प्रभावी (Dominant) होता है। दोनों पौधों को क्रमशः RRYY तथा rryy से प्रदर्शित किया जाता है। स्पष्ट है कि पहले पौधे के युग्मक में RY कारक तथा दूसरे पौधे के युग्मक में ry कारक होंगे। जब इन दो पौधों में कृत्रिम पर परागण (Cross pollination) कराया गया तो उत्पन्न

बीजों से जो पौधे प्राप्त हुए वे सभी गोल तथा पीले संकर बीज बने। यहाँ झुर्रीदार एवं हरा रंग अप्रभावी (Recessive) गुण था। अतः वे F_1 पीढ़ी में छिपे रहे, किन्तु गोल तथा पीला रंग प्रभावी गुण था, इस कारण वे प्रकट हुए। अब इस F पीढ़ी के पौधों में स्वपरागण होने दिया गया तथा E, पीढ़ी के पौधे प्राप्त किए गए।

मेंडल के नियम (Mendel's law) : एकसंकरीय क्रॉस (Monohybrid cross) एवं द्विसंकरीय क्रॉस (Dihybrid cross) के आधार पर मेंडल ने आनुवंशिकता सम्बन्धी कुछ नियमों का प्रतिपादन किया, जिसे मेंडल के आनुवंशिकता के नियम (Mendel's law of Inheritance) के नाम से जाना जाता है। इन नियमों में पहला एवं दूसरा एकसंकरीय क्रॉस के आधार पर तथा तीसरा नियम द्विसंकरीय क्रॉस के आधार पर आधारित है।

1. प्रमाविकता का नियम (Law of Dominance): इसके अन्तर्गत मेंडल ने एक जोड़े के विपरीत लक्षणों को ध्यान में रखकर क्रॉस (Cross) कराया, तो प्रथम पीढ़ी में उपस्थित होने वाला लक्षण प्रभावी रहा। उदाहरणस्वरूप जब मटर के लम्बे पौधे से बौने पौधे का क्रॉस कराया गया तो प्रथम पीढ़ी में केवल लम्बे पौधे ही उगे। इससे नियमानुसार लम्बा प्रभावी (Dominance) तथा बौना अप्रभावी (Recessive) हुआ।

2. मेंडल का पृथक्करण का नियम (Law of Segregation): इस : नियम के अनुसार युग्मकों के निर्माण के समय कारकों (जीन) के जोड़े के कारक अलग-अलग हो जाते हैं और इनमें से केवल एक कारक युग्मक में पहुँचता है। दोनों कारक एक साथ युग्मक में कभी नहीं जाते। इस नियम को युग्मकों की शुद्धता का नियम (Law of purity of gametes) भी कहा जाता है। जैसे—जब मटर के लम्बे पौधे का बौने पौधे से क्रॉस कराया जाता है, तो F, पीढ़ी में केवल लम्बे पौधे ही उगते हैं, लेकिन पुनः जब इसी पीढ़ी के पुष्पों में स्वपरागण कराया जाता है तो F, पीढ़ी के पौधे दोनों प्रकार के होते हैं। यहाँ लम्बे तथा बौने पौधे में 3:1 का अनुपात पाया जाता है।

3. स्वतंत्र अपव्यूहन का नियम (Law of independent assortment): इस नियम के अनुसार कारकों के विभिन्न जोड़े जो किसी जीव में पाये जाते हैं, एक-दूसरे के प्रति स्वतंत्र होते हैं और स्वतंत्रतापूर्वक मिश्रित होकर नए रंग-रूप के जीव बना सकते हैं।

मनुष्य में लिंग निर्धारण (Sex determination in human): मनुष्य में गुणसूत्रों (Chromosomes) की कुल संख्या 46 होती है। प्रत्येक संतान को समजात गुणसूत्रों की प्रत्येक जोड़ी का एक गुणसूत्र अण्डाणु के द्वारा माता से तथा दूसरा शुक्राणु द्वारा पिता से प्राप्त होता है। शुक्रजनन (Spermatogenesis) में अद्र्धसूत्री विभाजन द्वारा दो प्रकार के शुक्राणु बनते हैं-आधे वे जिनमें 23वीं जोड़ी का X-गुणसूत्र आता है। (अर्थात् 22 + X) तथा आधे वे जिनमें 23वीं जोड़ी में Y गुणसूत्र आता है, (अर्थात् 22 + Y)। नारियों में एक समान प्रकार का गुणसूत्र अर्थात् (22 + X) तथा (22 +X) वाले अण्डाणु पाये जाते हैं। निषेचन (Fertilization) के समय यदि अण्डाणु X गुणसूत्र वाले शुक्राणु से मिलता है तो युग्मनज (Zygote) में 23वीं जोड़ी XX होगी और इससे बनने वाली संतान लड़की होगी।

इसके विपरीत यदि किसी अण्डाणु से Y गुणसूत्र वाले शुक्राणु से निषेचित होगा तो युग्मनज में 23वीं जोड़ी XY होगा और इससे बनने वाली संतान लड़का होगा। अतः पुरुष का गुणसूत्र संतान में लिंग निर्धारण के लिए उत्तरदायी होता है।

विभिन्नता

ईविभिन्नता (Variation) जीव के ऐसे गुण हैं जो उसे अपने जनकों अथवा अपनी ही जाति के अन्य सदस्यों के उसी गुण के मूल स्वरूप से भिन्नता को दर्शाते हैं।

विभिन्नता के कारण : जीन सभी जीवों के वंशानुगत गुणों का निर्धारक होता है। विभिन्नता जीन के माध्यम से ही एक पीढ़ी से दूसरी पीढ़ी में संचारित होती है। अतः जीन का द्विगुणन (Duplication of genes) ही विभिन्नता का मुख्य कारण है। जीन का द्विगुणन कोशिकाओं के विभाजन के लिए अनिवार्य है तथा जनन के लिए कोशिकाओं का विभाजन आवश्यक है। अतः जनन के कारण ही विभिन्नता का संचरण एक पीढ़ी से दूसरी पीढ़ी में होता है। विभिन्नताएँ सामान्यतः लैंगिक जनन (Sexual reproduction) से उत्पन्न संतानों में ही स्पष्ट देखी जाती है। अलैंगिक जनन जैसे—कायिक प्रवद्र्धन (Vegetative propagation) से उत्पन्न पीढ़ी में स्पष्ट रूप से दिखनेवाली विभिन्नताएँ सामान्यतः कम पायी जाती हैं।

विभिन्नताओं के प्रकारः विभिन्नताएँ दो प्रकार की होती हैं। ये हैं–

1. जननिक विभिन्नता (Germinal variation) तथा
2. कायिक विभिन्नता (Somatic variation)

जननिक विभिन्नता (Germinal variation): ऐसी विभिन्नताएँ जनन कोशिकाओं (Germ cells) में होने वाले परिवर्तन के कारण होती हैं। ऐसी विभिन्नताएँ एक पीढ़ी से दूसरी पीढ़ी में वंशागत होती हैं। इस कारण जननिक विभिन्नता को आनुवंशिक विभिन्नता (Genetic variation) के नाम से भी जाना जाता है। ऐसी विभिन्नताओं में से कुछ जन्म से ही प्रकट हो जाती हैं, जैसे- आँखों एवं बालों का रंग, जबकि कुछ विभिन्नताएँ जन्म के बाद में प्रकट होती हैं, जैसे—शारीरिक गठन, शरीर की लम्बाई आदि ।

कायिक विभिन्नता (Somatic variation): ऐसी विभिन्नताएँ कई कारणों से प्रकट हो सकती हैं, जैसे जलवायु एवं वातावरण का प्रभाव, उपलब्ध भोजन के प्रकार, अन्य उपस्थित जीवों के साथ परस्पर व्यवहार इत्यादि । ऐसी विभिन्नताएँ गुणसूत्र (Chromosome) या जीन (Gene) के गुणों में परिवर्तन के कारण नहीं होती हैं । अतः ऐसी विभिन्नताएँ एक पीढ़ी से दूसरी पीढ़ी में वंशागत नहीं होती हैं। ऐसी विभिन्नताएँ उपार्जित (acquired) होती हैं। इस कारण जैव विकास (Evolution) में इनका कोई महत्व नहीं होता है।

आनुवंशिक विभिन्नता के स्रोत (Sourcesofgeneticvariation): जीवों में आनुवंशिक विभिन्नता उत्परिवर्तन (Mutation) के कारण होता है तथा नई जाति (Species) के विकास में इनका महत्वपूर्ण योगदान होता है। गुणसूत्र या क्रोमोसोम पर उपस्थित जीन की संरचना तथा स्थिति में परिवर्तन ही उत्परिवर्तन का कारण है। आनुवंशिक विभिन्नता का

दूसरा कारण आनुवंशिक पुनर्योग (Genetic reconbination) भी है। आनुवंशिक पुनर्योग के कारण संतानों के क्रोमोसोम में जीन के गुण अपने जनकों के जीन के गुण से भिन्न हो सकते हैं। ऐसे नए गुण जीवों को अपने वातावरण के अनुसार अनुकूलन में सहायक हो सकते हैं। कभी-कभी ऐसे नए गुण जीवों को वातावरण में अनुकूलित होने में सहायक नहीं भी होते हैं। ऐसी स्थिति में आपसी स्पद्र्धा, रोग इत्यादि कारणों से वैसी जीव विकास की दौड़ में विलुप्त हो जाते हैं। बचे हुए जीव ऐसे लाभदायक गुणों को अपने संतानों में संचरित करते हैं। इस प्रकार प्रकृति नए गुणों वाले कुछ जीवों का चयन (Selection) कर लेती है तथा कुछ को निष्कासित कर देती है ।

जैव विकास

पृथ्वी पर वर्तमान जटिल प्राणियों का विकास प्रारम्भ में पाए जाने वाले सरल प्राणियों में परिस्थिति और वातावरण के अनुसार होने वाले परिवर्तनों के कारण हुआ। सजीव जगत में होने वाले इस परिवर्तन को जैव- विकास (Organic evolution) कहते हैं।

'विकास' या 'इवोल्यूशन' (Evolution) शब्द का शाब्दिक अर्थ 'लिपटी हुई वस्तु को खोलकर उसमें समय-समय पर हुए परिवर्तनों को दर्शाना' (e-out + Volvere = to roll अर्थात् Unrolling or Unfolding to reveal the changes since the start of life) |जीव विज्ञान की वह शाखा जिसके अन्तर्गत जीवों की उत्पत्ति तथा उसके पूर्वजों का इतिहास तथा उनमें समय-समय पर हुए क्रमिक परिवर्तनों का अध्ययन किया जाता है, जैव विकास या उद्‌विकास (Evolution) कहलाता है।

जैव विकास से सम्बन्धित सिद्‌धान्त (Theory related to organic evolution): जैव विकास की व्याख्या के लिए कई प्रकार के विचार प्रस्तुत किये गए, परन्तु उनमें से अधिकांश को उचित प्रमाण के अभाव में वैज्ञानिक मान्यता नहीं मिल सकी। फ्रांसीसी वैज्ञानिक जे. बी. लैमार्क Jean Baptiste Lamarck) के 'उपर्जित लक्षणों' (Acquired Characters) या 'लामार्कवाद' (Lamarckism) तथा चार्ल्स रॉबर्ट डार्विन (Charles Robert Darwin) के प्राकृतिक चुनाव द्‌वारा जीवों का विकास (Origin of species by natural selection) या डार्विनवाद (Darwinism) को ही सर्वप्रथम जैव विकास के सम्बन्ध में वैज्ञानिक मान्यता मिली।

लामार्कवाद

फ्रांसीसी प्रकृति वैज्ञानिक जे.बी. लामार्क (Jean Baptiste Lamarck) ने सर्वप्रथम 1809 ई. में जैव विकास के अपने विचारों को अपनी पुस्तक 'फिलॉसफिक जूलौजिक' (Philosophic Zoologique) में प्रकाशित किया। इसे लामार्कवाद (Lamarckism) या उपार्जित लक्षणों का वंशागति सिद्‌धान्त (Theory of inheritance of acquired characters) कहते हैं । लामार्क के अनुसार जीवों की संरचना, कायिकी, उनके व्यवहार पर वातावरण (Environment) के परिवर्तन का सीधा प्रभाव पड़ता है। परिवर्तित वातावरण के कारण

जीवों के अंगों का उपयोग ज्यादा अथवा कम होता है। जिन अंगों का उपयोग अधिक होता है, वे अधिक विकसित हो जाते हैं तथा जिनका उपयोग नहीं होता है, उनका धीरे-धीरे ह्रास हो जाता है। वातावरण के सीधे प्रभाव से या अंगों के कम या अधिक उपयोग के कारण जन्तु के शरीर में जो परिवर्तन होते हैं, उन्हें उपार्जित लक्षण (Acquired characters) कहते हैं। जन्तुओं के उपार्जित लक्षण वंशागत होते हैं, अर्थात् एक पीढ़ी से दूसरी पीढ़ी में प्रजनन के द्वारा चले जाते हैं। ऐसा लगातार होने से कुछ पीढ़ियों के पश्चात उनकी शारीरिक रचना बदल जाती है तथा एक नए प्रजाति का विकास हो जाता है।

लामार्कवाद का बाद में कई वैज्ञानिकों ने जोरदार खंडन किया। उन वैज्ञानिकों के अनुसार उपार्जित लक्षण वंशागत नहीं होते हैं। इसकी पुष्टि के लिए जर्मन वैज्ञानिक वाईसमैन (Weismann) ने 21 पीढ़ियों तक चूहे की पूँछ काटकर यह प्रदर्शित किया कि कटे पूँछ वाले चूहे की संतानों में हर पीढ़ी में पूँछ वर्तमान रह जाता है। लोहार की हाथों की माँसपेशियाँ हथौड़ा चलाने के कारण मजबूत हो जाती है, परन्तु उसकी संतानों में ऐसी मजबूत मांसपेशियों का गुण वंशागत नहीं हो पाता है। वैसे जीव जिनमें लैंगिक जनन होता है, जनन कोशिकाओं का निर्माण उनके जनद या जनन ग्रंथि का गोनड (Gonad) में होता है। शरीर की अन्य कोशिकाएँ कायिक कोशिकाएँ (Somatic cells) कहलाती हैं। वातावरण के प्रभाव के कारण कायिक कोशिकाओं में होने वाले परिवर्तन संतानों में संचरित नहीं होते हैं। इसका कारण यह है कि कायिक कोशिकाओं में होने वाले परिवर्तन उनके साथ-साथ जनन कोशिकाओं में नहीं होते हैं।

डार्विनवाद

जैव विकास परिकल्पना के संदर्भ में दूसरा सिद्धांत डार्विनवाद (Darwinism) के नाम से जाना जाता है। इस सिद्धान्त को दो अंग्रेज वैज्ञानिकों आल्फ्रेड रसेल वैलेस (Alfred Russel Wallace) तथा चार्ल्स रॉबर्ट डार्विन (Charles Robert Darwin) ने मिलकर प्रतिपादित किया था। दोनों वैज्ञानिकों ने स्वतंत्र रूप से कार्य कर समान निष्कर्षो को निकाला था।

चार्ल्स रॉबर्ट डार्विन नामक प्रसिद्ध अंग्रेज वैज्ञानिक ने जैव विकास की व्याख्या अपनी पुस्तक The Origin of Species में व्यक्त की। जैव विकास का उनका सिद्धान्त प्राकृतिक चुनाव द्वारा प्राणियों का विकास (Origin of species by natural selection) या डार्विनवाद (Darwinism) कहलाता है। उनका यह सिद्धान्त उनके प्रसिद्ध समुद्री यात्रा के दौरान किए गए रोचक अवलोकनों पर आधारित है। उन्होंने यह समुद्री यात्रा 1831 ई. से 1836 ई. तक दक्षिण अमेरिका जाने वाले एक ब्रिटिश जहाज एच. एम. एस. बीगल (H.M.S. Beagle) से किया था। डार्विन के मतानुसार जीवों में प्रजनन के द्वारा अधिक से अधिक संतान उत्पन्न करने की क्षमता होती है। प्रत्येक जीव में अत्यधिक प्रजनन दर की तुलना में इस पृथ्वी पर जीवों के लिए भोजन तथा आवास नियत है। अतः जीवों में अपने अस्तित्व के लिए आपस में संघर्ष होने लगता है। अस्तित्व के लिए संघर्ष दूसरे प्रजातियों के

साथ-साथ प्रकृति या वातावरण के साथ भी होता है ।

प्रकृति में कोई दो जीव बिल्कुल एक समान नहीं होते हैं। उनमें कुछ न कुछ असमानताएँ अवश्य होती हैं। जीवों में विभिन्नताओं की अधिकता के फलस्वरूप जीवन के लिए संघर्ष शुरू हो जाता है। जीवन के लिए संघर्ष में वही जीव योग्यतम होते हैं, जो सबसे अधिक योग्य गुणों वाले होते हैं। अयोग्य गुण वाले जीव नष्ट हो जाते हैं। दूसरे शब्दों में प्रकृति योग्यतम तथा अनुकूल विभिन्नताओं वाले जीवों को चुन लेती है तथा अयोग्य एवं प्रतिकूल विभिन्नता वाले जीवों को नष्ट कर देती है। जीवन संघर्ष में सफल सदस्य अधिक समय तक जीवित रहते हैं और अपनी वंशानुक्रम (Inheritance) को जारी रखने में योगदान देते हैं। इसी को एक अंग्रेज दार्शनिक हरबर्ट स्पेन्सर (Herbert Spencer) ने सामाजिक विकास के सन्दर्भ में योग्यतम की अतिजीविता (Survival of fittest) तथा इसी को जैव विकास के संदर्भ में डार्विन ने प्राकृतिक चयन (Natural selection) कहा ।

जीवन संघर्ष में सफल सदस्यों की वंशागति बढ़ने से प्रत्येक पीढ़ी के सदस्य अपने पूर्वजों से भिन्न हो जाते हैं । यहीं विभिन्नता हजारों लाखों वर्षों के बाद नई जातियों का निर्माण करती है। उन्होंने कहा कि प्रकृति भी इसी प्रकार चुनाव के द्वारा सफल सदस्यों को प्रोत्साहित कर नई जातियों की उत्पत्ति करती है। इसीलिए डार्विनवाद प्राकृतिक चयनवाद (Theory of natural selection) कहलाता है । सन् 1858 में डार्विन और वैलेस ने अपने कार्यों को संयुक्त रूप से 'प्राकृतिक चयनवाद' के नाम से प्रकाशित किया।

डार्विनवाद की आलोचना

1. डार्विन ने विकासवाद को आनुवंशिकता के आधार पर नहीं समझाया था ।
2. डार्विन के अनुसार नई जातियों की उत्पत्ति के लिए विभिन्नताएँ उत्तरदायी थीं लेकिन वैज्ञानिकों के अनुसार छोटी-छोटी भिन्नताओं से नई जातियों की उत्पत्ति नहीं हो सकती है।
3. वैज्ञानिकों ने डार्विन के लिंग चयनवाद को भी गलत ठहराया है।
4. वंशागत लक्षणों वाले जीव जब एक-दूसरे जीवों के साथ मैथून करते हैं, जिनमें ये लक्षण नहीं होते, तो इन दोनों के मिलन से लक्षणों का प्रभाव कम नहीं होता है। डार्विन इसकी व्याख्या नहीं कर सके ।
5. प्रकृति वरणवाद ने किसी अंग के विशिष्टिकरण को नहीं बताया जिसके कारण कुछ जातियाँ नष्ट हो गईं।

नवडार्विनवाद

नवडार्विनवाद को आधुनिक सांश्लेषिकवाद परिकल्पना (Modern Synthetic theory) भी कहते हैं। नव डार्विनवाद निम्नलिखित प्रक्रमों की पारस्परिक क्रियाओं का परिणाम है

1. जीन उत्परिवर्तन (Gene mutation): जीन के DNA अणु में न्यूक्लियोटाइड्स (Nucleotides) की संख्या अथवा विन्यास के क्रम में आनेवाले उन परिवर्तनों को जीन उत्परिवर्तन कहते हैं जो सामान्य जीन की अभिव्यक्ति में परिवर्तन करते हैं।
2. गुणसूत्रों की संरचना एवं संख्या में परिवर्तन द्वारा विभिन्नताएँ (Variation due to

change in structure and number of chromosome): गुणसूत्रों पर आलग्न जीनों की संख्या अथवा विन्यास के परिवर्तन के द्वारा गुणसूत्रों की संरचना में परिवर्तन आ जाता है। जिसे गुणसूत्र विपथन (Chromosomal aberration) कहते हैं।

3. आनुवंशिक पुनर्योजन (Genetic recombination): लैंगिक जनन की क्रिया में युग्मक निर्माण के समय अद्र्धसूत्री विभाजन होता है। अलग होते समय गुणसूत्रों में पारस्परिक जीन विनिमय (Crossing over) के फलस्वरूप नए जीन विन्यास बनते हैं, जिनसे जीवों में विभिन्नताएँ उत्पन्न होती हैं। संकरण (Hybridization) द्वारा भी जीनों का पुनर्योजन होता है।

4. पृथक्करण (Isolation): एक ही जाति की विभिन्न समष्टियाँ (Population) जब भौगोलिक कारणों से पृथक हो जाती हैं तो उनकी जीनी संरचना में पर्यावरण के अनुरूप तथा जीन उत्परिवर्तन, गुणसूत्र विपथन तथा बहुगुणिता द्वारा नई विभिन्नताएँ संकलित होने लगती हैं जो पीढ़ी-दर-पीढ़ी बढ़ती ही जाती हैं।

उत्परिवर्तनवाद (Mutation theory): हॉलैण्ड के पादपशास्त्री ह्यूगोडीब्रीज (Hugo de-vries) ने 1901 ई. में नई जीव-जातियों की उत्पत्ति के सन्दर्भ में एक नया उत्परिवर्तन सिद्धांत प्रस्तुत किया जिसे नव- डार्विनवाद (Neo Darwinism) के रूप में भी जाना जाता है। इस सिद्धांत के अनुसार नई जीव-जातियों की उत्पत्ति जातीय लक्षणों में क्रमिक विकास व अस्थिर विभिन्नता के कारण नहीं होती बल्कि एक ही बार में स्पष्ट एवं स्थायी आकस्मिक परिवर्तनों के फलस्वरूप होती है। जाति का वह सदस्य जिसमें पहली बार उत्परिवर्तित लक्षण दृष्टिगोचर होता है, उत्परिवर्तक (Mutant) कहलाता है। उत्परिवर्तन में अनिश्चितता होने के कारण यह उत्परिवर्तन के लिए लाभदायक, निरर्थक या हानिकारक हो सकते हैं। जाति के विभिन्न सदस्यों में विभिन्न प्रकार के उत्परिवर्तन संभव हैं । फलस्वरूप एक पूर्वज जाति से एक साथ नई जातियों की उत्पत्ति हो जाती है ।

पुनरावर्तन सिद्धान्त (Recapitulation theory): जर्मन वैज्ञानिक अर्नेस्ट हैकल (Ernst Heckel) ने उच्च प्राणियों के भ्रूणीय परिवद्र्धन एवं उनके पूर्वजों के विकासीय इतिहास में समानता के आधार पर पुनरावर्तन सिद्धांत या जाति-आवर्तन सिद्धान्त (Biogenetic law) प्रस्तुत किया। इस सिद्धांत के अनुसार प्रत्येक जीव अपने भ्रूणीय परिवद्र्धन में अपनी जाति के जातीय विकास की इतिहास की पुनरावृति करता है। (Ontogeny recapitulates phylogeny) इस सिद्धान्त की मुख्य विशेषता यह है कि किसी जीव की भ्रूणीय अवस्थाएँ उनके पूर्वजों की वयस्क अवस्थाओं के समान होती है। इसी प्रकार विभिन्न कशेरुकियों (Vertebrates) के भ्रूणों का तुलनात्मक अध्ययन करने पर ज्ञात होता है कि उच्च कशेरुकियों के भ्रूण निम्न वर्गों के वयस्क जन्तुओं के समान होते हैं।

जीवों की तुलनात्मक रचना (Comparative anatomy of organisms):

1. समजातता (Homology): ऐसे अंग जो विभिन्न कार्यों में उपयोग होने के कारण काफी

असमान हो सकते हैं लेकिन उसकी मूल संरचना एवं भ्रूणीय प्रक्रिया में समानता होती है, समजात अंग (Homologous Organs) कहलाते हैं। इसी को अंगों की समजातता कहते हैं । समजात अंगों की रक्त एवं तंत्रिकीय संरचना में भी समजातता होती है । यह समजातता अपसारी जैव विकास (Divergent evolution) अर्थात् पूर्वज से विभिन्न दिशाओं में हुए जैव विकास को प्रमाणित करती है ।

2. समरूपता (Analogy): ऐसे अंग जो समान कार्यों में उपयोग होने के कारण समान दिखाई पड़ते हैं, लेकिन उनकी मूल संरचना एवं भ्रूणीय प्रक्रिया में भिन्नता पायी जाती है, समरूप अंग (Analogous organ) कहलाते हैं। यह समरूपता अभिसारी जैव विकास (Convergent evolution) अर्थात् भिन्न पूर्वजों से एक ही दिशा में को प्रमाणित करती है।

3. अवशेषी अंग (Vestigial organs): विकसित जन्तुओं में पाए जाने वाले कुछ स्पष्ट किन्तु अद्र्धविकसित एवं निष्क्रिय अनुपयोगी अंग या अंगों के भाग अवशेषी अंग (Vestigial organs) कहलाते हैं। जैसे- शुतुर्मुर्ग के पंख, आस्ट्रेलिया के एमू (Emu) एवं केसोवरी के पंख, न्यूजीलैंड के कीवी के पंख, डोडो (वर्तमान में विलुप्त) के पंख आदि । इनके पूर्वजों में पंख पूर्ण विकसित थे लेकिन वातावरणीय प्रभाव के कारण एवं उनकी उपयोगिता समाप्त हो जाने के कारण उद्‌विकास के क्रम में क्रमिक लोप की दिशा में अवशेषी अंगों के रूप में है। मनुष्य में एपेन्डिक्स (Apendix) भी अवशेषी अंग का उदाहरण है ।

4. संयोजक कुड़ी (Connecting link): वे जीव जातियाँ जो अपने से कम विकसित जातियों तथा अपने से अधिक विकसित उच्च कोटि की जातियों की सीमा रेखा अर्थात् दोनों ही (निम्न एवं उच्च) जातियों के लक्षण का सम्मिश्रण होता है, संयोजक जातियाँ कहलाती हैं। इनके द्‌वारा जैव विकास का ठोस प्रमाण मिलता है।

उदाहरण:

1. यूग्लीना : संघ प्रोटोजोआ, क्लोरोफिल युक्त पादपों एवं जन्तुओं के संयोजक के रूप में होते हैं।
2. प्रोटीरोस्पंजिया (Proterospongia) : संघ प्रोटोजोआ, एक कोशिकीय सदस्य, इन्हीं के पूर्वजों से स्पंज (Sponge) की उत्पत्ति ।
3. निओपिलाइना (Neopilina): संघ मोलस्का, ऐनीलिडा के सदस्यों से अधिक विकसित अकशेरुकी जन्तु, मोलस्का एवं एनीलिडा के संयोजक के रूप में ।
4. पैरीपेटस (Peripatus) : संघ आर्थ्रोपोडा, यह एनीलिडा एवं आर्थ्रोपोडा के बीच का संयोजक है तथा एनीलिडा से आर्थ्रोपोडा के उद्‌विकास को प्रमाणित करता है ।
5. आर्कियोप्टेरिक्स (Archaeopteryx) : वर्तमान में विलुप्त, यह सरीसृपों एवं पक्षियों के बीच का संयोजक था। यह पक्षी वर्ग का जन्तु था क्योंकि इसके पंख अधिक विकसित थे ।
6. प्रोटोथीरिया (Prototheria) : निम्नकोटि के स्तनधारियों का उपवर्ग, वर्तमान में इसकी तीन श्रेणियाँ हैं—एकिडना (Echidina), जैग्लोसस (Zaglossus), एवं आर्निथोरिंकस

(Ornithorhynchus) आस्ट्रेलिया एवं न्यूगिनी में पाये जाने वाले ये सरीसृपों एवं स्तनधारियों के संयोजक जन्तु हैं।

जैव विकास से सम्बन्धित नियम (Law related to organic evolution):

1. ऐलेन का नियम (Allen's law): अत्यधिक ठण्डे प्रदेशों में रहने वाली जन्तु जातियों में शरीर के खुले भाग जैसे—पूँछ, कान, पाद आदि क्रमशः छोटे होते जाते हैं ताकि इनके माध्यम से ताप हानि कम हो। 2. बर्जमान का नियम (Bergmann's law): नियततापी (Warm Blooded) जन्तुओं में ठण्डे प्रदेशों में रहने वाले सदस्यों का शरीर अधिकाधिक बड़ा होता जाता है। 3. कोप का नियम (Cope's law) : जैव विकास के लम्बे इतिहास में जन्तुओं में शरीर के अधिकाधिक बड़े होते रहने की प्रवृत्ति रही है।

4. ग्लोगर का नियम (Gloger's law): गर्म व नम प्रदेशों के नियततापी जन्तुओं में मिलैनिन रंग अधिक होती है।

5. गॉसी का नियम (Gouse's law) : ऐसी दो जीव जातियाँ जिनकी वातावरणीय आवश्यकताएँ बिल्कुल समान होती हैं अनिश्चित काल तक एक ही स्थान पर नहीं बनी रह सकती।

आनुवंशिकी एवं जैव विकास से सम्बन्धित कुछ महत्वपूर्ण शब्दावलियाँ :

1. युग्म विकल्पी (Alleles) : एक ही गुण के विभिन्न विपर्यायी रूपों को प्रकट करने वाले लक्षण कारकों को एक-दूसरे का युग्म विकल्पी या एलील (Allele) या एलीलोमार्फ (Allelomorph) कहते हैं। जैसे किसी पुष्प का रंग लाल, हरा व पीला को क्रमशः R, G, Y से प्रकट करते हैं। इसी प्रकार लम्बा (T) तथा बौना (t) भी युग्म विकल्पी है।

2. समयुग्मजी (Homozygous): जब किसी गुण के युग्म विकल्पी या एलील समान हो, तो उसे समयुग्मजी (Homozygous) कहते हैं। जैसे— लम्बा पौधा (TT), बौना पौधा (tt) आदि।

3. विषम युग्मजी (Heterozygous) : यदि समजातीय कारकों में दोनों कारक एक-दूसरे के विपर्यायी हों अर्थात् उनमें एक प्रभावी तथा दूसरा अप्रभावी हो, तो वह जोड़ा विषमयुग्मजी या संकर (Hybrid) कहलाता है। जैसे— संकर लम्बा पौधा (Tt)

4. समलक्षणी (Phenotype) : जीवधारी के जो लक्षण प्रत्यक्ष रूप से दिखलायी पडते हैं, उसे समलक्षणी या फीनोटाइप (Phenotype) कहते हैं।

5. समजीनी (Genotype): किसी जीव की जीनी संरचना उस जीव का समजीनी या जीन प्ररूप या जीनोटाइप (Genotype) कहलाता है।

6. सहलग्नता (Linkage): जब दो विभिन्न लक्षण एक ही गुणसूत्र पर बँधे होते हैं, तो उनकी वंशागति स्वतंत्र न होकर एक साथ ही होती है। इस घटना को मॉर्गन (Morgan)ने सहलग्नता (Linkage) कहा। यह मेंडल के नियम का अपवाद है।

7. जीन विनिमय (Crossing over) : अद्‌र्धसूत्री विभाजन की प्रोफेज अवस्था की सिनेप्सिस क्रिया के दौरान समजाती गुणसूत्रों के नान-सिस्टर क्रोमेटिड (Non sister

chromatids) में संगत आनुवंशिक अण्डों का पारस्परिक विनिमय होता है जिससे सहलग्न जीनों के नये | संयोजन बनते हैं। इसके द्वारा माता और पिता के गुणों का विनिमय होता है और संतान में दोनों के गुण आते हैं ।

8. गुणसूत्र (Chromosomes) : केन्द्रक द्रव्य में उलझी हुई महीन धागों के समान की संरचना पायी जाती है, जिसे क्रोमेटिन जालिका (Chromatin network) कहते हैं। क्रोमेटिन की जालिका कोशिका विभाजन के समय टुकड़ों में बँटकर धागे (Thread) की तरह रचनाएँ बनती हैं जिन्हें गुणसूत्र या क्रोमोसोम (Chromosomes) कहते हैं । किसी खास जाति के जीव के लिए गुणसूत्र की संख्या निश्चित होती है । गुणसूत्र छोटे तथा मोटे छड़नुमा संरचना के रूप में होते हैं। गुणसूत्र के द्वारा आनुवंशिक गुण एक पीढ़ी से दूसरी पीढ़ी में ले जाये जाते हैं। अर्थात् गुणसूत्र आनुवंशिक गुणों के वाहक होते हैं । गुणसूत्र का निर्माण DNA तथा प्रोटीन अणुओं द्वारा होता है। युग्मकों (Gametes) में विभिन्न गुणसूत्रों का केवल एक-एक प्रतिरूप होता है जिसे अगुणित (Haploid) य जीनोम (Genome) कहते हैं। कायिक कोशिकाओं (Somatic cells) में इस तरह के दो-दो प्रतिरूप होते हैं, जिसे द्विगुणित गुणसूत्र (Diploid chromosomes) कहते हैं।

9. सेक्स क्रोमोसोम (Sex chromosome) : लिंग निर्धारण में भाग लेने वाले क्रोमोसोम को सेक्स क्रोमोसोम कहते हैं। ये गुणसूत्र नर एवं मादा दोनों पौधों या जन्तुओं में अलग-अलग होते हैं।

10. ऑटोसोम्स (Autosomes) : ये गुणसूत्र नर एवं मादा में समान रूप से पाये जाते हैं। ये गुणसूत्र कायिक कोशिकाओं में पाये जाते हैं ।

11. जीन (Gene): DNA का वह छोटा खण्ड जिनमें आनुवंशिक कूट निहित होता है, जीन कहलाता है। 'जीन' शब्द का प्रयोग सर्वप्रथम जोहान्सन (Johhansen) ने 1909 ई. में किया था।

12. जीनोम (Genome) : गुणसूत्र में पाये जाने वाले आनुवंशिक पदार्थ को जीनोम कहते हैं ।

13. प्लाज्माजीन (Plasmagene): क्रोमोसोम के बाहर जीन यदि कोशिका द्रव्य के कोशिकांगों में होती है, तो उन्हें प्लाज्माजीन कहते हैं।

14. उत्परिवर्तन (Mutation): उत्परिवर्तन ऐसे असतत आनुवंशिक परिवर्तन होते हैं, जो अचानक उत्पन्न होते हैं और पीढ़ी-दर-पीढ़ी उनका स्थानान्तरण होता रहता है।

15. आनुवंशिकी (Genetics) : माता-पिता से संतानों में विभिन्न लक्षणों के स्थानान्तरण का विषय तथा उससे सम्बन्धित कारणों और नियमों का अध्ययन आनुवंशिकी कहलाता है। जेनेटिक्स (Genetics) शब्द का प्रयोग सर्वप्रथम डब्ल्यू वाटसन ने 1905 ई. में किया था।

16. बैक क्रॉस (Back Cross) : यदि प्रथम पीढ़ी के जीनोटाइप से पितृपीढ़ी के जीनोटाइप में शुद्ध या संकर प्रकार को संकरण कराया जाए तो यह क्रॉस बैक क्रॉस कहलाता है ।

17. टेस्ट क्रॉस (Test Cross): यदि प्रथम पीढ़ी (F) के जीनोटाइप से पितृपीढ़ी (P) के जीनोटाइप में (शुद्ध या संकर = IT या Tt) संकरण कराया जाए तो यह बैक क्रॉस कहलाता है, परन्तु जब प्रथम पीढ़ी (F,) के जीनोटाइप से पितृपीढ़ी (P) के जीनोटाइप संकर (Hybrid) अप्रभावी (Recessive) जैसे—tt से संकरण कराया जाए तो यह टेस्ट क्रॉस कहलाता है।

18. एक जीन एक एन्जाइम सिद्धान्त (One gene one enzyme theory): एक जीन के द्वारा एक एन्जाइम का संश्लेषण होता है। इस सिद्धान्त की खोज बीडल और टेटम (Beadle and Tatum) ने 1948 ई. में की।

19. इंडियोग्राम (Indiogram): किसी कैरियोटाइप के पहचाने गए गुणसूत्रों के समजातीय जोड़ों को जब लम्बाई के गिरते हुए क्रम में व्यवस्थित करने के बाद किसी निश्चित पैमाने पर आरेख रूप में दर्शाया जाता है, तो उसे इडियोग्राम कहते हैं।

20. सुजननिकी (Eugenics): यह आनुवंशिकी की वह शाखा है जिसके अन्तर्गत मानव जाति के समाज को आनुवंशिक नियमों के द्वारा सुधारने सम्बन्धी अध्ययन किया जाता है। सर फ्रांसिस गाल्टन (Sir Francis Galton) ने सर्वप्रथम सुजननिकी नामक नई शाखा का नाम दिया। इसीलिए गाल्टन को सुजननिकी का जनक कहा जाता है।

21. वेसेक्टोमी (Vasectomy): पुरुषों का बंध्याकरण वेसेक्टोमी कहलाता है।

22. ट्यूबेक्टोमी (Tubectomy) महिलाओं का बंध्याकरण ट्यूबेक्टोमी कहलाता है।

23. यूथेनिक्स (Euthenics) : इसमें मानव के उच्च आनुवंशिक लक्षणों को उत्तम पालन-पोषण एवं शिक्षा द्वारा विकास का अध्ययन किया जाता है।

24. कारक (Factors) आनुवंशिक लक्षणों को पीढ़ी-दर-पीढ़ी ले जाने वाले लक्षण को कारक (Factor) कहा जाता है।

25. रंग वर्णान्धता (Colour blindness) इसे डाल्टोनिज्म (Daltonism) भी कहते हैं। इससे पीड़ित व्यक्ति लाल एवं हरे रंग का भेद नहीं कर पाते हैं। यह लिंग सम्बन्धित रोग है जो वंशागति के द्वारा एक पीढ़ी से दूसरी पीढ़ी में जाता है।

26. हीमोफिलिया (Haemophilia) : यह भी मनुष्यों में होने वाला एक लिंग सहलग्न रोग है। इस रोग से पीड़ित व्यक्ति में चोट के काफी समय के बाद तक भी रक्त लगातार बहता रहता है । अतः इसे रक्त स्रावण रोग (Bleeder's disease) भी कहते हैं। यह रोग प्रायः पुरुषों में पाया जाता है। यह रोग भी वंशागति द्वारा एक पीढ़ी से दूसरी पीढ़ी में जाता है।

27. हँसियाकार रक्ताणु ऐनीमिया (Sickle cell anaemia) : इस रोग में ऑक्सीजन की कमी की वजह से RBC के हीमोग्लोबिन सिकुड़कर हँसिया (Sickle) की आकृति के हो जाते हैं। यह रोग सुप्त जीन के कारण होता है। इस रोग में ऑक्सीजन की कमी के कारण RBC हँसिया के आकार की होकर फट जाती है जिससे हीमोलिटिक एनीमिया (Haemolytic anaemia) रोग हो जाता है।

28. डाउन्स सिन्ड्रोम (Down's syndrome) इसमें 21वीं जोड़ी गुणसूत्र दो के जगह तीन

होते हैं अर्थात् ऐसे व्यक्ति में गुणसूत्रों की के संख्या 47 होती है। इस सिन्ड्रॉम वाला व्यक्ति छोटे कद एवं मंदबुद्धि वाला होता है। इसमें जननांग समान लेकिन पुरुष नपुंसक होते हैं। इसे मंगोली जड़ता (Mongoloid Idiocy) भी कहते हैं।

29. क्लाइनफेल्टर्स सिन्ड्रोम (Klinefelter's syndrome) : इसमें लिंग गुणसूत्र दो के स्थान पर तीन और प्रायः XXY होते हैं। इसमें एक अतिरिक्त X गुणसूत्र की उपस्थिति के कारण वृषण (Testes) होते हैं और उनमें शुक्राणु (Sperms) नहीं बनते। ऐसे पुरुष नपुंसक होते हैं।

30. टरनर्स सिन्ड्रोम (Turner's syndrome) : ये ऐसी स्थितियाँ होती हैं जिनमें केवल एक X गुणसूत्र पाया जाता है। इनका कद छोटा होता है तथा जननांग अल्पविकसित होता है। वक्ष चपटा तथा जनद अनुपस्थित या अल्पविकसित होते हैं ये नपुंसक होती है।

31. फीनाइल कीटोनूरिया (Phenyl ketonuria) : बच्चों के तंत्रिका ऊतक में फीनाइल ऐलेमीन के जमाव से अल्पबुद्धिता (Mental Deficiency) आ जाती है। इस रोग में फीनाइल ऐलेमीन को टाइरोसीन नामक ऐमीनो अम्ल में बदलने वाले एन्जाइम फीनाइल ऐलेमीन हाइड्रोक्सीलेज की कमी होती है ।

32. बुद्धिलब्धि (Intelligence quotient) :

मानसिक आयु

बुद्धिलब्धि (IQ) =-------- x100

वास्तविक आयु

33. आनुवंशिक लक्षण (Hereditary characters) : वैसे लक्षण जो माता-पिता से सन्तान में पीढ़ी दर पीढ़ी पहुँचते रहते हैं, आनुवंशिक लक्षण कहलाते हैं ।

34. ट्रांसक्रिप्सन (Transcription): DNA से RNA के संश्लेषण को ट्रान्सक्रिप्सन कहा जाता है।

35. ट्रांसलेशन (Translation) : प्रोटीन बनने की अन्तिम क्रिया को ट्रान्सलेशन कहते हैं ।

36. विभिन्नता (Variation) : विभिन्नता जीव के ऐसे गुण हैं जो उसे अपने जनकों अथवा अपनी ही जाति के अन्य सदस्यों के उसी गुण के मूल स्वरूप से भिन्नता दर्शाते हों।

37. जननिक विभिन्नता (Germinal variation) कोशिकाओं के क्रोमोसोम या जीन की संरचना या संख्या में परिवर्तन के कारण उत्पन्न होने वाली विभिन्नता को जननिक विभिन्नता कहते हैं। इसे आनुवंशिक विभिन्नता भी कहा जाता है, क्योंकि ये एक पीढ़ी से दूसरी पीढ़ी में संचरित होती है ।

38. कायिक विभिन्नता (Somatic variation) : जलवायु एवं वातावरण का प्रभाव उपलब्ध भोजन के प्रकार, अन्य उपस्थित जीवों के साथ परस्पर व्यवहार इत्यादि के कारण उत्पन्न होनेवाली विभिन्नता कायिक विभिन्नता कहलाती है। इस प्रकार की विभिन्नता एक पीढ़ी से दूसरी पीढ़ी में वंशागत नहीं होती है। ऐसी विभिन्नताएँ उपार्जित (acquired) होती हैं ।

39. इमैसकुलेशन (Emasculation): पुष्प की परिपक्वता के पहले परागकोष को हटा दिए जाने की क्रिया को इमैसकुलेशन कहते हैं ।

40. एकसंकरण क्रॉस (Monohybrid cross) : जब दो पौधों के बीच एक इकाई लक्षण के आधार पर संकरण कराया जाता है, तो उसे एकसंकरण क्रॉस कहते हैं ।

41. द्विसंकरण क्रॉस (Dihybrid cross) : जब दो पौधों के बीच दो जोड़े विपरीत लक्षण के आधार पर संकरण कराया जाता है, तो उसे द्विसंकरण क्रॉस कहते हैं ।

42. लिंग निर्धारण (Sex determination) : व्यक्तियों में लिंग निर्धारित होने की प्रक्रिया को लिंग निर्धारण कहते हैं। व्यक्ति के लिंग निर्धारण में आनुवंशिकी का महत्वपूर्ण योगदान होता है ।

43. जैव विकास (Organic evolution) : जैव विकास जीव विज्ञान की वह शाखा है जिसके अन्तर्गत जीवों की उत्पत्ति तथा उनके पूर्वजों का इतिहास एवं उनमें समय-समय पर हुए क्रमिक परिवर्तनों का अध्ययन किया जाता है।

44. उपार्जित लक्षण (Acquired character) : वातावरण सीधे प्रभाव से या अंगों के कम या अधिक उपयोग के कारण जन्तु के शरीर में जो परिवर्तन होते हैं, उन्हें उपार्जित लक्षण कहते हैं।

45. समजात अंग (Homologous organ): भिन्न-भिन्न वातावरण में रहनेवाले जन्तुओं के ऐसे अंग जो संरचना एवं उत्पत्ति की दृष्टिकोण से एकसमान होते हैं परन्तु अपने वातावरण के अनुसार वे भिन्न-भिन्न कार्यों का सम्पादन करते हैं, समजात अंग कहलाते हैं।

46. असमजात अंग (Analogous organ) : भिन्न-भिन्न जन्तुओं में पाये जाने वाले वैसे अंग जो संरचना एवं उत्पत्ति की दृष्टिकोण से एक दूसरे से भिन्न होते हैं, परन्तु एक ही प्रकार का कार्य करते हैं, असमजात अंग कहलाते हैं।

47. जीवाश्म विज्ञान (Palaeontology): जीवाश्मों का अध्ययन जीवाश्म विज्ञान कहलाता है ।

21

मानव रोग

मानव रोग

रोग (व्याधि) शब्द का मूल शब्द व्याधा है, जिसका अर्थ है रुकावट, अर्थात् अच्छे स्वास्थ्य में रुकावट उत्पन्न होना ही रोग है। दूसरे शब्दों में, शरीर में विकार होना ही रोग (Disease – DIS-EASE अर्थात् असहज) कहलाता है।

रोग के प्रकार : रोग को उनकी प्रकृति तथा कारणों के आधार पर दो वर्गों में विभक्त किया जाता है। ये हैं –

A. जन्मजात रोग (Congenital diseases) : वे रोग जो जन्म के समय से ही शरीर में होते हैं, उन्हें जन्मजात रोग कहते हैं। ये रोग उपापचयी या विकासीय अनियमितताओं के कारण फैलते हैं।

B. उपार्जित रोग (Acquired diseases) : वे रोग जो जन्म के पश्चात् विभिन्न कारकों के कारण उत्पन्न होते हैं, उन्हें उपार्जित रोग कहते हैं। उपार्जित रोग दो प्रकार के होते हैं–

1. संक्रामक रोग या संसग रोग (Communicable diseases or Infectious diseases) : यह हानिकारक सूक्ष्म जीवों (रोगाणुओं) के कारण होता है, उदाहरणतः जीवाणु, विषाणु, कवक एवं प्रोटोजोआ। रोग कारक जीव का संचारण वायु, जल, भोजन, रोगवाहक कीट तथा शारीरिक सम्पर्क के द्वारा एक व्यक्ति से दूसरे व्यक्ति में होता है। इसीलिए इन्हें संचरणीय या संक्रामक रोग कहते हैं। 2. असंक्रामक (असंचरणीय) रोग (Non-communicable diseases) : जो रोग संक्रमित व्यक्ति (रोगी) से स्वस्थ व्यक्ति को स्थानांतरित नहीं होता, उन्हें असंचरणीय अथवा असंक्रामक रोग कहते हैं। मधुमेह, जोड़ों का दर्द, कैंसर, हृदय रोग आदि इसके कुछ उदाहरण है। असंक्रामक रोग निम्न प्रकार के होते हैं–

(a) ह्रासित रोग (Degenerative diseases) : यह विभिन्न शारीरिक अंगों के नष्ट होने से उत्पन्न होते हैं, जैसे-हृदय रोग

(b) हीनताजन्य रोग (Deficiency diseases) : यह विभिन्न पदार्थों की कमी से उत्पन्न होता है, जैसे—रिकेट्स, मरास्मस, पेलाग्रा आदि।

(c) प्रत्यूर्जता (Allergy): यह किसी पदार्थ के प्रति अति संवेदनशीलता के कारण होता है ।

(d) कैंसर (Cancer) : यह रोग अनियमित ऊतक वृद्धि के कारण होता है ।
(e) आनुवांशिक रोग (Genetic diseases) : यह आनुवंशिक कारकों के कारण होता है, जैसे- वर्णान्धता, हीमोफीलिया आदि ।

जन्मजात रोग (Congenital diseases) : इन रोगों का आक्रमण गर्भावस्था के दौरान ही होता है। ओठ का कटना (Harelip), विदीर्ण तालु (Cleft palate) और पाँव का फिरा होना (Club foot) आदि जन्मजात रोग के उदाहरण हैं। जन्मजात रोग निषेचित अण्डाणु की गुणसूत्रीय संरचना में कमी या गर्भाशय स्थित शिशु पर आघात पहुँचने के कारण भी होता है। गुणसूत्रों में असंतुलन के कारण मॉन्गोलिज्म (Mongolism), हृदय विकृति के कारण नील शिशु का जनन, तंत्रिका की असामान्यता के कारण स्थानिक अधरांगता आदि जन्मजात रोग होते हैं ।

प्रमुख मानव रोग, लक्षण एवं उपचार

(A) बैक्टीरिया जनित रोग (Bacterial diseases)

1. आंत्र ज्वार (Typhoid) : यह सॉलमोनेला टाइफोसा (Solmonella typhosa) नामक जीवाणु से होता है। इसे आंत का बुखार के नाम से भी जाना जाता है। यह रोग पानी की गंदगी से फैलता है। रोगी की प्लीहा (Spleen) और आंत्र योजनी ग्रंथियाँ बढ़ जाती हैं। रोगी को तेज बुखार रहता है और सिरदर्द बना रहता है।

उपचार : रोगी व्यक्ति को मल-मूत्र निवास स्थान से दूर कराना चाहिए । भोजन को मक्खियों से बचाना चाहिए। इसकी चिकित्सा के लिए क्लोरोमाइसिटिन औषधि का उपयोग किया जाता है।

2. तपेदिक या राजयक्ष्मा (Tuberculosis) : इस रोग को यक्ष्मा या काक रोग भी कहते हैं। यह एक संक्रामक रोग है जो माइकोबैक्टीरियम ट्यूबरक्यूलोसिस (Mycobacterium tuberculosis) नामक जीवाणु के कारण उत्पन्न होता है। इस रोग के जीवाणु मुँह से थूकते समय या चूमने से प्रसारित होते हैं। इस रोग के लक्षण हैं-ज्वर, रात्रि में पसीना आना, भूख की कमी, शक्ति और वजन में ह्रास, पाचन और तन्त्रिका तन्त्र में गड़बड़ी आदि ।

उपचार : इस रोग के उपचार के लिए स्ट्रेप्टोमाइसीन का इन्जेक्शन दिया जाता है और पी. ए. एस. (Para amino Salysilic Acid) तथा आइसोनियाजाइड मुँह से ली जाती है। बी.सी.जी. (Bacillus Calmette Guerin) एक प्रतियक्ष्मिकीय टीका है। विलीसिन तपेदिक रोग की नवीनतम दवा है ।

3. प्लेग (Plague) : यह एक छुआ-छूत की बीमारी है जो बैसिलस पेस्टिस (Bacillus pestis) नामक जीवाणु द्वारा फैलती है ।| इसका संक्रमण चूहों पर पाये जाने वाले पिस्सुओं से होता है, क्योंकि पिस्सुओं (Fleas) के शरीर में प्लेग का बैक्टिरिया रहता है। जेनोप्सला केओपिस (Xanopsylla cheopis) प्लेग का सबसे भयानक पिस्सू है क्योंकि यह आसानी

से चूहे से मानव तक पहुँच जाता है। प्लेग तीन प्रकार के होते हैं–

(a) गिल्टी वाले प्लेग में रोगी की जांघ, कांख तथा गर्दन की ग्रन्थियों में सूजन हो जाता है।

(b) न्यूमोनिक प्लेग रोगी को खांसी, छींक और थूक के माध्यम से फैलता है।

(c) सेप्टीसिमिक प्लेग में जीवाणु गिल्टियों से रक्त में प्रवेश कर जाते हैं। यह बहुत घातक साबित होता है ।

उपचार : सल्फाड्रग्स एवं स्ट्रप्टोमाइसीन दवाओं का उपयोग इस रोग के उपचार के लिए किया जाता है। इसकी रोकथाम के लिए सर्वप्रथम चूहों को निवास स्थान से दूर रखने का प्रयास करना चाहिए।

4. हैजा (Cholera) : यह विब्रियो कॉलेरा (Vibrio cholera) नामक जीवाणु के कारण होता है और मक्खियों द्वारा फैलता है। रोगी के शरीर में जल की कमी हो जाती है तथा रक्त का संचार धीमा पड़ जाता है। उल्टी-दस्त के साथ शरीर का सारा जल निकल जाता है जिसके कारण प्यास बहुत बढ़ जाती है ।

उपचार : हैजे का टीका लगवाना चाहिए। पानी को उबाल कर पीना चाहिए। पीने के पानी को उष्णकटिबन्धीय लाइम क्लोराइड अथवा क्लोरोजोन से शोधित करना चाहिए।

5. डिप्थीरिया (Diptheria) : यह रोग कोरोनीबेक्टीरियम डिप्थीरिया (Corynebacterium diphtheriae) नामक जीवाणु से होता है । इस रोग में गले में कृत्रिम झिल्ली बन जाती है और श्वासावरोध होता है, जिससे रोगी की मृत्यु हो जाती हैं । यह रोग अधिकांशतः संक्रमित दूध के माध्यम से फैलता है। इस रोग के जीवाणु रोगी के थूक, खखार और वमन आदि माध्यम से बाहर निकलते हैं।

उपचारः डी.पी.टी. (डिप्थीरिया एन्टी टॉक्सीन) का टीका लगवाना चाहिए एवं सफाई पर पूरा ध्यान देना चाहिए। रोगी के व्यवहार में लाए गए कपड़ों को विसंक्रमित कर देना चाहिए तथा रोगी की नाक और मुँह को पोटैशियम परमैंगनेट के घोल से धो देना चाहिए ।

6. टिटनेस (Tetanus) : सामान्यतः इसे लॉक-जॉ (Lock Jaw) या धनुष्टंकार कहा जाता है। यह रोग बैसीलस टेटनी (Bacillus tetani) नामक जीवाणु से होता है। इस रोग के जीवाणु घाव से होकर शरीर में प्रवेश करता है। इस रोग से पेशियों में आकुंचन और प्रसरण नहीं हो पाता है और शरीर में अकड़न होने लगती है।

उपचार : पेनीसिलीन प्रतिजैविक का इन्जेक्शन लेना चाहिए। बचाव के लिए टिटवैक या ए.टी.एस. (A.T.S.) का इन्जेक्शन तीन बार लगवाना चाहिए ।

7. कोढ़ (Leprosy) या कुष्ठ : यह एक संचारणशील रोग है, जो माइकोबैक्टिरियम लेप्री (Mycobacterium leprae) नामक जीवाणु से फैलता है। यह पैतृक या आनुवंशिक रोग नहीं है। इस रोग से ऊतकों का अपक्षय होने लगता है। शरीर पर चकते प्रकट होने लगते हैं तथा कोहनी व घुटने के पीछे, एड़ी और कलाई के अगल-बगल की तंत्रिकाएँ प्रभावित हो जाती हैं।

उपचार : इस रोग के रोकथाम के लिए एम.डी.टी. (M.D.T.) दवाओं का उपयोग किया जाता

है। इसमें तीन दवायें शामिल हैं- (a) डेपसोन (b) क्लोफाजीमीन एवं (c) रिफैमिसीन

8. निमोनिया (Pneumonia) : यह रोग डिप्लोकोकस न्यूमोनी (Diplococcus pneumoniae) नामक जीवाणु से होता है। रोगी को तेज बुखार तथा सांस लेने में कठिनाई होती है। फेफड़ों में सूजन आ जाती है। इस रोग से ग्रसित रोगी को ठंड से बचाते हैं तथा एन्टीबायोटिक्स औषधियाँ प्रयोग करते हैं।

9. काली खांसी (Whooping cough) : यह रोग हीमोफिलस परटूसिस (Haemophilous pertusis) नामक जीवाणु से होता है। इस रोग का प्रसार प्रायः हवा द्वारा होता है। यह मुख्यतः बच्चों को होता है। इस रोग से बचने के लिए काली खांसी का टीका (DPT) लगवाना चाहिए।

10. सिफलिस (Syphilis) : इस रोग का कारक ट्रैपोनेमा पैलिडम (Treponema pallidum) है। इस रोग का संक्रमण रोगी के साथ मैथुन या संभोग करने से होता है। इस रोग में शिश्न व योनि में लाल रंग के दाने, बाद में शरीर पर चकते तथा अंत में हृदय, यकृत व मस्तिष्क भी प्रभावित होता है। इस रोग में पेनिसिलीन द्वारा लाभ होता है ।

11. गोनोरिआ (Gonorrhoea): इस रोग का कारक नाइसेरिया गोनोरियाई (Neisseria gonorrhoeae) है। रोग का संक्रमण रोगी के साथ संभोग करने से होता है। इस रोग में मूत्र जनन पथ की म्यूकस का संक्रमण होता है। जोड़ों में दर्द होता है तथा स्त्रियाँ बांझ हो जाती हैं। रोगी व्यक्ति के साथ संभोग से बचना चाहिए। एन्टीबायोटिक औषधियों का प्रयोग करना चाहिए।

(B) वाइरस जनित रोग (Viral diseases) :

1. एड्स (AIDS) : एड्स (AIDS) एक्वायर्ड इम्यूनो-डिफिसिएन्सी सिन्ड्रोम (Acquired Immuno Deficiency Syndrome) का संक्षिप्त रूप है। यह इस रोग के विषाणु का नाम है – एच. आई. वी. (HIV—Human Immuno Defficiency Virus) । रोग यौन सम्बन्धों के कारण, रक्तधान में अनियमितता से और नशीले पदार्थों के अत्यधिक सेवन करने से फैलता है। इस रोग से ग्रसित रोगी की रोग प्रतिरोधक क्षमता समाप्त हो जाती है। रोगी का शरीर जगह-जगह फुल जाता है, खून का संचार अव्यवस्थित हो जाता है और अंततः रोगी की मृत्यु हो जाती है।

उपचार : सुरामीन, साइक्लोस्पोरीन, रिबाबाइरीन, अल्फा- इन्टरफेरान आदि दवाओं का प्रयोग इस रोग के उपचार के लिए किया जाता है। ए.जेड.टी. (Azidothymidine) दवाओं का भी प्रयोग किया जाता है जो एच. आई. वी. विषाणुओं की रिवर्स ट्रान्सक्रिप्टेज क्रिया रोककर विषाणुओं को बहुगुणित होने से रोकती है।

2. चेचक (Small pox) : यह एक अत्यन्त संक्रामक रोग है जिसका संक्रमण एक अतिसूक्ष्म विषाणु के कारण होता है। इस रोग से ग्रसित रोगी को सर्वप्रथम सिर, पीठ, कमर और बाद में सारे शरीर में जोरों का दर्द होता है एवं बाद में लाल-लाल दाने निकल जाते हैं, जो बाद में फफोले का रूप धारण कर लेते हैं।

उपचार : रोगी को तब तक अलग रखना चाहिए जबतक कि फोड़ों के सुरण्ड साफ न हो जाएँ। घर या आस-पास के लोगों को चेचक का टीका ले लेना चाहिए।

3. इन्फ्लुएंजा (Influenza) : यह एक संक्रामक रोग है, जिसका संक्रमण इन्फ्लुएन्जी (Influenzae) नामक रोगाणु के कारण होता है । इसको फ्लू (Flu) भी कहते हैं। इस रोग का आक्रमण होने पर सिर और पूरे शरीर में जोरों का दर्द, सर्दी, खांसी तथा तेज ज्वर आदि लक्षण प्रकट होते हैं। यह कभी-कभी महामारी का रूप भी ले लेता है।

उपचार : रोगी को टेरामाइसीन, टेट्रासाइक्लीन आदि एन्टीबायोटिक्स लेनी चाहिए। रोगी का पेट साफ रखना चाहिए। पोटेशियम परमैग्नेट के घोल से सुबह-शाम गरारा करना चाहिए।

4. पोलियो (Poliomyelitis) : यह रोग निस्यन्दी विषाणु (Filterable virus) के कारण होता है। इस रोग का प्रभाव केन्द्रीय नाड़ी संस्थान पर होता हैं, तथा रीढ़ की हड्डी और आंत की कोशिकाएँ नष्ट हो जाती हैं। यह प्रायः बच्चों को होता है। शरीर इससे बचने के लिए रोग-प्रतिकारक पदार्थ का निर्माण करने लगता है, जिससे विषाणु मर जाते है और रोगी पूर्णतः ठीक हो जाता है ।

उपचार : इस रोग से बचाव के लिए बच्चों को पोलियो निरोधी वैक्सीन दिया जाता है। साक टीके (Salk vaccine) जो कि साक (Salk) ने ही खोजी थी इन्जेक्शन के द्वारा दी जाती है। एल्बर्ट सेबीन ने 1957 में मुख से लेने वाली पोलियो ड्रॉप की खोज करके प्रतिरक्षीकरण को और आसान बना दिया ।

5. डेंगू ज्वर (Dengue fever or Break bone fever) : यह रोग विषाणु के कारण होता है। इस रोग को इडिस इजिप्टी, इडिस एल्बोपिक्टस और क्यूलेक्स फटिगन्सस नामक मच्छर संचारित करते हैं। इस रोग में अचानक तेज ज्वर आ जाता है, चेहरा पर पितियाँ निकल आती हैं तथा सिर, आँखें, पेशियों और जोड़ों में बहुत जोरों का दर्द होता है। यह महामारी के रूप में अचानक फैलता है। इस रोग को हड्डी तोड़ बुखार भी कहते हैं ।

6. हिपेटाइटीस या पीलिया जा जॉन्डिस (Jaundice): यह एक यकृत रोग है, जिसमें रक्त में पित्त वर्णक (Bile pigment) अधिक मात्रा में चला आता है। इसमें यकृत में पित्त वर्णक का निर्माण अधिक मात्रा में होने लगता है, परन्तु यकृत की कोशिकाएँ इसका उत्सर्जन निम्न मात्रा में करती हैं । फलतः पित्त वर्णक यकृत-शिरा के माध्यम से रक्त में प्रवेश कर जाता है। पेशाब भी पीला हो जाता पित्त (Bile) बढ़ जाता है।

उपचार : इस रोग से बचने के लिए ठंढक से बचना चाहिए। हल्का परन्तु पौष्टिक आहार ग्रहण करना चाहिए। रोगी को तब तक आराम करना चाहिए जब तक सीरम में बिलीरुबीन (Bilirubin) की मात्रा 1.5 मिलीग्राम प्रति 100 मिलीलीटर नहीं हो जाता है।

7. हाइड्रोफोबिया या रेबीज (Hydrophobia or Rabies) : यह एक संघातिक रोग है जिसका संक्रमण केन्द्रीय तंत्रिका तंत्र में होता है। इसका संक्रमण पागल कुत्ते, भेड़िये, लोमड़ी आदि के काटने से होता है, क्योंकि यह रोग सर्वप्रथम इन्हीं जन्तुओं में होता है । इनके काटने से रोग के विषाणु शरीर में प्रवेश कर जाते हैं और समुचित समय पर चिकित्सा न की जाने

पर केन्द्रीय तंत्रिका तंत्र को प्रभावित करते हैं। यह रोग दो रूपों में देखने को मिलता है। एक में उत्तेजना होती है, जल से भय उत्पन्न होता है और रोगी की आवाज कुत्ते के भूंकने जैसी निकलती है। दूसरे में रोगी को पक्षाघात (Paralysis) तेज ज्वर और भयंकर सिरदर्द होता है तथा वमन (Vomiting) करन की प्रवृत्ति और बेचैनी महसूस होती है ।

उपचार : रेबीजरोधी (Antirabies) टीका लगवाना चाहिए। इस की खोज लुई पाश्चर ने किया था। घाव को शुद्ध कार्बोलिक या नाइट्रिक एसिड से धो देना चाहिए।

8. मेनिनजाइटिस (Meningitis): इस रोग में मस्तिष्क प्रभावित होता है। इस रोग में रोगी को तेज बुखार आता है तथा बाद में बेहोशी भी होने लगती है। मस्तिष्क तथा मेरूरज्जु के ऊपर चढ़ी झिल्ली के नीचे रहने वाले द्रव सेरिब्रो स्पाइनल द्रव से संक्रमण होता है। इस रोग से बचने के लिए मेनिनजाइटिस रोधी टीका लगवाना चाहिए।

9. ट्रेकोमा (Trachoma): यह आँख की कार्निया का सांसर्गिक रोग है। इससे कार्निया में वृद्धि हो जाती है जिससे रोगी निद्राग्रस्त सा लगता है । इस रोग से बचने के लिए पेनीसीलीन, क्लोरोमाइसीटीन आदि का प्रयोग करना चाहिए।

10. छोटी माता (Chicken pox) : यह रोग भी चेचक की तरह बहुत ही संक्रामक होता है। इसमें हल्का बुखार होता है तथा शरीर पर पितिकाएँ निकल जाती हैं जो बाद में जलस्फोटों में बदल जाती है। इस रोग से बचने के लिए चेचक के टीके लगवाना चाहिए तथा सफाई पर ध्यान देना चाहिए।

11. खसरा (Measles) : इस रोग का कारक मोर्बेली विषाण (Morbeli virus) है । इस रोग में सम्पूर्ण शरीर प्रभावित होता है। यह वायु वाहित रोग है। इस रोग के विषाणु नाक से नाव द्वारा फैलते हैं। इस रोग के आरंभ में नाक व आँख से पानी बहता है, शरीर में दर्द रहता है तथा ज्वर आदि लक्षण प्रकट होते हैं। 3-4 दिन बाद शरीर पर लाल दाने हो जाते है। इसके उपचार के लिए रोगी को आराम करना चाहिए और हल्का भोजन तथा उबला पानी पीना चाहिए ।

12. गलसुआ (Mumps) : इस रोग का कारक मम्पस वाइरस (Mumps virus) है । इस रोग में लार ग्रंथि प्रभावित होता है। इस रोग के विषाणु का प्रसार रोगी की लार से होता है। प्रारंभ में झुरझुरी, सिरदर्द तथा कमजोरी महसूस होती है। एक-दो दिन बुखार रहने के बाद कर्ण के नीचे स्थित पैरोटिड ग्रंथि (Parotid gland) में सूजन आ जाती है। इसके उपचार के लिए नमक के पानी की सिकाई तथा टेरामाइसिन के इन्जेक्शन लगवाने चाहिए।

(C) फफूंद जनित रोग (Fungal diseases):

1. दमा (Asthma): यह एक संक्रामक रोग है। मनुष्य के फेफड़ों में एस्पर्जिलस फ्यूमिगेटस (Aspergillus fumigatus) नामक कवक के बीजाणु (Spore) पहुँचकर वहाँ जाल बनाकर फेफड़े के सूक्ष्म नलियों में सिकुड़न ला देते है। उपचार : दमा के इलाज में डेरीफाइनील, टेड्राल, एड्रेनलिन, ब्रोमहेक्सिन, प्रेडनीस्लोन, डेल्टार्कोटिल आदि दवाओं का

प्रयोग किया जाता है।

2. गंजापन (Baldness) : यह टिनिया केपिटिस (Taenia capitis) नामक कवक से होता है। इस रोग में सिर के बालों की ग्रंथियाँ कवकों द्वारा नष्ट कर दी जाती हैं, जिससे सिर के बाल टूटने लगते हैं।

3.दाद (Ringworm): यह रोग ट्राइकोफाइटॉन (Trichophyton) नामक कवक से फैलता है। कवक त्वचा के अन्दर अपना जाल बना लेते हैं जिससे त्वचा पर लाल रंग के गोले पड़ जाते हैं। यह एक संक्रामक रोग है ।

4. एथलीट फुट (Athlete's foot) : इस रोग का कारक ट्राइकोफाइटोन (Trichophyton) नामक कवक है। इस रोग का संक्रमण संक्रमित जमीन से होता है। इस रोग का रोगाणु त्वचा के मुलायम हिस्से को प्रभावित करता है।

5. खाज (Scabies): इस रोग का कारक एकेरस स्केबीज (Acarus scabies) है। इस रोग में त्वचा में खुजली होती है तथा सफेद दाग पड़ जाते है ।

(D) प्रोटोजोआ जनित रोग (Protozoan born diseases):

1. निद्रा रोग या स्लीपिंग सिकनेस (Sleeping sickness) : यह रोग ट्रिपेनोसोमा (Trypanosoma) नामक प्रोटोजोआ के कारण । उत्पन्न होता है । यह एक परजीवी है, जो सी-सी मक्खियों (Tse-Tse Fly) के शरीर में आश्रय लेता है। इन मक्खियों के काटने से रोगाणु शरीर में प्रवेश कर जाते हैं, जिससे लसीका ग्रन्थियाँ बढ़ जाती हैं और शारीरिक तथा मानसिक निष्क्रियता उत्पन्न हो जाती है, शरीर में दर्द तथा कमजोरी मालूम पड़ती है।

उपचार : सी-सी मक्खियों को कीटनाशी दवाओं का छिड़काव कर नष्ट कर देना चाहिए तथा ट्रिपर्सेमाइड की सूई का पूरा कोर्स ले लेना चाहिए।

2. पेचिस (Dysentery): यह एन्टअमीबा हिस्टोलिटिका (Entamoeba histolytica) नामक प्रोटोजोआ के कारण होता है। यह परजीवी बड़ी आंत के अगले भाग में रहता है। रोगी को दस्त होता है, जिसमें आंव और खून की मात्रा अधिक रहती है। पेट में मरोड़ और बार-बार शौचालय जाने की इच्छा होती है।

उपचारः पानी और दूध उबाल कर पीना चाहिए। एन्ट्रीकोनाल, आइरोफार्म, मेक्साफार्म जैसी दवाओं का प्रयोग करना चाहिए ।

3. मलेरिया (Malaria): यह रोग प्लाज्मोडियम (Plasmodium) नामक परजीवी प्रोटोजोआ से होता है। प्लाज्मोडियम, मादा एनोफिलिज मच्छर के शरीर में आश्रय लेता है जिसे यह अपने डंक द्वारा मनुष्य के शरीर में पहुँचाकर उसे रूग्ण कर देती है। इस रोग में जाड़े के साथ बुखार आता है। लाल रुधिराणु नष्ट हो जाते हैं तथा रक्त में कमी आ जाती है।

4. पायरिया: यह एन्टअमीबा जिन्जिवेलिस (Entamoeba gingivalis) नामक प्रोटोजोआ के कारण होता है। इसमें मसूढ़ों से पस निकलता है तथा दाँतों की जड़ों में घाव हो जाता है।

उपचार : भोजन में विटामिन C प्रचुर मात्रा में होनी चाहिए। भोजन में रेशेदार खाद्य पदार्थ जैसे हरी सब्जियाँ, गन्ना, फल इत्यादि जरूर खाना चाहिए।

5. कालाजार (Leishmania donovani) नामक प्रोटोजोआ से फैलता है। इस परजीवी का वाहक बालू मक्खी (Sand Fly) है । इसमें रोगी को तेज बुखार आता है।

(E) आनुवंशिक रोग (Genetial diseases):

1. वर्णान्धता (Colour blindness): इस रोग से ग्रसित व्यक्तियों में लाल एवं हरा रंग पहचानने की क्षमता नहीं होती है। इससे मुख्य रूप से पुरुष प्रभावित होता है, क्योंकि स्त्रियाँ केवल वाहक (Carrier) का काम करती हैं। स्त्रियों में यह रोग तभी होता है जब इसके दोनों गुणसूत्र XX प्रभावित हों। यदि एक गुणसूत्र (X) पर वर्णान्धता के जीन हों तो स्त्रियाँ वाहक का कार्य करेंगी लेकिन वर्णान्ध नहीं होगी । इसके विपरीत पुरुषों में केवल X-गुणसूत्र पर वर्णान्धता होंगे। इस बीमारी को डाल्टोनिज्म (Daltonism) भी कहते हैं। यह मुख्यतः लिंग संबंधी रोग है, जो पीढ़ी दर पीढ़ी फैलता है ।

2. हीमोफीलिया (Haemophilia): इसमें स्त्रियाँ वाहक का कार्य करती हैं। साधारणतः एक व्यक्ति को चोट लगने पर औसतन 2-5 मिनट में रक्त थक्का बनकर बहना बंद हो जाता है, किन्तु हीमोफीलिया से ग्रस्त व्यक्ति में चोट लगने पर काफी समय के बाद भी रक्त लगातार बहता रहता है । रक्त में कुछ प्रोटीन की कमी के कारण थक्का नहीं बनता है । अंततः शीघ्र उपचार न होने पर रोगी की मृत्यु भी हो सकती है ।

3. टर्नर सिन्ड्रोम (Turner's syndrome) : यह रोग अद्‌र्धसूत्री विभाजन में अनियमितता से उत्पन्न होता है। विभाजन में अनियमितता हो जाने से एक ऐसे अंडे का निर्माण होता है, जिसमें कोई भी लिंग गुणसूत्र नहीं होता तथा दोनों लिंग गुणसूत्र (XX) एक ही अंडे में चले जाते हैं। जब इस प्रकार अंडा सामान्य शुक्राणु से निषेचित होता है तो बनने वाले जाइगोट में लिंग गुणसूत्रों की संख्या कम हो जाती है। इस प्रकार के जाइगोट से बनने वाली स्त्रियों में अनेक शारीरिक असमानताएँ उत्पन्न हो जाती है, जैसे—शरीर अल्प विकसित, कद छोटा तथा वक्ष चपटा और जननांग अविकसित। ऐसी स्त्रियाँ बांझ होती है।

4. क्लिनेफेल्टर सिंड्रोम (Klinefelter's syndrome) : यह रोग भी अद्‌र्धसूत्री विभाजन के अनियमितता के कारण होता है। इसमें जाइगोट में गुणसूत्रों की संख्या सामान्य से अधिक (47) हो जाती है। ऐसे जाइगोट से उत्पन्न पुरुषों में स्त्रियोचित लक्षण उत्पन्न हो जाते है। इसमें पुरुषों का वृषण अल्पविकसित एवं स्तन स्त्रियों के समान विकसित हो जाते है। ऐसे पुरुष नपुंसक होते है ।

5. डाउन्स सिन्ड्रोम या मंगोलिज्म (Down's syndrome or Mongolism): यह रोग भी अद्‌र्धसूत्री विभाजन में अनियमितता के कारण होता है। अद्‌र्धसूत्री विभाजन में आटोसोम का बंटवारा सही प्रकार से नहीं हो पाने पर बनने वाले जाइगोट में गुणसूत्रों की स्थिति असामान्य हो जाती है। इस प्रकार के जाइगोट से विकसित भ्रूण कुछ ही समय पश्चात् मर जाता है और यदि जीवित रहता भी है, तो विकसित होने वाला वयस्क मंद बुद्‌धि, आँखें टेढ़ी, जीभ मोटी तथा अनियमित शारीरिक ढाँचा का होता है।

6. पटाऊ सिन्ड्रोम (Patau's syndrome) : इसमें रोगी का ऊपर का ओठ बीच से कट जाता

है। तालु में दरार हो जाता है। इस रोग में रोगी मंद बुद्धि, नेत्र रोग आदि से प्रभावित हो सकता है।

(F) अन्य रोग (Other diseases):

1. फाइलेरिया (Filaria): यह रोग अनेक प्रकार के सूत्र कृमियों के कारण होता है जिनमें प्रमुख हैं—वऊचेरिया बैंक्रोफ्टाई (Wuchereria bancrofti) इस रोग से लसीका वाहिनी और ग्रन्थियाँ फुल जाती हैं, जिसे फाइलेरियोसिस कहा जाता है। मलेरिया की भाँति इस रोग के आरम्भ में भी ज्वर आ जाता है। हेट्राजन की टिकिया से रोगी को आराम मिलता है। फाइलेरिया के रोगियों के लिए दही, केला तथा अन्य चर्बी और प्रोटीनजनीय खाद्य पदार्थ वर्जित है। इसकी रोकथाम के लिए सर्वप्रथम मच्छरों को नष्ट करना चाहिए। इसके लिए विरंजक चूर्ण, डी.डी.टी. तथा अन्य कीटनाशी दवाओं का उपयोग किया जाना चाहिए।

2. बेरी-बेरी (Beri-beri) : यह रोग भोजन में विटामिन B की कमी के कारण होता है। इसकी कमी के कारण उपापचय के दौरान, शरीर में जीव-विष उत्पन्न हो जाता है और फुफ्फुस में सूजन हो जाता है। इस रोग में हृदय की गति बन्द हो जाने की सम्भावना रहती है । इस रोग से बचने के लिए विटामिन B युक्त भोजन, जैसे-मटर, शुष्क खमीर, अण्डे की जरदी, दूध आदि का सेवन करना चाहिए ।

3. स्कर्वी (Scurvy) : यह रोग भोजन में विटामिन C की कमी के कारण उत्पन्न होता है। विटामिन C एस्कॉर्बिक अम्ल हैं, जो स्कर्वी निरोधी होता है । मसूढ़ों से रक्त का स्राव, दाँतों का असमय टूटना, बच्चों के चेहरे और अन्य अंगों में सूजन, पेशाब में रक्त या एल्ब्युमिन का अंश आना आदि इसके लक्षण हैं। विटामिन C टमाटर, पातगोभी, प्याज, नींबू, नारंगी, हरी शाक-सब्जियाँ या ताजे फलों में पर्याप्त मात्रा में पाया जाता है। प्रतिदिन भोजन में 50-60 मिग्रा. विटामिन C की आवश्यकता होती है।

4. रिकेट्स या सुखण्डी (Rickets) : यह रोग विटामिन D की कमी के कारण होता है। विटामिन D की कमी के कारण कैल्सियम और फॉस्फोरस के लवण का उपापचय ठीक से नहीं हो पाता है, जिसके कारण अस्थियों में कैल्सियम संचित नहीं हो पाता है। अतः अस्थियाँ कोमल हो जाती है। बच्चों को प्रतिदिन 0.015-0.02 मिग्रा. और वयस्कों को 0.025 मिग्रा. विटामिन D की आवश्यकता होती है । अतः इसकी पूर्ति के लिए विटामिन D युक्त भोजन ग्रहण करना चाहिए। विटामिन D मछली के तेल, कलेजी, अण्डे की जरदी और दूध में पर्याप्त मात्रा में पाया जाता है। रोगी को उपर्युक्त विटामिन D युक्त भोजन देने के अतिरिक्त धूप, पराबैंगनी प्रकाश (Ultraviolet light) और मर्करी वेपर लैम्प में प्रकाश का सेवन कराया जाता है।

5. मधुमेह (Diabetes) : यह अग्न्याशय से सम्बन्धित रोग है, जो इन्सुलिन का पर्याप्त स्राव नहीं होने के कारण होता है। इन्सुलिन दो प्रकार का कार्य करता है–

(a) भोजन का कार्बोहाइड्रेट वाला भाग पचकर शर्करा में परिवर्तित हो जाता है, जो इन्सुलिन की प्रतिक्रिया से खंडित होकर तन्तुओं में मिल जाता है। इसके अभाव में यह शर्करा रक्त में

चली आती है।

(b) इन्सुलिन यकृत और पेशियों में ग्लाइकोजेन संचित करने में मदद करता है। इसका पर्याप्त मात्रा में स्राव नहीं होने पर यकृत में ग्लाइकोजेन का उपयोग होता है और ग्लाइकोजेन की मात्रा धीरे धीरे समाप्त होने लगती है। ऐसी स्थिति में तन्तुओं में प्रोटीन और संचित वसा शर्करा में परिवर्तित होने लगते हैं। इससे रक्त में शर्करा की मात्रा और बढ़ जाती है। यह शर्करा मूत्र के माध्यम से बाहर निकलने लगती है, जिसे मधुमेह की संज्ञा दी जाती है ।

6. दिल का दौरा (Heart attack) : हृदय-धमनियाँ हृदय के पेशी - तंतुओं को रक्त पहुँचाती है। हृदय धमनियों में रक्त जम जाने के कारण, हृदय के पेशी तन्तुओं को रक्त नहीं मिल पाता है। इससे हृदय में दर्द होता है, जिससे हृदय-शूल कहा जाता है। फलतः हृदय रक्त का संचार नहीं कर पाता है क्योंकि क्षेपक कोष्ठों में आकुंचन और प्रसरण नहीं हो पाता है। इसे हृदय गति का रूक जाना या हृदयघात कहा जाता है।

7. पीत ज्वर (Yellow fever) : यह रोग सामान्यतः दक्षिणी अमेरिका और अफ्रीका में होता है। इस रोग के विषाणु जंगली जानवरों के शरीर में आश्रय लेते हैं। हेमोगोगस और इडीस जाति के अनेक मच्छर इस रोग के विषाणु को मनुष्य के शरीर में पहुँचाते हैं। इस रोग में अचानक ज्वर आ जाता है। जोरों का सिर दर्द तथा हड्डियों में दर्द हो जाता है। चेहरा सूज जाता है तथा त्वचा शुष्क हो जाती है। कुछ दिनों के बाद भयानक पीलिया रोग हो जाता है तथा रक्तस्राव, रक्त और पित्त वमन आदि लक्षण प्रकट होते हैं। इस रोग में बहुत अधिक मृत्यु होती है।

8. कैन्सर (Cancer): कोशिकाओं में असामान्य वृद्धि को कैंसर कहते हैं । रेडियोधर्मी पदार्थों जैसे- रेडियम, प्लूटोनियम इत्यादि से हड्डी का कैन्सर होता है। संश्लेषी रंजकों के निर्माण में प्रयुक्त होने वाले ऐरोमेटिक एमीन से मूत्राशय का कैन्सर होता है। कैन्सर से शरीर के किसी भाग में दर्द न करने वाला पिंड बन जाता है। मुँह से थूक के साथ खून निकलता है। कैन्सर का उपचार एन्टीबायोटिक्स, एल्केलायड्स के प्रयोग से, रेडियोथेरेपी, लेसर किरणों से, शल्य चिकित्सा करके या बोन मेरो (Bone marrow) का प्रत्यार्पण करके किया जाता है।

9. ऐस्केरिएसिस (Ascariasis) : इस रोग का कारक ऐस्किेरिस लुम्बीकॉइडिस (Ascaris lumbricoids) नामक निमेटोड हैं। इस रोग का संक्रमण भोजन के द्वारा होता है। इस रोग में पेट में तेज दर्द होता है । वृद्धि रुक जाती है। फेफड़ों में पहुँचकर ये ज्वर, खांसी तथा ईसोनोफिलिया का कारण बनते है। शरीर में रक्त की कमी हो जाती है । वैयक्तिगत एवं सामाजिक सफाई इस रोग की सर्वश्रेष्ठ उपचार है।

10. टीनिएसिस (Taeniasis) : इस रोग का कारक टीनिया सोलियम (Taenia solium) नामक परजीवी है। रोगी व्यक्तियों के आंत में कारक परजीवी के अण्डे उपस्थित होते हैं, जो कि मल के साथ बाहर आ जाते है। सूअर जब इस मल को खाते हैं, तो यह सूअर के आंत में

पहुँच जाते है जहाँ से यह सूअर के मांसपेशी में पहुँच जाते है। इस अवस्था में इसे ब्लैडर वर्म (Bladder-worm) कहते हैं। यदि ऐसे संक्रमित सूअर का अधपका मांस कोई व्यक्ति खाता है, तो ब्लैडर वर्म उसकी आँत में पहुँचकर टेपवर्म के रूप में विकसित हो जाता है तथा आँत की दीवार पर चिपक जाता है। प्रायः टीनिएसिस के लक्षण स्पष्ट रूप से दिखाई नहीं पड़ते। केवल कभी-कभी अपच और पेट-दर्द होता है। परन्तु जब कभी आंत में लार्वा उत्पन्न हो जाते हैं और केन्द्रीय तंत्रिका तंत्र, आँखों, फेफड़ों, यकृत व मस्तिष्क में पहुँच जाते हैं, तो रोगी की मृत्यु हो जाती है। केवल भली-भांति पका हुआ सूअर का मांस ही खाना चाहिए। निकोलसन भी रोग के उपचार में प्रयुक्त होती है।

11. जोड़ों का दर्द (Arthritis) : इसे गठिया या वात रोग के नाम से भी जाना जाता है। इस रोग में शरीर के विभिन्न जोड़ों में दर्द रहता है। जोड़ों का दर्द सामान्यतया निम्नलिखित प्रकार के होते हैं—

(a) गाऊट (Gout) : इस प्रकार के जोड़ों के दर्द में अस्थि संधियों में सिट्रिक अम्ल के क्रिस्टल जमा हो जाते हैं, जिससे संधियों में दर्द महसूस होता है।

(b) आस्टियोआर्थराइटिस (Osteoarthritis) : इस प्रकार का गठिया अस्थियों के जोड़ों के कार्टिलेज के हासित हो जाने से होता है। इसके कारण जोड़ों का लचीलापन समाप्त हो जाता है तथा वे कड़े हो जाते हैं। यह रोग सामान्यतया अधिक आयु के लोगों में होता है।

(c) रुमेटाइड अर्थराइटिस (Rrheumatoid arthritis) : साइनोसिल झिल्ली में सूजन आने तथा कार्टिलेज के ऊपर सख्त ऊतक उत्पन्न हो जाने से इस प्रकार का गठिया उत्पन्न होता है। इस रोग के फलस्वरूप भी जोड़ों में दर्द रहता है, तथा चलने-फिरने में असुविधा होती है।

12. हाइपरटेंशन (Hypertension) : इसका मुख्य कारण उच्च धमनी दाब है, जो छोटी धमनी में सिकुड़न उत्पन्न होने के कारण होता है। छोटी धमनी में सिकुड़न के कई कारण होते हैं, जैसे—–अत्यधिक तनाव, ज्यादा लम्बे समय तक परिश्रम, चिंता, संवेदनशीलता आदि। रोगी को आराम व नींद लेना अत्यधिक फायदेमंद होता है।

13. न्यूरोसिस (Neurosis) : इस रोग का कारण उच्च तंत्रिका तंत्र या मस्तिष्क के समक्ष किसी असामान्य स्थिति का आ जाना है। इससे हृदयवाहिका तंत्र की क्रियाविधि असंतुलित हो जाती है। रोग में रोगी को नींद न आना व चिड़चिड़ा हो जाना प्रमुख है।

14. एथिरोस्कलेरोसिस (Atherosclerosis) : यह रोग मुख्यतया धमनी की दीवारों में कोलेस्ट्रॉल के जमा होने से होता है। इस स्थिति में धमनियों की दीवारें सख्त हो जाती है तथा इनमें गिल्टियाँ बनने या रक्त का थक्का बनने की संभावना बढ़ जाती है। इसके परिणामस्वरूप रुधिर वाहिनियों के ल्यूमेन बंद हो जाते हैं, जिसके कारण हृदयाघात की संभावना बढ़ जाती है।

15. पक्षाघात या लकवा (Hemiplegia) : इस रोग में कुछ ही मिनटों में शरीर के आधे भाग को लकवा मार जाता है। जहाँ पक्षाघात होता है वहाँ की तंत्रिकाएँ निष्क्रिय हो जाती है। इसका कारण अधिक रक्त दाब के कारण मस्तिष्क की कोई धमनी का फट जाना अथवा मस्तिष्क

को अपर्याप्त रक्त की आपूर्ति होना है।

16. एलर्जी (Allergy) : कुछ वस्तु जैसे—धूल, धुआँ, रसायन, कपड़ा, सर्दी, किन्हीं विशेष व्यक्तियों के लिए हानिकारक हो जाते हैं और उनके शरीर में विपरीत क्रिया होने लगती है, जिससे अनेक बीमारियाँ हो जाती हैं। खुजली, फोड़ा, फुन्सी, शरीर में सूजन आ जाना, काला दाग, एक्जिमा आदि एलर्जी के उदाहरण हैं ।

17. साइजोफ्रेनिया (Schizophrenia) : यह एक मानसिक रोग है जो प्रायः युवा वर्ग में होता है। ऐसा रोगी कल्पना को ही सत्य समझता है, वास्तविकता को नहीं। ऐसे रोगी आलसी, अलगावहीन, आवेशीन होते हैं। विद्युत् आक्षेप चिकित्सा इसमें काफी सहायक होती है।

18. मिर्गी (Epilepsy): इसे अपस्मार रोग कहते हैं। यह मस्तिष्क के आंतरिक रोगों के कारण होती है। इस रोग में जब दौरा पड़ता है, तो मुँह से झाग निकलता है और मल पेशाब भी निकलता है ।

19. डिफ्लोपिया (Diplopia) : यह रोग आँख की मांसपेशियों के पक्षाघात (Paralysis) के कारण होती है।

20. बर्ड फ्लू (Bird Flu) : बर्ड फ्लू रोग पहली बार 1918 ई. में प्रकाश में आया। इस रोग का मुख्य विषाणु H,N, है । यह रोग प्रायः मुर्गियों तथा प्रवासी पक्षियों के माध्यम से प्रसारित होता है। वैश्वीकरण के कारण पिछले लगभग 8-10 वर्षों में यह रोग कई बार दुनिया भर में दहशत फैला चुका है।

21. सार्स (SARS) : सार्स का पूर्ण रूप सीवियर एक्यूट रिस्पेरेटरी सिन्ड्रोम है । इस बीमारी के लक्षण फ्लू (Flu) से काफी मिलते-जुलते हैं । यह बीमारी 2002-03 में विश्व के कई देशों में एक साथ फैली थी । इस बीमारी के रोकथाम के हेतु अभी कोई कारगर औषधि उपलब्ध नहीं है ।

22. जापानी इन्सेफेलाइटिस (Japanese encephalitis) : यह रोग क्यूलेक्स प्रजाति के मच्छड़ से फैलता है। इस रोग का उद्गम जापान में हुआ। इसके पश्चात् कई एशियाई देश से होते हुए यह रोग कई दशक पहले भारत पहुँचा। इस विषाणु का संक्रमण मच्छड़ के काटने से होता है लेकिन सूअर को भी इस रोग का वाहक माना जाता है। क्यूलेक्स प्रजाति का मच्छड़ धान के खेतों में पनपता है। इस कारण धान क्षेत्र में हर वर्ष सैकड़ों बच्चे इस रोग की चपेट में आकर अपनी जान गँवा बैठते हैं ।

23. स्वाइन फ्लू (Swine flu) : यह भी एक संक्रामक रोग है, जिसका प्रसार काफी तेजी से होता है। इस रोग का उद्भव उत्तर -अमेरिकी देश मैक्सिको में हुआ । विश्व स्वास्थ्य संगठन (WHO) के अनुसार यह संक्रामक रोग अब तक 33 देशों में फैल चुका है। विश्व के प्रायः सभी देश इस संक्रामक रोग के प्रति काफी सतर्कता बरत रहे हैं । विश्व स्वास्थ्य संगठन में स्वाइन फ्लू को एनफ्लूएन्जा H, N नाम दिया है। बार-बार उल्टी आना, दस्त होना, अचानक तेज बुखार, शरीर में दर्द, और थकान का अनुभव होना और खाँसी आदि इस रोग

के प्रमुख लक्षण हैं। इस रोग से बचाव के लिए कोई विशेष टीका या दवा नहीं है। शुरुआती दौर में इस रोग का पता लगने पर इसकी एकमात्र औषधि ओसेल्टामिविर काफी कारगर है। मैक्सिको इस रोग से सबसे ज्यादा प्रभावित है ।

www.ingramcontent.com/pod-product-compliance
Lightning Source LLC
LaVergne TN
LVHW050850051026
849532LV00006BA/2184